LES

ŒUVRES

COMPLETES

DE

VOLTAIRE

9

VOLTAIRE FOUNDATION

OXFORD

1999

THE
COMPLETE
WORKS
OF
VOLTAIRE

9

VOLTAIRE FOUNDATION

OXFORD

1999

ISBN 0 7294 0646 6

Voltaire Foundation Ltd
99 Banbury Road
Oxford OX2 6JX

PRINTED IN ENGLAND

AT THE ALDEN PRESS

OXFORD

general editors / direction de l'édition

1967 · THEODORE BESTERMAN · 1974

1974 · W. H. BARBER · 1993

1989 · ULLA KÖLVING · 1998

1998 · HAYDN MASON

under the sponsorship of
sous le haut patronage de

L'ACADÉMIE FRANÇAISE

L'ACADÉMIE ROYALE DE LANGUE ET DE
LITTÉRATURE FRANÇAISES DE BELGIQUE

THE AMERICAN COUNCIL OF LEARNED SOCIETIES

THE BRITISH ACADEMY

L'INSTITUT ET MUSÉE VOLTAIRE

L'UNION ACADÉMIQUE INTERNATIONALE

prepared with the kind co-operation of
réalisée avec le concours gracieux de

THE NATIONAL LIBRARY OF RUSSIA
ST PETERSBURG

this volume prepared for the press by
ce volume préparé pour l'impression par

MARTIN SMITH

1732-1733

TABLE OF CONTENTS

TABLE OF CONTENTS

TABLE OF CONTENTS

LIST OF ILLUSTRATIONS

LIST OF ABBREVIATIONS

Al   Fréron, *L'Année littéraire*
Arsenal   Bibliothèque de l'Arsenal, Paris
Austin   Humanities Research Center Library, University of
Texas at Austin
Avignon   Bibliothèque et musée Calvet, Avignon
Bengesco   *Voltaire: bibliographie de ses œuvres*, 1882-1890
Beuchot   *Œuvres de Voltaire*, 1829-1840
Bh   Bibliothèque historique de la ville de Paris
BL   British Library, London
Bn   Bibliothèque nationale de France, Paris
BnC   *Catalogue général des livres imprimés de la Bibliothèque
nationale: auteurs*, tome 214, Voltaire, 1978
Bn F   Bn, Manuscrits français
Bn N   Bn, Nouvelles acquisitions françaises
Brenner   *A bibliographical list of plays in the French language
1700-1789*, 1947
Bodleian   Bodleian Library, Oxford
Br   Bibliothèque royale, Brussels
BV   *Bibliothèque de Voltaire: catalogue des livres*, 1961
Cideville   Papiers Cideville, Fonds de l'Académie de Rouen,
Bibliothèque municipale, Rouen
CL   Grimm, *Correspondance littéraire*
CLT   Grimm, *Correspondance littéraire*, 1877-1882
CN   *Corpus des notes marginales de Voltaire*, 1979-
D   Voltaire, *Correspondence and related documents*, V 85-135,
1968-1977
Dangeau   *Journal*, 1854-1860
Essai   Voltaire, *Essai sur les mœurs*, 1990
Fitzwilliam   Fitzwilliam Museum, Cambridge
Graffigny   *Correspondance*, 1985-

ICL   Kölving and Carriat, *Inventaire de la Correspondance littéraire de Grimm et Meister*, 1984

ImV   Institut et musée Voltaire, Geneva

Kehl   *Œuvres complètes de Voltaire*, 1784-1789

Lausanne   Bibliothèque cantonale et universitaire, Lausanne

Leigh   J.-J. Rousseau, *Correspondance complète*, 1965-1997

Luynes   *Mémoires*, 1860-1865

M   *Œuvres complètes de Voltaire*, 1877-1885

Marais   *Journal et mémoires*, 1863-1868

Mémoires de Trévoux   *Mémoires pour l'histoire des sciences et des beaux-arts*, 1701-1767

Mémoires secrets   Bachaumont, *Mémoires secrets*, 1777-1789

Mln   *Modern language notes*

Mlr   *Modern language review*

Mongrédien   Grimarest, *La Vie de M. de Molière*, 1955

oc61   *Œuvres choisies de M. de Voltaire*, 1761

OH   Voltaire, *Œuvres historiques*, 1957

Palissot   *Œuvres de Voltaire*, 1792-1797

Registres   H. C. Lancaster, *The Comédie française, 1701-1774*, 1951

Rhl   *Revue d'histoire littéraire de la France*

so58   *Supplément aux œuvres de M. de Voltaire*, 1758

Stockholm   Kungliga Biblioteket, Stockholm

StP   National library of Russia, Saint Petersburg

Studies   *Studies on Voltaire and the eighteenth century*

Taylor   Taylor Institution, Oxford

Trapnell   'Survey and analysis of Voltaire's collective editions', 1970

Trévoux   *Dictionnaire universel français et latin*, 1752

Uppsala   Universitetsbiblioteket, Uppsala

V   *Œuvres complètes de Voltaire* / *Complete works of Voltaire*, 1968- [the present edition]

VF   Voltaire Foundation, Oxford

Vienna   Österreichische Nationalbibliothek, Vienna

VM   Saint Petersburg, Voltaire library manuscripts

xviii

KEY TO THE CRITICAL APPARATUS

The critical apparatus, printed at the foot of the page, gives variant readings from those manuscripts and editions listed on pages 14, 113, 263, 291 , 316, 385 below. Each variant consists of some or all of the following elements:

– The number of the text line or lines to which the variant relates; headings, character names and stage directions bear the number of the preceding text line, plus a, b, c, etc.

– The sigla of the sources of the variant, as given on p.6-14, 99-111, 261-63, 286-91, 312-15 and 377-85. Simple numbers, or numbers followed by letters, generally stand for separate editions of the work in question; letters followed by numbers are normally collections of one sort or another, w being reserved for collected editions of Voltaire's works and T for collected editions of his theatre; an asterisk after the siglum indicates a specific copy of the edition, usually containing manuscript corrections.

– Editorial explanation or comment.

– A colon, indicating the start of the variant; any editorial remarks after the colon are enclosed within square brackets.

– The text of the variant itself, preceded and followed, if appropriate, by one or more words from the base text, to indicate its position.

Several signs and typographic conventions are employed:

– Angle brackets < > encompass deleted matter.

– Beta β stands for the base text.

– The paragraph sign ¶ indicates the start of a new paragraph.

– The forward arrow → means 'followed by', in the case of manuscript corrections subsequently adopted in print.

– Up $^\uparrow$ and down $^\downarrow$ arrows precede text added above or below the line, with $^+$ to terminate the addition, where necessary.

– A superior ^{V} precedes text in Voltaire's hand, ^{W} indicating that of Wagnière.

– A pair of slashes // indicates the end of a paragraph or other section of text.

Thus, 'il <allait> $^{W\uparrow}$<courait>$^+$ donc $^{V\downarrow}\beta$' indicates that 'allait' was deleted, that Wagnière added 'courait' over the line, that 'courait' was deleted and that Voltaire inserted the reading of the base text below the line. The notation 'w75G* ($\rightarrow$K)' indicates that a manuscript correction to the *encadrée* edition was followed in the Kehl editions.

ACKNOWLEDGEMENTS

The preparation of the *Complete works of Voltaire* depends heavily upon the expert help of the staff of numerous research libraries in Europe and North America. We wish to thank them for their generous and patient assistance.

Some have borne a greater burden than others, in particular the staff of the Bibliothèque nationale de France, the Bibliothèque de l'Arsenal and the Bibliothèque de la Comédie-Française, Paris; the Institut et musée Voltaire, Geneva; the Taylor Institution Library, Oxford; and the National Library of Russia, St Petersburg.

Other libraries that have supplied information or material include: Bibliothèque municipale, Bordeaux; Bibliothèque municipale, Carpentras; Bibliothèque municipale, Grenoble; Bibliothèque de la Sorbonne, Paris; Bibliothèque historique de la ville de Paris; Bibliothèque de la ville, Pau; Bibliothèque municipale, Poitiers; Bibliothèque municipale, Reims; Bibliothèque municipale, Rouen; Bibliothèque municipale, Tours; Bibliothèque de Troyes; Bibliothèque municipale, Versailles; British Library; Fitwilliam Museum, Cambridge; Bodleian Library, Oxford; Universitäts- und Stadtbibliothek, Köln; Staatsarchiv, Weimar; Kungliga Biblioteket, Stockholm; Universitetsbiblioteket, Uppsala; Bibliothèque publique et universitaire, Geneva; Bibliothèque cantonale et universitaire, Lausanne; Zentralbibliothek, Lucerne; Bibliothèque publique et universitaire, Neuchâtel; Zentralbibliothek, Solothurn; Bibliothèque publique, Yverdon; University of Texas Library, Austin; University of Chicago Library; Pierpont Morgan Library, New York.

We have also benefited from the help and advice of many colleagues and friends, notably William Barber, Oxford; François Moureau, Paris; and Charles Wirz, Geneva.

PREFACE

The year 1733, in which Voltaire published *Le Temple du goût*, was the last before the momentous scandal over the *Lettres philosophiques* which led to a new life at Cirey. With hindsight it can be read as a prefatory period, full of restive episodes and apprehensiveness, especially where the *Lettres philosophiques* were concerned. Even *Zaïre*, a great success at the Comédie-Française in 1732-1733, took on a controversial edge when Voltaire wished to attach to it an *Epître dédicataire*, addressed in highly unorthodox fashion to an English merchant. The dedicatee, Everard Fawkener, is the target of Voltaire's complaints about the decadence of French literature and the arts since the glorious age of Louis XIV. By contrast, English freedom and respect for great writers receive warm praise. Despite revisions by the author to make it less polemical, the *Epître* was refused official privilege to print, doubtless because the authorities suspected that the admiration shown for the Sun King implied dissatisfaction with the current monarch in a more 'barbaric' time; nor would the invidious comparisons with the traditional enemy have helped to make it more palatable. Many of Voltaire's observations about England are premonitory announcements of the *Lettres philosophiques*.

Similar doubts about Voltaire's respect for authority are inspired by *Le Temple du goût*, which he publishes without consulting the censors just as he had done for the *Epître dédicataire*. Although he subsequently produced a milder version, it did not obtain official permission and appeared only outside France in Amsterdam. Chauvelin, the *garde des sceaux*, expressed great displeasure with Voltaire (D635), who contemplated flight to England (D638) or the Papal lands at Avignon (D654) to avoid a possible return to the Bastille.

The main anxiety turned upon the *Lettres philosophiques*. Voltaire harboured no illusions about his fate at the hands of the *garde des sceaux* if they were published: 'He threatens me very seriously. He sais he will undo me if the letters come out into the world' (D638). But in 1733 a version of the work does appear, in English: the *Letters concerning the English Nation*. Notwithstanding his fears about a French publication, the *philosophe* decides that an English audience will react more moderately; so he asks Thiriot to see it through the press (D570). However, with the passage of time, as his alarm grows following the hostile response to the *Temple du goût*, Voltaire is intent upon avoiding any direct link with their publication. Thiriot must add a preface stating that these were letters originally written to him by Voltaire from England, which he has now decided to bring out (D584), all the more so because the manuscript has become known and translated into English (D635). Voltaire's apprehension increases with Chauvelin's threats, to the point where he countermands his permission to publish (D638); but the change of heart comes too late. The *Letters* appear in London in August 1733.

The feared uproar did not occur, however, and the book became a best-seller (*Letters concerning the English Nation*, ed. N. Cronk, Oxford 1994, p.xxviii-xxix). But that did not diminish the dangerous consequences which would follow upon publication in France. Nor did Voltaire place any confidence in the Rouen publisher Jore, to whom the materials had been entrusted. He asks Cideville to remove all the proofs from the printing-house, making sure that nothing identifiable as coming from his own pen remains (D620). He will later plead with Cideville to keep Jore under control, uneasily aware that the latter may well have already printed the work, despite protests to the contrary (D655). The stage is set for the drama that will unfold when the *Lettres philosophiqes* see the light of day the following April.

But as ever, beneath the alarums and personal quarrels with such as Jean-Baptiste Rousseau, the prodigious literary activity goes on apace. *Adélaïde Du Guesclin* is completed by April 1733 (D584), after some three months' gestation. Voltaire is collecting material for the *Siècle de Louis XIV* (D576, 584). He is composing the libretto of *Samson*, intended for the music of Rameau (D686, 690). He is revising *Eriphyle* (D584). All this, and much else besides. It is little wonder that we find the author complaining of his frenzied existence: 'j'efface, j'ajoute, je barbouille. La tête me tourne' (D610).

Meantime, the Cirey period impends.

H.T.M.

Le Temple de l'amitié

critical edition

by

O. R. Taylor

INTRODUCTION

Le Temple de l'amitié, allégorie was composed for Mme de Fontaine-Martel towards the end of 1732. [1] It was presented to her with an *envoi*. [2] On 5 December 1732 the *Journal de la cour et de Paris* announced that Voltaire had just finished it. [3] It was certainly circulating in manuscript before 31 December, when Cideville asked Voltaire why he had not received it (D557). On the same day Marais promised to send the poem to Bouhier, already perhaps in a revised version: 'Je vous enverrai aussi le *Temple de l'amitié* reconstruit'. [4] By 4 January he had acquired the full text, and commented scathingly: 'c'est une plaisante idée d'en avoir chassé tout le monde pour y demeurer avec son amie à geler de froid. Ce n'est pas ainsi que La Fontaine bâtissait ses temples' (xii.192).

Mme de Fontaine-Martel died on 22 January 1733, but Voltaire printed his poem, perhaps as a tribute, but more probably because he felt obliged to help Jore whose edition of *Le Temple du goût* was not selling well in Paris. [5] On 12 April 1733 he suggested to Cideville that Jore might include in an edition of *Le Temple du goût* 'le temple de l'amitié, avec quelques pièces fugitives' (D593). But on 21 April he withdrew his proposal in view of the plan to issue a new edition of *Le Temple du goût* under official supervision (see D602). Jore nevertheless published *Le Temple de l'amitié et le Temple du goût. Pièces de M. de Voltaire* (siglum: 33x2). He no

[1] On Mme de Fontaine-Martel, see below, p.30-31.
[2] See below, *A madame de Fontaine-Martel, en lui envoyant le Temple de l'amitié*, p.493.
[3] *Journal de la cour et de Paris*, ed. H. Duranton (Saint-Etienne 1981), p.22.
[4] Jean Bouhier, *Correspondance littéraire du président Bouhier*, ed. H. Duranton (Saint-Etienne 1976-1988), xii.187.
[5] See below, p.59.

doubt had already received a copy of the text from Voltaire. In all probability he was also responsible for another edition of *Le Temple de l'amitié*, bearing the imprint: 'A Basle, chez Christopher Revis, 1733' (33B). It was under this false imprint that he published his edition of the *Histoire de Charles XII*. [6] Some of the differences between 33X2 and 33B are printer's errors, but for 33B Jore was probably following a different manuscript. Neither edition appears to have been noticed by the contemporary press.

Voltaire neither named his poem nor quoted from it in a letter written to Frederick, then crown prince of Prussia, on 27 May 1737, but he used its sentiments to flatter his royal friend and to convey to him the delights of Cirey, described as 'un petit temple dédié à l'amitié' (D1331). Frederick recognised the allusions and on 21 September he replied that he was 'édifié de voir revivre à Cirey les temps d'Oreste et de Pylade', adding: 'Vous donnez l'exemple d'une vertu qui, jusqu'à nos jours, n'a malheureusement existé que dans la fable'. [7] In a letter of 31 March 1736 (D1476), he acknowledged receipt of a manuscript copy of the poem, perhaps brought from Cirey by his aide, 'Césarion' [8] (see D1475). Voltaire had probably already replaced the *envoi* to Mme de Fontaine-Martel by a new one celebrating the friendship between the poet and the prince (see l.113*v*).

Manuscripts and editions

Voltaire revised his poem for the 1738 edition of his works (w38). The most notable changes were the inclusion of the *envoi* to Frederick (retained in all subsequent editions) and the insertion of a clear, though immediately suppressed, reference to the gastronomical tastes of the archbishops of Paris and Rouen (see

[6] See *Histoire de Charles XII*, ed. G. von Proschwitz, V 4 (1996), p.86.
[7] D1373; cf. below, p.17, l.12 and 16.
[8] Baron Dietrich von Keyserlingk (born 1668), known as Césarion, had been attached to crown prince Frederick since 1729, and from 1736 was a close aide.

l.72*v*). In RP40 Thémire was replaced by Zaïre, a tribute no doubt to Mlle Gaussin (see l.98-108*v*). Any other modifications are slight and insignificant.

MSI

Le Temple de l'Amitié, Allégorie.

This version forms part of the *Journal de la cour et de Paris*; see ed. H. Duranton, p.22-25.

Bn: F25000, f.13-17.

MS2

Le Temple / de l'Amitié / par Voltaire /

This well-written copy, dated August 1760, appears to follow a text posterior to w38. It offers curious variants which I have recorded since they illustrate a characteristic corruption or (unauthorised?) evolution of Voltaire's text.

An: MS MM859, f.363-367.

MS3

Le temple De L'amitié. / Par le mesme.

Part of a collection of manuscript copies of Voltaire texts prepared by, or for, Mme de Champbonin.

Bibliothèque municipale, Reims: MS 2150, p.296-99.

MS4

Le temple de L'amitié.

Copy in the hand of a secretary, with holograph corrections by Voltaire.

Bibliothèque municipale, Rouen: Fonds de l'Académie de Rouen, Papiers Cideville, Poésies de Voltaire, f.91*v*-96*v*.

MS5

Le temple de l'amitié par mons[r]. de Voltaire

A collection of copies of letters and ephemera, in verse and prose, composed by Voltaire or relating to him. Various hands.

97 ff. 230 x 180 mm.

Arsenal: MS 6810, f.30-31.

33X2

LE / TEMPLE / DE / L'AMITIÉ / ET LE / TEMPLE / DU / GOÛT. / *Piéces de* Mr. DE VOLTAIRE. / *Nec lædere, nec adulari.* / [*next three lines within a frame composed of typographical ornaments, 19 x 40 mm*] / A L'ENSEIGNE / DE LA / VÉRITÉ. / CHÉS HIEROME PRINT-ALL. / [*rule, 56 mm*] / *1733.* /

12°. sig. A-G⁶ H²; pag. 87 [1] blank; $3 signed, roman (– A1, H2; C3 signed 'Cij'); sheet catchwords.

[1] title; [2] blank; 3-12 Le Temple de l'amitié, allégorie; 13-87 Le Temple du goût.

Variant title: 'LE / TEMPLE / DE / L'AMITIÉ / ET LE / TEMPLE / DU |GOÛT. / Nec lædere, nec adulari. / [*next three lines within ornamented border, 40 x 19 mm*] / A L'ENSEIGNE / DE LA / VÉRITÉ. / CHÉS HIEROME PRINT-ALL. / [*rule, 56 mm*] / 1733.'

Bn: Ye 34941; – Rés. Z Bengesco 153; ImV: D Temple 1/1733/1; Lausanne: Neda 1483 Rés.A (variant title).

33B

LE / TEMPLE / DE / L'AMITIÉ / *Par Monsieur DE VOLTAIRE.* / [*vignette*] / A BASLE, / Chez CHRISTOPHE REVIS. / [*rule*] / M.DCC.XXXIII. /

p.3-8. no signatures. 18 cm.

This edition was probably printed by Jore at Rouen, hastily and carelessly, perhaps from a different manuscript copy.

Harvard University, The Houghton Library: FC7.V8893.723lj.

W38 (1739)

Œuvres de M. de Voltaire. Amsterdam, Ledet [or] Desbordes, 1738-

1756. 9 vol. (vol. 5, 1744; vol. 6, 1745; vol. 7, 1749; vol. 8, 1750; vol. 9, 1756). 8°. Bengesco iv.5-12; Trapnell 39A; BnC 7-11; Jean-Daniel Candaux, Geneva (vol. 9).

Volume 4 (1739): [121]-127 Le Temple de l'amitié.

Volumes 1-4 (and possibly some of the others) were produced under Voltaire's supervision, but were later denounced by him as inaccurate.

Bn: Rés. Z Beuchot 4 (Ledet); – Rés. 8° B 34042.

RP40

Recueil de pièces fugitives en prose et en vers. [Paris, Prault], 1740 [1739]. 1 vol. 8°. Bengesco iv.218-19; BnC 369-370.

125-129 Le Temple de l'amitié.

Bn: Rés. Z Beuchot 55; – Zz 4185 (without intaglio engraving on title-page); ImV: BA 1739/1; – BA 1739/2 (without intaglio engraving on title-page); BL: 12235.c.16.

W40

Œuvres de M. de Voltaire. Amsterdam [Rouen?], Compagnie, 1740. 4 vol. 12°. Bengesco iv.13-14; Trapnell 40R; BnC 18.

Volume 4: 114-120 Le Temple de l'amitié.

No evidence of Voltaire's participation. This is perhaps the edition attributed by Voltaire to Paupie (at The Hague) in D2412.

Bn: Rés. Z Beuchot 5 bis (4); ImV: A 1740/1 (4-1).

W41R

Œuvres de M. de Voltaire. Amsterdam [Rouen?], Compagnie, 1741. 4 vol. 12°. Bengesco iv.14-15; Trapnell 41R; BnC 19.

Volume 4: 114-120 Le Temple de l'amitié.

Another edition based upon w38.

Bn: Rés. Z Beuchot 6 (4).

W41C (1742)

Œuvres de M. de Voltaire. Amsterdam [Paris, Didot, Barrois], Compagnie, 1741-1742. 5 vol. (vol. 2-5, 1742). 12°. Bengesco iv.15-20; Trapnell 41C; BnC 20-21.

Volume 5 (1742): 113-117 Le Temple de l'amitié.

Based upon w38. There is no evidence of Voltaire's participation in this edition and it was suppressed at his request. It was reissued as w42.

Bn: Rés. Z Bengesco 471 (5).

w42

Œuvres mêlées de M. de Voltaire. Genève, Bousquet, 1742. 5 vol. 12°. Bengesco iv.20-23; Trapnell 42G; BnC 22-24.

Volume 5: 113-17 Le Temple de l'amitié.

An amended reissue of w41c, produced with Voltaire's participation.

Bn: Rés. Z Beuchot 51 (5); – Z 24571; ImV: A 1742/1 (5).

w43

Œuvres de M. de Voltaire. Amsterdam [or] Leipzig, Arkstée et Merkus, 1743-1745. 6 vol. (vol. 5, 1744; vol. 6, 1745). 8°. Bengesco iv.23; Trapnell 43.

Volume 4: [121]-127 Le Temple de l'amitié.

A reissue of the sheets of w38.

Universitäts- und Stadt-Bibliothek, Köln: 1955 G 1260.

w46

Œuvres diverses de M. de Voltaire. Londres [Trévoux?], Nourse [Prault?], 1746. 6 vol. 12°. Bengesco iv.24-28; Trapnell 46; BnC 25-26.

Volume 5: 92-96 Le Temple de l'amitié.

There is some evidence that Voltaire may have been involved in the preparation of this edition: see BnC. On 11 July [1744] (D2999) Voltaire refers to an edition printed at Trévoux for Prault; this may be that edition.

Bn: Rés. Z Beuchot 8 (5).

W48D

Œuvres de M. de Voltaire. Dresde, Walther, 1748-1754. 10 vol. (vol. 9, 1750; vol. 10, 1754). 8°. Bengesco iv.31-38; Trapnell 48D; BnC 28-35.

Volume 3: 198-202 Le Temple de l'amitié.

This edition was produced with Voltaire's participation.

Bn: Rés. Z Beuchot 12 (3); ImV: A 1748/1 (3); – A 1748/2 (3); Taylor: V1 1748 (3).

W48R

[*Title unknown*]. [Rouen, Machuel, 1748-?]. 12 vol. 12°. Bengesco iv.28-31, 68-73; Trapnell 48R, 64R; BnC 27, 145-148.

Volume 4: 110-115 Le Temple de l'amitié.

An edition in 12 volumes started to appear in 1748 and was suppressed at Voltaire's request. It was reissued as part of w64R (see below) and the only surviving copies carry the 1764 title-pages.

Bn: Rés. Z Beuchot 26 (4).

W50

La Henriade et autres ouvrages. Londres [Rouen], Société, 1750-1752. 10 vol. (vol. 1-9, 1750 or 1751; vol. 10, 1752). 12°. Bengesco iv.38-42; Trapnell 50R; BnC 39.

Volume 3 (1751): 232-236 Le Temple de l'amitié.

Another edition by Machuel, related to w48R and w64R.

ImV: A 1751/1 (3); Bibliothèque municipale, Grenoble.

W51

Œuvres de M. de Voltaire. [Paris, Lambert], 1751. 11 vol. 12°. Bengesco iv.42-46; Trapnell 51P; BnC 40-41.

Volume 3: 228-232 Le Temple de l'amitié.

The first Lambert edition, produced with the participation of Voltaire.

Bn: Rés. Z Beuchot 13 (3); ImV: A 1751/2 (3); Taylor: V1 1751; BL: 630.1.27-37.

W52

Œuvres de M. de Voltaire. Dresde, Walther, 1752. 9 vol. (vol. 8, 1756; vol. 9, 1770). 8°. Bengesco iv.46-50; Trapnell 52 (vol. 1-8), 70X (vol. 9); BnC 36-38.

Volume 2: 94-97 Le Temple de l'amitié.

The second Walther edition, based upon w48D, with revisions.

Bn: Rés. Z Beuchot 14 (2); ImV: A 1752/1 (2).

W56

Collection complette des œuvres de M. de Voltaire. [Genève, Cramer], 1756. 17 vol. 8°. Bengesco iv. 50-63; Trapnell 56, 57G; BnC 55-66.

Volume 2: 82-86 Le Temple de l'amitié.

The first Cramer edition, produced under Voltaire's supervision.

Bn: Z 24577; ImV: A 1756/1/(2); Taylor: VF.

W57G

Collection complette des œuvres de M. de Voltaire. [Genève, Cramer], 1757. 10 vol. 8°. Bengesco iv.63; Trapnell 56, 57G; BnC 67.

Volume 2: 82-86 Le Temple de l'amitié.

A revised edition of w56, produced with Voltaire's participation.

Bn: Rés. Z Beuchot 21 (2).

W57P

Œuvres de M. de Voltaire. [Paris, Lambert], 1757. 22 vol. 12°. Bengesco iv.63-68; Trapnell 57P; BnC 45-54.

Volume 26: 69-72 Le Temple de l'amitié.

Based in part upon w56 and produced with Voltaire's participation.

Bn: Z 24642-24663; Taylor: VF.

W64G

Collection complette des œuvres de M. de Voltaire. [Genève, Cramer], 1764. 10 vol. 8°. Bengesco iv.60-63; Trapnell 64, 70G; BnC 89.

Volume 2: 96-101 Le Temple de l'amitié.

A revised edition of w57G, produced with Voltaire's participation.

Taylor: VF.

w64R

Collection complette des œuvres de M. de Voltaire. Amsterdam, Compagnie [Rouen, Machuel?], 1764. 22 tomes in 18 vol. 12°. Bengesco iv. 68-73; Trapnell 64R; BnC 145-148.

Volume 4: 110-115. Volumes 1-12 were produced in 1748 and belong to the edition suppressed at the request of Voltaire (see above, w48R).

w70G

Collection complette des œuvres de M. de Voltaire. [Genève, Cramer], 1770. 10 vol. 8°. Bengesco iv.60-63; Trapnell 64, 70G; BnC 90-91.

Volume 2: 96-101 Le Temple de l'amitié.

A new edition of w64G, with few changes.

Taylor: V1 1770G/1 (2).

w68 (1771)

Collection complette des œuvres de M. de Voltaire. [Genève, Cramer; Paris, Panckoucke], 1768-1777. 30 vol. 4°. Bengesco iv.73-83; Trapnell 68; BnC 141-144.

Volume 18 (1771): 96-100 Le Temple de l'amitié.

The quarto edition of Voltaire's works. Volumes 1-24 were produced by Cramer in Geneva.

Bn: Rés. m Z 587 (18); ImV: A 1768/1 (18); Taylor: VF; BL: 94.f.1.

w70L (1772)

Collection complette des œuvres de M. de Voltaire. Lausanne, Grasset, 1770-1781, 57 vol. 8°. Bengesco iv.83-89; Trapnell 70L; BnC 149-150.

Volume 22 (1772): 192-196 Le Temple de l'amitié.

An edition by François Grasset of Lausanne.

Bn: 16° Z 14521 (22); ImV: A 1770/2 (22); – A 1770/3 (22); – ImV: A 1770/4 (23); Taylor: V1 1770/2 (22).

W72X

Collection complette des œuvres de M. de Voltaire. [Genève, Cramer?], 1772. 10 vol. 8°. Bengesco iv.60-63; Trapnell 72X; BnC 92-110.

Volume 2: 86-89 Le Temple de l'amitié.

A new edition of w70G, probably printed for Cramer, but there is no evidence of Voltaire's participation.

Bn: 16° Z 15081 (4).

W71P (1773)

Œuvres de M. de V.... Neufchatel [Paris, Panckoucke], 1771-1777. 34 or 40 vol. 8° and 12°. Bengesco iv.91-94; Trapnell 72P; BnC 152-157.

Volume 14 (=Poésies 1) (1773): 156-160 Le Temple de l'amitié.

This edition generally reproduces the text of w68. There is no evidence of Voltaire's participation but the texts may have been revised by La Harpe and Suard.

Bn: Z 24809.

W71 (1774)

Collection complette des œuvres de M. de Voltaire. Genève [Liège, Plomteux], 1771-1777. 32 vol. 12°. Bengesco iv.89-91; Trapnell 71; BnC 151.

Volume 18 (1774): 80-83 Le Temple de l'amitié.

This edition reprints the text of w68 or w75G. Voltaire played no part in its preparation.

ImV: A 1771/1 (18); Taylor: VF.

W75G

La Henriade, divers autres poèmes et toutes les pièces relatives à l'épopée.

[Genève, Cramer & Bardin], 1775. 37 vol. (40 vol. with the *Pièces détachées*). 8°. Bengesco iv.94-105; Trapnell 75G; BnC 158-161.

Volume 12: 59-63 Le Temple de l'amitié.

The *encadrée* edition, produced at least in part under Voltaire's supervision.

Bn: Z 24850; ImV: A 1775/2 (12); Taylor: VF.

w75x

Œuvres de Mr de Voltaire. [Lyon?], 1775. 37 vol. (40 vol. with the *Pièces détachées*). 8°. Bengesco 2141; BnC 162-163.

Volume 12: 59-63 Le Temple de l'amitié.

An imitation of w75G, but with texts drawn from a variety of sources.

Taylor: VF.

k84

Œuvres complètes de Voltaire. [Kehl], Société littéraire-typographique, 1784-1789. 70 vol. 8°. Bengesco 2142; Trapnell K; BnC 164-169.

Volume 12: [201] N5r 'LE TEMPLE / DE / L'AMITIÉ.'; [202] blank; [203]-207 Le Temple de l'amitié; 208 Variantes sur le Temple de l'amitié.

The first octavo issue of the Kehl edition, based in part upon Voltaire's manuscripts.

Bn: Rés. p Z 2209 (12); ImV: A 1784/1 (12); Taylor: VF.

k85

Œuvres complètes de Voltaire. [Kehl], Société littéraire-typographique, 1785-1789. 70 vol. 8°. Bengesco 2142; BnC 167-169.

Volume 12: [201] N5r 'LE TEMPLE / DE / L'AMITIÉ.'; [202] blank; [203]-207 Le Temple de l'amitié; 208 Variantes sur le Temple de l'amitié.

The second octavo printing of the Kehl edition.

Taylor: VF.

K12

Œuvres complètes de Voltaire. [Kehl], Société littéraire-typographique, 1784-1789. 92 vol. 12°. Bengesco 2142; BnC 189-193.

Volume 12: [225] T5r 'LE TEMPLE / DE / L'AMITIÉ.'; [226] blank; [227]-232 Le Temple de l'amitié; 208 Variantes sur le Temple de l'amitié.

The duodecimo printing of the Kehl edition.

Taylor: VF.

Translations

English

The Temple of friendship, in *The Works of M. de Voltaire. Translated from the French, with notes historical and critical, by Dr Smollet and others*, 23 vols. London, J. Newbery, R. Baldwin, W. Johnson, S. Crowder, T. Davies, J. Coote, G. Kearsley and B. Collins, 1761-1764, xxxii.109-14.

Editorial principles

We have chosen 33X2 as the base text since it was in all probability authorised by Voltaire and is likely to be the text nearest the version presented to Mme de Fontaine-Martel. Variants are drawn from MS1, MS2, MS3, MS4, MS5, 33B, W38, RP40, W42, W46, W48D, W50R, W51, W52, W56, W57G, W64G, W68, W70L, W75G, K84 and K85. Except when otherwise stated, the siglum K indicates K84 and K85.

Modernisation of the base text

The spelling of the names of persons and places has been respected and the original punctuation retained.

The following aspects of orthography and grammar in the base text have been modified to conform to modern usage:

1. Consonants

– the consonant *p* was not used in: tems, nor in its compound: longtems.

- the consonant *t* was not used in syllable endings *-ans* and *-ens*: brûlans, contens, monumens.
- a single consonant was used in: flateur.
- *és* was used in place of *ez*: allés, etc.
- archaic forms were used in: Bienfaicteur.

2. Vowels

- *oi* was used in place of *ai* in: pensoit, pensoient; François, paroître.

3. Accents

The acute accent

- was used in place of the grave in: Confrére, fidéle (and: fidèle), sincére (and: sincere).
- was not used in: célebrée, cheri, desirée, interêt, Jansenisme, reduit, verité.

The grave accent

- was not used in: colere, fonderent, dédierent, quitterent (but also: querellèrent).

The circumflex accent

- was not used in: vouté.
- was used in: toûjours.

The diaeresis

- was used in: connuë, décoëfferent, Déïté (and: Déité), ébloüit, feüillet.

4. Capitalisation

- initial capitals were attributed to: Abbé, Amis, Art, Autel, Beautés, Belles, Bienfaicteur, Bois, Concurrent, Confrére, Cour, Courrier, Courtisans, Déesse, Déïté, Dieux, Ecriture, Etourdis, Fables, Gothique, Héros, Jansenisme, Jeunes-gens, Lieux, Maître, Médaillon, Mignons, Missel, Mortels, Paix, Prélat, Prêtres, Prince, Race, Rival, Temple, Tems, Trio.

5. Various

- the ampersand was used.
- the hyphen was used in: Jeunes-gens, très-cher.

LE TEMPLE DE L'AMITIÉ,

allégorie.

Au fond d'un bois à la paix consacré,
Séjour heureux de la cour ignoré,
S'élève un temple, où l'art par ses prestiges
N'étale point l'orgueil de ses prodiges.
Où rien ne trompe et n'éblouit les yeux,   5
Où tout est vrai, simple, et fait pour les dieux.
    De bons Gaulois de leurs mains le fondèrent,
A l'Amitié leurs cœurs le dédièrent.
Las! ils pensaient dans leur crédulité,
Que par leur race il serait fréquenté.   10
En vieux langage on voit sur la façade
Les noms sacrés d'Oreste et de Pilade,
Le médaillon du bon Piritoüs,
Du sage Acate et du tendre Nisus,
Tous grands héros, tous amis véritables.   15
Ces noms sont beaux, mais ils sont dans les fables.
    La déité de cet obscur séjour,

---

b   MS3, MS4, 33B-K, absent
1   W51: Du fond
3   MS2-MS4, 33B-K: l'art et ses prestiges
4   MS2-MS4, 33B-K: N'étalent [...] leurs prodiges.
7   33B: Les bons
11   MS1: En vieil language
16   MS2: Ces nœuds sont beaux, mais ils sont dans la fable.
17   MS3, MS4, W38-W48D, Kvar: de ce petit séjour,
17-20   MS2, W50:
        La déité de ces lieux écartés
        Est sans trépieds, sans prêtres, sans oracles,
        Sans ornements, fait très peu de miracles;
        Elle est au rang des saints les moins fêtés,

Reine sans faste, et femme sans intrigues,
Divinité sans prêtres et sans brigues,
Est peu fêtée au milieu de la cour.   20
    A ses côtés sa fidèle interprète,
La Vérité, charitable et discrète,
Toujours utile à qui veut l'écouter,
Attend en vain qu'on l'ose consulter.
Nul ne l'approche, et chacun la regrette.   25
Par contenance un livre est dans ses mains,
Où sont écrits les bienfaits des humains,
Doux monuments d'estime et de tendresse,
Donnés sans faste, acceptés sans bassesse,
Du bienfaiteur noblement oubliés,   30
Par son ami sans regret publiés.
C'est des vertus l'histoire la plus pure:
L'histoire est courte, et le livre est réduit
A deux feuillets de gothique écriture,
Qu'on n'entend plus, et que le temps détruit.   35
    Or des humains quelle est donc la manie?
A l'Amitié nul d'eux ne sacrifie,
Et cependant on les entend toujours

W51-K:
      Les doctes sœurs ne chantent qu'en ces lieux,
      Car on les siffle au superbe empyrée.
      On n'y voit point Mars et sa Cithérée,
      Car la discorde est toujours avec eux:
      L'Amitié vit avec très peu de dieux.
18-19 MS3, MS4, W38-W46, Kvar: sans intrigue, [...] sans brigue,
20   MS1, MS3, MS4, W38, RP40, Kvar: de sa cour.
21   W46: côtés fidèle
      W51, W52: Pour ses plaisirs la grandeur n'est parfaite [W52: point faite].
22   W38: La Vérité toujours sage et discrète,
28-29 MS3: de tendresses, [...] bassesses,
30   MS3, W56-K: Du protecteur noblement
31   MS3, W56-K: Du protégé sans
37   MS2, W38-K: Toute amitié de leurs cœurs [K85: leur cœur] est bannie,

De ce beau nom décorer leurs discours.
Ses ennemis ne jurent que par elle,   40
En la fuyant chacun s'y dit fidèle;
Froid par dégoût, amant par vanité,
Chacun prétend en être bien traité.
   De leurs propos la déesse en colère
Voulut enfin que ses mignons chéris,   45
Si contents d'elle, et si sûrs de lui plaire,
Vinssent la voir en son sacré pourpris;
Fixa le jour, et promit un beau prix
Pour chaque couple au cœur noble et sincère,
Tendre comme elle, et digne d'être admis,   50
S'il se pouvait, au rang des vrais amis.
   Au jour nommé vinrent d'un vol rapide
Tous nos Français, que la nouveauté guide.
Un peuple immense inonde le parvis;
Le temple s'ouvre. On vit d'abord paraître   55
Deux courtisans flatteurs d'un commun maître,

39   MS1, RP40-W48D, W52-W57G: leur discours.
40-41   MS2, W50, W51:
           Chacun se dit à son culte fidèle,
           Ses ennemis ne jurent que par elle,
41   W46, W48D, W52: se dit
42-43   MS2, W50, W51, W56-K:
           Ainsi qu'on voit, devers l'Etat romain,
           Des indévots chapelet à la main [MS2: le chapelet en main].
44   MS2, W48D, W56-K: De leur propos
        W50, W51: On dit qu'un jour la déesse
        W70L: De leur repos
45   MS3, W50, W51: que ces mignons
49   W38-K: noble, sincère
51   MS2: rang de ses amis.
        MS4: pouvait être au rang
52   MS2-MS4, 33B-K: nommé viennent d'un
55   MS4: On voit <déjà> <pivo>↑d'abord⁺paraître
56-57   MS2, W38-K: courtisans par l'intérêt unis

Par l'intérêt depuis longtemps unis,
Par l'amitié tous deux ils croyaient l'être.
Vint un courrier, qui leur dit qu'à l'instant
Auprès du prince un poste était vacant: 60
Nos deux amis brusquement se quittèrent,
Déesse, prix, et temple abandonnèrent:
Chacun des deux en son âme jurant
D'anéantir son très cher concurrent.

Quatre dévots, à la mine discrète,   65
Le dos voûté, leur missel à la main,
Unis en Dieu de charité parfaite,
Et tout brûlants de l'amour du prochain;
Psalmodiaient et bâillaient en chemin.
L'un riche abbé, prélat à l'œil lubrique,   70
Au menton triple, au col apoplectique,
L'estomac plein d'un pâté d'esturgeon,

59-61   MS2, W38-K:
  Vint un courrier, qui dit qu'auprès du maître
  Vaquait alors un beau [W51: bon] poste d'honneur,
  Un noble emploi de valet grand seigneur.
  Nos deux amis poliment se quittèrent,
60   MS3, MS4:   Certain emploi près du prince est vacant
61   MS3, MS4:   amis poliment se
62   W38:   Déesse et prix, ce temple
     MS2-MS4, 33B, RP40-K: Déesse, et prix
66   MS1:   voûté, le bréviaire à
     MS2, RP40-K: Dos en arcade, et missel
68   MS1-MS3, 33B, W75G: Et tous brûlant
     K84:   Tout brûlant de
69   MS1:   Psalmodiaient en bâillant en
72   MS3, MS4, W38, Kvar:
  Sur le chemin de Conflans à Gaillon, [MS4, W38, with note: Maisons
  des campagnes [MS4: de campagne] de deux archevêques qui faisaient
  très bonne chère.][Kvar: Maisons de campagne des archevêques de
  Paris et de Rouen. Ces prélats étaient alors des gourmands célèbres.]
72-73   MS2, RP40-K:
  Porc engraissé des dîmes de Sion,
  Oppressé fut d'une indigestion.

Fut pris en bref d'une indigestion.
Ses trois amis au temple le laissèrent,
Son bénéfice en leur cœur dévorèrent;   75
Et le trio dévotement rival,
En se jurant fraternité sincère,
Les yeux baissés courut au cardinal,
De jansénisme accuser son confrère.

   Gais et brillants, après un long repas,   80
Deux jeunes gens se tenant sous les bras,
Lisant tout haut des lettres de leurs belles,
Dansant, sifflant, leur figure étalaient,
Près de l'autel ensemble ils accouraient

73   MS4: en \<chef> \<pivo>↑bref
73-74   MS2-MS4, W38-K, between 73 and 74:
      On confessa mon vieux ladre [MS3, MS4: prêtre] au plus vite;
      D'huile il fut oint, aspergé d'eau bénite,
      Dûment lesté par le curé du lieu
      Pour son voyage au pays du bon Dieu.
74   MS3, MS4: Ses trois amis aussitôt le laissèrent
74-76   MS2, W38-K:
      Ses trois amis gaîment lui marmottèrent
      Un *oremus*, en leur cœur dévorèrent [W52-K: convoitèrent]
      Son bénéfice, et vers la cour trottèrent;
      Puis le trio [MS2, RP40-K: chacun d'eux]
77   MS2, absent
     W51: Et se
78   MS3, with note: de Fleury, ministre.
     W38: baissés court au bon cardinal,
     MS2, RP40-K: baissés, va chez le cardinal [W70L-K, with note: Le cardinal
de Fleuri.]
80   33B: un bon repas
82   MS2: Lisaient tout haut les lettres
83   W38: Dansant, chantant, leur
     RP40-W46: Leur amitié, leur figure
     MS2, W48D-K: D'un air galant leur
     MS3: leurs figures
84-86   MS2-MS4, 33B-K:
      Et [MS2-MS4, RP40-W57G: En] détonnaient [MS2-MS4, 33B, RP40-K:
      détonnant] quelques chansons nouvelles,

Nos étourdis pour rien se querellèrent,   85
En furieux dans le temple ils entrèrent,
Et le moins fou laissa, tout éperdu,
Son pauvre ami sur la place étendu.
　　Plus loin venaient, d'un air de complaisance,
Lise et Chloé qui, dès leur tendre enfance,   90
Se confiaient tous leurs petits desseins,
Se caressant, se parlant sans rien dire,
Et sans sujet toujours prêtes à rire,
Elles s'aimaient, hélas! si tendrement!
Nos deux beautés en public s'embrassèrent.   95
Un Richelieu passa dans le moment:

       Ainsi qu'au bal à l'autel ils allaient:
       [33B: Près de l'autel [MS3, MS4: Vers la déesse] ensemble ils accouraient,]
       Nos étourdis pour rien s'y [MS2-MS4, 33B, W46: se] querellèrent,
       De l'Amitié l'autel ensanglantèrent;
87   MS4: le moin<dre>s fou
     33B: Et le plus fort
88   MS2: Son cher ami
     MS3: Son bon ami
     W38-K: Son tendre ami
89-90   MS3, MS4, W38, between 89 and 90: Nonchalamment clochant sur leurs
patins,
91   MS4: tous <les> ↑leurs
91-92   MS2, RP40-K, between 91 and 92:
       Se confiaient leurs plaisirs, leurs humeurs,
       Et tous ces [MS2: les] riens qui remplissent leurs [MS2: remplissaient
       les] cœurs,
93   MS1: sans sujets
94   W38: Elles s'aimaient si naturellement.
94-97   MS2, RP40-K:
       Mais toutes deux avaient le même amant;
       A son nom seul, ô merveille soudaine!
       Lise et Chloé prirent tout doucement [MS2: rapidement]
       Le grand chemin du temple de la Haine.
96   W38: Mais toutes deux avaient le même amant,
     Kvar: Un jeune amant passa
     Kvar: Mais Richelieu passa

Lise et Chloé pour lui se décoiffèrent.
  Enfin Thémire à son tour y parut,
Avec ces yeux où languit la mollesse,
Où l'amour brille, où loge la tendresse.   100
Mais l'Amitié soudain la reconnut:
Allez, allez, vous vous trompez, dit-elle,
Ce n'est pas moi qu'il vous faut aujourd'hui;
C'était l'Amour que vous cherchiez, ma belle,
Gardez-vous bien de me prendre pour lui.   105
Le dieu d'amour est le dieu de Thémire.
L'autre, deux fois ne se le fit redire,
Elle partit, aucun ne demeura.

  De l'Amitié le prix fut laissé là;
Et la déesse, en tous lieux célébrée,   110
Jamais connue, et toujours désirée,

---

98   MS3, MS4: Enfin Zaïre à
98-108   MS2, W38-K:
        Enfin Zaïre y parut à son tour,
        Avec ces [MS2, W46, K85: ses] yeux, où languit la mollesse,
        Où le plaisir brille avec la tendresse.
        Ah! que d'ennui, dit-elle, en ce séjour!
        Que fait ici cette triste déesse?
        Tout y languit: je n'y voit point l'amour.
        Elle sortit, vingt rivaux la suivirent;
        Sur le chemin vingt beautés en gémirent.
        Dieu sait alors où ma Zaïre alla.
99   MS1, 33B: Avec ses yeux
100 MS1, 33B: où lorgne la
     MS3, MS4: où parle la
     Kvar: Où le plaisir brille avec la tendresse.
103 MS1, absent
104 33B: cherchiez la belle
106-107 MS1, MS3, MS4, 33B, Kvar, invert these lines [MS3, MS4: de Zaïre]
110 W38, W46-W75G: en tout lieu
     RP40G: en lieu

Gela de froid sur ses tristes autels.
J'en suis fâché pour les pauvres mortels.

112 MS2-MS4, w38-k: ses sacrés autels.
113 w38-w48d, w51-k, after 113:

ENVOI [1]

Mon cœur, ami charmant et sage,
Au vôtre n'était point lié,
Lorsque j'ai dit qu'à l'Amitié
Nul mortel ne rendait hommage:
Elle a maintenant à sa cour
Deux cœurs dignes du premier âge;
Hélas! le véritable amour
En a-t-il beaucoup davantage?

[1] In all probability these lines replaced an earlier *envoi* addressed to Mme de Fontaine-Martel; see below, *A Mme de Fontaine-Martel, en lui envoyant le Temple de l'amitié* (p.493).

24

Le Temple du goût

critical edition

by

O. R. Taylor

ACKNOWLEDGEMENTS

I should like to express my gratitiude to the late Theodore Besterman who generously put at my disposal any editions or manuscripts in his collections; Mlle Marie Laure Chastang who allowed me access to the *fiches* drafted by Mlle H. Frémont and herself before the publication of the two Voltaire volumes of the *Catalogue général des livres imprimés de la Bibliothèque nationale* (1978); Mr Giles Barber who helped me to make the best use of the resources of the Voltaire Foundation at the Taylor Institution, Oxford; Mr Lawrence Dethan for his kind assistance in the British Library; Professor W. H. Barber who liberally provided me with photocopies of texts in his possession; Professor Harcourt Brown who supplied me with photocopies of editions then in his library and detailed for me the results of his own bibliographical investigations; Monsieur P. Botineau, bibliothécaire-adjoint at the Bibliothèque municipale de la ville de Reims, who obtained for me microfilms of Voltaire material which he had discovered in the library's collections; Monsieur P. Hamon, conservateur de la Bibliothèque municipale d'étude et d'information de Grenoble, who provided me with a description of an edition and a photocopy of its title-page; Monsieur C. Simmonet, conservateur de la Bibliothèque municipale de Rouen, who furnished me with information about various editions held by the library; Dr Christopher Todd who secured for me various photocopies and generously sent me the results of his enquiries in so many European libraries; Mme la Marquise d'Argenson whose researches into the iconography of her ancestors in the Polignac family and personal knowledge of her family's history were, with great kindness, made available to me in my investigation of two paintings in the Louvre; and Monsieur le duc de Polignac who helpfully answered my enquiries about Melchior de Polignac's papers.

LE TEMPLE DU GOÛT

[The Voltaire Foundation thanks Catriona Seth for extra material used in the preparation of the late Owen Taylor's edition.]

INTRODUCTION

1. *Background*

Voltaire offers two accounts of the genesis of *Le Temple du goût*. According to the first editions, 'L'auteur du *Temple du goût*, avait fait une petite pièce de pur badinage, intitulée *le Temple de l'amitié*; l'ayant lue au cardinal [de Polignac], S. E. lui conseilla de faire *le Temple du goût*, et d'étendre un peu cet ouvrage'.[1] This initial version of events was not rejected by Polignac or his friends and may be authentic. What appears illogical at first sight, however, is the alleged link between *Le Temple de l'amitié* and the completely dissimilar *Temple du goût*. In both form and content the latter is more akin to the 'Epître dédicatoire à M. Falkener' with which Voltaire prefaced *Zaïre*. The explanation may well lie in the fact that *Le Temple du goût* was no less independent in tone and no less scathing on the death of Adrienne Lecouvreur than the 'Epître dédicatoire' to which the royal censors had refused their approval. Voltaire at first thought it more prudent to invoke the patronage of the highly respected cardinal and his well known connections with the still influential Mme de Fontaine-Martel for whom *Le Temple de l'amitié* had been composed. Later, after the immediate scandal caused by the publication of *Le Temple du goût*, he considered it wiser to alter the angle of his defence and to try to diminish his personal responsibility. Hence the account given in the later editions, which presents *Le Temple du goût* as the transcription of the debates of a group of friends to whom Voltaire had merely acted as secretary.[2] Both versions may contain their measure of truth. It seems highly probable that cardinal Melchior

---

[1] See below, p.120, n.*b*.
[2] 'Lettre de M. de V... à M. de C...', l.3-6 (p.205).

de Polignac prompted Voltaire to undertake *Le Temple du goût* in the course of discussions in Mme de Fontaine-Martel's salon.

In 1732 Antoinette-Madeleine de Fontaine-Martel (?1661-1733) was still an important figure in Parisian society.[3] When she came out in Paris she had been considered the greatest beauty of her day and dubbed 'la belle Viennoise'.[4] Her marriage into the Martel family had opened the way to royal favour and she had enjoyed the high regard of Louis XIV and more particularly of the Regent who had amply rewarded her for her support and services. She was Saint-Simon's close and trusted friend.[5] She had been, no

[3] For a more detailed account of Mme de Fontaine-Martel's family, career and circle, see O. R. Taylor, 'Voltaire iconoclast: an introduction to *Le Temple du goût*', *Studies* 212 (1982), p.11-22 and 29-30. The connection between the Bordeaux and the old and new Orléans families can be traced back to Guillaume de Bordeaux, Mme de Fontaine-Martel's grandfather, an immensely rich tax-farmer and speculator, who was *surintendant des finances du duc d'Orléans* in 1644 and royal *intendant des finances* in 1649. Of her favour at court and of her wealth there can be no doubt (see Dangeau, iv.480, v.329, 376, vii.162, 452, xvi.140). It was apparently through her husband that she became part of the group around Monsieur, Louis XIV's brother, and the duc de Chartres, the future Regent. The latter she must have served well. In January 1720 he gave her shares worth 20,000 livres in the Compagnie des Indes (Dangeau, xviii.199). In November 1722 the *Mercure de France* announced: 'Le 14 novembre le roi a accordé 6000 livres de pension à la dame de Fontaine-Martel, par forme de gratification' (ii.90). Hénault delicately recalls some of the vicissitudes of her private life (*Mémoires*, Paris 1911, p.27). The songs in which she figures in the *Recueil dit de Maurepas* (Leyde 1865) can be coarse (ii.211, 261, 361). D'Argenson did not appreciate her sometimes earthy humour which amused Voltaire (V 82, p.506; D15763) and Montesquieu. On 26 April 1738, five years after her death, the latter wrote to Moncrif: 'Je suis, à l'égard des ouvrages qu'on m'a attribués comme la Fontaine-Martel étoit pour les ridicules; on me les donne mais je ne les prends point' (*Œuvres complètes*, ed. A. Masson, Paris 1950-1955, iii.987). It is of interest that Montesquieu agrees with his friend Hénault that Mme de Fontaine-Martel's public image caricatured her eccentricities. There is no evidence that Montesquieu attended her receptions; he may have met her between 1721 and 1728 in Mme de Lambert's salon where he was a regular guest.

[4] Hénault, *Mémoires*, p.27. She had apparently been brought up in Vienne (Isère).

[5] Louis de Rouvroy, duc de Saint-Simon, *Mémoires*, ed. Y. Coirault (Paris 1983-1988), iii.881.

doubt still was, a *précieuse* with literary ambitions and was an habituée of Mme de Lambert's salon. [6] D'Argenson had no great opinion of her abilities. In contrast Hénault recalls that 'elle avait de l'esprit et elle l'avait orné', [7] while Titon Du Tillet observes flatteringly that her 'esprit orné d'une aimable érudition la distingue entre les personnes de son sexe'. [8]

In the years Voltaire knew Mme de Fontaine-Martel, and perhaps before, she was using part of her wealth to support fledgeling writers. Her Sunday luncheons (*dîners*) and afternoons were special occasions which offered the attraction of good conversation and some of the latest literary novelties. In December 1731 she induced Voltaire to take up residence in her house overlooking the Palais-Royal. Despite the flippancy of the letters he wrote at the time of her death in January 1733, [9] he seems to have appreciated the congenial atmosphere he found there, the freedom he was given, his hostess's quite open religious scepticism and her epicureanism. [10] At the same time Voltaire must have been a valuable catch for Mme de Fontaine-Martel. The poet was by no means loath to play his part as literary lion and preside over her salon.

To the Sunday receptions Voltaire managed, on occasions, to lure a prince of the blood, Louis-Armand de Bourbon-Condé, comte de Clermont, whom he had met at Arcueil in the course of 1731. [11] The bait no doubt was the possibility of attending some

---

[6] J. Bertaut, *La Vie littéraire en France au XVIIIᵉ siècle* (Paris 1954), p.33.

[7] René-Louis de Voyer de Paulmy, marquis d'Argenson, *Journal et mémoires*, ed. E. J. B. Rathery (Paris 1859-1867), i.148; Hénault, *Mémoires*, p.27.

[8] Evrard Titon Du Tillet, *Description du Parnasse français* (Paris 1727), p.212.

[9] Mme de Fontaine-Martel died on 22 January 1733 (*Gazette de France*; D563, D564).

[10] See his *Epître à Mme de Fontaine-Martel* (below, p.488-92).

[11] D'Argenson records: 'chez la Fontaine-Martel, on dîne peu, on ne déjeune jamais, mais on soupe tous les soirs' (*Journal*, i.148). This evidence, and that provided by Voltaire's correspondence, suggests that she kept open table at supper every evening, but that the important weekly occasion was Sunday luncheon and afternoon. The invitations to the comte de Clermont are for 'nos dîners des

private performances of *Brutus*, *Eriphyle*, *L'Indiscret* or *Zaïre*.[12] For some of these occasions Voltaire carefully called on the services of his old friend Paradis de Moncrif, Clermont's *secrétaire des commandements* until the latter part of 1734.

Another guest who probably yielded to the same temptations was cardinal de Polignac, who returned to Paris in July 1732 from his embassy in Rome.[13] According to the *Journal de la cour et de Paris*, Polignac was present at a private performance of *Zaïre* given in January 1733.[14] He was perhaps accompanied by his protégé, the abbé Charles d'Orléans de Rothelin, who was related by marriage to Mme de Fontaine-Martel and whose friendship with Voltaire was well established.[15]

Voltaire had met Polignac before 1718, and several other friends from those early days were also attracted to Mme de Fontaine-

dimanches' (D448; also D462, D467), and D500 shows that he left Mme de Fontaine-Martel's house at about 6 p.m. (*l'après-dîner* covered approximately the hours between 3 and 6 p.m.). The attraction was not good food; according to d'Argenson, 'les soupers se piquent d'être mauvais' (i.148). In January 1742 Voltaire reminded him of Mme de Fontaine-Martel's house 'où on faisoit si guaiment de si mauvais soupers' (D2580).

[12] See D474, D459, D475, D500, D564. Mme de Fontaine-Martel appears to have been especially interested in the theatre, and she had a taste for opera which Voltaire mentioned in his *Epître à Mme de Fontaine-Martel* (l.43). She was acquainted with Adrienne Lecouvreur (see *Lettres*, ed. G. Monval, Paris 1892, p.157). It may have been a common love of the theatre that brought Mme de Fontaine-Martel and Voltaire together.

[13] Old acquaintance and boredom may have driven Polignac to Mme de Fontaine-Martel's receptions. According to Saint-Simon's acid comments in 1739 (*Traités politiques*, ed. Y. Coirault, Paris 1996, p.978-79), the cardinal failed to regain his former position at court after his return from Rome and found himself politically and even socially isolated in Versailles and Paris. In 1732 he seemed old-fashioned both in his person and in his conversation. For diversion he turned to the various academies to which he had been elected and in which he was still respected. See d'Argenson, *Les Loisirs d'un ministre* (Liège 1787), ii.145; François-Joachim de Pierres de Bernis, *Mémoires et lettres*, ed. F. Masson (Paris 1878), i.63, n.18; Taylor, 'Voltaire iconoclast', p.16-18.

[14] *Journal de la cour et de Paris*, ed. H. Duranton (Saint-Etienne 1981), p.46.

[15] See for example D1045; also below, p.37-41.

Martel's receptions. Until he died on 2 February 1732 Charles-Jean-Baptiste Fleuriau, comte de Morville, was in all probability a regular visitor (D462). The gap he left was filled by the comte de Lassay,[16] who was introduced by Clermont. The marquis d'Argenson had been Voltaire's contemporary at Louis-le-Grand and he had known Hénault since the days of the Temple. As early as 1716 Voltaire was writing to the comte de Bussy (D41),[17] who was as notorious a free-thinker as Mme de Fontaine-Martel herself though it was perhaps the literary and artistic activities of her salon that interested him most. 'Homme de beaucoup d'esprit [...] musicien, poète, connaisseur dans les arts',[18] Rabutin was in good company with the chevalier de Brassac who may also have been part of the group.[19]

Voltaire's own obsession with the theatre and the current craze for amateur dramatics among the younger members of the nobility

[16] Léon de Madaillan de Lesparre, comte de Lassay (1683-1750), son of Armand-Léon de Madaillan de Lesparre, marquis de Lassay (1652-1738), author of the *Recueil de différentes choses* (1727). Some sources confuse the two men, but not Clément de Ris who apparently had access to original documents or copies (*Les Amateurs d'autrefois*, Paris 1877, p.229-52). Léon de Lassay inherited his father's artistic gifts and good taste. It was he who advised Louise-Françoise de Bourbon (1673-1743) on the building of the Palais-Bourbon and on the acquisition of pictures for its decoration. It was to him that the comtesse de Verrue bequeathed a number of valuable pictures (Clément de Ris, p.246). Clément de Ris's version of the legacy is supported by Luynes (i.131) who recorded that in her will his aunt the comtesse left 'un autre présent assez considérable à M. de Lassay fils'. See M. Rambaud, *Documents du Minutier central concernant l'histoire de l'art, 1700-1750* (Paris 1971), ii.888-95, 1052.

[17] Michel-Roger Celse de Bussy-Rabutin (?1669-1736), younger son of Roger de Rabutin, comte de Bussy, was *grand vicaire d'Arles* and *doyen de Tarascon* before being appointed bishop of Luçon in 1723. He was a member of the group around the Vendômes and Chaulieu (see D17809). He was elected to the French Academy in 1732 in succession to Houdar de La Motte. Voltaire had known him since his youth.

[18] Marais, iii.37.

[19] Brassac and Moncrif were together calling on Voltaire in his lodging in the rue du Long-Pont in July 1733, if D641 is correctly dated.

33

and the middle class explain the presence in Mme de Fontaine-Martel's circle of a number of young people some of whom are named in *Le Temple du goût*. The cast who performed *Zaïre* in January 1733 included Mlle de Lambert, her two brothers Henri Lambert d'Herbigny, marquis de Thibouville (1710-1784) and Pierre-Armand (?) d'Herbigny (1712-?), [20] and a Mlle de Grand-Champ, companion to Mme de Fontaine-Martel. [21] To these can be added the marquis de Surgères, the marquis d'Estampes, usually styled marquis de La Ferté-Imbault, [22] and perhaps the duc de Villars. [23] Among these writers and actors was Mlle de Lubert who

[20] See *Journal de la cour et de Paris*, p.46. There were four Lambert d'Herbigny sisters of whom two were married at this time. Mlle de Lambert could be either Marie-Armande (1708-?) or Marie-Angélique (1709-?). Thibouville's 'ancien goût pour la comédie' is referred to by Voltaire in D15481.

[21] Mlle de Grand-Champ perhaps had no choice. According to Voltaire she was a 'nièce de madame Dandrezel, que notre baronne avoit arrachée à ses parents dans l'espérance dont elle la leuroit de la mettre sur son testament et réellement dans la seule vue d'avoir une bonne [...] de plus à son méchant cabaret' (D570). She was probably the niece of Jean-Baptiste-Louis Picon, vicomte d'Andrezel, *secrétaire des commandements de Monseigneur*, intendant of Roussillon in 1716, French ambassador to Turkey from 1724 to 1727 (the year in which he died). He left barely enough money to pay his debts, so the impoverishment of the family may explain why Mme d'Andrezel could do little to help her niece. The connection between Voltaire's circle and the d'Andrezel family seems to have been maintained for a number of years. In June 1749 Mme Du Châtelet was prepared to further her own designs by inviting to Cirey a Mlle d'Andrezel who must have been on friendly terms with the marquise de Boufflers (D3942, D3946).

[22] On Surgères see below, p.183, n.*k*, and p.250, n.193; on La Ferté-Imbault, p.250, n.194.

[23] Commenting on *Le Temple du goût*, the abbé Le Blanc denounced 'L'Aprobation qu'il [Voltaire] donne à la manie qu'ont nos jeunes gens de joüer la Comédie, comme si ce devoit être le metier du fils d'un Marechal de France' (Hélène Monod-Cassidy, *Un voyageur-philosophe au XVIIIᵉ siècle: l'abbé Jean-Bernard Le Blanc*, Cambridge, Mass. 1941, p.173). The allusion may be to Honoré-Armand, duc de Villars (1702-1770), son of Claude-Louis-Hector, duc de Villars (1653-1734), maréchal de France. He appears to have taken more interest in literature than in soldiering. His father refers in 1722 to his son's taste for the theatre (D107); much later Voltaire comments on his proficiency in dramatic art (D9250, D9274, D9279, D9280). He acted in performances of Voltaire's plays at Les Délices, but I have

34

became a prolific writer of short stories of various kinds and adapted a number of chivalrous romances; Voltaire nicknamed her 'Muse et Grâce'.[24] His memory of her eccentric music-mad father was still vivid in 1763 (see D11041). The comte de Tressan and the comte de Caylus, even though the latter was wary of poets, and in particular of Voltaire, may also have belonged to Mme de Fontaine-Martel's group.[25]

Of the habitués of the salon, those who were patrons of the arts were assiduously cultivated by Voltaire. Clermont was interesting, not only by reason of his rank, but because in 1729, at the age of twenty, he had founded a *Société des arts* whose hundred members included writers, artists and those of proven competence in the arts.[26] If Voltaire was ever recruited as a member he must have

found no record of his presence at Mme de Fontaine-Martel's receptions, though he knew Voltaire well enough to write to him during his exile in England (see D303).

[24] Marie-Madeleine de Lubert (?1710-1779). According to Charles-Joseph de Mayer (*Le Cabinet des fées*, Amsterdam, Paris 1785-1789, xxxvii.150), Fontenelle and others also used the nickname 'Muse et Grâce'. It was a tribute to her interests and her charm. Preferring cultured tranquillity, she eschewed marriage and, in later life at least, some of the social round. All sources agree that to the end 'elle a conservé, pour le bonheur de ses amis, le caractère aimable qui la rend précieuse à la société' (*Bibliothèque universelle des romans*, January 1777, ii.182). She had an 'esprit aimable et honnête qui la faisait estimer et rechercher' (Mayer, xxxvii.146), and she is said to have presided over her father's concerts (see below, p.216, n.30); see Joseph de La Porte, *Histoire littéraire des femmes françaises* (Paris 1769), iv.281-310.

[25] See S. Rocheblave, *Essai sur le comte de Caylus* (Paris 1889), p.72. Rocheblave asserts that Caylus was friendly with Tressan, Surgères and Brassac, and that he took part in the amateur dramatics at Morville with his mistress Mlle Quinault. Among the guests at the latter's suppers were Voltaire, Moncrif, Duclos, Pont-de-Veyle and Voisenon (p.33-34). Unfortunately Rocheblave's chronology is vague. But Caylus's connections and his interest in acting raise the question of his possible presence at Mme de Fontaine-Martel's receptions.

[26] To the basic facts supplied by d'Alembert (*Histoire des membres de l'Académie française*, Paris 1785-1787, vi.347), J. Cousin adds the life-span of the *Société des arts* and a few names in the two categories of 'artistes' and 'personnages qualifiés' (*Le Comte de Clermont, sa cour et ses maîtresses*, Paris 1867, i.109); cf. *Mémoires de Trévoux*, February 1733, p.357-59.

been disappointed that the ill-organised and unwieldy *Société* survived for only some eight years.

As a patron and connoisseur, Clermont was probably less discerning and less striking than cardinal Melchior de Polignac who had returned to Paris from Rome in 1732 with collections of pictures, engravings, sculpture ancient and modern, and objets d'art. [27] During his years in Rome he had taken a keen interest in the Académie de France and had called on the services of Bouchardon, Adam and Vleughels. With others he had launched the excavations that in 1729 had uncovered, at the so-called villa of Marius near Frascati, the ten marble statues representing Ulysses' discovery of Achilles at the court of Lycomedes. [28] His own collection of statues was impressive. Further, Polignac had claims to literary fame. He was still reading extracts from his Latin poem *Anti-Lucretius*, which had added to his prestige the reputation of being a great didactic or philosophic poet. [29] Until this long-awaited work was at last published posthumously by Rothelin in 1747, Voltaire remained impressed despite his lack of faith in the validity of neo-Latin literature. Besides, he was dazzled, as so many of his predecessors had been, by the cardinal's brilliant conversation. [30]

[27] P. Paul, *Le Cardinal Melchior de Polignac* (Paris 1922), p.358-76; U. Rouchon, *La Mission du cardinal de Polignac à Rome (1724-1732)* (Paris 1927), p.149-71.

[28] See below, p.192 and n.206; also Rouchon, p.161.

[29] Paul, p.358; R. Shackleton, *Montesquieu: a critical biography* (Oxford 1961), p.98-99.

[30] Polignac's conversational prowess appeared overwhelming to Voltaire's ever vigilant, critical mind, even though he was bored by inconsequential chatter; cf. Raynal: 'Le cardinal de Polignac parlait très bien, mais il parlait tout le temps; le cardinal de Fleury, au contraire, faisait très bien la conversation; sur quoi Voltaire dit un jour que des dialogues de Fleury et des monologues de Polignac on ferait une très bonne pièce' (CLT, i.80). Bernis also registers the limits of Voltaire's admiration: 'Un jour, on demandait à Voltaire: Où allez-vous de si bonne heure? Je vais, dit-il, entendre un monologue du cardinal de Polignac' (*Mémoires*, i.64). For a critical analysis of Polignac's conversational powers as they were in 1736 see d'Argenson, *Les Loisirs*, ii.136-37, 145. See also below, p.233-34, n.123.

In 1732 disenchantment was yet to come. Polignac appeared to Voltaire to be one of those noble, wealthy and discriminating patrons of the arts whose role he admired in turn in Louis XIV, the Regent, Bolingbroke and Frederick II.

Rothelin's physique and personality were less forceful, less vivid than those of his patron.[31] Compared with the cardinal, commented d'Argenson, 'l'abbé de Rothelin a la physionomie fine, spirituelle, l'air d'avoir la poitrine délicate: sa figure est agréable, mais tout-à-fait moderne; celle du cardinal est à présent une belle et précieuse antique'.[32] The eulogy published after his death by his friend and fellow numismatist, Guillaume Beauvais,[33] is a piece

[31] Charles (or Charles-Alexandre?) d'Orléans, abbé de Rothelin, was born on 5 August 1691 in Paris, where he died on 17 July 1744. His family was descended from Jean Dunois, the 'bastard of Orleans' (or from a bastard of François d'Orléans who died in 1548) and was connected with the Longuevilles. He was the third and youngest son of Henri d'Orléans, marquis de Rothelin, and of Gabrielle Eléonore de Montaud, daughter of Philippe de Montaud, duc de Navailles, maréchal de France; see Taylor, 'Voltaire iconoclast', p.18-21. Rothelin was educated at the collège d'Harcourt. A taste for learning led him to choose an ecclesiastical career. In Greek, Latin, philosophy and theology he proved a brilliant student. He took a doctorate in theology and was noticed by Polignac whom he accompanied to the conclave that elected Benedict XIII in 1724. He spent a year in Italy where he started his famous collection of coins and medals, manuscripts and rare books. Among his close friends was Germain-Louis Chauvelin, *garde des Sceaux* and foreign minister. On his return from Italy Rothelin was given the living of the 'abbaye de Cormeilles' but refused any other preferment which might bring exile from Paris, its writers and scholars.

[32] *Les Loisirs*, ii.149-50.

[33] 'Lettre de M. Beauvais à M. l'abbé de Maligney [...] sur la mort de M. l'abbé de Rothelin', *Mercure de France* (September 1744), p.2032-41. Though a mere 'négociant', Guillaume Beauvais (1698-1773) was also an earnest numismatist who became a regular contributor to the *Mercure* in this field. It was probably he who secured Rothelin's election, on 1 December 1741, as *membre honoraire* of the Société littéraire épiscopale d'Orléans which Beauvais had helped to found and of which two of the d'Argensons (René-Louis and Marc-Pierre) were already members. Beauvais read Rothelin's eulogy at the society's meeting on 7 August 1744. See E. Bouchet, 'Guillaume Beauvais, notice biographique', *Mémoires de la Société dunkerquoise pour l'encouragement des sciences* (1871-1872), xvii.253-58; A. Fauchon, 'Sociétés savantes orléanaises du XVIIIe siècle', *Mémoires de la Société d'agriculture [...] d'Orléans* (1924), xix.1-127.

of uncritical hagiography; a more sober and trustworthy note is struck by Nicolas Fréret in his *Eloge*:

Il avait dans toute sa personne un air de dignité qui annonçait ce qu'il était et ceux avec qui il avait vécu; mais sa douceur et je ne sais quelle noble simplicité répandue sur toutes ses actions, rendaient cette dignité même infiniment aimable. Au reste cette douceur ne partait point d'un principe de faiblesse; il était toujours vrai, et même très ferme, lorsque la raison, la vertu, ou la fidélité à ses amis demandaient qu'il le fût. Il en a donné des preuves dans quelques-unes de ces occasions délicates, où les prétextes spécieux ne manquent point à ceux qui veulent faillir. Il parlait avec facilité et avec grâce, mais sans aucun empressement; et quoiqu'il eût l'esprit naturellement solide, il portait dans le commerce ordinaire une gaieté douce, qui se faisait sentir dans les conversations les plus sérieuses.[34]

D'Argenson's description tallies with Fréret's portrait, but adds that Rothelin had over the cardinal the advantage of comparative youth and more lively, more spontaneous, more fashionable conversation. Polignac tended to lecture, albeit gracefully. Nevertheless Rothelin failed to make the same impact as Polignac on French society; he did not become a legend. His interests were too specialised, lying as they did in the fields of numismatics, manuscripts and rare editions.

Rothelin published very little,[35] but remained in contact with

---

[34] *Histoire de l'Académie royale des inscriptions et belles-lettres* (Paris 1717-1809), xviii.396.

[35] *Compliments faits au roi et à la reine sur la mort de la reine de Sardaigne* (1728); *Discours prononcés dans l'Académie française le 28 juin 1728, à la réception de M. l'abbé de Rothelin* (Paris 1728); *Discours prononcés dans l'Académie française le lundi 10 janvier 1729, à la réception de M. l'évêque d'Angers* (Paris 1729); *Discours prononcés dans l'Academie française le 15 mars 1731, à la réception de M. l'abbé Séguy* (Paris 1736); *Discours prononcés dans l'Académie française le 10 janvier 1737, à la réception de M. de Foncemagne* (Paris 1737); *Observations et détails sur la collection des grands et petits voyages* (1742, reprinted without the author's name in the first volume of Lenglet Du Fresnoy's *Méthode pour étudier la géographie*, Paris 1742, i.ii.441-82). The *Observations et détails* illustrate Rothelin's interests well. The work is a list,

the world of learning and literature. Elected to the French Academy in 1728, he was in 1732 admitted as *membre honoraire* to the Académie royale des inscriptions et belles-lettres. His appointment as royal censor (1728) also kept him in touch. He was part of the set that Voltaire frequented, and through both his brother and his sister was connected by marriage to Mme de Fontaine-Martel; [36] he was a friend of the président de Maisons, [37] of Formont and of Mme Du Deffand. It is possible that in real life he was closer to Voltaire than Polignac. There is no reason seriously to doubt Rothelin's orthodoxy, despite his interest in Spinoza, [38] his friendship with the atheist Maisons or Voltaire's belief in his liberalism (D2990), but he was tolerant enough not to be shocked by the first version of *Le Temple du goût* and to try to smooth the path of the *Lettres philosophiques*. [39]

with detailed bibliographical descriptions, of rare sixteenth- and seventeenth-century illustrated editions of accounts of expeditions to the East and West Indies.

[36] See Saint-Simon, i.91; CLT, i.233. In addition to the marriage of his elder sister Suzanne to Charles Martel, comte de Clère, Rothelin was also connected with Mme de Fontaine-Martel through his brother Alexandre d'Orléans (1688-1764), the last marquis de Rothelin. In 1716 this latter was granted a dispensation to marry his niece Marie-Philippe-Henriette Martel de Clère (1696-1728), daughter of Charles and Suzanne (see a letter from Polignac to cardinal F. A. Gualterio dated 29 June 1716, BL, add. mss 20330, f.248-49). There was no issue of the marriage. In 1732 there was some question of a marriage between the marquis de Rothelin and a Mlle de Bissy who must be Henriette-Marguerite de Bissy, daughter of Anne-Claude de Thiard, marquis de Bissy, and Angélique-Henriette-Thérèse Chauvelin (E. Griselle, 'Lettres du cardinal de Polignac à l'abbé de Rothelin (1725-1732)', *Documents d'histoire*, 2ᵉ année (1911), p.310, letter of 27 January from Polignac to Chauvelin). Nothing came of this plan, however, and in 1739 Alexandre d'Orléans married Marie-Catherine-Dorothée de Roncherolles de Pont-Saint-Pierre, by whom he had two daughters.

[37] See D1006; Bn N4384, f.27v.

[38] See P. Vernière, *Spinoza et la pensée française avant la Révolution* (Paris 1954), p.386, 415.

[39] Voltaire was well represented in his library where there were various copies of *La Ligue*, four copies of *La Henriade* and two of *Le Temple du goût* ([Rouen] 1733; Amsterdam 1733), together with 'Diverses pièces sur le *Temple du goût*'; see Gabriel Martin, *Catalogue des livres de feu M. l'abbé d'Orléans de Rothelin* (Paris 1746), p.243, no.2284-88, 2290.

It was, however, for aesthetic reasons that Voltaire chose Rothelin and Polignac to accompany him on his visit to the temple of taste. Rothelin defended verse against its insensitive detractors; 'il a la critique très juste et très fine', wrote Voltaire in November 1738 (D1652). According to Brossette, [40] Polignac had kept the French court faithful to the cause of Antiquity. His veneration for ancient Greece and Rome was no doubt shared by Rothelin, who is credited with a deep respect for the monuments of ancient Rome and an unusual understanding and appreciation of Milton. [41] Voltaire found some of this admiration excessive; he thought, for example, that in eighteenth-century France Polignac should refute Lucretius in French (see below, appendix I.B). But this dissent was not enough to split an alliance which must have been based on a high degree of agreement in their aesthetic views. Polignac and Rothelin rarely express personal opinions directly in *Le Temple du goût* but, as Marais pointed out in a letter to Bouhier: 'Je n'ai point entendu dire que le cardinal de Polignac le [*Le Temple du goût*] blâme, et croyez-vous que cela ait été donné au public, sans que ni lui, ni l'abbé de Rothelin, ni le duc de Richelieu en aient eu connaissance?' (iv.478).

Besides we have pointers to earlier aesthetic understanding. In the 'Epître à S. A. S. Mme la duchesse Du Maine' (1750), which prefaces *Oreste*, Voltaire alleges that Polignac was among those who welcomed his reluctance to denature the plot of his *Œdipe* by the introduction of an irrelevant love theme (V 31A, p.402). When Houdar de La Motte died in December 1731, Polignac, Rothelin and Voltaire were unanimous in their assessment of his writings, both creative and critical. [42]

---

[40] Claude Brossette, *Correspondance de J.-B. Rousseau et de Brossette*, ed. P. Bonnefon (Paris 1910), i.19.

[41] Beauvais, 'Lettre', p.2039-40.

[42] See a letter from Polignac to Rothelin dated 27 January 1732 (Griselle, p.310). The already existing link and identity of views betwen Polignac, Rothelin and Voltaire constitute a major piece of evidence; see Taylor, 'Voltaire iconoclast',

Rothelin was as concerned as Voltaire to preserve the purity of the French language,[43] and in the *Lettres philosophiques* he was said to nourish an ambition dear to Voltaire's own heart, the publication of amended or 'purified' versions of the great literary works of the seventeenth century.[44]

Le Temple du goût was launched as a manifesto in defence of a liberal form of French classicism. What scandalised Voltaire and his two friends was the lack of discernment among their contemporaries, an immaturity or lack of taste which led in the arts to a confusion of the first with the second and third rate. Of this blindness no better illustration could be provided than one of the most curious productions of the eighteenth century, Evrard Titon Du Tillet's *Le Parnasse français*.[45] Titon Du Tillet, now remembered mainly for his, and Voltaire's, generous support of Marie Corneille, was already in 1732 a much respected figure. He so admired the achievements of the age of Louis XIV that in 1708 he began to promote the idea of designing and erecting in a public place[46] a great public monument in honour of the writers and musicians of the seventeenth century. By 1718 he was able to exhibit a bronze model which proved popular with the public,[47]

p.20-21. For a possible area of disagreement which may perhaps have developed only later, see below, n.80.

[43] Beauvais, 'Lettre', p.2039.

[44] Lettre XXIV (Lanson and Rousseau, ii.176, 183). See below, p.242, n.160, for what may have been Rothelin's view of seventeenth-century literature and for a possible pointer to a substantial measure of agreement with Voltaire on the subject of the arts.

[45] See J. Colton, *The 'Parnasse françois': Titon Du Tillet and the origins of the monument to genius* (New Haven, London 1979); H. Moulin, 'Titon Du Tillet et son Parnasse', *Bulletin du bibliophile* (1883), p.1-19; *Al* (1765), i.265-77; Taylor, 'Voltaire iconoclast', p.22-25.

[46] Preferably the *rond de l'Etoile* (*Description du Parnasse français*, Paris 1732, p.68-69).

[47] Initially, the popularity of Titon Du Tillet's monument may have been limited. It is not described among the curiosities of Paris in Germain Brice's guide in 1725 (*Nouvelle description de la ville de Paris*, 8th ed., ii.278), but appears in the 1752

but not with the king or his administration. Disappointed, he turned from sculpture to print and in 1727 published his *Description du Parnasse français*. This was well received and was followed in 1732 by a much expanded luxury edition[48] which was brought up to date by supplements issued in 1743, 1755 and 1760.

Titon Du Tillet's dictionary of French writers and musicians – it was no more than that – is of interest because it was intended to mirror majority opinion in the years of its publication. Titon even ignored the advice of his friend Boileau when the latter seemed to him to have lost touch with prevailing taste.[49] His survey confirms that the early eighteenth century attached as much, or nearly as much, importance to 'la littérature mondaine' and the *précieux* movement as it did to the great names of classicism. 'On s'aperçoit', writes Raymond Naves, 'qu'en 1733 l'opinion mettait encore la préciosité et le bel esprit sur le même plan que le génie, et aussi que l'admiration était souvent sans nuances, par un manque d'habitude de discerner les beautés et les défauts dans un même ouvrage'.[50] There was little critical comment. The major and minor writers of the seventeenth century were all enveloped in the same adulation. Titon's Parnassus represented, he claimed in 1727 (p.21-22), only a hierarchy of excellence.

In theory *Le Parnasse français* took account only of those who had made a name during the reign of Louis XIV or had died. But Titon did not in fact observe his self-imposed rule. True, Houdar de La Motte was canonised only after his death (estampe XII), but

---

edition: 'Louis Garnier a exécuté ce bel ouvrage en bronze, Nicolas Poilly l'a dessiné et Jean Audran en a gravé la planche, d'une manière très digne de sa réputation; elle a paru si belle, que les connaisseurs en ont voulu avoir des estampes pour orner leurs cabinets' (*Description nouvelle de ce qu'il y a de plus remarquable dans la ville de Paris*, Paris 1752, ii.268-70). The publication of the 1727 edition of *Le Parnasse français* is indicated, but there is no reference to later printings.

[48] Reviewed by the *Mercure de France* in November (p.2421), about the time Voltaire began *Le Temple du goût*.

[49] *Le Parnasse français*, ed. 1732, p.7.

[50] *Le Goût de Voltaire* (Paris 1938), p.425.

Crébillon, J.-B. Rousseau, Fontenelle, and the now forgotten neo-Latin poet Jacques Vanière so impressed Titon that he offered them places on his Parnassus during their lifetimes.[51] He did not approach Voltaire until 1737. Voltaire refused, as he did again, with ironical modesty, in 1752.[52] Voltaire's pride may have been hurt, but he would have been suspicious of any offer from an admirer of Rousseau and would have had no desire to join the mediocrities thronging Titon's mountain. His disdain, already malicious in the *Triolet à M. Titon Du Tillet*,[53] emerges no less clearly in *Le Siècle de Louis XIV*[54] and in the *Commentaire historique*.

For all that, Voltaire could not, did not, fail to make use of *Le Parnasse français* and he eventually acquired an edition with the

[51] Ed. 1727, p.12; ed. 1732, p.26. According to Moulin, Titon offered Crébillon in 1726 and J.-B. Rousseau in 1728 'la gravure de son Parnasse et une place parmi les illustrations dont il a déjà fait choix' (p.8-10). See Rousseau's letter to Brossette of 12 December 1731 (Brossette, *Correspondance*, ii.91).

[52] See D4938 (8 July 1752): Voltaire refuses to have his head portrayed on a medallion. He refers to a previous refusal at an unspecified date. D4938 could be a refusal to appear in the 1755 supplement; cf. D5131. Voltaire's earlier refusal may relate to the 1743 supplement. In his 1760 supplement Titon revealed that Voltaire was still refusing to appear on a medallion, but that he (Titon) was waiting to 'mettre sa figure en bronze dans un endroit des plus brillants du Parnasse'. He must have been aware that the omission of France's greatest contemporary writer had become an embarrassment, and in a placatory sentence which took account both of his alleged principle of not including the living and of Voltaire's fame, he wrote: 'cependant quand son temps sera venu, on ne pourra pas se dispenser de lui donner une place distinguée sur notre Parnasse' (D5131, commentary). Voltaire was eventually installed on Titon's Parnassus. The two men were so reconciled by their concern for Marie Corneille that Titon, probably sometime in 1762, commissioned a statue to stand beside those of Corneille and Lully – according to Titon Voltaire had earlier turned down anything less than a 'figure en pied'; see Colton, p.166-71.

[53] Moland (x.482-83) gives the date of the *Triolet* as 1725. The epigram is printed under Voltaire's name in Desfontaines's *Dictionnaire néologique* (3rd ed., Amsterdam 1728), 'Pantalo-Phébéana', p.70.

[54] See 'Catalogue des écrivains', art. 'Lainé' (*OH*, p.1171).

two supplements issued in 1743 and 1755 (BV3313). [55] It is possible that Titon's work helped to formulate in Voltaire's mind the idea of *Le Temple du goût*, for in his 1732 edition Titon humbly suggests (p.27) a reworking of his material in terms that may have left an impression on Voltaire:

S'il se trouve des personnes qui souhaiteront que j'eusse fait élever encore des statues et des médaillons à d'autres poètes et à d'autres musiciens, dont ils sont partisans [...] le champ leur est ouvert, pour dresser tel monument qu'ils jugeront à propos [...] Ce sont des matériaux que je rassemble ici dont quelque fameux architecte et quelque excellent écrivain pourront dans la suite faire encore un meilleur usage!

Though he could not undertake such a task himself Titon urged his successors to extend their scope to include historians, orators, philosophers and scientists, painters, sculptors, architects, actors and dancers (p.42-43). It was Voltaire who took up the challenge, became the discerning architect, and surveyed the whole field defined by Titon Du Tillet.

Many of the critics of *Le Temple du goût* were to accuse Voltaire of presumption in his attempt to cover all or most of the arts in France, but he was better qualified to do so than the majority of his contemporaries. As the author of *La Henriade* and several respected tragedies, he was a major poet in the two most prestigious genres; as a critic he had proved himself in his *Lettres sur Œdipe* (1719) and in his *Essay upon the epick poetry* (1727). His *Histoire de Charles XII* had established his reputation as a historian. A convinced Newtonian and a disciple of Maupertuis, he was part of the scientific avant-garde in France. There remains the question of his competence in the visual arts and in music.

For want of evidence it is difficult to chart the course of Voltaire's initiation into the fine arts in the years before 1732. He first ventured into this field in 1722-1723 when he prepared the

---

[55] He must have been continually reminded of *Le Parnasse français* by Titon Du Tillet's constant publicity; see Marais, iv.426.

illustrations for the projected first edition of *La Ligue*. [56] His proposals and comments reveal his ignorance of the engraver's art since his suggestions overloaded his plates with subject matter. He was baffled, as he confessed to Thiriot (D153), by the conflict between his own taste and that of the engravers. He had no established preferences when (perhaps with the Regent's help) he chose the most capable of the available artists.

He may, however, have been better versed in painting. [57] In 1725 he inserted into the preface to *Mariamne* a commonplace, but sensible, comparison between Watteau and Le Brun. [58] In 1732, in his *Epître à une dame ou soi-disant telle* he differentiates confidently the qualities of Veronese, Raphael and Poussin. [59] The text and notes of *Le Temple du goût* in its various editions show an adequate acquaintance with the great names of both the Italian and the French schools of painting. [60] This growing confidence sprang no

[56] See *La Henriade*, ed. O. R. Taylor, V 2, p.30-38, 47.

[57] There is no positive evidence that Voltaire's introduction to painting took place at school or that he was influenced by pictures he may have seen there. At the collège Louis-le-Grand the altar-piece was in turn Vignon's *Saint Ignace*, Hallé's *Purification* and Jean Jouvenet's *Nativité*. Elsewhere in the building were hung the *Reines de Perse aux pieds d'Alexandre* and a portrait of Bourdaloue by Jouvenet; a *Notre Dame de Piété* by Annibale Carracci graced the refectory. There was also an unusual early Poussin, a Virgin appearing to St Ignatius, 'dont la manière', comments Brice, 'est fort différente de celle qu'il a suivie depuis. Le coloris est fort vif, et l'on y remarque beaucoup de feu; mais il n'y paraît aucune correction dans le dessein' (ed. 1725, iii.67-68).

[58] The 'salon' of 1725, the first since 1704, does not seem to have influenced Voltaire.

[59] '[...] on me voit quelquefois [...] / Sous les efforts de l'art admirer la nature / Du brillant Cagliari saisir l'esprit divin, / Et dévorer des yeux la touche noble et sûre / De Raphaël et du Poussin' (M.x.275).

[60] The significance of Voltaire's apparently superficial scattering of names should no doubt be assessed in the light of M. Stuffman's comment on Antoine Coypel's *Epître à mon fils* (1708): 'Le mode de pensée d'un artiste académique de cette époque se distingue en ce sens que pour exposer les caractéristiques artistiques, il ne part pas d'un objet, mais évoque le nom d'un artiste considéré comme exemplaire dans ce domaine: le Titien pour le coloris, les Carrache pour le dessein, Le Guide pour une certaine expression du visage' ('Les tableaux de la collection de Pierre Crozat', *Gazette des beaux-arts* 72, 1968, p.38).

doubt from increasing knowledge and experience. Voltaire seems to have made the most of his opportunities. The Regent who was a connoisseur and ardent collector, probably began his artistic education. [61] In any case Voltaire must have seen his fine collection of paintings at the Palais-Royal and through his good offices was perhaps able to view the pictures in the *cabinet du roi* at the Louvre. He may even have had access to the famous Rubens in the Galerie du Luxembourg. He also examined the pictures at Versailles, but unfortunately we do not know when. [62]

It may have been Philippe d'Orléans who introduced Voltaire to the two connoisseurs eulogised in *Le Temple du goût*, the comte de Caylus [63] and Pierre Crozat. The latter's splendid collection, which Voltaire may have seen, reflected his admiration for the Venetian school – Titian, Veronese, Tintoretto and Correggio. Rubens was also well represented, though Crozat was less attracted to the Flemish painters than to the Italian. [64] Crozat's pictures were engraved by his friend Caylus.

Voltaire very probably examined at some time the paintings assembled by Armand-Jean Du Plessis, duc de Richelieu, in the hôtel de Richelieu in the Place Royale. In general the Richelieu collection reflected a taste for the colourists and in particular for Rubens, represented by some fourteen works. [65]

[61] Philippe d'Orléans had inherited a fine array of pictures from his father. Through agents such as Crozat and Dubois he sought to secure any masterpieces offered on the European market. In the end he owned a considerable number of Flemish paintings, a Rubens, a Titian, a Raphael and Poussin's *Sept sacrements*, mentioned by Voltaire in a note (p.152, n.e); see *Catalogue des tableaux flamands du cabinet de feu S. A. R. monseigneur le duc d'Orléans* (Paris 1727).

[62] See *Le Siècle de Louis XIV*, 'Artistes célèbres' (*OH*, p.1217-18).

[63] Voltaire was seeing Caylus in April 1733. Caylus and Brassac dined with him on 11 April (*Journal de la cour et de Paris*, p.73-74).

[64] See Stuffman, 'Les tableaux de la collection de Pierre Crozat', p.22, 29.

[65] In his *Conversations sur la connaissance de la peinture*, Roger de Piles lists 17 works by Rubens in the Richelieu collection (Paris 1678, p.111). In his *Dissertation sur les ouvrages des plus fameux peintres* he asserts that the Rubens 'en font la plus grande partie' and lists some 14 pictures (Paris 1682, p.79). The collections

INTRODUCTION

Voltaire cannot have failed to see the pictures hung after 1728 in the newly completed hôtel de Lassay, whose interior he praises as a model in *Le Temple du goût*. Léon de Lassay's own collection of originals was extended by the addition of copies of the masterpieces bought on his advice for the Palais-Bourbon. It was not until 1736 that Lassay inherited pictures bequeathed to him in her will by Jeanne-Baptiste d'Albert de Luynes, comtesse de Verrue, [66] but Voltaire may well have seen her collection before 1733 in her house in the rue du Cherche-Midi. Her taste was fairly catholic, but she was particularly interested in the Dutch masters, acquiring a great number of *magots*. It is possible that her predilections influenced and reinforced Voltaire's taste for the Dutch painters and colourists. [67]

accumulated by the duc de Richelieu were dispersed after his death in 1715 but we seem not to know when. His son, Voltaire's friend, does not appear to have been interested in painting in these early years. For a detailed history of the Richelieu collections see E. Bonnafé, *Recherches sur les collections des Richelieu* (Paris 1883).

[66] The comtesse de Verrue died on 18 November 1736 at the age of 70. P. Paris gives 1715 as the date of her bequest to Lassay ('Le marquis de Lassay et l'hôtel Lassay', *Bulletin du bibliophile*, 1848, p.736).

[67] During her reign in Turin as mistress of Victor Amadeus II of Savoy the comtesse de Verrue no doubt met Mme de Fontaine-Martel's brother-in-law René Martel, marquis d'Arcy, who as French ambassador (1685-1690) reported on her situation (Saint-Simon, vii.216-29, 592-95). She may have renewed her acquaintance with the Martel family after her return to Paris, even though by then the marquis d'Arcy was dead (1694). Another link with Mme de Fontaine-Martel was her close friendship with Léon de Lassay. She may therefore have attended the Sunday receptions, though according to Saint-Simon she called on few other than the Bourbon-Condés. Saint-Simon seems, however, to have been thinking only in terms of political manœuvres, as the comtesse de Verrue gathered round her a distinguished group that included Fontenelle, La Motte, the Bolingbrokes, cardinal de Fleury, Melon, the Chauvelins and Terrasson. She welcomed guests and may have received Mme de Fontaine-Martel and, with her, Voltaire. The latter admired her as a patron of the arts and as an epicurean cast in the same mould as Ninon de L'Enclos and Mme de Fontaine-Martel. He was interested – though not to the point of sacrificing his business concerns – in the sale of her collections in 1737 (see D1299, D1312, D1313). Mme de Verrue became for him a notable example of the way in which wealth and a taste for luxury and the arts contributed to the general good of society. For that reason he prefaced his *Défense du Mondain* with a 'Lettre

Finally, when Polignac returned to Paris Voltaire no doubt benefited from the opportunity to study a rich assortment of paintings which included three Raphaels (one original and two copies), three Titians, two Rubens, five Annibale Carracci, two Poussins and two Le Bruns. [68] These may only have confirmed his already established preferences.

In due course Voltaire himself began to buy pictures. The first purchase of which we have a record dates from c.December 1731 at the sale after the death of Charles de Nocé, one of the Regent's favourites and a recklessly extravagant collector (see D444). The next transaction post-dates *Le Temple du goût*: in May 1733, following current fashion, [69] Voltaire acquired 'des magots et des Titiens' (D610). Voltaire's attitude to the canvases he bought seems to us at times oddly utilitarian, [70] but he went on buying the pictures he liked and speculating – not always happily (D2223) – in others. By June 1733 he had begun collecting Caylus's engravings (D624). He appears to have enjoyed both original engravings and those which copied great masterpieces. He argued in *Le Temple du goût* that this method of producing multiple copies brought an education in art within the reach of many who would not otherwise be able to study great paintings (l.684-690). He himself must have taken advantage of engravings to broaden his knowledge of the

de M. de Melon [...] à Mme la comtesse de Verrue'. Mme de Verrue's wealth enabled her to build up an impressive library, of which a catalogue exists, compiled by Gabriel Martin for the sale of her books and engravings in 1737. Voltaire was well represented with editions of *La Ligue*, *La Henriade*, the *Essai sur les guerres civiles*, his *Œuvres* of 1732 (*Catalogue des livres de feue madame la comtesse de Verrue*, Paris 1737, p.20, 81-82, 88-89, 233-34) and *Le Temple du goût* 'avec des pièces pour et contre' (p.215); see also Taylor, 'Voltaire iconoclast', p.28-30.

[68] See A. Jacotin, *Preuves de la maison de Polignac* (Paris 1898-1906), iv.575-83.

[69] According to Stuffman, p.38-40, the majority of collectors in the first half of the eighteenth century bought Dutch and French pictures. The high prices of the Italian masters were rarely attained by other painters, except Rubens. The Dutch works were within the reach of the average collector.

[70] See Th. Besterman, *Voltaire on the arts: unity and paradox* (Oxford 1974), p.20-21.

masters. In *Le Temple du goût* he hails with marked enthusiasm the publication of Crozat's *Recueil d'estampes d'après les plus beaux tableaux et d'après les plus beaux dessins qui sont en France* (l.691-697).

Voltaire preferred to form or educate his taste for the fine arts as he did for literature, by the analysis of specific examples, but he did not spurn books about art. He read Dubos's *Réflexions critiques sur la poésie et la peinture* immediately after the publication of the first edition in 1719, and in *Le Temple du goût* he did not hesitate to borrow from Dubos who probably directed him to the work of Roger de Piles. [71] Voltaire also read the six volumes of André and J.-F. Félibien's *Entretiens sur les vies des peintres* which in *Le Temple du goût* he condemned for their prolixity (l.205). It was only to be expected that he would prefer Piles's concision. Indeed Piles, as an eighteenth-century critic suggested, [72] was Voltaire's chief tutor and guide. His influence is clearly visible in *Le Temple du goût* where Voltaire, without sacrificing his respect for draughtsmanship and drawing, lays stress on the naturalism and colour of which Rubens had become the symbol (l.456-473). *Le Temple du goût* reflects Piles's admiration for the Italian colourists and for the Venetian school in particular, especially Titian, Veronese and Correggio. [73] It closely follows Piles's *Cours de peinture par principes* in its assessments of the merits and demerits of Poussin, Le Brun, Le Sueur, Rubens and Titian. [74] It was either in Piles's *Abrégé* or in Félibien's *Entretiens* that Voltaire found the patriotic argument that Le Sucur's achievements demonstrated

[71] Roger de Piles's 'balance des peintres' is, with reservations, much praised in the *Réflexions critiques sur la poésie et sur la peinture* (Utrecht 1732, i.149-50). For Voltaire's debt to Piles's tables see below, p.132 and n.33, p.152-53 and n.84-85, 88, p.171 and n.148, p.191 and n.205.

[72] Bn F17007, *Première lettre*, f.167v: Voltaire 'se trompe quelquefois surtout quand il perd de vue son guide sur la nature des arts' (in the margin: 'Piles'). No work by Piles figures in the catalogue of Voltaire's library.

[73] See below, p.154, n.*h*.

[74] See below, p.152-54, n.*e-h*.

that French painters did not need to live in Rome. [75] Nevertheless, as ever, Voltaire remains independent; he is no blind disciple, no blinkered italophile. His attitude is well defined in a letter of 3 April 1739 to La Noue: 'Ceux qui désirent un peu plus de coloris à Raphael et au Poussin ne les admirent pas moins'. [76] In painting he was faithful to the French classical tradition stemming from Raphael and represented by Poussin, Le Sueur and Le Brun.

Before *Le Temple du goût* nothing suggests that Voltaire was greatly preoccupied by architecture and town-planning. [77] Little can be deduced from the odd comment on the beauty of this or that château. He probably took no more than a fashionable interest, but he was abreast of the latest developments. The *Lettre de M. de V... à M. de C...* alludes to the two most influential French architects of the day, Robert de Cotte and Germain Boffrand. Their names would be of minimal significance if they were not linked with that of Coypel who had publicly recommended the infusion of 'la grâce' into a more supple form of 'le grand goût'. De Cotte and Boffrand were introducing more variety, subtlety and softness into the Louis XIV style, making interiors more suitable for private, rather than public, living and striving to combine comfort, elegance and nobility. The models were provided by Jules Hardouin Mansart in the Trianon, at Marly and at Meudon. His work could easily be confused with that of François Mansart who built the château de Maisons, the exterior of which is presented as an ideal in *Le Temple du goût* (l.700). Voltaire, however, preferred the interior of the hôtel de Lassay, designed by Jean Aubert, one of the foremost decorators of his time and an outstanding practitioner of the 'style Régence', but he was not

[75] See Piles, *Abrégé de la vie des peintres* (Paris 1715), p.477-79; Félibien, *Entretiens*, iv.183-202, esp. p.195; and below, p.153, n.*g*.

[76] D1966. Even allowing for Pococuranté's exaggeration, Voltaire seems to have become more critical of Raphael with the passing years; see *Candide*, ch.25 (V 48, p.231-32).

[77] See Taylor, 'Voltaire iconoclast', p.30, 62-64.

prepared to follow current trends to the extent of abandoning his faith in the 'grand goût' of the seventeenth century and a liberal form of classicism. The architects whom he eulogises in *Le Temple du goût* – Pierre Lescot, Salomon de Brosse, François and J. Hardouin Mansart, Louis Le Vau, Claude Perrault and François Blondel – all either prepared or practised classicism. Voltaire's scornful comment on the chapel at Versailles (l.196-200) and his description of the financier's *palais* (l.108-139) are sufficient evidence that he rejected the rococo. His uncompromising stance in *Le Temple du goût* may be an indication that his views on architecture had been fixed for some time before 1732.

Voltaire is no less of a classicist in his appreciation of sculpture in *Le Temple du goût*.[78] Chronologically, the list of artists whom he admires begins with Jean Goujon and his nascent classicism and ends with Bouchardon and his reaction against the rococo. Once again Voltaire's judgements appear to reflect long-standing opinions, but before *Le Temple du goût* the only clue to Voltaire's interest in sculpture is to be found in a letter written from the château de Richelieu on 25 October 1721: 'Il n'y a point de prince en Europe', an impassioned Voltaire wrote to Thiriot, 'qui ait de si belles statues antiques et en si grand nombre' (D99).

Voltaire's correspondence is even less enlightening on his musical interests before 1732. There is no mention of concert-going, of attendance at, for example, Pierre Crozat's acclaimed concerts or at *Gli Academici paganti*, a kind of exclusive fee-paying club (1722-1724) organised by the same Crozat and Mme de Prie for the performance of Italian music.[79] But whether or not he was present at this sort of function his mind was made up on the subject of French and Italian music before he wrote *Le Temple du goût*. His satire of the Italian music lover (l.154-186) shows that he was hostile to the abandonment of the French national tradition, an

[78] See Taylor, 'Voltaire iconoclast', p.30, 60-62.
[79] See Stuffman, 'Les tableaux de la collection de Pierre Crozat', p.21, 53n; Marais, ii.369, iii.91-92 (for the years 1722 and 1724).

attitude that perhaps betrays the influence of Chaulieu. [80] Not that Voltaire ever, apparently, had a real appreciation and understanding of instrumental music. [81]

He was similarly conservative in his view of opera. Though he was later to write for Rameau and for Gluck he strongly defended the inheritance of Lully and Quinault, a position based on experience in the theatre and the French approach to *tragédie lyrique*. [82] He probably went regularly to the Opéra but it is difficult to tell whether he was motivated by fashion or by personal preference. He was well acquainted with the noisy and divisive debate over the respective merits of Le Maure and Pélissier, as *Le Temple du goût* proves. He was equally familiar with the arguments over the rivalry of Sallé and La Camargo in ballet and opera-ballet. In both cases he valued grace and sensitivity more than technical ability; his preference was based on direct experience, though in the case of Sallé he was also influenced by friendship. [83]

Whatever his limitations in music, Voltaire was well enough

[80] The promotion of Italian music by Crozat and Mme de Prie had its critics, among them the conservative Marais who linked Mme de Prie's musical taste with her championship of the Moderns (ii.369). The protests were part of a defensive movement that found early expression in Lecerf de La Viéville's *Comparaison de la musique italienne et de la musique française* (1704) which Voltaire may have read. In the *Mercure de France* of June 1727, Antoine-Joseph Dézallier d'Argenville roundly condemned the intolerance of pro-Italian taste: 'Tout ce qui ne vient point d'Italie, ne vaut rien selon eux: tableaux, estampes, dessins, musique, il n'importe' (i.1295-1330); see Taylor, 'Voltaire iconoclast', p.57. In Mme de Fontaine-Martel's circle Voltaire may have been supported in his defence of the French musical tradition by d'Argenson who in 1739 criticised Rameau's and Polignac's intolerant admiration for the Italians (D2032).

[81] Cf. Pococuranté's remarks on the concerto, *Candide*, ch.25 (V 48, p.232); and Naves, *Le Goût de Voltaire*, p.374. Like other skilful and sensitive manipulators of words, Voltaire may have had a limited and unsophisticated taste in music. Of this incapacity he was fully conscious: 'J'ai dès l'âge de douze ans [...] éprouvé que je n'avais nulle disposition pour la musique' (D9484); see also D9489.

[82] See Taylor, 'Voltaire iconoclast', p.56-57.

[83] See below, l.452-455 and 438-448v.

informed in most of the arts to undertake the critical survey that was the purpose of *Le Temple du goût*. As always, the opinions he expresses are essentially his own, whatever may have been the degree of agreement with Polignac and Rothelin or with the habitués of Mme de Fontaine-Martel's salon. Few of his friends for instance could have supported him in his vicious attacks on J.-B. Rousseau whose person and work he did his utmost to discredit in *Le Temple du goût*. The deep animosity he displayed sprang from a mixture of personal and aesthetic motives; the stronger of the two were undoubtedly the former.

In 1732 Voltaire's long-standing quarrel with J.-B. Rousseau took a more ominous turn. Infuriated by the success of *Zaïre*, Rousseau used a Paris correspondent, Launay, to circulate wounding letters about his enemy. [84] On 13 January 1733 he went so far as to accuse Voltaire of preaching impiety and immorality in *Zaïre* (D561). The charge might have been greeted with public ridicule in view of the almost universal acceptance of the play as a Christian tragedy, [85] but Voltaire was in a precarious position. *Zaïre* was ambiguous; Rousseau's indictment could easily increase distrust among the nervous censors, whose misgivings about the content of the 'Epître dédicatoire' could quickly lead to total prohibition. *La Henriade* was just tolerated. The *Histoire de Charles XII* had been seized in January 1731. The *Lettres philosophiques*, as Voltaire well realised, were suspect before publication. It was imperative to launch a counter-attack and to destroy Rousseau's credibility as a man and as a poet.

---

[84] See D523, D528. In 1736 Rousseau denied that these letters had been intended for public circulation. He was convinced that his criticisms of *Zaïre* had pricked Voltaire into composing *Le Temple du goût* of which he was the main or real target: 'Voltaire [...] crut que le moment était venu de m'accabler & ce fut alors qu'il produisit ce fameux Temple du Goût [...] avant l'impression de son Temple du Goût, j'avais reçu une lettre de Mr. de Launay qui m'avertissait des menaces qu'il faisait contre moi' (D1078).

[85] See H. Lagrave, *Le Théâtre et le public à Paris de 1715 à 1750* (Paris 1972), p.274.

Voltaire drew on François Gacon's malevolent *Anti-Rousseau* (1712) to expose his enemy as a cynical and immoral religious hypocrite.[86] On the literary plane, *Le Temple du goût* relegated Rousseau to the 'has-beens', claimed that his technical mastery of French verse had been seriously impaired by age and exile, emphasised the emptiness of his later poems, and denounced his taste for scurrilous personal satire. Finally, it accused him of increasing by his example the ravages of *marotisme*.[87] Voltaire was certainly sincere in his objections to the use of the *style marotique* in serious compositions; it then became for him another form of preciosity and another threat to the purity of the French language and to good taste. He had probably been awakened to the danger of this pollution by his reading in preparation for *La Henriade* and by a general revival of interest in the writers of the sixteenth century. In 1723 the first edition of Villon since 1542 had been published;[88] in 1731 appeared Lenglet Du Fresnoy's important edition of Marot's works, which Voltaire owned (BV2337); in 1732 was issued a revised reprint of the 1711 edition of Rabelais, with historical notes by Le Duchat and Bernard de La Monnoye (BV2851). The popularity of *marotisme* was only too well attested.[89] Yet, despite his condemnation, Voltaire himself was not averse to the deployment of the *style marotique* in light prose or verse,[90] and it was a manifest exaggeration to lay the blame for any abuses at Rousseau's door. But whatever uproar Voltaire might cause by his ruthless reduction of the works of Marot and Rabelais to 'cinq ou six feuilles' (l.739), he was ready to use any handy weapon

[86] See below, p.142, n.r.

[87] See below, l.287-364; cf. *Le Siècle de Louis XIV*, ch. 32 (*OH*, p.1014).

[88] Voltaire does not appear to have possessed this.

[89] See Taylor, 'Voltaire iconoclast', p.42-43; S. Menant, *La Chute d'Icare: la crise de la poésie française (1700-1750)* (Genève 1981), p.241-45; A.-A. Bruzen de La Martinière, *Nouveau recueil des épigrammatistes français anciens et modernes* (Amsterdam 1720), ii.260-72; *Mercure de France* (January 1733), p.99-100.

[90] See the chapter headings to *Candide*; and R. A. Nablow, *A study of Voltaire's lighter verse*, Studies 126 (1974), p.37-42, 90-91, 249-50, 277.

with which to belabour his enemy. Despite the distinctions that he drew in the *Lettre de M. de V... à M. de C...* the early editions of *Le Temple du goût* did not always rise above the level of satire and lampoon.

2. *Composition and publication*

Voltaire began work on *Le Temple du goût* in November or December 1732, about the time he was composing the 'Epître dédicatoire' to *Zaïre*. His explanation to Cideville of his stylistic approach to this épître, 'moitié vers moitié prose' (D548), applies equally to *Le Temple du goût*:

A l'égard du stile de cette épître, j'ay cru qu'il étoit temps de ne plus ennuyer le public, d'examens sérieux, de règles, de disputes et de réponses à des critiques dont il ne se soucie guère. J'ay imaginé une préface d'un genre nouvau dans un goust léger qui plaît par luy-même, et à l'abry de ce badinage je dis des véritez que peutêtre je n'oserois pas hasarder dans un stile sérieux. Tous les adoucissements que j'ai mis à ces véritez les feront passer par ceux même qui s'en choqueroient si on ne leur doroit pas la pillule.[91]

Voltaire was not inventing a new genre: the elegant and witty letter in mixed prose and verse had become popular in polite society and was well represented in his correspondence before 1732.[92] As he was to do in the case of the conte, he was adapting an established form to his own purposes. Little is gained by a search for possible models for *Le Temple du goût*. Voltaire traced a line of descent through Chaulieu from Chapelle, but he saw in the latter only a bungling, often tasteless, beginner.[93] He implied that *Le Temple du goût* avoided the defects that flawed Chapelle's

[91] D549; see also D552.
[92] See, for example, D32, D34, D37.
[93] See D2149, D4169, D6662, D6663.

Voyage (l.49-56): it eschewed vulgar triviality, its structure was close-knit, its style elegant and economical, its versification more careful and its use of *rimes redoublées* correct. Voltaire had in all probability read Antoine Bauderon de Sénecé's *Lettre de Clément Marot* (1687) and Pierre-Charles Roy's *Le Goût* (1727). In his cautious study of Voltaire's sources, Elie Carcassonne warily points to possible borrowings: the pilgrimage, the comic concert, the importunate band of pedants (Sénecé satirises Scaliger, Scioppius and Saumaise), Rousseau's first appearance, and a palace of good taste which has affinities with Voltaire's temple.[94] These parallels are not convincing: such similarities were more likely to have arisen from the exploitation of a common allegorical and satirical stock-in-trade. Voltaire may, of course, have remembered Sénecé's lively, light, stylish allegory;[95] but the *Lettre de Clément Marot* is wholly in prose and does not offer a critical review of the arts in France. Roy's *Le Goût* is a didactic poem in solemn alexandrines. Its shrine of good taste apparently foreshadows Voltaire's later temple, where some of its ideas reappear.[96] Roy, like Voltaire, exalts aesthetic sensitivity, values nature and simplicity above brilliant ingenuity and wit and indirectly attacks Fontenelle and La Motte. But Voltaire was hardly likely to borrow such platitudes of the classical position from Roy whom he cordially detested.

Voltaire no doubt knew *Le Parnasse réformé* (1669) by Gabriel Guéret who 'avait du goût',[97] but his graceful *badinage* can owe little to this lengthy series of systematic debates in prose. Closer to *Le Temple du goût* in form and content was Limojon de Saint-

---

[94] *Le Temple du goût*, ed. E. Carcassonne (Genève, Lille, 1953), p.20-24.

[95] See *Lettre de Clément Marot à monsieur de **** (Cologne 1688), p.16, 18, 83, 92-95, and below, p.133, n.*j*, and p.139, n.*o*. Voltaire appears to have read most, perhaps all, of Sénecé; see *Le Siècle de Louis XIV*, 'Catalogue des écrivains', where an omission from a collection of his writings is criticised (*OH*, p.1209).

[96] *Œuvres diverses* (Paris 1727), ii.182-83.

[97] *Le Siècle de Louis XIV*, 'Catalogue des écrivains' (*OH*, p.1166-67).

Didier's *Le Voyage du Parnasse* (1716),[98] described by its author in his 'Avertissement' as an 'espèce de petit poème en prose mêlé de vers'. Various details seem to anticipate Voltaire's inventions: Limojon de Saint-Didier has two guides in his encounters with dead and living writers, and the episode involving La Motte and Rousseau appears to have left its mark on the meeting in *Le Temple du goût* between Rousseau, La Motte and Fontenelle.[99] But Limojon de Saint-Didier's 318 pages, with their dull final comedy, though more sprightly than those of his predecessors, can hardly be judged an amusing trifle. He has recourse to the traditional allegorical devices through which writers and critics sought to make palatable, to deck out or animate an arid discussion of abstract ideas. With these Voltaire had long been familiar. The commonplaces of allegory had been efficiently employed in *Le Bourbier* as early as 1714.

In the *Lettre de M. de V... à M. de C...*, which he added to the Amsterdam edition of 1733 (33A), Voltaire was to emphasise that *Le Temple du goût* was a 'bagatelle', 'une plaisanterie de société', but he was nervous about the effect of the religious and literary 'truths' that he was incorporating in his work. From the beginning he kept his trusted friends informed of progress. In November or December 1732 he sent to Cideville and Formont a first version of 'cette fredaine du temple du goût' with the caution that it was to be shown only to a select few and that no copy should be taken (D544). Such precautions were the more necessary as Voltaire's design was already known. Polignac and Rothelin had asked that the work be dedicated to them (D554); in all probability the habitués of Mme de Fontaine-Martel's salon, at least, were familiar with the work in its various stages of

[98] Limojon de Saint-Didier's *Clovis* (1725) was briefly and unsuccessfully in competition with *La Ligue*; it is unlikely that Voltaire failed to read *Le Voyage du Parnasse*.

[99] Ignace-François de Limojon de Saint-Didier, *Le Voyage du Parnasse* (Rotterdam 1716), p.85-86; below, l.365-392.

57

development. In about the middle of December 1732 Voltaire was proposing to read *Le Temple du goût* to Maupertuis, Du Fay and La Condamine (D546). By 31 December Marais had heard the news, which he sent to Bouhier with a hostile, ironic comment, but he was still without a copy of the text on 13 January. [100] On 15 January 1733 the *Journal de la cour et de Paris* was able in its turn to record that *Le Temple du goût* existed in manuscript and that the author was awaiting the observations of his 'amis judicieux' before publication (p.46). The *Journal* was as hostile as was Marais and attributed Voltaire's caution to fear of reprisals from J.-B. Rousseau. Obviously news of Voltaire's savage attack on the latter had leaked; indeed, in a letter of 13 January to Launay (D561), Rousseau was already disclaiming any apprehension or desire for retaliation. But it is unlikely that Voltaire was worried by any possible reaction on the part of Rousseau, with whom his relationship could hardly have been worse. It was the impact on the authorities and the reading public in general that preoccupied him. He was trying, in his usual way, to reconcile two incompatible aims: at one and the same time to shock the public into a reappraisal of accepted literary values and some religious and social attitudes and yet avoid provoking a hostile reaction from the average reader and the government. It is no wonder that, as he worked on into February 1733, he described *Le Temple du goût* as an 'ouvrage assez long et encor plus difficile' (D570). On 25 February he observed to Cideville that 'cette petite chapelle du goust [...] est devenue petit à petit un temple immense' (D571).

Le Temple du goût had influential patrons. Voltaire's guides were Polignac and Rothelin; two princes of the blood, the comte de Clermont and the prince de Conti, allowed themselves to be eulogised in the text. Nevertheless the first editions were published without *privilège* and *approbation*. Were they 'ballons d'essai' which authority silently allowed the author to launch? [101] Voltaire

[100] Marais, iv.455; Bn F24415, f.579.
[101] This is a tempting hypothesis. Louis-Antoine de Rouillé, *directeur de la*

sent a manuscript to Jore, who was printing *Zaïre* and the *Lettres philosophiques*, and who in March 1733 issued an edition of *Le Temple du goût* in 63 pages (33). [102] At the same time Voltaire may have had printed in Paris another edition incorporating his last-minute corrections, some of which are to be found in the magnificently written and bound manuscript copy (MS1) that he presented to cardinal de Polignac. If we can believe a malicious story recorded by Marais (iv.481), this text, in 64 pages (33R), was printed by the Veuve Mazière and caused friction between Voltaire and Jore who consequently found it difficult to sell his own edition. Three other printings of the initial version appeared. Jore brought out an edition in which *Le Temple de l'amitié* preceded *Le Temple du goût* (33X2). There was a mysterious edition in 59 pages (33X1), and an Amsterdam edition (33X3) appeared with a stinging epigram by Rousseau. It is unlikely that Voltaire initiated this.

3. *Reception*

The number of editions of *Le Temple du goût* is sufficiently indicative of public interest and of the scandal that followed the circulation of the first copies in March 1733. If Voltaire's purpose was to test public opinion, he was quickly edified. La Font de Saint-Yenne might have diplomatically embellished the truth in writing to Rousseau: 'L'on m'écrit que tout Paris a crié haro sur

---

Librairie, was not unsympathetic to Voltaire's views on the death and burial of Adrienne Lecouvreur, but had pointed out that the passage concerning her in the 'Epître dédicatoire' prefacing *Zaïre* could not possibly be passed by the censors. He suggested to Voltaire that a way out of the difficulty would be to publish two editions of *Zaïre*, one with a *privilège* but without the 'Epître', another with the 'Epître' but without the *privilège* (D552). The same tactics may have been suggested for *Le Temple du goût*.

[102] This was the edition Voltaire sent to Cideville and no doubt to other friends including Mme Du Châtelet and Mlle de Rochebrune. This edition is our base text.

cet enragé, hors ceux qui ont été oubliez dans ce sot temple', [103] but Formont, writing to Cideville from Paris, conveys the melancholy news that 'notre ami V. s'est étrangement Barbouillé dans Le public par son temple du goust. Les gens Les plus équitables Le trouvent mauvais pour un ouvrage en forme et ils ont Raison. [...] Il est plus mal voulu qu'il n'a jamais été' (D577). The chevalier Charles Folard, in a letter of 1 April 1733, remarks that 'Le Temple du goût continue d'exciter une espèce d'indignation dans le public, pour la hardiesse de Voltaire'. [104] D'Argenson notes the 'déchaînement universel du public contre la brochure de Voltaire' and 'combien cet autheur est haï en France'. [105]

The correspondence of président Bouhier bristles with indignation from various quarters. Caumont wrote to him in August 1733: 'Ce génie singulier et présomptueux aspire, comme vous voyez, au titre d'homme universel. Nous l'avons vu en dernier lieu marquer les rangs sur le Parnasse et juger les auteurs les plus respectables en dernier ressort. Je doute fort que le public éclairé souscrive à de telles décisions.' [106] Caumont's disapproval was echoed by another of Bouhier's correspondents, the abbé Le Blanc:

Ce qu'il est de sûr, c'est qu'il y flatte bien des gens qui ne méritent pas ses éloges, & qu'il tombe trop lourdement sur d'autres ce qui dément ce qu'il promet à la tête de l'Ouvrage par sa devise *Nec laedere, nec adulari*. [107] Vous verrés ce qu'il dit de l'Evêque de Luçon, les éloges qu'il

---

[103] D583. Rousseau replied, 'c'est une diffamation si générale qu'il serait aussi inutile que ridicule à moi de me mettre en frais pour y répondre' (D591), but he later exaggerates when writing about his quarrel with Voltaire: 'ce fameux Temple du goût qui lui a attiré les huées de tout Paris, dont on peut dire que la révolte fut générale & qui se chargea si efficacement de ma querelle, que jamais peut-être on ne vit un offensé mieux vengé ni un offenseur si complètement berné. Cela fut au point qu'il passa trois mois sans oser se montrer' (May 1736; D1078).

[104] Avignon, MS 2374, f.305.

[105] *Notices sur les œuvres de théâtre*, ed. H. Lagrave, Studies 42-43 (1966), p.754.

[106] *Correspondance littéraire du président Bouhier*, ed. H. Duranton (Saint-Etienne 1976-1988), vi.34.

[107] This title-page epigram was omitted from 33A and later editions.

prodigue à Mr Crosat, comme il tombe sur Sarrasin, Voiture &c. [...]
Vous verrés surtout comme il s'étend sur la peinture, la gravure &c.
Dieu sait combien vous serés surpris du ton *impertinent* de ses notes,
mot qu'il y repete à tout bout de champ. [108]

Bouhier and Brossette were equally censorious. [109]

Voltaire himself acidly described to Thiriot his various tribu-
lations (D584):

Ce temple du goust a soulevé tous ceux que je n'ay pas assez louez à
leur gré, et encor plus ceux que je n'ay point louez du tout; on m'a
critiqué, on s'est déchaîné contre moy, on a tout envenimé. [110] Joignez à
cela le crime d'avoir fait imprimer cette bagatelle sans une permission
scéllée avec de la cire jaune, et la colère du ministère contre cet attentat,
ajoutez y les criailleries de la cour, et la menace d'une lettre de cachet;
vous n'aurez avec cela qu'une faible idée de la douceur de mon état et
de la protection qu'on donne aux belles lettres.

Four months later he is lamenting to Bainast (D628):

Croiriez-vous bien, monsieur [...] qu'on m'a regardé, à Paris et à
Versailles, comme un hérésiarque dangereux qui a eu l'insolence d'écrire
contre les apôtres Voiture, Balzac, et Pélisson? On m'a reproché d'avoir
osé dire que la chapelle de Versailles est trop longue et trop étroite.

The violence of the opposition was spitefully reported by Marais,
who noted that 'le *Temple du goût* est détesté et lu de tout le
monde'. He added his own voice to the chorus of condemnation.
In a letter of 12 April 1733 to Desmaizeaux he asked: 'Que dit-on
à Londres du *Temple du goust* de M. de Voltaire [...] Ce n'est pas
assurément en angleterre ou le goust est si bon que l'Edificateur
de ce temple a pris des materiaux'. [111] Most of the surviving
comment is hostile.

---

[108] Monod-Cassidy, *Un voyageur-philosophe au XVIIIe siècle*, p.173.
[109] See D578, D591, commentary, D692, D702.
[110] Marais, iv.478, records for instance that lines 252-260 were maliciously applied
to the poet Roy.
[111] Marais, iv.476; BL, add MSS 4285, f.134-35.

Wounding epigrams and vaudevilles circulated. [112] Infuriating parodies appeared. Nicolas Boindin, who was to pay dearly for his temerity, [113] wrote a *Polichinelle sur le Parnasse* which Marais summarises in a letter of 1 April 1733, [114] but to Marais's disappointment and indignation performance of this inept and tasteless play, scheduled to take place at the Marionnettes towards the end of May, was prohibited by the police, either because of the too obvious presence of Polignac and Rothelin among its characters or because they and Voltaire's friends had used their influence in high places. [115] The abbé d'Allainval's laborious comedy *Le Temple du goût* was not performed either, though it was in print by 1 June. [116] According to the *Journal de la cour et de Paris* d'Allainval's ideas were stolen by Romagnesi who adapted them for use in his own very successful *Temple du goût*, a one-act comedy in verse first performed by the Italiens on 11 July 1733. [117] On 12 August

[112] See Louis Mannory and Louis Travenol, *Voltariana, ou éloges amphigouriques de Fr.-Marie Arrouet, sieur de Voltaire* (Paris 1748), p.136-38; E. Raunié, *Chansonnier historique du dix-huitième siècle* (Paris 1879-1884), vi.55-59.

[113] See below, p.219, n.47.

[114] 'Polichinelle était malade; arrive un médecin *habillé de sa robe rouge*, qui lui conseille de se faire donner quelques coups de bâton pour se faire suer. Il dit qu'il a déjà usé de ce remède, qui ne l'a point guéri; vient un autre médecin *habillé de noir* qui lui ordonne un clystère; il le prend, mais il lui donne la colique; il crie; il est tout dégoûté; il faut lui apporter le *Temple du Goût*, et ce temple est une chaise percée; on l'amuse parce qu'il demande à être amusé; on lui apporte une *Enéide* de Virgile; si cela est mauvais, si cela augmente sa colique, un autre ouvrage des anciens, encore pis, et il fait des cris horribles; on lui apporte un opéra, une pièce de Voltaire; ah!? cela est meilleur et il en veut bien faire un torchet' (*Correspondance du président Bouhier*, xii.244).

[115] A letter to Charles-Etienne Jordan reports an attempt by 'deux ou trois seigneurs' (D647) to prevent the performance of Romagnesi's play; the same approach to the authorities may have been used successfully in the case of *Polichinelle sur le Parnasse*.

[116] Léonor-Jean-Christine Soulas d'Allainval, *Le Temple du goût*, comédie (La Haye [Mantes] 1733).

[117] Jean-Antoine Romagnesi, *Le Temple du goût*, comédie (Paris 1733); see *Journal de la cour et de Paris*, p.98-99. Romagnesi's target was the first edition of *Le Temple du goût* since the Amsterdam edition had probably not reached Paris by 11 July. In

1733 an unknown dramatist staged a one-act parody in prose with vaudevilles entitled *Polichinelle, Dieu du Goût*, at the Foire Saint-Laurent. [118] This was followed in September by *Polichinelle cuisinier, ou le vrai Temple du goût.* [119] In *La Nouvelle Sappho* by Thomas Laffichard and Adrien-Joseph Valois d'Orville, one act in prose with a *divertissement*, performed on 12 July 1735 at the Foire Saint-Laurent, Voltaire was caricatured as a mad architect (M. de Rime-Platte) intent on restructuring Parnassus. [120]

The attitudes reflected in these plays are expressed no less vigorously and in greater detail in a number of systematic printed replies to *Le Temple du goût*: Pierre-Charles Roy's *Essai d'apologie des auteurs censurés dans le Temple du goût de M. de Voltaire* (s.l. 1733), [121] Jean Du Castre d'Auvigny's *Observations critiques sur le Temple du goût* (s.l. 1733), Claude-Pierre Goujet's *Lettre de M*** à un ami, au sujet du Temple du goût de M. de V**** (s.l. 1733) and Denis-Marius de Perrin's *Entretien de deux Gascons à la promenade*

his *Réflexions historiques et critiques sur le goût et sur les ouvrages des principaux auteurs anciens et modernes* (Amsterdam 1743), d'Argens invoked as proof of the strength of public hostility the popularity of this play which had, he thought, 'ni invention ni conduite' nor even good sense (p.23). According to Caumont, attention was diverted from Romagnesi's play by a tragedy by the abbé Pellegrin: 'il semble que c'est un dieu favorable qui est venû au secours de Voltaire' (letter of 30 July 1733 to Bouhier, *Correspondance du président Bouhier*, vi.31).

[118] Brenner, no.2152. Bn F9312, f.321-22.

[119] Under the date of 21 September 1733, the *Journal de la cour et de Paris* reports: 'Les Marionnettes donnent à la foire Saint-Laurent depuis quelques jours *Polichinelle Cuisinier, ou le vrai temple du goût.* Cette pièce n'a rien de joli que le titre. Il faut espérer que la critique se lassera enfin de parler de ce *Temple*, et que personne ne s'avisera de succéder dans cet emploi à Polichinelle' (p.155).

[120] Bn F9319. D'Argenson had no great opinion of this play: 'Les censeurs de la police auroient pû remarquer qu'on y joüe grossièrement *Marivaux* et *Voltaire* sur son *Temple du Goust*; autheur qui ne mérite guèrres d'être traduit en de telles mains: c'est *le coup de pied de l'asne*. Ce sont des scènes détachées, qui forment comme elles peuvent un tissû de pièce' (*Notices*, p.582).

[121] Voltaire at first believed the author to be the bookseller Guillaume Gandouin from whom he bought a copy and against whom he lodged an official complaint on 30 April 1733 (D.app.25).

sur le Temple du goût,[122] and three rebuttals that circulated in manuscript. One of these (Bn F7574) is obviously by a friend of Rousseau. The second, entitled *Lettre d'un chanoine de province à M. de Voltaire,* was thought by Theodore Besterman to be by Rousseau himself. Rousseau may also have been the author of the third, *Premiere lettre de M^r ... à Mr P. D. F. en luy envoyant le temple du goust.*[123] This is the most impressive and telling reply.

Pamphlets and plays all agree that Voltaire is arrogant and presumptuous. D'Allainval's Momus/Voltaire and Romagnesi's Le Faux Goût/Voltaire are supercilious fools, obsessed with their own image and importance, disdainful of tradition, unconscious of the corrupt frivolity of their taste. Only Voltaire could have the effrontery to arraign the great writers of the past before his tribunal in order to enhance his own achievements.[124] J.-B. Rousseau believed that *Le Temple du goût* was the final phase in the quarrel of the Ancients and Moderns, that Voltaire – convinced that Fontenelle and La Motte had succeeded in discrediting the writers of Greece and Rome – was trying in turn to ruin the reputations of the great French authors of the sixteenth and seventeenth centuries. To these critics most of Voltaire's literary assessments seem unacceptable. In one way or another the dramatists all stage the rout of Voltaire, his friends and his values.

The authors of the pamphlets methodically review Voltaire's judgements, reversing or moderating them in counter-assertions supported by the opinions of respected authorities such as Boileau and La Bruyère. They uphold the prestige of scholarship, of

[122] Ephèse, aux dépens des héritiers d'Hérostrate, 1733. The title page of the copy at the Bibliothèque nationale carries the manuscript inscription: 'Par Perrin, provençal, ancien secrétaire du maréchal de Villars'.

[123] Bn F17007, f.161-68. This is a heavily corrected draft. It is not unreasonable to suppose that it circulated in a fair copy. So far as I know it was not printed. It bears the date Paris, 4 March 1733. In the manuscript it precedes D561; the handwriting resembles that of J.-B. Rousseau.

[124] Roy, *Essai d'apologie,* p.5-6; Goujet, *Lettre de M.***,* p.2.

64

Saumaise and Dacier, even to the extent of denigrating imaginative literature in comparison with erudition. [125] They indignantly reject the idea that Bayle's monumental work could be reduced to one volume. They are scandalised by the grouping of Rollin, the most respected educational theorist of his day, with an opera singer (Pellissier), a dancer (Mlle Sallé) and an actress (Adrienne Lecouvreur). They defend the traditional positions of writers whose work could, according to Voltaire, be in great part jettisoned. Roy accepts Voltaire's views on Rabelais, but defends Marot as Rousseau's master (in the genre marotique) and as a great poet whose taste and practice were those of his age; he can be explained by the arguments that Voltaire used to justify Homer (p.4-5). In defence of Voiture's letters Roy invokes the limited intelligence of the recipients, and with singular bad taste refers Voltaire to his own letters to Pimpette of which he reproduces an example (p.6-8). The defence of J.-B. Rousseau is fierce and conducted not only on the literary but also on the moral plane.

As usual Voltaire's critics used any weapon that could be found to discredit him. Impiety and immorality are regular accusations. Goujet's *Lettre* grudgingly admits that *Le Temple du goût* offers 'de la délicatesse dans les vers, et quelques saillies assez heureuses' (p.1), but asserts that it is for the most part a religious and moral indictment, reflecting the author's uncompromising jansenism. Voltaire's antichristian views are, Goujet alleges, freely reflected in his resentment over the church's well-founded refusal to countenance a Christian burial for Adrienne Lecouvreur (p.3), in his admiration for free-thinkers such as Chaulieu, Chapelle, La Fare and Ninon de L'Enclos, in his scorn for theology, and in his advocacy of epicureanism and the theatre in place of the Christian education recommended by Rollin (p.3). Cardinal de Polignac and Rothelin are strange clerics to listen with such passive tolerance to Voltaire's heterodox ideas (p.4-5), and surely Rothelin

---

[125] See Du Castre d'Auvigny, *Observations critiques*, p.21-22.

cannot but be vexed by his indiscretion in the matter of Richelieu's theses on love?

The author of the anonymous letter preserved in Bn F7574 (f.15-17) is as little concerned as is Goujet with aesthetic questions, though he does comment on the imaginative poverty and improbability of *Le Temple du goût*, on Voltaire's impertinent disparagement of seventeenth-century French authors and on his general lack of taste. He prefers to concentrate on accusations of impiety, immorality and malice. In the lines on Maisons he professes to detect 'un affreux symbole de l'affranchissement des principes les plus sacrés'. He reads mischievous intent into the reference to cardinal Fleury whom Voltaire is alleged to present as 'le maître de la France sans en être l'oracle'. Polignac's passivity in *Le Temple du goût* is seen as a malicious symbol of the cardinal's exclusion from public life. The critic is scandalised by the transformation of the bishop of Luçon into 'le dieu de la bonne compagnie' and by the insulting reduction of Richelieu to the status of a graceful idler. His aim is, of course, to defend Rousseau; to proclaim the latter's innocence in the affair of the couplets, to show that Voltaire should be the last person to reproach Rousseau with filial disrespect:

quelle indiscrétion à luy d'avoir rappelé une ode de la Motte sur les devoirs d'un fils, Brutus ne se porta selon quelques avis, à assassiner Caesar amant heureux de Servilie sa mère que pour persuader au public que sa naissance était légitime, Voltaire n'a pas poussé la chose loing, il s'est contenté de chansonner Rochebrune. [126]

The letter concludes with the recommendation that Voltaire's work be suppressed.

Personal remarks of this nature are almost totally avoided by the author of the *Première lettre*, who remains on the plane of

---

[126] It would be interesting to know whether the source for this information is Voltaire or common gossip.

aesthetics. At the outset he delivers a shrewd blow by accusing Voltaire of not being able to define taste:

Ce début laissoit esperer que celuy cy supleeroit à ce que les autres n'avoient point fait; vaine esperance! Son ouvrage n'enseigne et ne montre point, ce qu'est le goust; ny par qu'elle route on le rencontre. L'auteur prétend *qu'il est plus aisé de dire ce qu'il n'est pas, que de dire ce qu'il est*. La défaite est spétieuse. Si Longin, lorsqu'il traitoit du sublime avoit pensé de même, il se seroit épargné l'embaras d'expliquer une des parties des plus déliées et des plus delicates de l'éloquence. Tout sentiment peut être defini, le goust en estant un il devoit estre exprimé par ce qu'il est et non par ce qu'il n'est point. [127]

Voltaire does not know what good taste is, says the *Première lettre*; it is certainly not his own, as his description of the god and temple of taste reveals:

---

[127] Bn F17007, f.161. Voltaire did not formulate a definition of taste until 1756, when he expresses his misgivings about Montesquieu's treatment of the article 'Goût' for the *Encyclopédie*: 'Je ne doute pas que m. de Montesquieu n'ait profité à l'article *goût* de l'excellente dissertation qu'Addisson a insérée dans le *Spectateur*, et qu'il n'ait fait voir que le goût consiste à discerner par un sentiment prompt, l'excellent, le bon, le mauvais, le médiocre souvent mis l'un auprès de l'autre, dans une même page' (D6731). This neatly summarises Addison's definition in *The Spectator* of fine taste as 'that Faculty of the Soul, which discerns the Beauties of an Author with Pleasure, and the Imperfections with Dislike' and as 'that Faculty of the Mind, which distinguishes all the most concealed Faults and nicest Perfections in Writing' (no. 409, ed. D. F. Bond, Oxford 1965, iii.527-28). When volume 7 of the *Encyclopédie* appeared in 1757 it contained an article on taste by Voltaire (V 33, p.128-32), who borrowed heavily from Addison. Though Voltaire was well acquainted with *The Spectator*, both in French and English, by 1726 he did not refer to Addison's definition in *Le Temple du goût*, partly because he doubted the possibility of defining taste, partly because *Le Temple du goût* was an exercise in good taste. Voltaire was convinced that taste was invariable in so far as it was dictated by the nature and limits of the human mind, but that it was variable in so far as it was a reflection of national mentality and the progress of society towards a high state of civilisation and enlightenment. For that reason *Le Temple du goût* confines itself to France; it is an attempt to evaluate the French achievement in the arts and to pinpoint disquieting symptoms and possible dangers; see Taylor, 'Voltaire iconoclast', p.35.

la description du temple et le portrait du Dieu, sont encore d'un goust défectueux. La noble architecture de l'edifice est entièrement defigurée par les ornements que *la necessité y a mis*. Le Dieu est couvert de tant *d'atours, et de tant d'élégantes propretés*, qu'il paroît moins être un Dieu qu'un petit maître prétieux [...] tout est faux et affecté dans ce portrait. Enfin ce Dieu est si miserable, qu'il n'auroit jamais eu de courone, si pour luy en faire une, anacréon, horace et virgile n'avoient cueilli des roses, des Myrthes et des lauriers. Que penser d'un Dieu du goust, qui loin de couroner les poëtes emprunte d'eux la courone.

Nor does Voltaire distinguish between those areas in which the criteria of taste are applicable and those in which they are not. That is why his contempt for the scholarship of Dacier and Saumaise is unjustified. But his other assessments are no less idiosyncratic and mistaken. The author of the *Première lettre* rejects each of Voltaire's judgements in turn, sometimes invoking authority but more often relying on his own literary sensitivity, a direct knowledge of the texts and an independent mind. 'Sortons, Monsieur', he concludes, 'sortons de ce Sanctuaire profané par tout ce que j'y remarque: ce temple n'est qu'un trophëe élevé à la censure plus tost qu'au Dieu auquel on le dédioit' (f.167).

The same hostility characterises the review in the *Bibliothèque raisonnée*,[128] one of the two periodicals that noticed the first edition of *Le Temple du goût*. Voltaire is accused of arrogance and eccentricity in taste, of frivolity, of obscurity, of parochialism in confining his survey to the literatures of France and Antiquity and of thoughtless tactlessness in his remarks about Germany. His assessments of La Motte and Rousseau are ascribed to personal animosity. The parts played by Polignac and Rothelin are judged scandalous, as are Voltaire's views on Adrienne Lecouvreur's burial. His indecent flattery of the Jesuits and his remarks on Pascal are designed to ingratiate him with the court, the king's ministers and a religious order that controls state patronage.

---

[128] *Bibliothèque raisonnée* (Amsterdam 1733), x.393-418.

Finally, *Le Temple du goût* fails to renew an allegory that is already well-worn.

Very different is the tone of the notice in *Le Pour et contre*,[129] in which Prévost attempts an enthusiastic general defence of Voltaire and his work against the universal chorus of denigration and indignation. He emphasises Voltaire's modesty and vindicates his fitness as a judge of others on the grounds that he is France's unequalled epic poet, a dramatist to be ranked with Corneille and Racine, a brilliant composer of 'vers épistolaires et familiers' and a notable historian. 'Relisez toute la pièce', Prévost advises his readers, 'vous y verrez régner la même délicatesse et le même goût [...] joignez à cela un jugement toujours épuré, une critique juste [...] quoique hardie, qui non seulement distingue le mérite à coup sûr, mais qui en sait apprécier tous les défauts' (p.108). He singles out the portrait of the god of taste: 'Connaissez-vous quelqu'un avec M. de V... qui ait l'imagination si belle, le tour d'expression si noble et si aisé, le pinceau si fin, si riant, si fécond?' (p.107). Not that *Le Temple du goût* was beyond criticism, as Prévost admits (p.108):

Malgré la justice de ces louanges, on m'accuserait de flatterie, si j'attribuais l'*infaillibilité* à M. de V... On demande, si c'est le bon goût seul qui l'a fait parler si amèrement de M. R. et si le ressentiment n'y a pas un peu de part? Si parmi les auteurs français, il n'y en a pas quelques-uns qui puissent se plaindre d'avoir été exclus du temple, ou du moins négligés? Un comte de Hamilton, par exemple, auteur des *Mémoires du chevalier de Gramond*; un abbé de Villars, auteur du *Comte de Gabalis*; un Fléchier; une des Houlières, etc. Si Baile n'est pas critiqué un peu légèrement, lorsqu'on le réduit à un volume? Enfin si M. de V... est content de certaines expressions qui lui sont échappées, telles que *je vinsse avec lui*, au lieu de *j'allasse*, p.1. *Avant d'arriver*, au lieu d'*avant que d'arriver*, p.10. *Qui n'aiment pas volontiers*, au lieu de *qui n'aiment pas beaucoup*, p.28, etc.[130]

---

[129] *Le Pour et contre* (Paris 1733), v.97-114.
[130] Voltaire took heed of some of Prévost's remarks. Hamilton was introduced

4. *Revision: the first Amsterdam edition, 1733*

Voltaire must have realised that *Le Temple du goût* would inevitably call down reprisals; but even so he was surprised and hurt by the counter-offensive of the conservatives and the hostility of the reading public. He was galvanised into a drastic revision of his text by the hornets' nest that he had brought about his ears. [131]

By 25 March 1733 he was imploring Cideville to persuade Jore to hold up his edition (D579):

Je ne peux vous envoier encor aujourduy les changements qui sont en grand nombre, qui sont considérables, et nécessaires. On clabaude icy, on crie, on critique. Il faut apaiser les plaintes, il faut imposer silence à la censure. Je travaille jour et nuit. Il est essentiel pour moy qu'une seconde édition paraisse purgée des fautes de la première et pleine de bautez nouvelles.

In another short letter, written on the same day, he asserted that the changes were such that Jore ought to reprint entirely (D581), and on 2 April he requested Jore to burn his edition (D585). He intended to furnish him with a copy of the new text and of 'une petite dissertation qu'on imprime icy pour la seconde édition' (D580).

Despite Voltaire's frenzied haste, the new edition did not appear for some months. Cideville took advantage of the revision to send Voltaire a detailed list of the alterations that he thought necessary (D582). His letter, both in its detailed and in its general observations, clearly reflects the attitudes of the reading public.

En général cet ouvrage a charmé les juges équitables par son heureux

---

into w38 (l.556-557v) in which *vinsse* becomes *allasse* (l.15v). The sentence containing *volontiers* (l.416) disappeared in 33A. *Avant que d'arriver* was not possible in line 153.

[131] Cf. Brumoy's letter of 6 May 1733: 'M. de Voltaire a été malheureux dans sa témérité et trop puni. Il desavoüe, dit on, *Le Temple du goust*, prêt d'en donner un autre plus mesuré' (Avignon, MS 2375, f.276v).

invention, par sa variété, et son stile, mais il a blessé par La critique amère que vous y faites de deux gens vivans tels que mr. de Fontenelle et mr. Rousseau, et par le jugement très solide mais peut-estre un trop décisif que vous portés sur les illustres morts tels que Racine, Despreaux, Lafontaine &c. Ce n'est dans ce dernier article que le ton que je crois qu'il faut adoucir. [...] Corrigés, effacés, mais surtout adoucissés, il est en vérité indigne de vous de vous répandre en injures et d'estre satirique.

Formont was no less intent on saving Voltaire from the consequences of his rash publication. On 2 April he explained to Cideville that he had strongly advised Voltaire 'de mettre dans une préface Le public dans Le point de vue de cet ouvrage qui est qu'il n'a point prétendu doner un traité du goût mais un Badinage un peu plus solide par le sujet que Les simples pièces Badines' (D586). Voltaire followed Formont's advice and composed the *Lettre de M. V... à M. de C...* [132] as a preface for his projected second edition. He also took account of Cideville's criticisms when revising his text.

At the same time Voltaire seems to have tried to mollify public opinion by leaking advance information about the new edition. The *Journal de la cour et de Paris* reported his intentions on 6 April: 'Voltaire, qui ne sait comment se justifier, se plaint qu'on lui a volé une copie informe de son ouvrage. Il en produit un nouveau dont la critique est adoucie et où il ne s'épargne pas lui-même pour apaiser les mécontents' (p.66).

---

[132] The 'M. de C...' has always been assumed to be Cideville. The *Journal de la cour et de Paris* believed it to be Crébillon fils (p.78), and apparent confirmation of this is given by Cideville's copy of the *Temple du goût* (Amsterdam, Ledet, 1733; Bibliothèque municipale de Rouen O 1876). It contains various autograph notes as well as the inscription 'Ex Lib. De Cideville'. On p.iii an asterisk has been added after the 'C' of 'Lettre de Mr. de V..... à Mr. de C...'. It refers to a note at the bottom of the page: '*Crébillon* fils, et non Cideville, encore [...] que des éditeurs modernes aient admis ici ce der[...]'. In spite of the page having been cut by a 19th-century binder, the essence of the disclaimer is clear. See C. Seth, 'Epaves et trésors cachés: les Voltaires de la bibliothèque de Cideville', in *Voltaire et l'Europe: mélanges en l'honneur de Christiane Mervaud*, forthcoming. [Information provided by Catriona Seth.]

Meanwhile authority had also to be appeased. Voltaire had now antagonised the *garde des Sceaux* Germain-Louis Chauvelin by publishing three works in succession without permission. He was being threatened with imprisonment, indeed rumour already had it that he was being detained in the Bastille (D584, D586). Furthermore too much was known about the *Lettres philosophiques*. A policy of wary compliance was unavoidable and it is hardly surprising that in his approaches to the authorities Voltaire let himself be guided by Rothelin, who was a friend of Chauvelin's. [133] On 2 April Rothelin took the revised text with him into the country where he was to stay with Antoine-Louis de Rouillé and where he subjected it to a thorough examination, no doubt in consultation with the *directeur de la Librairie* (D586). It was probably they who reported to the *garde des Sceaux* that the work contained 'rien qui blesse l'état, la relligion ny les mœurs' and could therefore be granted not merely a *permission tacite* but a full *privilège*. Voltaire must have agreed to suppress the passages relating to Adrienne Lecouvreur and to Maisons (see D640).

On Rothelin's advice, the censor chosen was Crébillon, whom Voltaire had not attacked in *Le Temple du goût*. Anxious to avoid delay Voltaire twice pressed Moncrif in early April to use his influence with Crébillon to expedite the reading, and before the middle of the month Crébillon had finished his examination of the text. The modifications that he required were accepted by Voltaire as not changing overmuch the nature of his work. 'Mon cher ami', he wrote to Moncrif, 'le père de Radamiste m'a rogné un peu les ongles, mais il m'en reste encor assez'. [134] There only remained the printing, and Voltaire's protectors hoped to avoid further

---

[133] See D588; and Polignac's letter to Rothelin of 4 September 1727: 'je veux me réjouir avec vous de ce que votre grand amy, M. le P^t Chauvelin, est Garde des Sceaux' (Griselle, 'Lettres du cardinal de Polignac', p.272).

[134] D588, D590, D594, D595. Marais asserts that Crébillon and Voltaire had quarrelled over these changes, but this does not seem to have been the case; see Marais's letter of 19 May 1733 (*Correspondance littéraire du président Bouhier*, xii.266).

difficulties by close collaboration with Rouillé, to whom the proofs were to be submitted (D602). The way now seemed clear. The defection of the young prince de Conti, who refused to be associated with the new edition,[135] was of no great account since Clermont was continuing his patronage.

According to Linant, the printing was under way by 19 April, but neither docility nor powerful protectors prevailed against public suspicion and distrust. On 1 May Voltaire was summoned by Rouillé over 'encore quelque anicroche pour son Temple', and Chauvelin, who had grown weary of Voltaire's antics, also made difficulties. Finally, about 10 May, printing was suspended, to Voltaire's bitter indignation.[136]

Voltaire must have felt that his reputation was at stake; he could not allow matters to remain as they were. As so often, he decided to publish his text outside France but, curiously, in the censored version. A number of reasons may explain this decision. He may not have wished to worsen his relationship with the government, and he may have hoped that the authorities would turn a blind eye to the sale of the edition in France since it included the official *approbation*.[137] He entrusted the printing to Ledet and Desbordes of Amsterdam. Begun by about 25 June, the new edition (33A) was ready by 9 July; by the 24th a copy had reached Voltaire.[138]

---

[135] See D588. Conti was 16 years of age. The lines addressed to him in the first editions are suppressed in 33A. Caylus would have liked his name to be withdrawn for personal reasons (D618, D622). Had it been possible, Voltaire would have inserted a cancel in 33A (see D624). Caylus's name disappeared from w38 onwards.

[136] See D600, D604, D609, D635, D640.

[137] Could this course have been suggested to Voltaire as a way out of his difficulties with the censorship? It was possible for the authorities to ignore an edition printed (or apparently printed) outside France. The retention of the revised text and the inclusion of the *approbation* could thus be accounted for. But the rarity of the Amsterdam edition in Paris (see below, p.81) shows that the prohibition of the edition was strictly enforced. It would seem that Chauvelin and Rouillé were determined to curb Voltaire's activities and his disregard of official regulations.

[138] See D624, D628 and D635.

The revised text reveals that Voltaire had made considerable concessions to governmental susceptibilities and to conservative religious opinion. He had suppressed the passages on Adrienne Lecouvreur and Maisons, the note on Chaulieu's deism, two malicious references to the *dévots* and a disrespectful assimilation of acting and preaching.[139] On the problem of the existence and immortality of the soul he had come down unequivocally in Polignac's favour.[140] To humour the Jesuits he had suppressed a comment on Pascal's *Lettres provinciales*, attributed the same qualities to Bourdaloue as to Pascal and praised, with reservations, the critical approach of 'l'exact et le délicat Bouhours'; he had made Boileau disown his *Satire XII, Sur l'équivoque*, against the Jesuits. He had even struck out a reference to, and note on, cardinal de Richelieu's courtly disputations on love.[141]

He also omitted the note demonstrating Richelieu's lack of taste, but in compensation strengthened his statement that the cardinal's real achievements had been political and that he should have limited his rôle in the arts to enlightened patronage.[142] Yet he had become mindful of the accusation that praise of governmental support for the arts in the seventeeth century implied denigration of the rôle of Louis xv's ministers and he therefore carefully toned down his exaltation of Colbert and excised the description of his plans for Paris.[143] He had even suppressed an acid note on the value judgements in which royal censors often indulged. He had softened his criticism of the architecture of Versailles. He had rather obviously tried to put the authorities on

[139] Adrienne Lecouvreur (l.481-494; cf. appendix I.C); Maisons (l.705-733; cf. 646-733*v*); Chaulieu (p.162, n.*p*); *dévots* (l.150-153, 254), acting and preaching (l.474-480; appendix I.C).

[140] Lines 398-414; cf. appendix I.B.

[141] Pascal, Bouhours (l.604-607; cf. appendix I.D); Boileau (appendix I.E, l.48-49); Richelieu (l.627-630 and n.*u*; cf. appendix I.D).

[142] Richelieu (p.166-67, n.*t* and l.613-619; appendix I.D, l.67-81).

[143] Lines 791-833 and variant.

their guard against malicious interpretation of his work by his enemies. In a sentence and note found only in 33A-37 he alluded to allegations that 'Télémaque est un libelle contre Louis XIV et Esther une satire contre le ministère' and poured scorn on the so-called keys to La Bruyère's *Caractères*. [144]

He had tried to give less offence to polite society by dropping his strictures on the *petits-maîtres* and eliminating a disdainful comment on the leaders of fashionable salons and their patrons. Instead he took refuge in a vague, traditional reference to the devious intrigues of courtiers. [145]

His precautions extended even to individuals. Cideville had drawn his attention to his thoughtless revival of half or totally forgotten scandals. His note on Rousseau's satire on Bignon, for instance, had vexed the latter's niece, Mme de Fresquienne, [146] and was not reproduced in the Amsterdam edition; nor was another note, raking up Rousseau's relationship with the duc de Noailles. It is significant that Voltaire was ready to make these modifications, even though they weakened his attack on Rousseau. But, as Cideville had pointed out, his criticisms of Rousseau as a person and as a poet were both tasteless and exaggerated and were bound to be imputed to the basest motives. At the very least it was expedient to remove the worst of them.

Voltaire may also have been influenced by his own sensitivity to his critics' scathing denunciations of his character and literary judgement. In the *Lettre de M. V... à M. de C...* which prefaced the new edition Voltaire tried to remove himself from the centre

---

[144] Value judgements (p.136-37, n.*m*); Versailles (l.677-683; cf. 646-733*v*, appendix I.c); *Télémaque*, La Bruyère (l.239-251*v*).

[145] Lines 224-233 and variant.

[146] Anne-Louise Bignon, daughter of Jean-Paul Bignon's brother Armand-Roland, had married in 1721 Charles-Nicolas Romé, marquis de Fresquienne, *conseiller* and at the time of his death (1739) *président à mortier au Parlement de Rouen*. D521 (28 August 1732) indicates that the Fresquiennes were known to Formont and Cideville.

of the storm by representing *Le Temple du goût* as a humorous trifle, a notion he also emphasised in the text (l.16-66*v*). It did not even, he asserted, entirely reflect his own views. It was the lighthearted record of the temporary conclusions of a group of friends; he had merely acted as secretary, and the published text was a mutilated draft that had been printed without his consent. The intention underlying the work had been neither satirical nor scurrilous, but merely discerningly critical. There were good and commonly accepted reasons for the assessments of Bayle, Pellisson, Voiture and Saint-Evremond. There was nothing subversive in the remarks on Versailles or Le Brun, nothing impious in the simultaneous presence of actresses, Lucretius and theologians in the temple of taste. There was no immorality in the praise bestowed on young nobles who took an interest in the arts rather than in gambling. Voltaire could not forbear from answering major criticisms, even though he might thereby appear to be taking his so-called trifle over-seriously.

His main effort, however, was directed to the new text of *Le Temple du goût*. Sensitive to the charge of arrogance and conceit and heedful of his friends' advice, he adopted a more modest and conciliatory tone. He confessed that he still had much to learn in matters of taste (l.16-66*v*) and, with a modesty that he hoped would be disarming, he criticised *Brutus* for its inadequate plot, *Zaïre* for its lack of verisimilitude and *Œdipe* for the inclusion of the irrelevant character Philoctète. He admitted that *Artémire* had been a total failure (appendix I.A, l.62-70). He sought to defend his critical approach by introducing the much respected figure of Bouhours, the symbol of his preoccupation with purity of language, a preoccupation that must nevertheless not be allowed to stifle invention and imagination. Bouhours also served to justify Voltaire's belief in the criticism of defects: in the case of great writers and artists these must be catalogued lest they become models for succeeding generations (appendix I.D).

Voltaire therefore neither changed his principles nor abandoned his previous positions. He might modify his expression, but in the main he reinforced and clarified his original text. Thus, he continued to hold the view that taste was indefinable, but he tried to give a clearer idea of his conception of good taste by eliminating the fundamentally irrelevant reference to Sylvie and the use of the pretty-pretty and even affected terms *propretés* and *atours*. [147] He perhaps achieved more by defining bad taste in terms that really identified the enemy. In the central case of Rousseau, he discarded the worst of his personal remarks and the details of his inferior works, but he did not alter his assessment, and he strengthened his case by the introduction of samples of Rousseau's verse into his text. [148] The same tactics were adopted in the treatment of La Motte. Voltaire emphasised his dislike of Fontenelle's preciosity. He justified his initial assessment of Bayle's work by invoking what he alleged to be the latter's personal testimony. [149] He clarified and expanded his sections on Corneille, Racine, Molière, La Fontaine, Boileau, Quinault and Chapelle. He maintained his low opinion of Segrais's translations and imitations of Virgil and excluded him from the temple of taste altogether after realising that he was the author neither of *Zayde* nor of *La Princesse de Clèves*. Mme de La Fayette takes his place. [150] Though he did remove a note which had given offence at court, he in no way changed his criticism of the chapel at Versailles. [151]

Nevertheless the 1733 Amsterdam edition reflects a serious effort to mitigate the scandal that the first version had caused in high and low places. Silently Voltaire reduced the number of notes from 62 to 24 (including new ones). He dispensed in particular with notes that pitilessly illustrated the more regrettable lapses of respected writers. Others he condensed into a form that could

[147] Lines 438-445 and variant, 427-428.
[148] Lines 311-364; appendix I.A.
[149] La Motte (l.276-356; appendix I.A.); Fontenelle (l.368-388; 388-392*v*); Bayle (l.740; 734-743*v*).
[150] Lines 510-513 and variant.
[151] Lines 197-200 and n.*h*.

offend nobody. In the main text he restated in fleet, familiar octosyllabic verse the much-challenged passages on Corneille and Racine and part of his opinion of La Fontaine and Molière. His views on Boileau and his reconciliation with the much admired Quinault were put into a mixture of prose, alexandrines and octosyllabic verse.[152] Some opinions he reformulated in less startling terms. The list of La Motte's failures is less detailed. Voltaire is verbally more charitable to Rabelais and to Voiture (with whom he now brackets Sarasin), though not to Marot.[153] The strictures on Pellisson's *Histoire de l'Académie française* remain, but he is unambiguously awarded a place in the *Temple* for his *Histoire de la Franche-Comté*. Rollin is no longer debased by the proximity of the frivolous.[154] The concert of Italian music ceases to be a *sabbat*. Voltaire makes it quite clear that he is not attacking the painter Le Brun and the traditions of the Académie royale de peinture et de sculpture.[155]

One judgement Voltaire did change, partly perhaps out of friendship for the bishop of Luçon: he admitted Bussy-Rabutin into the fold. In the case of Marivaux, however, he preferred silence: an obvious and pejorative reference to the dramatist is simply suppressed.[156]

Some changes reflect a desire to present a more impartial and more significant image. Voltaire places Camargo beside Sallé in order to reflect the current debate over the respective merits of the two dancers without himself taking sides.[157] For the same

---

[152] Lines 750-773 and appendix I.E.

[153] Lines 734-741 and 734-743v.

[154] Pellisson (l.513-516; 510-516v); Rollin (l.446-455; 450-455v).

[155] Italian music (l.187 and variant); Le Brun (l.239-251v).

[156] Bussy (l.522-527; 521-530v); Marivaux (l.269-270 and variant).

[157] Lines 453-455; 438-448v. For the rivalry between Sallé and Camargo, see E. Dacier, *Mademoiselle Sallé (1707-1756)* (Paris 1909), p.77, 79. Their supporters and critics fiercely discussed the question: 'si la force et l'agilité surprenantes de la Camargo l'emportent sur la noblesse, la grâce, la variété et l'expression de la Sallé'. In his *Epître à une dame ou soi-disant telle* and his *Madrigal* (both from 1732), Voltaire describes the qualities of the two dancers without indicating a preference;

reason he brought together the names of the two singers Lemaure and Pélissier. [158]

There were also significant additions. Voltaire had originally merely mentioned La Rochefoucauld in a note on the marquis de Surgères, but now he installed him in the temple beside Mme de La Fayette. He may already have wished to emphasise the rôle he attributes to La Rochefoucauld in *Le Siècle de Louis XIV*: 'Un des ouvrages qui contribuèrent le plus', reflects Voltaire, 'à former le goût de la nation, et à lui donner un esprit de justesse et de précision, fut le petit recueil des *Maximes*'. [159] Voltaire also extended his survey into the field of history in which he was becoming increasingly interested since the publication of the *Histoire de Charles XII*. He decreed that his ideal historian was Tacitus to whom no French historian might yet be compared. But he singled out as notable examples of historical writing the works of Sallust and the *Conjuration des Espagnols contre Venise* by Saint-Réal. [160] The implications were clear to his contemporaries, especially those who had read the *Histoire de Charles XII*. Voltaire was recommending that historical writing be structured like tragedy for dramatic effect and that the historian pursue the study of psychological and political motivation in especially significant periods of history.

---

but d'Argenson believed that he put Camargo 'toujours fort au-dessous de la Sallé' (*Notices*, p.754). This could explain the omission of Camargo's name in 33.

[158] Line 452; 438-448*v*. The war between the supporters of Catherine-Nicole Lemaure and Marie Pélissier seems to have been as fierce as that over the relative merits of Camargo and Sallé. It is reflected in Mlle Aïssé's letters (*Lettres*, ed. Charpentier, Paris 1873, p.92, 106-107). In 33 Voltaire mentions only Pélissier, perhaps thus indicating a preference for 'grâces'. See *Epître à une dame ou soi-disant telle*: 'Pélissier par son art, Le Maure par sa voix' (M.x.275). His assessment of the two singers would therefore correspond aesthetically to his assessment of the two dancers.

[159] *OH*, p.1004. See p.183, n.*k*; l.562-563*v*.

[160] See O. R. Taylor, 'Voltaire's apprenticeship as a historian: *La Henriade*', in *The Age of the Enlightenment: studies presented to Theodore Besterman*, ed. W. H. Barber *et al.* (Edinburgh, London 1967), p.10-11.

Two additions that should be mentioned are linked to Voltaire's eternal polemics with his critics. He invokes Corneille's *Polyeucte* in order indirectly to be able to accuse of bad faith those critics who had scented heresy in *Zaïre*. And despite his declared intention to avoid satire, he could not desist from a transparent attack on Nicolas Boindin. [161]

On the whole, however, Voltaire evinces a desire to avoid such personalities and to broaden the debate of *Le Temple du goût*. In a new section he postulates general questions of various kinds:

On y examine si les arts se plaisent mieux dans une monarchie, que dans une république: Si l'on peut se passer aujourd'hui du secours des anciens: Si les livres ne sont point trop multipliés: Si la comédie et la tragédie ne sont point épuisées. On établit quelle est la vraie différence entre l'homme de talent, et l'homme d'esprit; entre le critique, et le satirique; entre l'imitateur, et le plagiaire.

Elsewhere he asks why France has more good painters and sculptors than architects. [162]

To some of these questions Voltaire provides answers himself. Unintelligent criticism by the Moderns does not detract from the value of Greek and Roman literature though pedantic imitation should be avoided. Satire is carefully distinguished from criticism both in the *Lettre de M. V... à M. de C...* and in the text itself. Polignac makes clear the reason why good architects are relatively rare in France. In *Le Temple du goût* Voltaire presents the French monarchy as the instigator of artistic revival and progress; [163] but this answer probably dodges the real issue in his mind: the contrast between the vigour of the arts in the free climate of England and the stagnation caused in France by governmental suspicion of open debate.

Voltaire's clear reply to this last question is to be found in the

[161] *Polyeucte* (l.239-251v); Boindin (l.269-272v).
[162] See appendix I.D, l.1-6, and appendix I.C., l.36-55.
[163] Lines 36-48; cf.189-190v.

Lettres philosophiques. It was as well that he offered only a partial answer in *Le Temple du goût*. As it was, his hopes of justifying and redeeming himself in the eyes of French readers came to naught. The new edition proved difficult to come by in France where, according to the *Journal de la cour et de Paris* of 27 July, 'ses *Lettres philosophiques* et son nouveau *Temple du goût* sont arrêtés par les menaces que M. le Garde de Sceaux lui a fait faire' (p.124). On 24 July Voltaire had informed Thiriot that 'monsieur le garde des sceaux me persécute pour ce malheureux temple du goust, comme on auroit poursuivi Calvin pour avoir abatu une partie du trône du pape' (D635). In 1735, Desfontaines noted that the edition was 'peu commune à Paris'. [164]

This scarcity probably explains the almost total silence of the periodicals published in France. But journalists resident in neighbouring countries could and did obtain copies.

The *Bibliothèque raisonnée*, which had reviewed the first version, examined the Amsterdam edition in 1734 (xii.209-28). It noted the considerable extent of the changes wrought by Voltaire, but concluded: 'C'est bien au fond le même *Temple* que l'autre: même goût, même plan, même dessein, mêmes idées'. Nevertheless, it found the new text an improvement on the old: 'Celui-ci est supportable en son tout, au lieu que l'autre ne l'était presque en rien [...] On ne voit plus dans celui-ci tant de négligence dans le style et dans la versification que dans l'autre'. The *Journal littéraire*, commenting on Voltaire's work for the first time, doubted whether *Le Temple du goût* reflected more than the taste of the group mentioned in the *Lettre de M. V... à M. de C...* and, no doubt for reasons of space, was content merely to reject Voltaire's assessments without argument. It obviously thought that the work's defects outweighed its qualities: 'Quoiqu'il en soit, il y a du feu, de la versification, du goût dans cet ouvrage, et il n'en est

---

[164] *Observations sur les écrits modernes*, i.4. Desfontaines was at war with Voltaire in 1735 and may have been exaggerating.

pas moins vrai qu'on en pourrait faire une fort bonne critique, ne fût-ce que par rapport au défaut d'invention qu'on y remarque' (xx.419-20).

The dissenting voice was again Prévost's. *Le Pour et contre* published another very favourable review (1733, no.13). 'L'édition', wrote Prévost, 'qui s'en est faite à Amsterdam contient des additions qui l'embellissent. *Le Dieu du Goût* y est orné de mille nouvelles grâces, et je ne sais s'il y eut jamais de portrait qui mérite si bien le nom de *chef-d'œuvre*. Celui de l'*Idole du faux Goût*, ne lui cède que par la longueur. Les nouveaux caractères de *Corneille*, *Racine*, *la Fontaine*, *etc.* sont autant de beautés nouvelles' (p.106). He also had some reservations. He regretted the use of the verb *crayonner* in the new lines on Corneille; he deplored Voltaire's assertions that there was no article on Julius Caesar in Bayle's *Dictionnaire* and that Gronovius had written a commentary on Dictys Cretensis, [165] and he criticised the apparently unmotivated suppression of the passages on Adrienne Lecouvreur and Maisons (p.106). But these remarks did not diminish the vigour of Prévost's counter-offensive against Voltaire's critics. Prévost emphasised the great success of *Le Temple du goût* in London, announced a new London edition and printed two sets of flattering verses, allegedly by an Englishman, but in fact by César de Missy. [166]

Prévost's eulogies brought some comfort to Voltaire (D635) who hoped that *Le Pour et contre* would print a justificatory letter that he had commissioned from Linant, who was appalled by the prospect of battle, but could not refuse. On 7 August he wrote sadly to Cideville (D643):

Notre illustre m'a prié de faire une Lettre apologétique sur le temple du goust. Il a voulu que je me misse entre Le public et Lui, que je balançasse Les torts des deux parties, qui en ont réciproquement et beaucoup. Enfin

---

[165] The *Bibliothèque raisonnée* also commented on these mistakes (xii.214-15, x.410-11); *crayonner* (appendix I.E, l.8); Gronovius (l.91-93).

[166] M.-R. de Labriolle, '*Le Pour et contre' et son temps*, Studies 34-35 (1965), p.150.

que je devinsse l'arbitre dans une querelle où il seroit même difficile qu'un habile homme n'aigrît rien en voulant faire Le modérateur et où il est impertinent qu'un novice comme moy se mêle de parler […] Il s'est imaginé que par un petit écrit de cinq ou six pages je le servirois beaucoup; dieu Le veuille, mais je ne Le crois pas.

Linant's letter (D656) was plainly for the most part suggested to him by his patron. Ready by 7 August (D643), scheduled to appear in *Le Pour et contre* in September, his apologia was not in the end published, for reasons at which we can only guess. It may be that Voltaire realised that he was wasting his time. It is possible that Cideville, to whom the manuscript was sent (D642), advised that the excessive praise lavished by Linant on Voltaire could only further alienate public opinion;[167] and it is equally possible that Voltaire simply abandoned the project because he was dissatisfied with the Amsterdam edition. True, there were, he thought, 'dans l'ouvrage plus d'ordre, plus de correction, plus de choses utiles, et une prose plus châtiée que dans le premier', but the text was full of printers' errors (D635). Above all, he was conscious of having betrayed himself in vain. On 28 July 1733 he wrote to Thiriot (D640):

A l'égard du temple du goust, dites de ma part mon cher amy, au tendre et passionné autheur de Manon Lescaut, que je suis de votre avis et du sien sur les retranchements faits au temple du goust. Ah mon amy mériteroi-je votre estime si j'avois de guaîté de cœur retranché melle le Couvreur et mon cher Maisons! Non ce n'est assurément que malgré moy que j'avois sacrifié des sentiments qui me seront toujours si chers. Ce n'étoit que pour obéir aux ordres du ministère, et après avoir obéï, après avoir gâté en cela mon ouvrage, on en a suspendu l'édition à Paris.

---

[167] A similar pattern will emerge from the history of Linant's preface for *La Henriade*.

5. Revisions after 1733

Voltaire was already planning yet another revised edition. 'Il y a quelques pierres du premier édifice que je regrette baucoup', he confided to Cideville on 2 August, 'et un jour je compte bien faire de ces deux bâtiments un temple régulier, qu'on imprimera à la tête de mes petites pièces fugitives' (D642). Understandably, Cideville did not spare his encouragement (D644, D648); but soon Voltaire had far more serious matters on his mind. The new text did not materialise until 1735; it was printed only in 1738.

It was apparently Desfontaines who goaded Voltaire into the reconstruction of his Temple. In March 1735 Desfontaines launched his *Observations sur les écrits modernes* with a review of the 1733 Amsterdam edition on the grounds that its scarcity in Paris had turned it into a novelty (i.3-11). The real reason was that Desfontaines's animosity was growing and that he hoped to discredit Voltaire as a writer by reviving the by then almost forgotten scandal of *Le Temple du goût*. The tone of his remarks is mild but, in various references to the first edition, he manages to remind his readers of its unauthorised publication, to recall official disapproval of the passages concerning Adrienne Lecouvreur and Maisons, to accuse Voltaire of bias and to underline the scurrility of his personal criticisms of Rousseau. In this last respect Desfontaines admits that the Amsterdam edition was an improvement, but his sympathy for Rousseau is as manifest as is his intention of damaging Voltaire. He comments ironically on Voltaire's affectation of modesty and maliciously suggests that he should have added to his list of flawed works *La Henriade*,[168] the *Histoire de Charles XII* and, at least, *Eriphyle* and *Adélaïde Du Guesclin*. Racine's own writings are invoked in order to dismiss contemptuously Voltaire's lines on the Racinian hero, and, to turn

---

[168] A shrewd thrust which was bound to infuriate Voltaire; see D967.

84

the knife in the wound, Desfontaines further refers to Rousseau's defence of Racine against Luigi Riccoboni whom he identifies as the source of Voltaire's ideas. Finally, Desfontaines rejects Voltaire's criticisms of La Fontaine's published work.

Desfontaines's article is curiously shapeless, as though he cared little about its structure provided it reached its target. In a letter to Thiriot of October 1735 (D924) Voltaire gave vent to his irritation which was no doubt markedly increased in December by some threatening words from Desfontaines (D957):

Cependant soyez persuadé que je viendrai à bout, par la justesse de mes raisonnements et peut-être par quelque autre autorité que j'ai acquises dans notre république des lettres, de vous faire passer pour le *Claudien du siècle*: car, en matière de théâtre, il ne serait pas seulement question de vous. C'est alors que vous direz que *mes critiques sont faites avec bien peu de goût*; mais vous ne serez pas plus cru dans vos décisions du *Temple du goût*.

On 17 December, Voltaire announced to Thiriot: 'J'ai corrigé et refondu le Temple du goût et beaucoup de pièces fugitives' (D966).

The revised version, as printed in the *Œuvres de Mr. de Voltaire* (w38), reveals that Voltaire had taken heed of friendly and unfriendly criticism and especially of Emilie's exhortations to greater prudence in the edition of his works being prepared by Ledet of Amsterdam. 'Il donnera à ce qu'il m'a promis', she wrote to d'Argental on 21 December 1736, 'dans cette occasion des marques de sa sagesse, surtout pr les petites pièces fugitives, et pr les L. ph.' (D1231). Despite earlier intentions, Voltaire suppressed a pejorative reference to the lack of taste at the French court; he did not reprint the lines on Adrienne Lecouvreur and Maisons, nor the eulogy of Ninon de L'Enclos. He dropped completely the question of state patronage which had ruffled the authorities; there was no discussion of the rôle of Richelieu and Colbert. No doubt the battles of the years 1730-1734 and his forced flight to Cirey had brought disillusion to support counsels of discretion. But

85

prudence was a virtue Voltaire ill understood and, instead, he ventured on an irreverent joke about papal infallibility, reinserted, without qualification, his most savage lines about the rôle of the *dévots* in the arts, reintroduced the passage assimilating actors and fashionable preachers and restored the 1733 note on Chaulieu's deism. [169]

In general Voltaire's attitude to his original notes betrays the same kind of uncertainty about the reactions of his readers. With some revision, he reprinted, where they were still relevant to his text, the crucial critical notes of his first edition, while still leaving out those which might cause offence to the state or the Parlement or friendly individuals. He did not revive the tasteless note about Rousseau's attitude to his father. His policy was clearly to restore any note which might serve in his battle against bad taste. On the literary plane he must have felt that appeasement was no longer expedient, or indeed possible.

Nevertheless, there is a marked lowering of the polemical tone in the 1738 text, except in the cases of Boindin, Desfontaines and Marivaux. [170] There is a clear will to lift *Le Temple du goût* out of the context of 1733 and to transform it into a less topical, more timeless survey of (in the main) French literature. Voltaire discarded the *Lettre de M. V... à M. de C...*, the falsely modest defensive passages he had written into the Amsterdam text, his attempt to use the history of *Télémaque*, *Esther* and *Les Caractères* to protect himself against malicious interpretation and the final apostrophes addressed to the artistic young nobility, Clermont,

---

[169] Papal infallibility (l.19-66*v*); *dévots* (l.253-256); actors/preachers (l.471-480); Chaulieu (p.162, n.*p*).

[170] Voltaire disliked Marivaux's plays and novels. The silence of 33A was no doubt a conciliatory gesture. But in 1736 it was thought that Marivaux was composing a work against Voltaire and though the rumour quickly evaporated (see D1000, D1029, D1035), the reintroduction of the reference may reflect increased hostility. Marivaux remains one of the major models of contemporary preciosity and bad taste.

Brassac, Caylus, d'Estampes and Surgères. The section concerning his friend Richelieu was also deleted. [171] He removed the general questions he had formulated for the reader in the Amsterdam edition probably because they were becoming less topical and added nothing to his thesis. He also excised the reference to the debates over the relative merits of Lemaure and Pélissier and Camargo and Sallé, perhaps because they would become increasingly less meaningful to his public, [172] perhaps because he had become more conscious of the transience of the interpreter's rôle. He had certainly not lost his interest in the techniques of opera since he added two sentences very precisely on the relationship between language and music in recitative. [173]

Certain changes were rectifications in the light of well-intentioned criticism. In response to Prévost Voltaire gave Hamilton a place and a note in his *Temple* and modified his text in two instances, replacing Gronovius by Scaliger and *je vinsse* by *j'allasse*. [174] Following Cideville's advice, he changed an expression too obviously reminiscent of J.-B. Rousseau, substituting *je parle* for *faquins*. [175]

Some points were clarified. Voltaire quoted Pitaval and Bellegarde as more specific examples of second-rate hacks and compilers; he related his criticism of unnecessary descriptive detail specifically to the novel. He stated bluntly that Polignac should have written

[171] This may have been because the latter had married Mlle de Guise in 1734, but the reason was probably literary. Voltaire could no longer place him in neat contrast to the cardinal who had disappeared from that part of *Le Temple du goût*. It is noteworthy that Voltaire retained the contrast between Bussy-Rabutin and Luçon, who served equally well to illustrate the *art de plaire* (l.522-540).

[172] Catherine-Nicole Lemaure finally retired in 1735, Marie Pélissier in 1741.

[173] Lines 154-164v.

[174] Hamilton (l.556-557v); Scaliger (l.92-93v); *j'allasse* (l.15v).

[175] Line 111 and variant; cf. D582.

in French. He turned his patron of music into an *homme de robe*, which has sometimes been considered to point to Pierre Crozat. [176]

Finally, he made up his mind on the problem of the façade of the Louvre, ascribing it to both Perrault and Le Vau, and recorded his scorn for the wisdom of ancient Egypt in an addition to his remarks on Bossuet. [177]

Despite his collaboration, Voltaire had not welcomed the prospect of the Ledet edition. In December 1736 Emilie had written to d'Argental (D1231) that Voltaire was going from Brussels to Amsterdam

où l'on fait actuellement une édition complette de ses ouvrages, et cela malgré lui, car sous prétexte de corrections il la recule depuis plus d'un an. Mais les libraires lui ont signifié qu'ils n'attendroient plus, et qu'ils trauailleroient sans ces corrections. J'ay vu les letres. Il va donc trauailler et présider à cette édition.

While doing so, he stayed with Ledet whose attentive hospitality he praised in warm terms in a letter of 17 January 1737 to Thiriot (D1262). The same letter explains his reluctance to see the new edition appear:

je ne sçay quelle gazette impertinante, misérable écho des misérables nouvelles à la main de Paris, s'étoit avisé de dire que je m'étois retiré dans les pays Etrangés pour écrire librement. Je dément cet imposture en déclarant dans la gazette d'Amsterdam que je désavoue tous ce qu'on fait courir sous mon nom soit en France soit dans les pays étrangers, et que je n'avoue rien que ce qui aura ou un privilège ou une permission connue.

Not only was he trying to create an impression of good behaviour, but he was hoping that the French authorities would grant him permission to print his *Eléments de la philosophie de Newton* and *L'Enfant prodigue* in Paris (D1231). It is odd therefore that in 1739

---

[176] Pitaval and Bellegarde (l.142-145v); descriptive detail (l.189-190v); Polignac (appendix I.B); *homme de robe* (l.154-164v), but see below, p.216, n.30.
[177] Le Louvre (l.662-663v); Bossuet (appendix I.E, l.1-4v).

he allowed Prault to risk an edition of miscellaneous works (see D.app 55), including *Le Temple du goût*, published under the title *Recueil de pièces fugitives en prose et en vers* (RP40). As Voltaire seems to have anticipated, the edition was immediately seized, on 24 November. [178]

The seizure was prompted by the authorities' distrust of the contents of the *Essai sur le siècle de Louis XIV* which formed part of this edition. The new text of *Le Temple du goût* was neither more nor less prudent than that of the Ledet version. On the one hand Voltaire restored to the text his tribute to Maisons and part of his note on the rôle of the censorship; on the other hand he cut out the satirical grouping of actors and preachers that he had brought back into w38. The addition of Saint-Aulaire to the ranks of the good minor poets could cause no disquiet. [179] In the main, Voltaire's corrections were designed to make his tone even less peremptory and his text more precise. Since he was trying to enlist Pitaval in his indignant campaign against *La Voltairomanie* (see D1794, D1800), he replaced his name with those of Gacon and Eustache Lenoble, now both safely dead. The only literary change of note was the placing of Deshoulières well ahead of Pavillon in the poetic hierarchy. [180]

From this point on the text of *Le Temple du goût* is only slightly affected by modifications introduced by Voltaire into editions for which he was in some way responsible. In 1742 (w42G) he once again omitted the reference to Marivaux and introduced a cancel which modified, but in no significant way, his constantly changing section on J.-B. Rousseau. [181] The 1746 edition (w46), besides new misprints, offered minor changes some of which were retained by the Dresden editions of 1748 (w48D) and 1752 (w52) and the Lambert edition of 1751 (w51), some enduring up to the Kehl

---

[178] See the tone of D2135 and D2137; cf. D2110, D2115, D2129, D2130.
[179] Lines 556-557*v*.
[180] Line 517 and variant.
[181] Lines 310-331*v*.

edition.[182] For the 1748 Dresden edition Voltaire again revised his text, but only three alterations were of importance. Among those artists persecuted by envy he introduced François Lemoyne whom real and fancied wrongs had driven to suicide in 1737. He brought back the note which had added *faux* to the word *dévots* in the text and included a reference to Bouchardon's fountain in the rue de Grenelle upon which work had started towards the end of 1739 (D1757).

The next version to include changes of interest was the Dresden edition of 1752 (w52). Voltaire now introduced the name of Rothelin into the text and supplied a note. The text of note *a* was completely replaced by a new version which took account of the publication of Polignac's *Anti-Lucretius* in 1747 and Voltaire's disappointment. He omitted from w52 an ironic reference to the *dévot*'s pilgrimage.[183]

For the Genevan edition of 1756 (w56) Voltaire once again revised his text and notes. He strengthened the note on Chaulieu's scepticism and took issue with Rémond de Saint-Mard who had criticised Voltaire's remarks in his edition of Chaulieu.[184] His assessment of Rousseau, who had died in 1741, remained essentially identical, but was leavened by a declaration of appeasement and the disappearance of the note on Rousseau's banishment. The note on Bignon, who had died in 1743, was also suppressed. But Voltaire seized the opportunity to hold two new buffoons up to ridicule. The first was Father François Aubert (referred to in *Le Temple du goût* as Albertus Garassus) whose fervent preaching had inspired the burning of copies of Bayle's works and d'Argens's *Lettres juives* in the square at Colmar in 1754. The second was Languet de Gergy, bishop of Soissons, whose *La Vie de la vénérable mère*

[182] See l.126v, 387v, 665-666v, 787v.
[183] Line 67v; p.119, n.*a*; l.150-153 and variant.
[184] *Œuvres*, ed. Saint-Mard (Amsterdam 1757); i.CI; cf. p.162, n.*p*.

Marguerite Marie (1729) was described by Voltaire as 'un ouvrage rare par l'excès du ridicule'. [185]

In the editions which followed w56 in Voltaire's lifetime the text of *Le Temple du goût* was left virtually unchanged. From w68 onwards the *Lettre de M. V... à M. de C...* was regularly reprinted and in w70L, *La Tocane* and *Le Déiste* were quoted as being among the most successful of Chaulieu's *épîtres*.

6. 'Le Temple du goût' and opinion after 1735

Interest in *Le Temple du goût* declined after the first flurry. There was no spate of imitations, partly perhaps because Voltaire had been so roughly handled by his critics, partly no doubt because of the growing preoccupations with aesthetics in a more philosophical form. Cartaud de La Villate may have remembered Voltaire's approach (but only his approach) in his *Essai historique et philosophique sur le goût* (Amsterdam 1736), aimed, according to its preface, at 'ces lecteurs distraits et peu sérieux, qui aiment à voltiger sur divers sujets sans trop les approfondir'. The author of the *Lettre de monsieur l'abbé Carbasus à monsieur de *** auteur du Temple du goût* (Paris 1739) merely used Voltaire's work as a starting point for a treatment of popular musical instruments in a parody of Chateauneuf's *Dialogue sur la musique des anciens*. It was not until 1767 that Claude-Marie Giraud published his *Vision de Sylvius Graphalètes ou le Temple de Mémoire* (Londres 1767), an allegorical tale in prose and verse. In this he affected to be interested only in impartiality and to be ready to accept the consequent ostracism. He obviously had in mind *Le Temple du goût* and the scandal it provoked, but he equally clearly did not like Voltaire or his tastes (i.35). In fact his approach to the literary

---

[185] *La Pucelle*, XVII.58 (V 7, p.521); cf. l.274-276v.

scene is less critical than historical. The borrowings from *Le Temple du goût* are slight: Giraud hardly needed Voltaire's example to invent his dream of a guided pilgrimage to the Temple of Memory. An even smaller debt is owed by the admirer of Voltaire who composed *Le Temple du goût ou les Fêtes de Tempé* (1769). This short poem in competent, uninspired alexandrines is a discourse on the frivolity and fickleness of artistic and feminine fashions. It is Voltairean in that it echoes the nostalgia for the reign of Louis XIV which characterises *Le Siècle de Louis XIV*. Nevertheless, *Le Temple du goût* continued to be read. In 1760 Mme Du Deffand knew it well enough to quote from it (D8751). Little real significance can be attached to F.-A. Toussaint de Beaulieu de Barneville's flattering allegation in a letter of 1776 (D20394) that he had been delayed by a request to read to two ladies *Zaïre*, *Le Temple du goût* and the *Poème de Fontenoy*. But a clue to abiding interest in *Le Temple du goût* is provided by a letter of 20 January 1768 from the marquis de Mirabeau to J.-J. Rousseau who was obviously expected to recognise the line quoted. [186] In 1780 Luchet thought it worth reproducing César de Missy's verses in praise of Voltaire's work. [187]

Voltaire was so far ahead of, or out of tune with, the times that his friends maintained their objections. The most favourable appreciation was that of Vauvenargues who in 1743 (?) concluded that 'tout le reste du *Temple du goût* m'a frappé par la vérité des jugements, par la vivacité, la variété et le tour aimable du style; je ne puis comprendre que l'on juge si sévèrement d'un ouvrage si peu sérieux, et qui est un modèle d'agréments'. But even he had his reservations. He tactfully argued that it was an exaggeration to describe Bossuet as 'le seul éloquent entre tant d'écrivains qui ne sont qu'élégants'. He defended Pascal, 'M. de Voltaire lui-même est trop éloquent pour réduire à ce petit mérite d'élégance

---

[186] Line 281, 'Mes vers sont durs, d'accord: *mais forts* de chose' (Leigh 6212).

[187] Jean-Pierre-Louis de La Roche Du Maine, marquis de Luchet, *Histoire littéraire de M. de Voltaire* (Cassel 1780), i.103-104.

les ouvrages de Pascal, l'homme de la terre qui savait mettre la vérité dans le plus beau jour, et raisonner avec le plus de force'; and pleaded in favour of Fénelon, 'l'homme né véritablement pour enseigner aux rois l'humanité, dont les paroles tendres et persuasives pénètrent mon cœur, et qui, par la noblesse et par la vérité de ses peintures, par les grâces touchantes de son style, se fait aisément pardonner d'avoir employé trop souvent les lieux-communs de la poésie et un peu de déclamation'.[188]

In 1743 the marquis d'Argens discussed *Le Temple du goût* at some length in his *Réflexions historiques et critiques sur le goût*.[189] D'Argens, who was on friendly terms with Voltaire, diplomatically agreed to a greater or lesser extent with some of Voltaire's judgements[190] and declared that 'mille beaux traits, remplis de feu [...] sont répandus dans le Temple du Goût', for instance the passage on the *financier*, the ignorant musicians and the commentators. But in reality his views were very similar to those of Voltaire's critics in 1733. One by one he tactfully rejected Voltaire's assessments[191] or equally tactfully he deprecated their severity. His real opinion of *Le Temple du goût* emerges from his letter of 20 November 1753 to d'Alembert (D5574) of whom he asks: 'Pourquoi faut-il que l'auteur de la Henriade soit celui du Temple du goût...?'

The abbé Antoine Yart was less dismissive in his 'Observations sur l'usage de la critique' published in the *Mercure de France* (Septembre 1744, p.1957-63). He conceded that *Le Temple du goût*

---

[188] Luc de Clapiers, marquis de Vauvenargues, *Œuvres complètes* (Paris 1968), p.170-71.

[189] *Réflexions historiques et critiques sur le goût*, p.23f. We can safely ignore his letter to Voltaire (D8566) in which he refers to *Le Temple du goût* as 'le chef-d'œuvre de l'Esprit humain'.

[190] For example p.28-32, 35, 43, 165, 170.

[191] He was tactful even in pointing out mistakes of fact. He thus denied that Bayle himself had blamed his publishers for his prolixity, asserting that the evidence was to be found neither in the writings of Bayle nor in those of his friends. He wondered whether Voltaire had not been misled by someone (he was no doubt thinking of Desmaizeaux) who wished to please him (p.56-57).

was at least short and non-satirical but, like Voltaire himself, questioned the usefulness of works of literary theory and criticism for the artist and extolled the value of example over precept. His thinking is obviously influenced by Voltaire's discussions in the *Essai sur la poésie épique*, in the *Lettre de M. de V… à M. de C…* and in *Le Temple du goût*, but he is as sceptical about the efficacy of the last two as of the first: 'M. de V. a plus fait d'écrivains par l'harmonie de ses vers et l'élégante précision de sa prose, que par son Temple du Goût'.

In 1765 Falconet thought that *Le Temple du goût* was still important enough for him to write to remonstrate with Voltaire over some errors in his remarks on sculpture (D12473), but his protest went unheeded.

The relationship between Voltaire and Titon Du Tillet had always been ambiguous. Titon Du Tillet, with determined forbearance, managed to remain on formally polite terms with Voltaire despite the latter's undisguised lack of respect for *Le Parnasse français* in both its bronze and printed forms. But in his 1743 Supplement (p.825), incited by Desfontaines's contempt, he gave rein to his resentment over Voltaire's implied criticism of his judgement: 'Qu'on ne me renvoie pas au *Temple du goût* pour me conformer au sentiment de son auteur et pour ne placer sur le Parnasse que ceux qu'il en trouverait dignes: C'est un ouvrage qui n'a pu être composé que dans un accès de mauvaise humeur'; why, he asked, was France's Virgil so unjust towards the equally great Rousseau? Titon Du Tillet was equally pained by Voltaire's disparagement of Segrais, Voiture, Sarasin, Benserade, Balzac, Pellisson and Pavillon. Nevertheless, though he was hurt by Voltaire's scorn, he refused to quarrel with him; and their friendship became much more cordial after their common championship of Marie Corneille in 1760.

Voltaire's enemies were at all times much less merciful. In the *Voltairomanie* of 1739 Desfontaines cuttingly derided *Le Temple du goût* as the 'production d'une petite tête ivre d'orgueil' (p.33). In the same year the abbé Gachet d'Artigny, in his *Relation de ce qui s'est passé dans une assemblée tenue au bas du Parnasse pour la réforme des belles-lettres* (La Haye 1739), ironically registered the popularity of Voltaire's remarks on Saumaise and Dacier among 'nos petits-maîtres en bel esprit' (p.128). In 1745, in the *Bibliothèque française*, Saint-Hyacinthe invoked *Le Temple du goût* as proof of Voltaire's vitiated taste (D3119).

A similar sense of outrage was reflected in Jean Dromgold's conservative *Réflexions sur un imprimé intitulé 'La Bataille de Fontenoy, poème'* (s.l. 1745) which enjoyed considerable popularity. Three years later their feud with Voltaire provoked Mannory and Travenol into republishing in their *Voltariana* some of the vaudevilles and epigrams that had greeted the first appearance of *Le Temple du goût* (p.136-38, 262). Voltaire was also satirised in the vignette on the title page which displays a circular temple being destroyed by a thunderbolt and the inscription *Ex fulgore fumus.*[192] On the reverse of the title page is printed an *Explication de la vignette du titre*:

> Un architecte aérien,
> Pour illustrer sa renommée,
> Fit des Temples: en moins de rien
> On les vit aller en fumée.

Antoine Sabatier de Castres was no less contemptuous in his *Tableau philosophique de l'esprit de M. de Voltaire* (Genève 1771).[193] His main aim in the section on *Le Temple du goût* is to defend J.-B. Rousseau against Voltaire's allegations and strictures, but his general conclusion in no wise departs from the by now familiar condemnation: 'Quelques critiques ont déjà remarqué que le goût n'avait point présidé à cette composition. Nous, nous dirions que la justice n'y a pas beaucoup présidé'.

---

[192] No doubt a mocking echo of the inscription on the title page of the first issue of Bayle's *Nouvelles de la République des lettres* (March 1684): *Non fumum ex fulgore, sed ex fumo dare lucem.*

[193] Republished in 1772 and, under the title *Vie polémique de Voltaire, ou histoire de ses proscriptions*, in 1802.

The last major assault came in Jean-Marie-Benoît Clément's *Première (-Neuvième) lettre à M. de Voltaire* (La Haye, Paris 1773-1776). The declared aim of the author was to examine Voltaire's 'politique littéraire, et l'influence qu'il a eue sur l'esprit, le goût et les mœurs de son siècle'. In so doing he draws on *Le Temple du goût*, yet only as one source among others. But he systematically defends Rabelais, Marot, Malherbe, Voiture and Segrais in his *Seconde lettre* and rejects in his *Troisième lettre* Voltaire's assessments of Quinault, Perrault, La Motte, Fontenelle, La Fontaine, and Boileau. His *Cinquième lettre* is devoted to the defence of J.-B. Rousseau.

7. Manuscripts and printed editions

Manuscripts

MSI

The Départment des manuscrits of the Bibliothèque nationale possesses a manuscript copy of *Le Temple du goût*, presented by Voltaire to cardinal de Polignac:

FF 12425 Voltaire – *Le Temple du Goust*, texte français et traduction italienne en regard. – Exemplaire de dédicace au cardinal de Polignac – XVIIIe siècle. Papier – 62 pages – 265 sur 210 mm. Rel. maroquin rouge aux armes du Cardinal de Polignac.

Contents: p.[1-10] blank. p.[1] title p. (French). p.[1] title p. (Italian). p.[120] 1, 1-62, 62, alternately. p.[1-4] blank.

The French text occupies the left-hand pages, the Italian translation the right. In each case the title-page is followed by 62 pages of text, numbered 1-62.

The French title-page reads: LE / TEMPLE / DU / GOUST. / Nec laedere, nec adulari. / [*ornament*] /

The Italian title-page reads: IL / TEMPIO / DEL / GUSTO. / Nec laedere, nec adulari. / [*ornament*] /

On both title-pages the text is surrounded by a frame composed of an outer single black line and an inner ornamental red border.

The text of *Le Temple du goût* is written, in both versions, within a frame composed of a single red line and separated from the running title and the notes at the bottom of the page by a red line. The running titles (Le Temple du Goust, Il Tempio del Gusto) are in red, as are the initial letters of each line, the brackets around the numbers of the notes, some important words (e.g. Cardinal), quotations in the notes from other authors and on p.62 the word 'Fin' (roman, French version) and the word 'FINE' (roman capitals, Italian version). Catchwords are used in both texts.

Every effort is made to match the contents of the French and Italian texts on each page.

Voltaire's verse and that of other poets are rendered in Italian verse.

The Italian translation adheres closely to the French original; it brings no new information, not identifying for instance the prelate in note 128.

There are 62 notes correctly numbered 1-62. The manuscript does not include the *Lettre de M. de V… à M. de C….*

The calligraphy is excellent, but the copyist did not always understand the text. For example, not appreciating the expression *A tort, à droit*, he substituted *A gauche* for *A tort* (l.134); in l.683 he replaced *la force* by *la source*.

MS1 shares characteristic readings with the printed edition 33R (l.381, 470, 534, 661, 687). Must we therefore regard 33R as the first edition rather than 33? Apparently not; for in Cideville's letter to Voltaire (D582) the page references are to 33, not 33R (Cideville's pagination, p.8, 13 (for 18; 13 is the number of the note on p.18), 21, 22, 23, 23 and 24, 25, 26, 19, 34 and 35, 51, 52, 55, 62, corresponds to that of 33; in 33R the equivalent page numbers are 10, 20, 23, 24, 25, 25 and 26, 27, 28, 21, 36 and 37, 53, 54, 57, 64). It was, apparently, two copies of 33 that Voltaire sent from Paris to Cideville on or about 15 March 1733 (D574). The solution to this problem may lie in Marais's allegation (see above, p.59) that, while Jore's edition was in the press, Voltaire had another edition (which could be 33R) printed in Paris. Into this and into his presentation manuscript he inserted his latest corrections.

I have not been able to discover the identity of the author of the Italian translation.

MS2

Ms R.22.207 in the Bibliothèque de la ville de Reims is marked D. Crozat. It may have belonged to Pierre Crozat. Mariette often indicated the provenance of acquisitions he made by putting a D. (to stand for *Dominus*, i.e. owner) in front of the name. He possessed some of Crozat's drawings on which he inscribed 'D. Crozat'. See C. Hattori, *Pierre Crozat (1665-1740), un financier, collectionneur et mécène*, thèse, Université de Paris-IV, 1998. [Identification by Catriona Seth.]

The volume contains:

1. copies, on unpaginated sheets, of various pieces critical of *Le Temple du goût*, including a *Lettre de M^r. Rousseau*, published from another source by Theodore Besterman (D561);

2. a printed edition (33);

3. a manuscript copy of a version of the *Lettre de M. de V... à M. de C...* under the title: Epître à Monsieur de ****, p.1-21;

4. p.22-24 which are blank;

5. a manuscript copy of *Le Temple du goût*, p.25-132. No notes accompany the text apart from the notes in the margins on p.58-59: Vers de Rousseau, Vers du même, Vers de Rousseau (see l.287-367^v, p.184). The variants appear to indicate a state of the text intermediary between 33 and 33A.

In the case of the *Lettre de M. de V... à M. de C...* the differences between MS2 and 33A are for the most part stylistic; MS2 is in places much less polished than 33A.

In the case of *Le Temple du goût* the differences are again almost entirely stylistic and show Voltaire feeling his way towards his new version.

Editions collated

Bengesco records only a few editions of *Le Temple du goût* (i.161-63, n° 601-607). The following list is much indebted to Elie Carcassonne's descriptive bibliography (p.47-60).

33

LE / TEMPLE / DU / GOUST. / *Nec lædere, nec adulari.* / [*next three lines within a frame composed of typographical ornaments, 27 x 55 mm:*] A L'ENSEIGNE / DE / LA VERITÉ. / CHEZ HIEROSME PRINT-ALL. / [*rule, 61 mm*] / 1733. /

8°. sig. π1 A-H⁴; pag. [2] 63 [1] blank; $2 signed, arabic; page catchwords.

[1] title; [2] blank; [1]-63 Le Temple du goût; [64] blank.

This is the first edition, printed by Jore at Rouen. Underneath the text are 61 notes numbered as follows: 1-39, 41-43, [44] blank, but the figure 44 is printed in the text, 44-49, 49 (for the second time) -51, 53-62. Note 62 is designated 61 in the text which thus prints 61 twice. There are no notes numbered 40 and 52. Two notes are indicated by asterisks on p.16 ('Faux dévots') and 26 ('Pièces faites dans sa jeunesse'). There is neither *Approbation* nor *Privilège*.

ImV: D Temple 3/1733/1; BL: 1494.aa.21

33R

LE / TEMPLE / DU / GOUST. / *Nec lædere, nec adulari.* / [*next three lines within a frame composed of typographical ornaments, 26 x 50 mm:*] A L'ENSEIGNE / DE / LA VERITE'. / CHEZ HIEROSME PRINT-ALL. / [*rule, 60 mm*] / 1733. /

8°. sig. A-H⁴; pag. 64 (p.58 numbered '46'); $2 signed, arabic; page catchwords.

[1] title; [2] blank; [3]-64 Le Temple du goût.

The ornaments in the frame are different from those of 33.

This text offers variants which it shares with MS1. As in 33, there are no notes numbered 40 and 52; two consecutive notes are numbered 49. At the bottom of p.45 the figure 44 is printed at the head of the note. In the text the second number 61 is corrected to 62. The same two notes as in 33 are indicated by asterisks (p.18 and 28).

A copy (Rés. Z Beuchot 854 (1)) in the Bibliothèque nationale bears on the reverse of the first fly-leaf the inscription 'Volume bon a Consulter pour Mon nouveau Temple Du gout'. If this was written by Voltaire, it would support the contention that 33R offers an authentic text.

Bn: Rés. Z Beuchot 854 (1); ImV: D Temple 3/1733/2 (1).

33X1

LE / TEMPLE / DU / GOUST. / *Nec lædere, nec adulari.* / [*next three lines within a frame composed of typographical ornaments, 33 x 56 mm:*] A L'ENSEIGNE / DE / LA VERITÉ. / CHEZ HIEROSME PRINT-ALL. / [*rule, 75 mm*] / 1733. /

8°. sig. π^2 A-G^4 H^2; pag. [4] 59 [1] blank (p.5 not numbered); \$2 signed, arabic (-D$_2$, E$_2$, F$_2$, H$_2$); page catchwords (-7, 52, 53).

[*1-2*] blank; [*3*] title; [4] blank; [1]-59 Le Temple du goût; [60] blank.

The ornaments in the frame are different from those of 33 and 33R. The text follows that of 33. There is no note numbered 40, but the 61 notes are correctly numbered 1-39, 41-62. Asterisks on p.15 and 24 refer to the same notes as in 33. There is no clue to the origin of this edition.

ImV: D Temple 3/1733/3.

33X2

LE / TEMPLE / DE / L'AMITIE' / ET LE / TEMPLE / DU / GOÛT. / *Piéces de* Mr. DE VOLTAIRE. / *Nec lædere, nec adulari.* / [*next three lines within a frame composed of typographical ornaments, 19 x 40 mm*] / A L'ENSEIGNE / DE LA / VÉRITÉ. / CHÉS HIEROME PRINT-ALL. / [*rule, 56 mm*] / *1733.* /

12°. sig. A-G^6 H^2; pag. 87 [1] blank; \$3 signed, roman (– A1, H2; C3 signed 'Cij'); sheet catchwords.

[1] title; [2] blank; 3-12 Le Temple de l'amitié, allégorie; 13-87 Le Temple du goût [88] blank.

Variant title: 'LE / TEMPLE / DE / L'AMITIÉ / ET LE / TEMPLE / DU / GOÛT. / Nec lædere, nec adulari. / [*next three lines within ornamented border, 40 x 19 mm*] / A L'ENSEIGNE / DE LA / VÉRITÉ. / CHÉS HIEROME PRINT-ALL. / [*rule, 56 mm*] / 1733.'

This edition was printed by Jore at Rouen (D580, D593). On 25 March 1733 (D580) Voltaire promised to send Jore the corrected text and the *Lettre de M. de V... à M. de C...* on the following day 'afin qu'il se hâte de l'imprimer'. Jore was to put '*troisième édition* à la tête de ce petit livre', so Voltaire acknowledged the existence of two others, no doubt 33 and 33R. On 12 April (D593) Voltaire was proposing to add to *Le Temple du goût* an earlier work, *Le Temple de l'amitié*, and 'quelques pièces fugitives', but on 21 April (D602) he abandoned the project since Rouillé was to supervise the printing of a new edition of *Le Temple du goût* (see above, p.72-73). Since 33X2 does not include the *Lettre de M. de V... à M. de C...*, Jore probably did not receive any material from Voltaire, but nevertheless adopted the idea of combining *Le Temple du goût* and *Le Temple de l'amitié*. The edition seems to have appeared unnoticed.

There are 61 notes for which the numbering of 33 has been in part rectified. 33 has no note 40, but 33X2 attributes the number 40 to the note numbered 41 in 33. Consequently, 33X2 does not give the number 49 to two consecutive notes. Like 33, 33X2 has no note numbered 52. The same two notes are indicated by asterisks on p.31 and 43.

Bn: Ye 34941; – Rés. Z Bengesco 153; ImV: D Temple 1/1733/1; Lausanne: Neda 1483 Rés.A (variant title).

33X3

LE / TEMPLE / DU / GOUST, / Par Mr. DE VOLTAIRE. / Augmenté d'une Réponse à l'Auteur / par Mr. ROUSSEAU. / *Nec laedere, nec adulari*. / [*vignette, 42 x 62 mm*] / Chez HIEROSME PRINT-ALL. / [*rule, 75 mm*] / M.DCC.XXXIII. /

8°. sig. [A]⁴ B-H⁴; pag. 62; $1 signed (-A1, +D2; D2 signed 'D'); page catchwords (-9, 24, 41, 43-46, 48, 50-62).

[1] title; [2] blank; 3-62 Le Temple du goût; [63-64] (the first unnumbered page has the epigram entitled: REPONSE / DE ROUSSEAU / A AROUET DE VOLTAIRE. /

According to his friend Lasséré, Rousseau had improvised the epigram while drinking champagne (*Journal de la cour et de Paris depuis le 28 novembre 1732 jusques au 30 novembre 1733 (B.N. fonds fr. 25000)*, édité et annoté par Henri Duranton, avec une préface de Françoise Weil, Saint-Etienne 1981, p.73, 77-78). The vignette on the title page reproduces that used by Ledet of Amsterdam, with his motto 'L'Espérance me guide', but the Bn catalogue (n° 2432) believes that the edition may have been printed in Rouen.

Bn: Rés. Z Beuchot 75 (1).

33A

LE / TEMPLE / DU / GOÛT. / PAR / M. DE VOLTAIRE. / *EDITION VERITABLE*, / Donnée par l'Auteur. / [*intaglio engraving, plate size 55 x 71 mm*] / A AMSTERDAM, / Chez JAQUES DESBORDES. / M. DCC. XXXIII. / [*lines 2, 4, 6 and 10 in red*]

8°. sig. *⁷ A-C⁸; pag. xiv 48; $5 signed, arabic (-*1); page catchwords.

[i] title; [ii] blank; iii-xiv Lettre de Mr. de V..... à Mr. de C...; [1]-48 Le Temple du goût; 48 Approbation.

Some copies bear the imprint: E. Ledet.

This is the first edition to include the *Lettre de M. de V... à M. de C....* The text of *Le Temple du goût* has undergone considerable modification. The notes are reduced to 26, numbered 1-8, 8 (a second time) -21, 21 (a second time) -24.

ImV: D Temple 3/1733/4; – BE 15(1); Taylor: V4 T3 173(3); BL: 1065.c.17.

w36

Œuvres de M. Voltaire. Amsterdam [Rouen?], 1736. 4 vol. 12°. Bengesco iv.5; Trapnell 36.

See Charles Wirz, 'L'Institut et musée Voltaire en 1981', *Genava* n.s. 30 (1982), p.187-89. Volume [1], entitled *Œuvres de M. Voltaire, contenant l'Henriade, Essai sur le poème épique, Pièces fugitives, Essai sur les guerres civiles, & le Temple du goût*, includes a separate edition of *Le Temple du goût*, edition of which the Bibliothèque nationale possesses only pages i-viii (BnC 2429):

LE / TEMPLE / DU / GOÛT. / PAR / M. DE VOLTAIRE. / *EDITION VERITABLE*, / Donnée par l'Auteur. / [*woodcut, 37 x 49 mm*] / A AMSTERDAM, / *AUX DE'PENS DE LA COMPAGNIE*. / M. DCC. XXXVI. / [*lines 2, 4, 6, 8, 9 and 11 in red*]

12°. sig. π1 a⁴ A-B¹²; pag. [2] viii 48 (p.vi numbered 'IV'); 6 signed, arabic (-a3-4); page catchwords.

[1] title; [2] blank; i-viii Lettre de Mr. de V..... à Mr. de C...; 1-48 Le Temple du goût; 48 Approbation.

LE
TEMPLE
DU
GOÛT.
PAR
M. DE VOLTAIRE.
EDITION VERITABLE,

Donnée par l'Auteur.

A AMSTERDAM,
Chez *ETIENNE LEDET.*
M. DCC. XXXIII.

1. *Le Temple du goût*: title page of 33A, with variant imprint. Taylor Institution, Oxford.

This edition is a reprint of 33A. The notes 9-22 and 23-26 are still misnumbered 8-21 and 21-24.

ImV: A 1736/1 (1-2).

37

LE / TEMPLE / DU / GOÛT, / PAR / M. DE VOLTAIRE. / *EDITION VERITABLE*, / Donnée par l'Auteur. / [*typographical ornament, 12 x 13 mm*] / A AMSTERDAM, / Chez JACQUES DESBOR-DES, / Imprimeur-Libraire. / [*rule, 68 mm*] / M. DCC. XXXVII. /

12°. sig. A-E⁶; pag. 60; $3 signed, roman (-A1; E2 signed 'Eiij'); sheet catchwords (-C, D).

[1] title; [2] blank; 3-12 Lettre de Mr de V..... à Mr. de C...; 13-60 Le Temple du goût; 60 Approbation.

This edition is a French reprint of 33A.

Bn: Ye 34942; ImV: D Temple 3/1737/1.

w38

Œuvres de M. de Voltaire. Amsterdam, Ledet [or] Desbordes, 1738-1756. 9 vol. 8°. Bengesco iv.5-12; Trapnell 39A; BnC 7-13.

Volume 4 (1739): [1]-43 Le Temple du goût.

For this edition (which lacks the *Lettre de M. de V... à M. de C...*) Voltaire thoroughly revised his text (see above, p.84-85). The notes are numbered 1-31. An asterisk refers to a note (l.132) on Desfontaines which is not found in any of the other editions collated, but which does appear in w40 (*Œuvres de M. de Voltaire*, Amsterdam [Rouen?], Compagnie, 1740).

Bn: Rés. Z Bengesco 468; ImV: A 1738/1 (4).

w39

Œuvres de M. Voltaire. Amsterdam [Rouen], Compagnie, 1739. 3 vol. 8°. Bengesco iv.12-13; Trapnell 39R; BnC 16-17.

Volume [1]: [355] Z2r 'LE / TEMPLE / DU GOÛT. / PAR / M. DE VOLTAIRE. / *EDITION VERITABLE*, / Donnée par l'Auteur.';

[356] blank; 357-362 Lettre de Monsieur de V..... à Mr. de C.....; 363-404 [386 misnumbered 384] Le Temple du goût; 404 Approbation.

This edition is a reprint of w36. The numbering of the notes presents the same mistakes as in 33A and w36.

Bn: Rés. Z Beuchot 5 (2); ImV: A 1739/1 (1).

RP40

Recueil de pièces fugitives en prose et en vers. [Paris, Prault], 1740 [1739]. 1 vol. 8°. Bengesco iv.218-19; BnC 369-370.

229-275 Le Temple du goût.

This edition was printed in 1739 by Prault in Paris; it was immediately seized (see above, p.88-89). Voltaire had revised his text, but did not revive the *Lettre de M. de V... à M. de C....* The notes, numbered 1-32, are gathered into a section at the end (p.268-75) entitled: RE-MARQUES / *Servant d'éclaircissement sur les principaux sujets / du Temple du goût, renvoyées chacune par / leur numero.*

Bn: Rés. Z Beuchot 55; – Zz 4185 (without intaglio engraving on title-page); ImV: BA 1739/1; – BA 1739/2 (without intaglio engraving on title-page); BL: 12235.c.16.

w40

Œuvres de M. de Voltaire. Amsterdam [Rouen?], Compagnie, 1740. 4 vol. 12°. Bengesco iv.13-14; Trapnell 40R; BnC 18.

Volume 4: 3-45 [24 misnumbered 22] Le Temple du goût.

Beneath the text are 32 notes indicated by the figures 1-4, an asterisk (short remark on Desfontaines; see w38 above), the figures 5-18, 10 (but the note is correctly numbered 19 in the text) and 20-31.

Bn: Rés. Z Beuchot 5 bis (1); ImV: A 1740/1 (4-1).

w42

Œuvres mêlées de M. de Voltaire. Genève, Bousquet, 1742. 5 vol. 12°. Bengesco iv.20-23; Trapnell 42G; BnC 22-24.

Volume 5: 158-198 Le Temple du goût.

The text of *Le Temple du goût* occupies p.158-89. It is followed, as in RP40, by a section (p.190-98) grouping the 32 notes under the same title as in RP40. The *Errata* (p.252) introduces a number of corrections, in particular modifying a sentence (p.184) on Bossuet (see l.734-756, variant 33A-K). In the edition collated (Bn Rés. Z Beuchot 51) is bound a cancel (p.171-72), signalled by a change of signature (ˣH2 for H2) and giving yet another version of part of the section on Rousseau (see l.286-365, variant 33A-K).

The *Lettre de M. de V... à M. de C...* is lacking.

The edition was printed in Paris, in part under Voltaire's supervision (D2648). It is marred by a number of misprints, but Voltaire at first found it acceptable: 'C'est la moins fautive et la plus complette que j'aye encor vu' (*ibid.*). Nevertheless in 1747 he advised Walther against following it (D3528).

Bn: Rés. Z Beuchot 51 (5); – Z 24571; ImV: A1742/1 (5).

w46

Œuvres diverses de M. de Voltaire. Londres [Trévoux], Nourse, 1746. 6 vol. 12°. Bengesco iv.24-28; Trapnell 46; BnC 25-26.

Volume 5: 201-206 Lettre de M. de V... à M. de C...; 207-240 Le Temple du goût; 241-250 Remarques [... same title as in RP40].

The *Lettre de M. de V... à M. de C...* (which had not reappeared in the collated editions after 37) is reprinted in this edition. There are 32 notes correctly numbered, except in the text where note 32 is numbered 31. Voltaire had this edition seized (D3608, D3669), describing it as 'si mauvaise, si infidèle, et si pleine de fautes' (D3669); he also advised Walther not to follow it (D3528). Yet the presence in the text of new variants (l.100, 519, 655, 571-731, 769), some of which survived in all editions to K (l.519, 655, 571-731, 769), points to some kind of collaboration by Voltaire.

Bn: Rés. Z Beuchot 8 (5).

w48D

Œuvres de M. de Voltaire. Dresde, Walther, 1748-1754. 10 vol. 8°. Bengesco iv.31-38; Trapnell 48D; BnC 28-35.

Volume 3 (1748): [239]-272 [251 misnumbered 151] Le Temple du goût.

Walther did not reprint the *Lettre de M. de V... à M. de C...*; the 33 notes are printed under the text.

Voltaire furnished corrections for this edition of his works (see Best. 2.244). Despite his warnings (D3528), Walther seems to have followed 46 in the case of *Le Temple du goût* (cp. l.100, 461, 468, 655, n.19), although he did take heed of Voltaire's slight modifications (l.259-260, 323, 324, 325, 365, 366, 369, 384-385, 571-731, 656). The latter inserted a new initial note (1), for some reason giving 1731 as the year in which *Le Temple du goût* had been composed and vaunting the superiority of Walther's edition.

Bn: Rés. Z Beuchot 12 (3); – Rés. p Z 2644; ImV: A 1748/1 (3); – A 1748/2 (3); Taylor: V1.1748.

W50

La Henriade et autres ouvrages. Londres [Rouen], Société, 1750-1752. 10 vol. 12°. Bengesco iv.38-42; Trapnell 50R; BnC 39.

Volume 3 (1751): [281]-326 Le Temple du goût.

The *Lettre de M. de V... à M. de C...* is omitted. The notes, numbered 1-33, are printed beneath the text.

Voltaire furnished corrections for this edition (D4262, D4426; Best. 2.244-245), but the text of *Le Temple du goût* was left practically unchanged, apart from a slight modification to a passage on Rousseau (l.286-365) and the replacement of *se panadait* by the original reading *se pavanait*.

ImV: A 1751/1 (3).

W51

Œuvres de M. de Voltaire. [Paris, Lambert], 1751. 11 vol. 12°. Bengesco iv.42-46; Trapnell 51P; BnC 40-41.

Volume 3: [247]-284 Le Temple du goût.

The *Lettre de M. de V... à M. de C...* is again omitted. The 34 notes are not numbered, but indicated on each page by conventional symbols (* † ¶).

This edition was printed in Paris by Lambert who did not inform Voltaire of his intentions. The latter complained and sent corrections, but most of the edition was already in print (D4365, D4369, D4381, D4382, D4432; Best. 2.245). Apart from misprints the text of *Le Temple du goût* is unchanged.

Bn: Rés. Z Beuchot 13 (3); ImV: A 1751/2 (3); Taylor: VI.1751; BL: 630.a.29.

w52

Œuvres de M. de Voltaire. Dresde, Walther, 1752. 9 vol. 8°. Bengesco iv.46-50; Trapnell 52; BnC 36-38.

Volume 3: [277]-312 Le Temple du goût.

The *Lettre de M. de V... à M. de C...* is omitted. The 34 notes are printed beneath the text. Voltaire slightly revised his text (see above, p.90).

Bn: Rés. Z Beuchot 14 (3); ImV: A 1752/1 (3).

w56

Collection complete des œuvres de M. de Voltaire. [Genève, Cramer], 1756. 17 vol. 8°. Bengesco iv.50-63; Trapnell 56, 57G; BnC 55-66.

Volume 2: [299]-340 Le Temple du goût.

The *Lettre de M. de V... à M. de C...* is lacking. There are 32 notes in all. 31 notes are printed under the text in two columns and reference is by letters of the alphabet: a-i, k-u, x-z, a-h. On p.303 an asterisk refers to the note on Rothelin.

Once again Voltaire slightly revised his text (l.274, 286-365, 334, 461; see above, p.90-91). A misprint in note 49 where 1664 is given as the date of Leibniz's birth will be perpetuated as far as κ.

Bn: Z 24577; ImV: A 1756/1 (2); Taylor: VF.

w57G

Collection complete des œuvres de M. de Voltaire. [Genève, Cramer], 1757. 10 vol. 8°. Bengesco iv.63; Trapnell 56, 57G; BnC 67-69.

Volume 2: [299]-340 Le Temple du goût.

A revised edition of w56, produced with Voltaire's participation

Bn: Rés. Z Beuchot 21 (2); Taylor: VF.

w64G

Collection complette des œuvres de M. de Voltaire. [Genève, Cramer], 1764. 10 vol. 8°. Bengesco iv.60-63; Trapnell 64, 70G; BnC 89.

Volume 2: 319-362.

A revised edition of w57G, produced with Voltaire's participation

Taylor: VF.

w68

Collection complette des œuvres de M. de Voltaire. [Genève, Cramer; Paris, Panckoucke], 1768-1777. 30 vol. 4°. Bengesco iv.73-83; Trapnell 68; BnC 141-144.

Volume 1 (1768): 373-397 Le Temple du goût; 398-402 Notes; 403-406 Lettre à M. de C***, sur le Temple du goût; 407-413 Principales variantes du Temple du goût; 413-424 Autres variantes, tirées de l'édition de 1733; 425-426 Autres variantes, tirées de l'édition de 1745.

The *Lettre de M. de V... à M. de C...* is reprinted for the first time since w46; and for the first time a section is devoted to important variants. The 33 notes are collected in a section following the text and include the note on Rothelin (see w56). Reference is by letters of the alphabet: a-i, k-u, x-z, aa-ii, kk. Otherwise the edition is a reprint of w56.

Bn: Rés. m Z 587 (1); ImV: A 1768/1 (1); Taylor: VF; BL: 94.f.1.

w70L (1772)

Collection complette des œuvres de M. de Voltaire. Lausanne, Grasset, 1770-1781. 57 vol. 8°. Bengesco iv.83-89; Trapnell 70L; BnC 149-150.

Volume 23 (1772): [1]-38 Le Temple du goût; 39-44 Lettre à M. de C***, sur le Temple du goût; 347-354 Principales variantes du Temple du goût; 355-370 Autres variantes, tirées de l'édition de 1733; 371 Autres variantes.

For the most part this edition is a reprint of w68, but the notes are printed beneath the text and numbered 1-33. Note 26 (see note 69) is slightly extended. The process of editorial accretions, begun in w68, continues with the addition of *Autres variantes* which, despite the title, offers only a variant from 33A (l.286-365: La Critique m'aperçut ... Je m'esquivai). Variants are accompanied by the relevant notes from previous editions and by editorial notes (p.347, n.1, p.348, n.2 and 3, p.351, n.6, etc.). In two cases there is an editorial gloss on Voltaire's note. On p.350, in the note on Adrienne Lecouvreur, a qualifying 'avant elle' is introduced and on p.351, in the note on Polignac's statues, an added sentence tells of their acquisition by Frederick II.

Bn: 16° Z 14521 (23); ImV: A 1770/2 (23); – A 1770/3 (23); – A 1770/4 (24); Taylor: V1 1770/2 (23).

W71

Collection complette des œuvres de M. de Voltaire. Genève [Liège, Plomteux], 1771-1777. 32 vol. 12°. Bengesco iv.89-91; Trapnell 71; BnC 151.

Volume 1 (1771): 335-358 Le Temple du goût; 359-364 Notes; 365-369 Lettre M. de C***, sur le Temple du goût; 370-376 Principales variantes du Temple du goût; 376-388 [382 misnumbered 182] Autres variantes, tirées de l'édition de 1733; 388-390 Autres variantes, tirées de l'édition de 1745.

This edition follows the pattern set by w68. As in the latter, the 33 notes form a separate section to which reference is by letters of the alphabet (a-i, k-u, x-z, aa-ii, kk). The sections entitled *Principales variantes* and *Autres variantes tirées de l'édition de 1733* remain as in w68 and w70L, but the section *Autres variantes, tirées de l'édition de 1745*, instead of the 33A variant of w70L, offers two variants allegedly from a 1745 edition which is no doubt w46 (see Best. 2.243, XVII 46N). The first (see l.286-365, variant 33A-k) reproduces the text of w39-w48D from 'Ah! bon Dieu' to l.330 ('Des vers tudesques qu'il renie'); the second contains l.471-477 as in 33 and w39A. The notes on Adrienne Lecouvreur (p.273, n.*e*) and Polignac (*ibid.*, n.*f*) are as in w68 and w70L.

ImV: A 1771/1 (1); Taylor: VF.

w75G

La Henriade, divers autres poèmes, et toutes les pièces relatives à l'épopée.
[Genève, Cramer & Bardin], 1775. 37 vol. 8° (40 vol. with the *Pièces
détachées*). Bengesco iv.94-105; Trapnell 75G; BnC 158-161.

Volume 11: [gatherings Aa-Bb are misnumbered 353-384 instead of 369-
400] 353-366 [=353-368, 353-366, i.e. 369-382] Le Temple du goût; 367-
372 [i.e. 383-388] Notes; 373-377 [i.e. 389-393] Lettre à M. de C***, sur
le Temple du goût; 378-384 [i.e. 394-400] Principales variantes du
Temple du goût; 401-414 Autres variantes, tirées de l'édition de 1733;
415-416 Autres variantes, tirées de l'édition de 1745.

This is the 'encadrée' edition. It is a reprint of w68 and w70L.

Bn: Z 24849; ImV: A 1775/2 (11); Taylor: VF.

K84

Œuvres complètes de Voltaire. [Kehl], Société littéraire-typographique,
1784-1789. 70 vol. 8°. Bengesco 2142; Trapnell K; BnC 164-169.

Volume 12: [131] title-page; [133]-134, Avertissement des éditeurs; [135]-
140 Lettre à M. de Cideville, sur le Temple du goût; [141]-170 Le Temple
du goût; [171]-176 Notes; [177]-200, Variantes du Temple du goût.

Professeur S. S. B. Taylor's researches in Leningrad have revealed that
Le Temple du goût does not figure among the texts which Voltaire
revised for what was to become the Kehl edition. The Kehl editors left
the w75G text of *Le Temple du goût* unchanged except in one insignificant
case (l.286-365, variant 56G-K). For the text of the *Lettre de M. de V...
à M. de C...* they reverted to that of 33A, except that they omitted part
of a sentence (l.87).

Bn: Rés. p Z 2209 (12); ImV: A 1784/1 (12); Taylor: VF.

8. *Translations*

Voltaire had thought that in its revised form (33A) *Le Temple du goût* 'sera utile à la longue et poura mettre les étrangers au fait des bons auteurs' (D584). In French-speaking circles outside France the work attracted a certain amount of curiosity. Lord Hervey sent it to his father with reservations (unfortunately unknown) of which the latter approved (A. M. Rousseau, i.169). The French text was not published in England, but in 1734 a free, sometimes incorrect, translation of 33A (perhaps by Thomas Broughton) with a few extra explanatory notes for the British reader, became available. Thiriot, to whom Voltaire sent a version of 33A (D584), may have been responsible for this venture. This translation, with an additional explanatory note, was reprinted by Robert Urie of Glasgow in 1751 and 1766 (A. M. Rousseau, iii.1026). Neither edition seems to have been noticed (A. M. Rousseau, ii.588). Another translation appeared as *The Temple of taste*, in *The Works of M. de Voltaire. Translated from the French, with notes historical and critical, by Dr Smollet and others*, 23 vols. London, J. Newbery, R. Baldwin, W. Johnson, S. Crowder, T. Davies, J. Coote, G. Kearsley and B. Collins, 1761-1764, xxxii.58-108.

In the rest of Europe interest was minimal. A translation into German eventually appeared in 1750: *Tempel des guten Geschmacks und der Freundschaft* (Gotha). In 1782 *Der Tempel des Geschmacks von Voltaire* was published at Altona. There appears to have been no printed translation into any other language. The translation into Italian presented to Polignac (see above, MS1) was not published.

9. *Text and editorial principles*

Voltaire constantly revised *Le Temple du goût*. The most fundamental changes were introduced in 33A and w39A. But after w39A the modifications become steadily less important. Indeed, after w56 the text displays only trifling differences as one edition appears after another.

Such changes tend, as we have seen, to emasculate the original version which loses much of its topicality and hence much of its sparkle and punch. The most interesting and significant text is that of the first edition which caused the short but memorable scandal. This is the text, that of 33, which I have chosen to reproduce as my base text.

For similar reasons I have decided to reprint the text of the *Lettre de M. de V... à M. de C...* as it first appeared in 33A. Not that Voltaire introduced any major changes in a work that was dictated to him by expediency.

In both cases I have collated all editions in which Voltaire may have been directly or indirectly involved, together with any edition which may offer some interest for the history of the text. I have also collated the manuscripts MS1 and MS2 which are obviously of major importance. I have not adopted the text of MS1 as my base text simply because it did not reach the general public; I am even uncertain whether 33R was in fact the edition which was read by Parisians rather than 33.

Due to the complexity of the critical apparatus, itself a result of Voltaire's extensive alterations to *Le Temple du goût*, this edition is presented in two sequences: pages 119-83 contain the text of *Le Temple du goût* with Voltaire's notes, and at the bottom of the page, the variants to the poem and to the notes. Appendices I.A-I.E, p.184-204, contain longer variants. The editorial notes follow on pages 211-56.

The base text is 33, and variants are drawn from MS1, MS2, 33R, 33X1, 33X2, 33A, 37, W38, RP40, W42, W46, W48D, W50, W51, W52, W56, W57G, W64G, W68, W75G, K.

The following errors in the base text have not been recorded in the variants: 'endroit' for 'endroits' (p.145, n.*y*, l.4); 'quelque' for 'quelques' (l.606); 'ausquels' for 'auxquels' (l.622); 'plaisir' for 'plaisirs' (l.721); 'rochces' for 'roches' (p.175, n.*b*, l.20); 'Temple' for 'Temples' (l.820); 'armateur' for 'amateur' (p.171, n.*y*).

Modernisation of the base text

The spelling of the names of persons and places has been respected, with the following exceptions: the accent has been added to Anacreon, Angelique, Berenice, Celadon, Cresus, Crete, Cythere, Despreaux, Eneide, Ezechiel, Felibien, Fenelon, Genes, Grece, Homere, Houlieres, La Bruyere, Liege, Lucrece, Madere, Medicis, Melpomene, Moliere, Pelée, Pelissier, Phedre, Scuderi, Sebastien, Sevigné, Surgere, Telemaque, Theodon, Xiphares; Loüis becomes Louis. The punctuation and the italic of the base text have been retained.

The notes, which in the base text are numbered from 1 to 62, are called by (*a*) to (*ζ*) repeated, following the general principles of the edition. Note *t* on page 143, which figures as a marginal note in the base text (probably a late addition), has been inserted in the general sequence of notes.

The following aspects of orthography and grammar in the base text have been modified to conform to modern usage:

1. Consonants
   - the consonant *p* was not normally used in *tems*, or its compound *longtems*.
   - the consonant *t* was not used in syllable endings *ans* and *ens*: charmans, Enfans, ornemens, sçavans, talens, etc. (but also: accents, bruyants, charmants).
   - the consonant *d* was not used in: prétens.
   - double consonants were used in: appeller, carresser, jetta, Planette, souhaitter.
   - a single consonant was used in: apuy, apuye, aprivoisa, aproche, aprouve, balon, Carosse, Colonade, Flateur (and: Flatteur), se fourent, fraper, fredonait, galament, gratoient, insuportable, molesse, regretoit, Sabat, Siflets, sifler (and: siffler).

2. Vowels
   - *y* was used in place of *i* in: apuy, apuye, Ayeux, cecy, enyvrer, joye, noye, Satyre (and: satire), Satyriques, vraye, yvre, yvresse.
   - *i* was used in place of *y* in: Métaphisicien, Métaphisique, mistérieux, Phisique, sillabes, stile, tirannique.

– *oi* was used for *ai* in: the imperfect and conditional tenses; Connoisseur, connoître, foible, foiblesse, paroître, reconnoître (but generally: Français).

3. Various

– archaic formes were used, as in: ancre, anticailles, Arrest, avanture, autresfois, azile, Badaut, doits, Bibliothequaire, bienfaicteur, coëffé, dessein (for: dessin), Drammatique, Enjoument, entousiasme, filosofique, Géomettre, got, gotique (and: Gothique), Myrthe, vanger, vangeur; these spellings occur occasionally: chés, côtez, estre, goust, interest.

– *par tout* and *sur tout* were generally printed as two words.

4. Accents

The acute accent

– was used in: fléxible.

– was used instead of the grave in: bréche, célébre, fidéle (and: fidele), guére(s) (and: guere), légéreté, modéle (and: modele), Niéce, piéce (and: piece), séme, fiérement, grossiérement.

– was used instead of the circumflex in: prétent (for: prêtent).

– was not generally used in: Academie, Allegorie, apprehendé, ceder, Comedie, credit, declamé, dégenere, élegant, Elegie, esperance, execution, exterieur, helas, herissés, ingenu, ingenieux, Interest, Janseniste, Jesuite, leger, Litterature, mediocre, merite, moderer, Opera, persecuté, persecuteur, perpetuel, Posterité, preferé, present, presenter, President, Prevôt, procedé, proteger, puerilité, recitatif, rediger, regné, repetition, repliquer, represailles, representer, reverend, Secretaire, severe, societé, Tragedie, Tremeaux, zelé (and: zélé).

The grave accent

– was not used in: Athletes, Bibliotheque, College, déja, espece, fidele, funebre, gueres, infidele, modele, piece (and: piéce), Privilege, promene, regle, rachetent, regne, revere, Scene (and: Scéne), siecle, Siege, These, zele.

– syllable endings *ère*, *èrent* and *ière*: amere, austere, colere, considere, dégenere, pere, etc.; argumenterent, entourerent, entrerent, etc.; derniere, fiere, Frontiere, paupiere, priere, etc.

The circumflex accent

– was used in: aîle, ajoûter, plûpart, soûriant, soûpirant, soûtenir, toûjours (and: toujours), vîte.

- was generally used with the past participle: connû, émû, pourvû, plû, pû, reçû revû, vû.
- was sometimes used with the passé simple: j'aperçûs, je crûs, j'eûs.
- was not used in: ame, grace, guaité, Théatre.
- was used instead of the grave in: Diadême, système.

The dieresis

- was used in: accüeillis, avoüer, coëffé, ébloüit, Escoüade, feüilles, joüer, jouïr, loüer, obéïr, Orgüeil, s'enorgüeillissent, Poëme, Poësies, Poëte, Recüeil, réjoüir, réünissant, réüssir, secoüant, Statuë; contribuë, s'évertuë; eûë, lûë, reçûë, revûë.

5. Capitalisation

- initial capitals were generally attributed to: Abbé, Academie, Académicien, Acteurs, Actrice, Admirateurs, Agrément, Aigle, Allegorie, Amans, Amateur, Amis, Amour, Antiques, Antiquité, Approbation, Aqueducs, Arbres, Archevêque, Architecte, Architecture, Aréopage, Argument, Argumentans, Arrest, Art, Artistes, Athlete, Atours, Auditeurs, Auditoire, Autel, Auteur, Avertissement, Ayeux, Badaut, Ballade, Bancs, Baron, Bâtimens, Belles Lettres, Bibliotheque, Bibliothequaire, Bœufs, Bosquets, Burin, Cabale, Cabinet, Calomniateurs, Calomnie, Canaille, Capitale, Cardinal, Carosse, Carriere, Cavalier, Censeurs, Chaire, Chanson, Chantre, Chapelle, Château, Chef-d'œuvre, Chevalier, Ciel, Citoyen, Clefs, Cochons, College, Colonade, Comedie, Commentateurs, Compagnon, Compagnie, Compas, Comte, Concert, Confesseur, Confrere, Connoisseur, Conseil, Conte, Corps, Corsaires, Couplet, Cour, Critique (un), Culte, Curieux, Danse, Déesse, Dessein, Destin, Dévot, Diable, Diadême, Dialogue, Disciple, Doreurs, Duc, Duchesse, Ecole, Ecrits, Edifice, Edition, Eglise, Eglogues, Elegie, Eloges, Eloquence, Eminence, Empire, Empereur, Emploi, Enfans, Enjoument, Ennemi, Entrepreneur, Epigramme, Epître, Escoüade du Guet, Esprits (beaux), Estampe, Etrangers, Fable, Façade, Facton, Factum, Favori, Femmes, Fenètre, Fiacre, Figures, Flateurs, Fleuve, Flots, Fontaine, Foudres, Français (langue), Frontiere, Génie, Genre Humain, Gens de Lettres, Géomettre, Grand-Pere, Gravure, Guide, Habitans, Harangue, Hérisson, Héros, Hommes, Grands Hommes, Honneurs, Hôtel, Illustres, Immortalité, Inscriptions, Italien (langue), Jalousie, Janseniste, Jardin des Plantes (un), Jardins, Jasmin, Jesuite, jeunesse, jeux, juges, Langue, Latin (langue), Laurier, Lecteur, Lettre, Libraire, Lierre, Lis, Litterature, Livre, Loix, Lyre, Maçon, Madame, Magistrat, Magnificence, Maison, Maître, Maîtresse, Mandement, Marchand de Vin, Marché, Marquis, Mathématicien, Messieurs, Messire, Métaphisicien, Métaphisique, Ministere, Ministre, Monde, Monseigneur, Monstres, Monument, Morale, Morts, Moutons, Muse, Musique, Myrthe, Nation, Nature, Nef, Neveu, Niéce, Noblesse, Opera, Prince, Public, Ode, Oeuvres, Officier aux Gardes, Onde, Opera, Or, Oracle, Oraison, Ouvrage, Palais, Palette, Papelard, Parterre, Particuliers, Parvis, Pédant, Peintre, Peinture, Pere, Peuple, Phisique, Pinceau, Place (publique), Plan, Planette, Plat-fonds, Plume, Poëme, Poësies, Poëte, Pointes, Port, Portail, Porte, Portier, Portrait, Posterité, Potier, Pourvoyeur, Prélat, President, Prêtres, Prevôt de Marchands, Prince, Privilege, Procès, Professeur, Prologue, Prose, Protecteur, Proverbe, Puissance, Quai, Race, Raisonnement, Recteur, Recüeil, Religieux, Répondant, Rivaux, Roc, Roi, Roman, Roses, Royaume, Sabat, Sagesse, Saillie, Saint, Salle, Salon, Salut, Sanctuaire, Satire, Satyriques, Sçavant, Sçavoir, Scene, Sculpteur, Sculpture, Secretaire, Seigneur, Sépulture, Siege, Siflets, Soeurs, Soldat, Sonnet, Souverain, Spectacle, Spectateurs, Statuë, Syllogisme, Table, Tableau, Temple, Terre, Théatre, These, Touches, Tragedie, Tragique, Tremeaux, Trépas, Trésor, Troupe, Univers, Université, Vainqueur, Vers, Versificateur, Vertu, Vestibule, Ville, Virtuoses, Volume, Volupté, Voussure, Voûte.

– and to the following adjectives: Alexandrin, Didactique, Divin, Epique, Filosofique, Gothique, Métaphisique, Noble, Royal; and to adjectives denoting nationality: Flamand, Français, Germanique, Grec, Italien (but: italique), Tudesque.

6. Points of grammar
   – agreement of the past participle was not consistent.
   – adverbial *s* was sometimes used in: guéres.
   – the cardinal number *quatre-vingt* was invariable
   – the noun *Opera* was invariable.
   – the plural of *Chef-d'œuvre* was: Chef-d'œuvres.
   – the plural in *x* was used in: loix.

7. Miscellaneous
   – the ampersand was used.
   – the hyphen was generally used in: amende-honorable, aussi-bien, aussi-tôt, bien-tôt, c'est-là, long-tems, non-seulement, Plat-fonds, quelque-fois (and: quelques fois); très-bien, très-bonne, très-difficile, très-foible, très-mal, très-petit, très-rare, très-rarement, très-rudement, très-souvent.

117

— the hyphen was not used in: à tire d'aîle, beaux Arts, belles (and: Belles) Lettres, demi douzaine, petits Maîtres, soi disant.
— St was abbreviated: S.

LE TEMPLE DU GOÛT

Le cardinal oracle de la France,
Non ce Mentor qui gouverne aujourd'hui,[1]
Juste à la cour, humble dans sa puissance,
Maître de tout et plus maître de lui;
Mais ce Nestor qui du Pinde est l'appui   5
Qui des savants a passé l'espérance,
Qui les soutient, qui les anime tous,
Qui les éclaire, et qui règne sur nous
Par les attraits de sa douce éloquence,
Ce cardinal qui, sur un nouveau ton,   10
En vers charmants fait parler la sagesse,
Réunissant Virgile avec Platon,
Vengeur du ciel, et vainqueur de Lucrèce. (a)

(a) M. le cardinal de Polignac, a composé un poème latin contre
Lucrèce.[2] Tous les gens de lettres connaissent ces beaux vers, qui sont
au commencement:

> *Pieridum si forte Lepos austera canenti*
> *Deficit, eloquio victi, re vincimus ipsa, etc.*[3]   5

---

a   w48D-K: Cet ouvrage fut composé en 1731. Il en a été fait plusieurs éditions:
celle-ci est incomparablement la meilleure [w56-K:, la plus ample] et la plus correcte.
1   MS2:   Ce cardinal
3   MS2, 33A-37:   Juste, tranquille, humble
3-4   w38-K, absent
11   w38-K: vers latins fait
n.a, 1-2   33A-37:   a fait contre Lucrèce un poème latin. Tous
n.a, 1-5   w52-K: L'*Anti-Lucrèce* n'avait point encore été imprimé; mais on en
connaissait quelques morceaux, et cet ouvrage avait une très grande réputation.
n.a, 2   MS1:   connaissent ses beaux
     w38-w51:   ces vers
n.a, 4-5   33A-w51:   *austera canentes* [...] *ipsa.//*

Ce cardinal, enfin, que tout le monde doit reconnaître à ce
portrait, me dit un jour qu'il voulait que je vinsse avec lui au   15
Temple du Goût: c'est un séjour, me dit-il, qui ressemble au
Temple (*b*) de l'Amitié, [4] dont tout le monde parle; où peu de gens

(*b*) L'auteur du *Temple du Goût*, avait fait une petite pièce de pur
badinage, intitulée *le Temple de l'Amitié*; l'ayant lue au cardinal, S. E.
lui conseilla de faire *le Temple du Goût*, et d'étendre un peu cet ouvrage.

14   MS2, 33A-37: monde reconnaît à ce
15   W38-K: que j'allasse avec lui
16-66   MS2, 33A-37: dit-il, dont tout le monde parle, où peu de gens vont, et
que ceux qui voyagent, se donnent rarement la peine d'examiner. Il est bon que
vous observiez de près un dieu que vous voulez servir.

> Vous l'avez pris pour votre maître:
> Il l'est, ou du moins le doit être.
> Mais vous l'encensez de trop loin
> Et nous allons prendre le soin
> De vous le faire mieux connaître.

Je remerciai Son Eminence de sa bonté; et je lui dis: Monseigneur, je suis
extrêmement indiscret. Si vous me menez avec vous, je m'en vanterai à tout le
monde.

> Sur ce petit pèlerinage
> Aussitôt on demandera
> Que je compose un gros ouvrage.
> Voltaire simplement fera
> Un récit court, qui ne sera
> Qu'un très frivole badinage:
> Mais son récit on frondera,
> A la cour on murmurera;
> Et dans Paris on me prendra
> Pour un vieux conteur de voyage,
> Qui vous dit d'un air ingénu,
> Ce qu'il n'a ni vu ni connu,
> Et qui vous ment à chaque page.
>   Et si dans son malin vouloir
> Quelque critique veut savoir
> En quels lieux, en quel coin du monde
> Est bâti ce divin manoir,
> Que faudra-t-il que je réponde?

Le cardinal me répliqua [MS2: dit], que le temple était dans le pays des beaux-

vont, et que la plupart de ceux qui y voyagent, n'ont presque
jamais bien examiné:[5] J'en ai entendu parler, lui répondis-je: Je
sais que vous êtes un saint des plus fêtés dans cette église, et que   20
vous avez ajouté de nouveaux ornements à cet édifice.

> Jadis, en Grèce, on en posa,
> Le fondement ferme et durable;
> Puis, jusqu'au ciel, on exauça
> Le faîte de ce temple aimable: 25

---

arts; qu'il voulait absolument que je l'y suivisse, et que je fisse ma relation avec
sincérité; que s'il arrivait qu'on se moquât un peu de moi, il n'y aurait pas grand
mal à cela, et que je le rendrais bien si je voulais. J'obéis, et nous partîmes.//

19-66   w38-k: examiné.

> Je répondis avec franchise,
> Hélas! je connais assez peu
> Les lois de cet aimable dieu,
> Mais je sais qu'il vous favorise;
> Entre vos mains il a remis
> Les clefs de son beau paradis
> Et vous êtes, à mon avis,
> Le vrai pape de cette église.
> Mais de l'autre pape et de vous
> (Dût Rome se mettre en courroux)
> La différence est bien visible;
> Car la Sorbonne ose assurer
> Que le Saint-Père peut errer,
> Chose, à mon sens, assez possible;
> Mais pour moi, quand je vous entends
> D'un ton si doux et si plausible [w42: et plausible],
> Débiter vos discours brillants,
> Je vous croirais presque infaillible.

Ah! me dit-il, l'infaillibilité est à Rome pour les choses qu'on ne comprend point,
et dans le Temple du Goût, pour les choses que tout le monde croit entendre [w38.
w42, w46: comprend]; il faut absolument que vous veniez avec moi. Mais, insistai-
je encore, si vous me menez [see 16-66v, l.10-23] Et qui nous ment à chaque page.
¶Cependant, comme il ne faut jamais se refuser un plaisir [w42, w46, k: honnête]
dans la crainte de ce que les autres en pourront penser, je suivis le guide qui me
faisait l'honneur de me conduire.//

22-48   MS2, 33A-K, 22-48 appear, with variants, after 189

24   33A-K: on exhaussa

L'univers entier l'encensa.
Le Romain, longtemps intraitable,
Dans ce séjour s'apprivoisa;
Doux vainqueur il y déposa
Sa barbarie insupportable.   30
Le Musulman plus implacable,
Conquit (c) le temple et le rasa.
En Italie on ramassa
Tous les débris que l'infidèle,
Avec fureur en dispersa.   35
Bientôt, François Premier osa
En bâtir un sur ce modèle:
Sa postérité méprisa
Cette architecture si belle;
Richelieu vint qui répara   40
Le temple abandonné par elle,
Louis le Grand le décora;
Colbert son ministre fidèle,
Dans ce sanctuaire attira
Des beaux-arts la troupe immortelle.   45
L'Europe jalouse admira
Ce temple en sa beauté nouvelle;
Mais je ne sais s'il durera. [6]

(c) Quand Mahomet II prit Constantinople en 1453, tous les Grecs
qui cultivaient les arts, se réfugièrent en Italie. Ils y furent principalement
accueillis par la maison de Médicis, à qui l'Italie doit sa politesse et sa
gloire. [7]

29-30   w38-k, absent
n.c, 3   33A-37: les maisons de Médicis, d'Est et de Bentivoglio, à qui
n.c   w38-k, note absent
34   33x1: Tout le débris
36   w46: ose
40   33x2: Richelieu vient qui

C'est cela même, dit le cardinal; mais puisqu'il est question de goût, défiez-vous un peu des rimes redoublées; elles ont l'air de la facilité, elles soutiennent l'harmonie, elles charment l'oreille; mais il faut qu'elles disent quelque chose à l'esprit, sans quoi ce n'est plus qu'un abus de la rime: c'est un arbre couvert de feuilles qui n'aurait point de fruits. L'aimable Chapelle(d)[8] est tombé lui-

50

(d) Dans le petit recueil des poésies de Chapelle, on n'a imprimé que trop de vers, qui ne sont que de mauvaise prose rimée, témoins ceux-ci:

> *Mais comme il ne fait rien qui vaille,*
> *Et qu'il pleut ici tous les jours,*
> *Nous ne voyons perdrix, ni caille,*
> *Et ne pouvons avoir recours,*
> *Pour notre ordinaire mangeaille,*
> *Qu'aux pigeons, et qu'à la volaille*
> *Que fournissent nos basses-cours.*
> ....
> ....
> *Voyant cette étrange indigence*
> *De cailles, guignards et perdrix,*
> *Vous veut donner en récompense*
> *Un pâté bon par excellence,*
> *Fait de deux lapins, tous deux pris*
> *Dans le meilleur endroit de France.*
> *Goûtez-le bien; et je vous dis,*
> *Qu'il est pâté de conséquence;*
> *Qui bien que bis en apparence,*
> *N'en vaut assurément pas pis.*
> *C'est, cher ami, qu'en conscience*
> *Nos Chartrains emportent le prix*
> *A savoir pâtisser en bis.*[9]

5

10

15

20

25

Il est peut-être permis d'écrire de telles platitudes à son ami. Il ne faut blâmer que ceux qui les impriment, et encore plus ceux qui les admirent.

n.*d*, 12   MSI, absent
n.*d*, 26   33XI: Il peut être permis

même quelquefois dans ce défaut, et plusieurs de ses petites pièces,   55
n'ont d'autre mérite que celui de beaucoup de familiarité, et du
retour des mêmes sons.

> Réglez bien votre passion
> Pour ces syllabes enfilées,
> Qui chez Richelet étalées, [10]   60
> Et des esprits sages sifflées,
> Bien souvent sans invention,
> Disent, avec profusion,
> Des riens en rimes redoublées.

Je convins que S. E. avait raison, et je n'en eus que plus de joie   65
d'avoir l'honneur de la suivre.

> Aimable abbé, vous fûtes du voyage,
> Vous que le goût ne cesse d'inspirer,
> Vous, dont l'esprit si délicat, si sage,
> Vous dont l'exemple a daigné me montrer   70
> Par quels chemins on doit, sans s'égarer,
> Chercher ce goût, ce dieu que, dans cet âge,
> Nos beaux esprits s'efforcent d'ignorer.

58-64   MS2, 33A-37, see 562-563v
58   MS2, 33A-K: Réglez mieux votre
59   MS2: Par ces
61   W38-K, absent
62   RP40-K: Quelquefois sans
64   MS2: Des rimes en
67   W42: abbé, v***ous es du [sic]
     W52-K: Cher Rothelin [with note: L'abbé de Rothelin, de l'Académie
française], vous
71   MS2, 33A-K: on peut, sans [W46: s'en]
72   MS2, 33A-37: Chercher le goût
73   MS2, 33A-K: Maints beaux-esprits
     W38-K: font gloire d'ignorer.

Nous rencontrâmes sur le chemin, Baldus, Sciopius, Eustachius, Lexicocrassus, Scriblerius,[11] une nuée de commentateurs qui   75
restituaient des passages, et qui compilaient de gros volumes à propos d'un mot qu'ils n'entendaient pas.

Là, j'aperçus les Daciers, les Saumaises, (e)

(e) Saumaise est un pédant reconnu pour tel, et que personne ne lit. Pour Dacier, il n'était pas sans mérite. Il avait une littérature fort grande; mais il connaissait tout dans les anciens, hors la grâce et la finesse. Ses commentaires ont partout de l'érudition, et jamais de goût. Il traduit grossièrement les délicatesses d'Horace.[12]   5

Si Horace dit à sa maîtresse: *Miseri quibus intentata nites*, Dacier dit: *Malheureux ceux qui se laissent attirer par cette bonace, sans vous connaître.*[13] Il traduit, *nunc est bibendum, nunc pede libero pulsanda tellus. C'est maintenant qu'il faut boire, et que sans rien craindre, il faut danser de toute*

74-75   MS2, 33A-37:   chemin plusieurs obstacles. D'abord, nous trouvâmes messieurs Ordus [MS2: Baldus], Lexicocrassus, Scriverius, une
   W38-K: rencontrâmes en chemin bien des obstacles. D'abord nous trouvâmes MM. Baldus, Sciopius, Lexicocrassus,
76   MS2, 33A-37:   qui composaient de
n.e, 1-3   33A-37:   M. Dacier avait une grande littérature; il connaissait
   W38-K: Dacier avait une littérature fort grande; il connaissait
n.e, 3   W46-W52:   tous les anciens
   W56-K: tout des anciens
n.e, 4   33A-37:   et très rarement du goût.
n.e, 8-9   W38-K: *C'est à présent qu'il*
78   33A-37, with second note: Claude Saumaise, de Dijon, passa presque toute sa vie à écrire contre Juste Lipse et Heinsius de gros livres sur des questions inutiles. Enfin il fut chargé de défendre la plus sérieuse et la plus célèbre cause de ce monde: c'était celle de Charles Ier, roi d'Angleterre, contre Cromwell. Voici ce qu'on trouve dans le commencement du livre qu'il fit sur ce sujet par ordre de Charles II: *Anglais qui vous renvoyez les têtes des rois comme des balles de paume, qui jouez à la boule avec les couronnes, et qui vous servez des sceptres comme de marottes. Nota*, que Milton lui répondit dans le même style.[14]
   W38-K, with second note: Saumaise est un auteur savant qu'on ne lit plus guère. [RP40-K: Il commence ainsi sa défense du roi d'Angleterre, Charles Ier: *Anglais qui vous renvoyez les têtes des rois comme des balles de paume, qui jouez à la boule avec des couronnes, et qui vous servez de sceptres comme de* [W51: *des*] *marottes.*]

Gens hérissés de savantes fadaises,
Le teint jauni, les yeux rouges et secs,   80
Le dos courbé sous un tas d'auteurs grecs,
Tous noircis d'encre et coiffés de poussière.
Je leur criai de loin par la portière:
N'allez-vous pas dans le Temple du Goût,
Vous décrasser? Nous, messieurs. Point du tout.   85
Ce n'est pas là, grâce au ciel, notre étude;
Le goût n'est rien ... Nous avons l'habitude
De rédiger au long de point en point,
Ce qu'on pensa; mais nous ne pensons point. [15]

Après cet aveu ingénu, ces messieurs entourèrent le carrosse et   90
voulurent absolument nous faire lire certains passages de Dictis
de Crète, et de Metrodore de Lampsaque, que Gronovius avait
estropiés [16] à ce qu'ils disaient. Nous les remerciâmes de leur
courtoisie, et nous continuâmes notre chemin. Nous n'eûmes pas
fait cent pas, que nous trouvâmes un homme entouré de peintres,   95
d'architectes, de sculpteurs, de doreurs, de faux connaisseurs, de
flatteurs; ils tournaient le dos au Temple du Goût.

D'un air content l'Orgueil se reposait,

_____

sa force. [17] *Mox juniores quaerit adulteros. Elles ne sont pas plutôt mariées,*   10
qu'elles cherchent de nouveaux galants. [18] Mais quoiqu'il défigure Horace,
et que ses notes soient d'un savant sans esprit, son livre est plein de
recherches utiles et il faut louer son travail, en voyant son peu de génie. [19]

n.*e*, 12   33A-37:   soient souvent d'un
            w38-k: savant peu spirituel, son
n.*e*, 13   33A-37:   et le public loue son
            w38-k: et on loue son
82   33A, w46, w48D: Tout noircis
      w38:   et couverts de poussière.
86   w38:   là, grâces au ciel
90-91 RP40, w42:   messieurs voulurent
92-93 w38-k: que Scaliger avait estropiés. Nous

126

Se pavanait sur son large visage,
Et mon Crésus [20] tout en ronflant disait: 100
J'ai beaucoup d'or, de l'esprit davantage;
Du goût, messieurs, j'en suis pourvu surtout,
Je n'appris rien, je me connais à tout;
Je suis un aigle en conseil, en affaires:
Malgré les vents, les rocs et les corsaires,   105
J'ai dans le port fait aborder ma nef;
Partant il faut qu'on me bâtisse, en bref
Un beau palais, fait pour moi, c'est tout dire,
Où tous les arts soient en foule entassés,
Où tout le jour je prétends qu'on m'admire: 110
L'argent est prêt. Faquins, obéissez.
Il dit et dort. Aussitôt la canaille
Autour de lui s'évertue et travaille;
Certain maçon, en Vitruve érigé,
Lui trace un plan d'ornements surchargé;   115
Nul vestibule, encor moins de façade:
Mais vous aurez une longue enfilade;
Vos murs seront de deux doigts d'épaisseur,
Grands cabinets, salon sans profondeur,
Petits trémeaux, fenêtres à ma guise,   120
Que l'on prendra pour des portes d'église,
Le tout boisé, verni, sculpté, doré
Et des badauds à coup sûr admiré.
  Réveillez-vous, monseigneur, je vous prie,

99   w46, w48D: Se panadait sur
100   w38-K: mon Crassus
102   MS2, 33A-37: On me prendrait pour le vrai dieu du goût:
108   33A-37: Un grand palais
109   33A-37: Où les beaux-arts
111   w38-K: prêt. Je parle, obéissez.
119   MS2: salons sans
120   w38-K: Petits trumeaux
122   w38-K: verni, blanchi, doré

Criait un peintre; admirez l'industrie 125
De mes talents. Raphaël n'eût jamais
Entendu l'art d'embellir un palais;
C'est moi qui sais annoblir la nature,
Je couvrirai plafond, voûte, voussure,
Par cent magots travaillés avec soin, 130
D'un pouce ou deux, pour être vus de loin. [21]
    Crésus s'éveille, il regarde, il rédige,
A tort, à droit, [22] règle, approuve, corrige;
A ses côtés, un petit curieux,
Lorgnette en main, disait: Tournez les yeux, 135
Voyez ceci, c'est pour votre chapelle;
Sur ma parole, achetez ce tableau,
C'est Dieu le Père en sa gloire éternelle,
Peint galamment dans le goût du Vatau. (*f*) [23]

(*f*) Vatau est un peintre flamand, qui a travaillé à Paris, où il est mort il y a quelques années. Il a réussi dans les petites figures, qu'il a dessinées avec grâce et légèreté, et qu'il a très bien groupées: mais il n'a jamais rien fait de grand et il en était incapable.

126   33A-37: De mon talent.
       w46-K: Raphaël n'a jamais
128   K: sais ennoblir
129   w64G, w68, w75G: Je couvrirais plafond
130   MS2, 33A-37: De cent
132   w38-K: Crassus s'éveille
133   MS1: A gauche, à droit
139   K: de Watteau.
n.*f*, 1   33A-37: qui est de l'école française. Il a travaillé
n.*f*, 2-3   w38-K: dessinées et qu'il a
n.*f*, 4   w38-K: de grand, il en était
       33A-37: incapable. M. de Julienne a fait graver son œuvre avec un très grand soin. [24]

Et, cependant, un fripon de libraire,   140
Des beaux esprits écumeur mercenaire,
Vendeur adroit de sottise et de vent,
En souriant d'une mine matoise
Lui mesurait des livres à la toise;
Car, monseigneur, est surtout fort savant.   145

Je crus en être quitte pour ce petit retardement, et que nous
allions arriver au temple, sans autre mauvaise fortune: mais la
route est plus dangereuse que je ne pensais. Nous trouvâmes
bientôt une nouvelle embuscade.

Tel un dévot infatigable   150
Dans l'étroit chemin du salut,
Est cent fois tenté par le diable
Avant d'arriver à son but.

C'était un concert que l'on donnait dans une maison de
campagne bizarrement située et bâtie de même. Le maître de la   155
maison voyant de loin le carrosse du cardinal, et sachant que S. E.
venait d'Italie, vint le prier du concert. Il lui dit en peu de mots

142-145   w38-k:
          Tout Bellegarde[25] à ses yeux étalait,
          Tout Pitaval,[26] [RP40-K: Gacon,[27] Le Noble[28]] et jusqu'à Desfon-
          taines, [w38, with note: Mauvais auteur.][29]
          Recueils nouveaux, et journaux à centaines,
          Et monseigneur voulait lire et bâillait.
150-153   MS2, 33A-37, W52-W64, W70L, absent
154-164   w38-k: que donnait un homme de robe,[30] fou de la musique qu'il
n'avait jamais apprise, et encore plus fou de la musique *italienne*, qu'il ne connaissait
que par de mauvais airs inconnus à Rome, et estropiés en France par quelques filles
de l'Opéra. ¶Il faisait exécuter alors un long récitatif français, mis en musique par
un Italien qui ne savait pas notre langue. En vain on lui remontra que cette espèce
de musique, qui n'est qu'une déclamation notée, est nécessairement asservie au
génie de la langue, et qu'il n'y a rien de si ridicule que des scènes françaises chantées
à l'*italienne*, si ce n'est de l'italien chanté dans le goût français.//
156-157   MS2: S. E. arrivait d'Italie

beaucoup de mal de Lully, de Destouches et de Campra,[31] et
l'assura qu'à son concert, il n'y aurait point de musique française;
le cardinal lui remontra en vain que la musique italienne, la   160
française et la latine, étaient fort bonnes, chacune dans leur genre;
qu'il n'y a rien de si ridicule que de l'italien chanté à la française,
si ce n'est peut-être le français chanté à l'italienne; car, lui dit-il,
avec ce ton de voix aimable, fait pour orner la raison.

> La nature féconde, ingénieuse et sage,   165
> Par ses dons partagés ornant cet univers,
> Parle à tous les humains; mais, sur des tons divers.
> Ainsi que son esprit, tout peuple a son langage;
> Ses sons et ses accents, à sa voix ajustés,
> Des mains de la nature exactement notés: 170
> L'oreille heureuse et fine en sent la différence;
> Sur le ton des Français, il faut chanter en France:
> Aux lois de notre goût, Lully sut se ranger;
> Il embellit notre art au lieu de le changer.

A ces paroles judicieuses, mon homme répondit en secouant la   175
tête: Venez, venez, dit-il, on va vous donner du neuf. Il fallut
entrer, et voilà son concert qui commence.

> Du grand Lully, vingt rivaux fanatiques,
> Plus ennemis de l'art et du bon sens,
> Défiguraient, sur des tons glapissants,   180
> Des vers français en fredons italiques:[32]
> Une bégueule en lorgnant se pâmait;
> Et certain fat, ivre de sa parure,
> En se mirant, chevrotait, fredonnait;

158   33XI: Lulli, Destouches et
      MS2: Lulli, et de Campra
164   33A-37: avec un ton
167   W48D: sur ces dons divers
181   MS2: De vers

Et de l'index battant faux la mesure,   185
Criait *bravo*, lorsque l'on détonnait.

Nous sortîmes au plus vite de ce sabbat. Ce ne fut qu'au travers
de bien des aventures pareilles, que nous arrivâmes, enfin, au
Temple du Goût.

Cet édifice précieux   190
N'est point chargé des antiquailles,
Que nos très gothiques aïeux,
Si lourdement industrieux,
Entassaient autour des murailles
De leurs temples (*g*) grossiers comme eux.   195
Il n'a rien des défauts pompeux

(*g*) Le portail de Notre Dame est chargé de plus d'ornements qu'on
n'en voit dans tous les bâtiments de Michel-Ange, de Palladio, et du
vieux Mansart.

187   33A-K: vite. Ce ne fut
189-190   MS2, 33A-K, between 189 and 190 insert 22-48, with variants
        MS2, continues: Pour peu qu'on me demande comment le temple est
bâti, je serai bien embarrassé, car il n'est d'après aucun modèle.
        Mais au moins pour en parler bien
        33A-37, continue: Ce serait ici le lieu de m'étendre sur la structure de
cet édifice, et de parler d'architrave et d'archivolte, si j'avais formé le dessein de
n'être pas lu.
        w38-K, continue:
        Je pourrais décrire ce temple
        Et détailler les ornements
        Que le voyageur y contemple;
        Mais n'abusons point de l'exemple
        De tant de faiseurs de romans,
        MS2, 33A-K, continue with 205-208, with variants, followed by 190
193   33A-K, absent
n.g   33A-K, note absent
196   MS2, 33A-K: Il n'a point les défauts

131

De la chapelle de Versailles, (*h*)
Ce colifichet fastueux,
Qui du peuple éblouit les yeux,
Et dont le connaisseur se raille.   200

Il est plus aisé de dire ce que ce temple n'est pas, que de dire ce qu'il est. Je n'ose en faire une longue description et épuiser les termes d'architecture; car c'est surtout en parlant du Temple du Goût, qu'il ne faut pas ennuyer.

Dieu nous garde du verbiage   205
De monsieur de Félibien, (*i*)
Qui noie éloquemment un rien,
Dans un fatras de beau langage.

Il vaut mieux éviter le détail qui serait ici très hors d'œuvre. Je me bornerai donc à dire.   210

Simple en était la noble architecture;
Chaque ornement à sa place arrêté,
Y semblait mis par la nécessité:

(*h*) La chapelle de Versailles n'est dans aucune proportion; elle est longue et étroite à un excès ridicule.

(*i*) Félibien a fait sur la peinture cinq volumes, où on trouve moins de choses que dans le seul volume de Piles. [33]

n.*h*   33A-K, note absent
201   MS2, 33A-37: est bien plus
         MS2:   que le Temple du Goût n'est
         w38-K: de faire connaître ce [w42, w46 omit 'de']
202-210   33A-K: est. J'ajouterai seulement, [RP40-K: en général] pour éviter la difficulté://
         MS2:   est. Il n'appartient qu'à ceux qui m'y voulurent bien mener d'en faire la description, pour moi je me contenterai de dire,
205   MS2, 33A-37: Evitons le long verbiage
         w38-K: Surtout fuyons le verbiage
205-208   w38-K, 205-208 appear, with variants, before l.190
n.*i*   w38-K, note absent

L'art s'y cachait sous l'air de la nature,
L'œil satisfait, embrassait sa structure, 215
Jamais surpris, et toujours enchanté. (*j*)

Le temple était environné d'une foule de virtuoses, d'artistes et de juges de toute espèce, qui s'efforçaient d'entrer, mais qui n'entraient point.

Car la Critique, à l'œil sévère et juste, 220
Gardant les clefs de cette porte auguste,
D'un bras d'airain, fièrement repoussait
Le peuple goth, qui sans cesse avançait.

Là, ne sont point reçus les petits-maîtres qui assistent à un spectacle sans l'entendre, ou qui n'écoutent les meilleures choses, 225 que pour en faire de froides railleries. Bien des gens qui ont brillé dans de petites sociétés, qui ont régné chez certaines femmes, et

(*j*) Quand on entre dans un édifice, bâti selon les véritables règles de l'architecture, toutes les proportions étant observées, rien ne paraît ni trop grand ni trop petit; et le tout semble s'agrandir insensiblement, à mesure qu'on le considère.[34] Il arrive tout le contraire dans les bâtiments gothiques. 5

n.*j* w38-κ, note absent
217 w46: d'Aristes
       ms2: environné d'artistes, de virtuoses et
224-233 ms2, 33A-37: On chassait tous ces satiriques obscurs, qui font secrètement une mauvaise critique d'un bon ouvrage; petits insectes dont nous ne soupçonnons l'existence, que par les efforts qu'ils font pour piquer. On renvoyait ces courtisans affairés et oisifs, qui mettent [ms2: épuisent] tout leur grand crédit à faire une brigue inutile contre une pièce nouvelle. ¶Ce sont
       w38-κ: Oh! que d'hommes considérables, que de gens du bel air qui président si impérieusement à de petites sociétés, ne sont point reçus dans ce temple [w38: bel air n'y sont point reçus!] [w52-κ: malgré les dîners qu'ils donnent aux beaux-esprits et malgré les louanges qu'ils reçoivent dans les journaux!]
       On ne voit point dans ce [w42, w46: son] pourpris
       Les cabales toujours mutines

qui se sont fait appeler grands hommes, sont tous surpris d'être refusés: ils restent à la porte, et adressent en vain leurs plaintes à quelques seigneurs ou soi-disant tels, ennemis jurés du vrai mérite qui les néglige, et protecteurs ardents des esprits médiocres, dont ils sont encensés. 230

> Ce sont les cabales mutines
> De ces prétendus beaux esprits
> Qu'on vit soutenir dans Paris, 235
> Les Pradons (*k*) et les Scudéris,
> Contre les immortels écrits
> Des Corneilles et des Racines.

On repousse aussi très rudement tous ces petits satiriques

(*k*) Scudéri était, comme de raison, ennemi déclaré de Corneille. Il avait une cabale, qui le mettait fort au-dessus de ce père du théâtre. Il y a encore un mauvais ouvrage de Sarrazin, fait pour prouver, que, je ne sais quelle pièce de Scudéri, nommée l'*Amour tyrannique*, était le chef-d'œuvre de la scène française.[35] Scudéri se vantait, qu'il y avait eu quatre 5 portiers de tués à une de ses pièces, et il disait qu'il ne céderait à Corneille, qu'en cas qu'on eût tué cinq portiers au Cid, ou aux Horaces.[36] A l'égard de Pradon, on sait que sa Phèdre fut d'abord beaucoup

235   MS2, 33A-37: vit protéger dans
n.*k*   33A-37, note absent
n.*k*, 5 w38-K: française. Ce Scudéry se vantait
n.*k*, 6 w46-K: portiers tués
n.*k*, 7 RP40-K: aux [w42: au] Cid, et aux
n.*k*, 2 w42: au-dessus du
239-251 MS2, 33A-37: On repoussait plus rudement ces hommes injustes et dangereux [MS2: hommes dangereux et injustes], ces ennemis de tout mérite, qui haïssent sincèrement ce qui réussit, de quelque nature qu'il puisse être: ils auraient également envié *Rocroy* au Grand Condé, *Denain* à Villars, et *Polieucte* à Corneille: ils auraient exterminé Le Brun pour avoir fait le tableau de la famille de Darius. Leurs bouches distillent la médisance et la calomnie: ils disent que Télémaque [with note: On a fait réellement ces reproches à Fénelon et à Racine, dans de misérables libelles que personne ne lit plus aujourd'hui, et auxquels la malignité donna de la

obscurs, qui, dans la démangeaison de se faire connaître, insultent   240
les auteurs connus, qui font secrètement une mauvaise critique
d'un bon ouvrage, petits insectes dont on ne soupçonne l'existence,
que par les efforts qu'ils font pour piquer. Heureux encore les
véritables gens de lettres, s'ils n'avaient pour ennemis que cette
engeance! Mais, à la honte de la littérature et de l'humanité, il y a   245
des gens qui s'animent d'une vraie fureur contre tout mérite qui
réussit, qui s'acharnent à le décrier et à le perdre, qui vont dans
les lieux publics, dans les maisons des particuliers, dans les palais
des princes, semer les rumeurs les plus fausses, avec l'air de la
vérité, calomniateurs de profession, monstres ennemis des arts et   250
de la société.

> L'Orgueil les engendra dans les flancs de l'Envie,
> L'Intérêt, le Soupçon, l'infâme Calomnie
> Et souvent les dévots, (*l*) monstres plus dangereux,
> Entrouvrent, en secret, d'un air mystérieux,   255
> Les portes des palais à leur cabale impie.

---

mieux reçue que celle de Racine, et qu'il fallut du temps pour faire céder
la cabale au mérite. [37]   10

(*l*) Faux dévots.

---

vogue dans leur temps.] est un libelle contre Louis xiv [38] et Esther une satire contre
le ministère: [39] ils donnent de nouvelles clefs de La Bruyère: [40] ils infectent tout ce
qu'ils touchent.//

       w38-k: On repoussait aussi rudement ces ennemis obscurs de tout
mérite éclatant, ces insectes de la société, qui ne sont aperçus, que parce qu'ils
piquent. Ils auraient envié également *Rocroy* au Grand Condé, *Denain* à Villars, et
Polieucte à Corneille. Ils auraient exterminé le Brun, pour avoir fait le tableau de la
famille de Darius. Ils envient tout; ils infectent tout ce qu'ils touchent.// [w48d-k:
de Darius. Ils ont forcé le célèbre Le Moyne à se tuer pour avoir fait l'admirable
salon d'Hercule. [41] Ils ont toujours dans les mains la ciguë que leurs pareilles firent
boire à Socrate.]

253-256   ms2, 33a-37, absent
n.*l*   w38-w46, note absent
254   w48d-k: monstres plus odieux

C'est là, que d'un Midas ils fascinent les yeux:
Un fat leur applaudit, un méchant les appuie;
Et le mérite en pleurs, persécuté par eux,
Renonce en soupirant aux beaux-arts qu'on décrie.   260

Ces lâches persécuteurs s'enfuirent en voyant paraître le cardinal
de Polignac et l'abbé de Rothelin: ils n'ont jamais pu avoir accès
auprès de ces deux hommes; ils ont pour eux cette haine timide
que les cœurs corrompus ont pour les cœurs droits, et pour les
esprits justes. [42] Leur fuite précipitée fit place à un spectacle plus   265
plaisant. C'était une foule d'écrivains de tout rang, de tout état et
de tout âge, qui grattaient à la porte, et qui priaient la Critique de
les laisser entrer: l'un apportait un roman nouveau, l'autre une
harangue à l'Académie; celui-ci venait de composer une comédie
métaphysique, [43] celui-là tenait un petit recueil de ses poésies   270
imprimé depuis longtemps incognito avec une longue (m) approba-

(m) La plupart des mauvais livres, sont imprimés avec des approba-

257   MS2, 33A-37:   Des Midas de la France ils fascinent
258   33A-37:   fat les applaudit
259-260   MS2, 33A-37:
        Et les arts désolés vont répandre loin d'eux
        Des pleurs qu'avec le temps l'équité seule essuie.
        W48D-K:
        Le mérite indigné qui se tait devant eux
        Verse en secret des pleurs que le temps seul essuie.
261-265   MS2, 33A-37:   Ils s'enfuirent tous, à la vue du cardinal, et de l'abbé de
Rothelin; car ils ont pour eux l'aversion qu'ils leur doivent. Leur
        W38-K: paraître mes deux guides. Leur fuite
266-268   MS2, 33A-37:   foule d'auteurs de tous états, qui [MS2: états et de tout
âge qui] se pressait à la porte. L'un apportait
268   W38-K: roman mathématique, [44] l'autre
269-272   MS2, 33A-37:   Académie [MS2: française]; celui-ci, un petit recueil de
vers imprimés avec une longue approbation sans que le public en ait rien su. Cet
269-270   W42:   Académie; celui-là
n.m, 1   W38:   imprimés en France, avec
        RP40-K: Beaucoup de mauvais
n.m, 2-4   RP40-K: d'éloges.//

tion et un privilège; cet autre venait présenter un mandement en style précieux, et était tout surpris qu'on se mît à rire, au lieu de lui demander sa bénédiction. Je suis le révérend père… criait l'un: faites un peu place à monseigneur… disait l'autre.

275

tions pleines d'éloges. Les censeurs des livres manquent en cela de respect au public. Leur devoir n'est pas de dire si un livre est bon, mais s'il n'y a rien contre l'Etat.

n.*m*, 4   w38:   l'Etat et contre les mœurs.//

274-275   MS2, 33A-W52:   disait l'un. Place [w42, w46: faites un peu place]

274-276   w56-K: père Albertus Garassus,[45] disait un moine noir; je prêche mieux que Bourdaloue: car jamais Bourdaloue ne fit brûler de livres; et moi, j'ai déclamé avec tant d'éloquence contre Pierre Bayle dans une petite province toute pleine d'esprit, j'ai touché tellement les auditeurs qu'il y en eut six qui brûlèrent chacun leur Bayle. Jamais l'éloquence n'obtint un si beau triomphe. ¶Allez, frère Garassus, lui dit la Critique, allez barbare, sortez du Temple du Goût, sortez de ma présence, visigoth moderne, qui avez insulté celui que j'ai inspiré. J'apporte ici Marie *à la Coque*,[46] disait un homme fort grave. Allez souper avec elle, répondit la déesse. ¶Un raisonneur [see below, 275-276*v*, with variant] connaître.

275   MS2, 33A-37:   Place à monseigneur… criait l'autre.

275-276   MS2, 33A-K, between 275 and 276:

> Un raisonneur, avec un fausset aigre,
> Criait, Messieurs, je suis un [MS2, w38-K: ce] juge intègre,
> Qui toujours parle, argue, et contredit;
> Je viens siffler tout ce qu'on applaudit.
> Lors la Critique apparut, et lui dit,
> Ami Bardus [w38-K: Bardou],[47] vous êtes un grand maître;
> Mais n'entrerez en [MS2: dans] cet aimable lieu:
> Vous y venez pour fronder notre dieu;
> Contentez-vous de ne le pas connaître.

M. Bardus refusé se mit à faire un long discours contre l'existence du dieu du Goût; il assura que ce dieu n'est qu'une chimère; il proposa, il divisa, il subdivisa, il distingua, il résuma; personne ne l'écouta [MS2: et l'on s'empressait plus que jamais à la porte.]

w38-K: connaître. ¶M. Bardou se mit alors à crier: Tout le monde est trompé, et le sera. Il n'y a point de dieu du Goût, et voici comme je le prouve. Alors il proposa, il divisa, il subdivisa, il distingua, il résuma, personne ne l'écouta; et l'on s'empressait à la porte plus que jamais.

137

Parmi les flots de la foule insensée,
De ce parvis obstinément chassée,
Tout doucement, venait La Motte Houdart,
Lequel disait, d'un ton de papelard:
Ouvrez, messieurs, c'est mon Œdipe en prose, (*n*)   280
Mes vers sont durs; [48] d'accord, *mais forts* de chose, [49]
De grâce ouvrez, je veux à Despréaux
Contre les vers, dire, avec goût, deux mots. [50]

La Critique le reconnut à la douceur de son maintien et à la
dureté de son style, et elle le laissa quelque temps entre Perault et   285
Chapelain qui assiégeaient la porte depuis cinquante ans.

Rousseau parut en revenant d'Allemagne, il avait été autrefois
dans le temple; mais quand il y voulut rentrer,

Il eut beau tristement redire
Ses vers durement façonnés,   290

(*n*) Houdar de la Motte fit en 1728 un Œdipe en prose, et un Œdipe
en vers. A l'égard de l'Œdipe en prose, personne, que je sache, n'a pu
le lire. Son Œdipe en vers fut joué trois fois. Il est imprimé avec ses
autres œuvres dramatiques; et l'auteur a eu soin de mettre dans un
avertissement, que cette pièce a été *interrompue au milieu de son succès.* [51]   5

276   33A-37:   la troupe insensée
n.*n*   33A-37, note absent
n.*n*, 2   W38-K: de son Œdipe
n.*n*, 5   W38-K: au milieu du plus grand succès. Cet auteur a fait d'autres
ouvrages estimés, quelques odes très belles, de jolis opéras [W42, W46: opéra] et des
dissertations très bien écrites. [52]
282   W50:   De grâces ouvrez
284-286   MS2, 33A-37:   La Critique reconnut en lui l'auteur raisonnable, à la
douceur de son maintien; et le traducteur de l'Iliade, à la dureté de son style. Elle
le laissa quelque temps entre Chapelain et Desmarets, qui médisaient de Virgile et
d'Homère à la porte du temple, depuis
285   W38-K: dureté de ses derniers vers, et
286   W38-K: cinquante ans, en criant contre Virgile.
287-367   33A-K, see below, appendix I.A (p.184-88).

Hérissés de traits de satire:
On lui ferma la porte au nez.

Il fut fort étonné de ce procédé, et jura de s'en venger par quelque nouvelle allégorie contre le genre humain qu'il hait par représailles. Il s'écriait en rougissant.   295

> Adoucissez cette rigueur extrême,
> Je viens chercher Marot mon compagnon. [53]
> J'eus, comme lui, quelque peu de guignon.
> Le dieu qui rime est le seul dieu qui m'aime.
> Connaissez-moi, je suis toujours le même.   300
> Voici des vers contre l'abbé Bignon; (o)
> J'ai tout frondé Vienne, Paris, Versailles;

(o) Il faut apprendre au lecteur qu'il y a dans les Œuvres de Rousseau, une mauvaise épigramme contre M. l'abbé Bignon, [54] qui est regardé dans l'Europe, depuis 40 ans, comme le protecteur le plus zélé des lettres. Rousseau a tâché dans cette épigramme, de tourner en ridicule une vertu si respectable; et voici comme il définit ce sage prélat   5
bibliothécaire du roi.

> *C'est celui, qui sous Apollon,*
> *Prend soin des haras du Parnasse,*
> *Et qui fait provigner la race*
> *Des bidets du sacré vallon.* [55]   10

299   33X2: le seul qui m'aime
n.o, 1-10   w38-w52: Conseiller d'Etat, homme d'un mérite reconnu dans l'Europe, et protecteur des [w46-w48D: dans les] sciences. Rousseau avait fait contre lui quelques mauvais vers.
302-305   w46, absent

J'ai retracté l'Eloge de Noailles. (*p*)
Du dieu Pluton lisez le Jugement (*q*)
Où j'ai *sanglé* messieurs du Parlement.   305
O! vous, Critique, ô vous déesse utile!
C'était par vous que j'étais inspiré.
En tous pays, en tous temps abhorré,
Je n'ai que vous désormais pour asile.

(*p*) Il avait fait autrefois des vers pour M. le duc de Noailles, où il
avait dit:

> *Oh qu'il chansonne bien!*
> *Serait-ce point Apollon delphien?*
> *Venez, voyez, tant a beau le corsage.* [56]   5

Mais dans le même temps, ayant écrit une lettre contre M. le duc de
Noailles, qui songeait à lui faire avoir un emploi, ce seigneur lui retira
sa protection. Rousseau étant banni de France, fit depuis, une pièce qu'il
intitula *la Palinodie*; ouvrage généralement méprisé. [57]

(*q*) Le Jugement de Pluton, allégorie de Rousseau; dans laquelle il
se répand en invectives contre le Parlement, qui ne l'avait pourtant
condamné qu'au bannissement. Cette pièce est d'un style dur et rebutant. [58] Il y a encore, je ne sais quelle épigramme de lui, sur cet auguste
corps.   5

> *Si de Noé, l'un des enfants maudit,*
> *De son Seigneur perdit la sauvegarde,*
> *Ce ne fut point pour avoir, comme on dit,*
> *Surpris son père en posture gaillarde:*
> *Mais c'est qu'ayant fait cacher sa guimbarde*   10
> *Au fond de l'arche, en guise de relais,*
> *Il en tira cette espèce bâtarde,*
> *Qu'on nomme gens de robe et de palais.* [59]

n.*q*, 4   MS1: encore une je
306-309   w42, absent
308   w38-w48D: En tout pays, en tout temps

140

La Critique entendit ces paroles, rouvrit la porte, et parla ainsi.   310

Rousseau, connais mieux la Critique,
Je suis juste et ne fus jamais
Semblable à ce monstre caustique
Qui t'arma de ces lâches traits,
Trempés au poison satirique,   315
Dont tu t'enivres à longs traits.
Autrefois, de ta félonie,
Thémis te donna le guerdon.

310-331   W42G: La Critique l'arrêta et lui dit d'un air indigné.
            Apprends à me connaître, et ne confonds jamais
            La critique éclairée, et l'aveugle satire.
            Apprends à distinguer mes crayons et ses traits,
            Elle veut offenser, et je ne veux qu'instruire.
                Crois-moi, qu'à de pareils travers,
                Jamais ton cœur ne s'abandonne,
                Travaille mieux tes derniers vers,
                Et n'en fais plus contre personne.
                Et vous, messieurs les beaux esprits,
                Si vous voulez être chéris
                Du dieu de la double montagne,
                Et que toujours dans vos écrits
                Le dieu du goût vous accompagne,
                Faites tous vos vers à Paris
                Et n'allez point en Allemagne.
    Ensuite elle prononça qu'il n'est permis d'employer le vieux langage de Marot
que dans un conte ou dans une épigramme débauchée, et qu'il n'est pas plus séant
à un auteur qui traite un sujet grave, d'y mêler des termes surannés et burlesques
qu'à un peintre revêtir un héros de l'habit de Polichinelle. ¶Après avoir [see
appendix I.A, 18-73*v*, w38-w48D, l.3]
    310   W51:   rouvrit sa porte
    314   W38:   Qui s'arma
           RP40, W48D-W51:   de ses lâches
    317   RP40:   de sa félonie

141

Par arrêt ta muse est bannie (r)
Pour certains couplets de chanson   320
Et pour un fort mauvais facton,
Que te dicta la calomnie;
Mais par l'équitable Apollon
Ta rage fut bien mieux punie,
Il t'ôta le peu de génie   325
Dont tu dis qu'il t'avait fait don.
Il te priva de l'harmonie,
Et tu n'as plus rien, aujourd'hui,

(r) Rousseau fut condamné à l'amende honorable et au bannissement perpétuel, pour des couplets infâmes qu'il avait faits contre tous ses amis, et dont il accusa le sieur Saurin, de l'Académie des sciences, d'être l'auteur. Les curieux ont conservé les pièces de ce procès. Le factum de Rousseau, passe pour être extrêmement mal écrit. Celui de M. Saurin   5
est un chef-d'œuvre d'art et d'éloquence. [60]

n.r, 1-6 33A-37: Voyez le factum de M. Saurin de l'Académie des sciences contre Rousseau, avec l'arrêt qui condamne ce dernier comme calomniateur.

n.r, 1 RP40-W52: On sait que Rousseau fut

n.r, 2 W38-W52: infâmes faits contre ses

n.r, 6 W38-W52: chef-d'œuvre d'esprit et d'éloquence. Rousseau banni de France, s'est brouillé avec tous ses protecteurs, et a continué de déclamer inutilement contre ceux qui faisaient honneur à la France par leurs ouvrages, comme MM. de Fontenelle, Crébillon, Destouches, Dubos, etc.//

W52, continues: Quant aux vers qu'il fit depuis sa sortie de France, il est constant qu'ils ne sont pas de la force des autres, que son style est dur, corrompu et plein des défauts mêmes qu'il avait tant reprochés à La Motte. ¶Quant à son bannissement de France, il est absurde de penser que le Châtelet et le Parlement l'aient unanimement condamné sans des preuves convaincantes.

321 W51: mauvais factum,

324 33XI: Ta rage bien
     W38, RP40, W48D-W52: fut bientôt punie

325 W48D-W52: Il te dépouilla du génie

326 W48D-W52: Dont on dit qu'il

Que la fureur et la manie
De rimer encor, malgré lui,   330
Des vers tudesques qu'il renie. (*s*)
O vous, messieurs les beaux esprits,
Si vous voulez être chéris
Du dieu de la double montagne,
Et que, dans vos galants écrits,   335
Le dieu du Goût vous accompagne;
Faites tous vos vers à Paris, [61]
Et n'allez point en Allemagne. (*t*)

Rousseau se fâcha d'autant plus que cette déesse avait raison,
elle lui disait des vérités, il répondit par des injures. Il lui cria: 340

'Ah! je connais votre cœur équivoque,
Respect le cabre, amour ne l'adoucit,
Et ressemblez à l'œuf cuit dans sa coque;
Plus on l'échauffe et plus il se durcit.' (*u*)

(*s*) Les derniers ouvrages de Rousseau ont été très mal reçus. Le
public trouve qu'il est tombé dans tous les défauts qu'il reprochait à la
Motte, et qu'il ne l'a pas égalé dans le bon sens et dans la morale. Aussi
toutes ses dernières odes ne sont point lues. Ses nouvelles allégories
roulent toutes sur la même fiction, sur la comparaison usée de l'ancien   5
temps et du temps présent. [62] Ses premiers ouvrages sont mieux écrits;
et s'ils n'ont jamais le mérite de l'invention, ils ont souvent celui de
l'expression et de la rime. Il était, dans sa jeunesse, très propre à traiter
de petits sujets.

(*t*) On cultive les lettres en Allemagne; mais ce n'est pas là qu'il
faut faire des vers français.

(*u*) C'est une des épigrammes de Rousseau. [63]

329   33A-W51:   Que la faiblesse et
330   MS2, 33A-37:   De forger encor
n.*s*   W38-K, note absent
335   W56-K: Et que toujours dans vos écrits
n.*t*   W56-K, note absent

Il vomit plusieurs de ses nouvelles épigrammes qui sont toutes 345
dans ce goût. (*v*) La Motte les entendit, il en rit; mais point trop
fort et avec discrétion. Rousseau furieux, lui reprocha, à son tour,
tous les mauvais vers que cet académicien avait faits en sa vie; et
cette dispute aurait duré longtemps entre eux, si la Critique ne
leur avait imposé silence, et ne leur avait dit: 350

Ecoutez, vous, la Motte, brûlez votre Iliade, vos tragédies,
toutes vos dernières odes, les trois quarts de vos fables et de vos
opéras; prenez à la main vos premières odes, quelques morceaux
de prose, dans lesquels vous avez presque toujours raison, hors
quand vous parlez de vous et de vos vers. Je vous demande, 355
surtout, une demi-douzaine de vos fables (*w*) et l'Europe galante.
Avec cela entrez hardiment.

(*v*) La Motte n'a fait contre Rousseau, qu'une ode, qui, est fort belle,
et où il règne un air de probité charmant. Elle commence:

> *On ne se choisit point son père.*
> *Par un reproche populaire,*
> *Le sage n'est point abattu;* 5
> *Oui, quoique le vulgaire pense,*
> *Rousseau, la plus vile naissance,*
> *Donne du lustre à la vertu.*

Il exhorte Rousseau, dans le reste de cette ode, à tâcher de devenir
honnête homme. 10

> *Rousseau, sois fidèle, sincère;*
> *Pour toi seul, critique sévère,*
> *Ami ?élé des bons écrits.* [64]

Quand on dit ici que la Motte rit, mais point trop fort, et avec
discrétion, on fait allusion au caractère de cet auteur, qui par ses mœurs 15
douces et modérées, se faisait aimer, autant que Rousseau, son rival, se
faisait généralement haïr.

(*w*) Quoiqu'en général, les fables de M. de la Motte, ne soient pas
d'un style agréable, il y en a quelques-unes qui ont plu beaucoup. Il y a
des prologues très bien faits. Celui-ci, par exemple:

> *Nous devons tous mourir, je le savais sans vous:*

Vous, Rousseau, brûlez vos opéras, (*x*) vos comédies, (*y*) vos dernières allégories, odes, épigrammes germaniques, ballades, sonnets; jurez de ne plus écrire, et venez vous mettre au-dessus de   360 La Motte, en qualité de versificateur: mais, toutes les fois qu'il s'agira d'esprit et de raisonnement, vous vous placerez fort au-dessous de lui. La Motte fit la révérence, Rousseau tourna la bouche; et tous deux entrèrent à ces conditions. [65]

Ces deux hommes, si différents, n'avaient pas fait quatre pas,   365 que l'un pâlit de colère, et l'autre tressaillit de joie, à l'aspect d'un homme qui était depuis longtemps dans ce temple.

> C'était le sage Fontenelle,
> Qui par les beaux-arts entouré,
> Répandait sur eux, à son gré,   370
> Une clarté pure et nouvelle:

> *Vous n'apprenez rien à personne.*   5
> *Je veux un vrai plus fin, reconnaissable à tous,*
> *Et qui cependant nous étonne.*
> *De ce vrai, dont tous les esprits*
> *Ont en eux-mêmes la semence;*
> *Qu'on ne cultive point, et que l'on est surpris*   10
> *De trouver vrai quand on y pense.* [66]

(*x*) Les opéras de Rousseau sont assez inconnus. Il y en a un, nommé *Adonis*. On ne sait guère qui sont les autres. [67]

(*y*) Ces comédies sont, *le Café, la Ceinture magique, le Capricieux.* Elles furent toutes sifflées. *Le Flatteur* eut quelques représentations. C'est une copie froide du Tartuffe. Les connaisseurs trouvent qu'elle est bien écrite en quelques endroits. [68]

n.*y*, 1   33xi: Ses comédies
367   w48d-k: temple, tantôt à une place, tantôt à une autre.//
368   w48d-k: le discret Fontenelle
371   w48d-k: clarté douce et

D'une planète, à tire-d'aile,
En ce moment il revenait
Dans ces lieux où le goût tenait
Le siège heureux de son empire.   375
Avec Quinaut, il badinait,
Avec Mairan il raisonnait.
D'une main légère il prenait
Le compas, la plume et la lyre.

Eh quoi! cria Rousseau, je verrai ici cet homme contre qui j'ai   380
fait tant d'épigrammes! (7) Quoi! le Bon Goût souffrira dans son
temple, l'auteur des Lettres du chevalier d'Her, d'une Passion
d'automne, d'un Clair de lune, d'un Ruisseau amant à la prairie,
de la tragédie d'Aspar, d'Endimion, etc.? (a) Eh non, dit la
Critique, ce n'est pas l'auteur de tout cela que tu vois: c'est celui   385
des Mondes, livre qui aurait dû t'instruire; de Thétis et de Pélée,

(7) Il y a une de ces épigrammes qui finit ainsi:

En vérité, caillettes ont raison:
C'est le pédant le plus joli du monde. [69]

Il y en a quelques autres qui ne sont guère meilleures. Jamais M. de
Fontenelle n'y a voulu répondre.   5
(a) Pièces faites dans sa jeunesse.

372   MS2: à titre d'aile
380-381   MS2, 33A-37: Beaucoup de gens de lettres furent indignés de voir
[MS2: dans le Temple du Goût] cet homme, contre lequel ils avaient fait tant [MS2:
tant fait] d'épigrammes. Quoi! dit l'un d'eux, le Bon Goût
n.7   33A-K, note absent
383   MS1, MS2, W38-K: amant de la prairie
383-384   MS2, 33A-37: *prairie, d'Aspar, d'Endymion*, de... [MS2: *d'Endymion*
...] Non, dit
384   33X1: etc.? Non
n.a   33A-K, note absent
385   MS2, 33A-37: que vous voyez: c'est
386   MS2, 33A-37: *Mondes*, ouvrage qui a dû [MS2: pu] vous instruire; *Thétis*
et Pélée

opéra qui excita inutilement ton envie; de l'Histoire de l'Académie des Sciences, que tu n'es pas à portée d'entendre. [70]

Rousseau voulait répliquer. Fontenelle le regarda avec cette compassion philosophique, qu'un esprit éclairé et étendu ne peut s'empêcher d'avoir, pour un homme qui ne fait que rimer; et il alla reprendre paisiblement sa place entre Lucrèce et Leibnitz. (b)   390

(b) Leibnitz, né à Leipsik le 23 juin 1646, mort à Hanovre, le 14 novembre 1716. Nul homme de lettres n'a fait tant d'honneur à l'Allemagne. Il était plus universel que M. Newton, quoiqu'il n'ait peut-être pas été si grand mathématicien. Il joignait à une profonde étude de toutes les parties de la physique, un grand goût pour les belles-lettres. Il   5
faisait même des vers français. Il a paru s'égarer en métaphysique; mais il a cela de commun avec tous ceux qui ont voulu faire des systèmes. Au reste il dut sa fortune à sa réputation. Il jouissait de grosses pensions de l'empereur d'Allemagne, de celui de Moscovie, du roi d'Angleterre, et de plusieurs autres souverains. [71]   10

387   MS2, 33A-37:   qui a pu [MS2: dû] exciter
         w46-K: qui excite inutilement votre [w46: ton] envie
388-392   MS2, 33A-37:   des Sciences, que je souhaite que vous entendiez. ¶Puis
se tournant vers l'aimable interprète de la philosophie; Je ne vous reprocherai pas, dit-elle, certains ouvrages de votre jeunesse, comme font ces cyniques jaloux. Mais [MS2: cyniques. Mais] je suis la Critique; vous êtes chez le dieu du Goût; et mon devoir est de vous dire, que

> Votre muse sage, et riante,
> Devrait aimer un peu moins l'art.
> Ne la gâtez point par le fard:
> Sa couleur est assez brillante.

Allez, suivez mon conseil; c'est celui du dieu du Goût, de la Critique, et du public [MS2: qui à la longue pense toujours comme nous]. Cependant, mettez-vous entre Lucrèce.
389   w38-K: Rousseau alla faire une épigramme, et Fontenelle
392   w38-K: alla prendre paisiblement
n.b   33A-37, note absent
n.b, 1   MS1:   le 21 juin
         w56-w75G: 1664
n.b, 3   w38-K: que Newton

Je demandai pourquoi Leibnitz était là? On me répondit, que c'était pour avoir fait d'assez bons vers latins, quoiqu'il fût métaphysicien et géomètre; et que la Critique le souffrait en cette place, pour tâcher d'adoucir, par cet exemple, l'esprit dur de la plupart de ses confrères.   395

A l'égard de Lucrèce, il fut embarrassé en voyant son ennemi; il le regarda d'un œil un peu fâché, surtout, quand il vit combien il est aimable, et comme il paraît fait pour avoir raison.   400

> Son rival charmant lui parla
> Avec sa grâce naturelle;
> Et cependant il y mêla
> Un peu de catholique zèle.
> Çà, dit-il, puisque vous voilà,   405
> L'âme a bien l'air d'être immortelle:
> Que répondez-vous à cela?
> Ah! laissons ces disputes-là,
> Dit le vieux chantre d'Epicure;
> J'ai fort mal connu la nature,   410
> Mais ne me poussez point à bout:
> Que votre muse me pardonne;
> Vous êtes chez le dieu du Goût,
> Non sur les bancs de la Sorbonne.

Ces messieurs n'argumentèrent donc point, et épargnèrent une dispute aux gens de goût, qui n'aiment pas volontiers l'argument.   415

393-394   MS2, 33A-37: là. C'est, me dit-on, pour
395   MS2: métaphysicien ou géomètre
        MS2, 33A-37: géomètre; et la Critique le souffre en
396   MS2, 33A-37: pour adoucir
397-398   W38-K: confrères. ¶Cependant la Critique se tournant vers l'aimable interprète de la philosophie [RP40-K: vers l'auteur des *Mondes*], lui dit: Je ne vous reprocherai pas certains ouvrages de votre jeunesse, comme font ces cyniques jaloux; mais je suis la Critique, vous êtes chez le dieu du Goût, et voici ce que je vous dis de la part de ce dieu, du public et de la mienne, car nous sommes, à la longue, toujours tous trois d'accord: ¶Votre muse [see 388-392*v*] brillante. ¶A
398-431   MS2, 33A-K, see below, appendix I.B (p.189-90).

Lucrèce récita seulement quelques-uns de ses beaux vers, qui ne prouvent rien; le cardinal dit aussi des siens, ce qui lui arrive trop rarement à Paris: on leur applaudit également à tous deux. De rapporter ce qui fut dit à cette occasion, par les Grecs et les Latins qui étaient là, et qui les entendaient, cela serait beaucoup trop long: il n'est ici question que des Français.   420

Cependant le cardinal et l'abbé étaient arrivés à l'autel du dieu, et je m'y glissai sous leur protection.

> Je vis ce dieu tout à mon aise,   425
> Je vis ses naïves beautés.
> Ses élégantes propretés,
> Ses atours n'ont rien qui ne plaise;
> Mais, s'il est mis à la française,
> Si par nos mains il est orné,   430
> Ce dieu toujours est couronné
> D'un diadème, qu'au Parnasse
> Composa jadis Apollon,
> Du laurier du divin Maron, [72]
> Du lierre et du myrte d'Horace,   435
> Et des roses d'Anacréon.
> Sur son front règne la sagesse;
> Le sentiment et la finesse

428   33XI: Ses auteurs n'ont
431   w46:   Elles-mêmes l'ont couronné
432   MS2:   Du diadème
434   MS2, 33A-37:   Des lauriers du
438-448   MS2, 33A-37:

> Son air est tendre, ingénieux.
> Les amours ont mis dans ses yeux
> Le sentiment et la finesse.
>   Le More à ses autels chantait.
> [33A-37, with note: Mesdemoiselles Le More et Pélissier, deux
> célèbres chanteuses de l'Opéra.]
> Pélissier près d'elle exprimait
> De Lulli toute la tendresse.
> Pleine de grâce et de mollesse,

Brillent tendrement dans ses yeux:
Son air est vif, ingénieux;   440
Il vous ressemble, enfin, Silvie,
A vous que je ne nomme pas,
De peur des cris et des éclats
De cent beautés que vos appas
Font dessécher de jalousie.   445

Sallé le temple parcourait,
[33A-37, with note: Mademoiselle Sallé, excellente danseuse,
qui exprime les passions.]
D'un pas guidé par la justesse.
Légère et forte en sa souplesse,
La vive Camargo sautait,
[33A-37, with note: Mademoiselle Camargo, la première qui
ait dansé comme un homme. [73]]
A ces sons brillants d'allégresse,
Et de Rébel, [74] et de Mouret. [75]
Le Couvreur plus loin récitait,
[33A-37, with note: Adrienne le Couvreur, la meilleure actrice
qu'ait jamais eue la Comédie française pour le tragique, et la
première qui ait introduit au théâtre la déclamation naturelle.]
Avec cette grâce divine
Dont autrefois elle ajoutait
[MS2: Qui sur notre scène ajoutait]
De nouveaux charmes à Racine.
    Le sage Rollin s'écartait
De cette foule [MS2: troupe] enchanteresse;
Dans le fond du temple il dictait
Quelques leçons à la jeunesse;
Et malgre l'austère sagesse
De la morale qu'il prêchait,
Malgré sa robe, on l'écoutait:

441   w46: Sylvie

Non loin de lui Rolin (*c*) dictait
Quelques leçons à la jeunesse;
Et quoiqu'en robe, on l'écoutait,
Chose assez rare à son espèce.
Mais malgré l'austère sagesse   450
De la morale qu'il prêchait,
Pélissier en ces lieux chantait; [76]
Et cependant, avec mollesse,
Sallé le temple parcourait

(*c*) Charles Rollin, ancien recteur de l'université, et professeur royal, est le premier homme de l'université, qui ait écrit purement en français, pour l'instruction de la jeunesse, et qui ait recommandé l'étude de notre langue, si nécessaire, et cependant si négligée dans les écoles. Son livre du Traité des études, respire le bon goût et la saine littérature presque   5
partout. [77] On lui reproche seulement de descendre dans des minuties. Il ne s'est guère éloigné du bon goût que quand il a voulu plaisanter. Tome 3, page 305, en parlant de Cyrus, *Aussitôt, dit-il, on équipe le petit Cyrus en échanson. Il s'avance gravement, la serviette sur l'épaule, et tenant la coupe délicatement entre trois doigts: J'ai appréhendé, dit le petit Cyrus,*   10
que cette liqueur ne fût du poison. Du poison! Comment cela? Oui, mon papa. [78] En un autre endroit, en parlant des jeux qu'on peut permettre aux enfants, *Une balle, un ballon, un sabot, sont fort de leur goût* [79]...
Depuis le toit jusqu'à la cave, tout parlait latin chez Robert Estienne. [80] Il serait à souhaiter qu'on corrigeât ces mauvaises plaisanteries dans la   15
première édition qu'on fera de ce livre, si estimable d'ailleurs.

n.c, 1-16   33A-37: l'université, auteur du *Traité des études*, livre écrit avec beaucoup de pureté et de goût, et dans lequel le public n'a repris que quelques plaisanteries mal placées, et d'un goût peu convenable à un bon ouvrage.//
   n.c, 11   w38-k: *du poison.* Comment cela?
   n.c, 12   w38-k: Et en un
           w42:   que l'on peut
  n.c, 13-14   w38-k: goût. Depuis
   n.c, 14   w42:   tout parle latin
  450-455   MS2, 33A-K, absent

D'un pas guidé par la justesse. [81]
   Près de là, dans un cabinet
Que Girardon et le Puget (*d*)
Embellissaient de leur sculpture
Le Poussin sagement peignait, (*e*)

(*d*) Girardon mettait dans ses statues, plus de grâce, et Puget plus d'expression. Les Bains d'Apollon sont de Girardon; mais il n'a pas fait les chevaux. Ils sont de Marsy, sculpteur digne d'avoir mêlé ses travaux avec Girardon. Le Milon et le Gladiateur sont du Puget. [82]

(*e*) Le Poussin, né aux Andelis en 1594, n'eut de maître que son génie, et quelques estampes de Raphaël, qui lui tombèrent entre les mains. Le désir de consulter la belle nature dans les antiques, le fit aller à Rome, malgré les obstacles qu'une extrême pauvreté mettait à ce voyage. Il y fit beaucoup de chefs-d'œuvre, qu'il ne vendait que sept écus pièce. Appelé en France par le secrétaire d'Etat Desnoyers, il y établit le bon goût de la peinture. Mais persécuté par ses envieux, il s'en retourna à Rome, où il mourut avec une grande réputation, et sans fortune. [83] Il a sacrifié le coloris à toutes les autres parties de la peinture. [84] Ses Sacrements sont trop gris; cependant il y a dans le cabinet de M. le duc d'Orléans, un Ravissement de St Paul, du Poussin, qui fait pendant avec la Vision d'Ezéchiel, de Raphaël, et qui est d'un coloris assez fort. Ce tableau n'est point du tout déparé par celui de Raphaël; et on les voit tous deux avec un égal plaisir. [85]

    5

    10

456 MS2, 33A-37: Sous la voûte d'un cabinet
n.*d*, 1-4 33A-37: Girardon et le Puget, deux excellents sculpteurs français. Girardon a plus de grâce, le Puget plus d'expression.//
n.*d*, 1 w56-K: et le Puget
n.*d*, 2-4 K: Girardon; ainsi que le mausolée du cardinal de Richelieu en Sorbonne, l'un des chefs-d'œuvre de la sculpture moderne. Le Milon et l'Andromède sont du Puget.
n.*d*, 4 w38-w52: sont de Puget.
n.*e* 33A-37, note absent
n.*e*, 1 K: 1595
n.*e*, 10 w68-w75G: de monseigneur le duc
n.*e*, 12 w38: et de coloris
n.*e*, 13 w38-w42: n'est déparé [w42: déparé] du tout par celui
          w46-K: point déparé du tout par celui

Le Brun fièrement dessinait, (*f*)   460
Le Sueur entre eux se plaçait. (*g*)
On l'y regardait sans murmure;
Et le dieu qui de l'œil suivait
Les traits de leur main libre et sûre,
En les admirant se plaignait   465
De voir, qu'à leur docte peinture,
Malgré leurs efforts, il manquait
Le coloris de la nature.

(*f*) Le Brun, disciple de Voüet, n'a péché que dans le coloris. Son tableau de la Famille d'Alexandre, est beaucoup mieux coloré que ses Batailles. Ce peintre n'a pas un si grand goût de l'antique, que le Poussin et que Raphaël; mais il a autant d'invention que Raphaël, et plus de vivacité que le Poussin. Les estampes des Batailles d'Alexandre, sont   5 plus recherchées que celles des Batailles de Constantin, par Raphaël et par Jules-Romain. [86]

(*g*) Eustache le Sueur, était un excellent peintre, quoiqu'il n'eût point été en Italie. Tout ce qu'il a fait, était dans le grand goût; mais il manquait encore de beau coloris. [87]

Ces trois peintres sont à la tête de l'école française.

460-461   33A-37, transpose these lines
n.*f*   33A-37, note absent
n.*f*, 1   W38, RP40: de Nouet
n.*f*, 4   W38-K: et Raphaël
n.*f*, 6-7   W42: Constantin, d'après Raphaël et Jules Romain.
n.*g*, 1-3   33A-37: Le Poussin, Le Brun et Le Sueur, sont à la tête de l'école française. On leur reproche à tous trois de ne s'être pas attachés assez au coloris, qui est la partie la plus séduisante de la peinture; mais ils ont excellé dans le dessin, qui est la partie essentielle.
n.*g*, 3   W38: de beaux coloris.
462   MS2, 33A-37, absent
463   MS2: l'œil voyait
464   W46-W52: de leurs mains libre
465   MS2, 33A-37: les approuvant se
468   MS2: Les coloris

Sous ses yeux, des amours badins
Ranimaient ces touches savantes,   470
Avec un pinceau que leurs mains
Trempaient dans les couleurs brillantes
De la palette de Rubens. (*h*)
   C'est ce dieu qu'implore et révère
Toute la troupe des acteurs   475
Qui représentent sur la terre,
Et ceux qui viennent dans la chaire
Endormir leurs *chers auditeurs*.
Et ceux qui livrent les auteurs
Aux sifflets bruyants du parterre.   480
C'est là que je vous vis, aimable le Couvreur,
Vous, fille de l'amour, fille de Melpomène;
Vous, dont le souvenir règne encore sur la scène,
Et dans tous les esprits, et surtout dans mon cœur.
Ah! qu'en vous revoyant, une volupté pure,   485
Un bonheur sans mélange enivra tous mes sens!
Qu'à vos pieds, en ces lieux, je fis fumer d'encens!
Car il faut le redire à la race future:
Si les saintes rigueurs d'un préjugé cruel (*i*)

(*h*) Rubens égale le Titien pour le coloris; mais il est fort au-dessous de nos peintres français, pour la correction du dessin. [88]

(*i*) Adrienne le Couvreur, la meilleure actrice que le théâtre français ait jamais eue, et aura peut-être jamais, est enterrée sur le bord de la

470   MS2: ces couches savantes
          w50, w51: Ranimaient ses touches
471   w46, w48D: pinceau de leurs
473   MS1, MS2: palette des Rubens.
n.*h*, 2   MS1, 33X2: de nos Français
n.*h*   33A-37, note absent
474-494   RP40-K, absent
474-497   MS2, 33A-37, see below, appendix I.C, p.191-93.
481-494   w38, absent

Vous ont pu, dans Paris, priver de sépulture,   490
Dans le Temple du Goût vous avez un autel. [89]

Mes deux guides disaient qu'ils ne pouvaient en conscience, donner à une actrice le même encens que moi, mais ils avaient trop de goût et trop de justice pour me désapprouver.

Je fus fort étonné de ne pas trouver dans le sanctuaire, bien des   495
gens, qui passaient, il y a soixante ou quatre-vingts ans, pour être les plus chers favoris du dieu du Goût. Les Pavillons, les Benserades, les Pelissons, les Segrais, les Saint Evremonts, les Balzacs, les Voitures, ne me parurent pas occuper les premiers rangs: Ils y étaient autrefois, me dit un de mes guides: Ils brillaient   500
avant que les beaux jours des belles-lettres fussent arrivés; mais peu à peu ils ont cédé la place aux véritablement grands hommes. [90]
Ils ne font plus ici qu'une assez médiocre figure: en effet, la plupart n'avaient guère que l'esprit de leur temps, et non cet esprit qui passe à la dernière postérité.   505

Déjà, de leurs faibles écrits,
Beaucoup de grâces sont ternies;
Ils sont comptés encore au rang des beaux esprits,
Mais exclus du rang des génies.

Seine, à la Grenouillère, près d'un terrain appartenant à M. le comte de Maurepas. On l'y porta à minuit dans un fiacre, avec une escouade du guet, au lieu de prêtres.   5

---

500   w38-k: Ils les avaient autrefois
       ms2:   ils y brillaient
502   w38-k: cédé aux

Segrais (j) reste parmi ceux qui ont écrit agréablement en prose.   510

(j) Segrais est un poète très faible. On ne lit point ses églogues, quoique Boileau les ait vantées. [91] Son Enéide est écrit du style de Chapelain. [92] Il y a un opéra de lui, c'est Roland et Angélique, sous le titre de *l'Amour guéri par le temps*. [93] On voit ces vers dans le prologue.

> *Pour couronner leur tête*   5
> *En cette fête,*
> *Allons dans nos jardins,*
> *Avec les lys de Charlemagne;*
> *Assembler les jasmins*
> *Qui parfument l'Espagne.* [94]   10

510-516   MS2, 33A-37:   On dit qu'un jour Segrais voulut entrer dans le temple, en récitant ce vers de Despréaux:
> Que Segrais dans l'églogue en charme les forêts.

Mais la Critique ayant, par malheur pour lui, lu quelques pages de son Enéide et de ses Géorgiques en vers français, [95] lui refusa la porte, et laissa entrer à sa place Madame de la Fayette, qui avait mis sous le nom de Segrais, Zaïde, et la Princesse de Clèves. ¶Pelisson est dans le temple, à cause de l'Histoire de la Franche-Comté: [96] mais on ne lui pardonne pas d'avoir dit tant de puérilités dans son Histoire de l'Académie, et d'avoir rapporté des sottises comme des bons mots. ¶Le doux

510-513   W38-K: Segrais voulut un jour entrer dans le sanctuaire en récitant ce vers de Despréaux,
> Que Segrais dans l'églogue en charme les forêts.

Mais la Critique ayant lu, par malheur pour lui, quelques pages de son Enéide en vers français, le renvoya assez durement, et laissa venir à sa place Mme de la Fayette, qui avait mis sous le nom de Segrais le roman aimable de Zaïde, et celui de la Princesse de Clèves. [33A-K with note: Voici ce que M. Huet évêque d'Avranches rapporte, p.204 de ses Commentaires, édition d'Amsterdam: 'Mme de la Fayette négligea si fort la gloire qu'elle méritait, qu'elle laissa sa *Zaïde* paraître sous le nom de Segrais; et lorsque j'eus rapporté cette anecdote, quelques amis de Segrais, qui ne savaient pas la vérité, se plaignirent de ce trait, comme d'un outrage fait à sa mémoire. Mais c'était un fait dont j'avais été longtemps [K: longtemps été] témoin oculaire, et c'est ce que je suis en état de prouver, par plusieurs lettres de Mme de la Fayette, et par l'original du manuscrit de [w52-K: la] Zaïde, dont elle m'envoyait les feuilles à mesure qu'elle les composait.'] [97] ¶On ne pardonne

n.j   33A-37, note absent
n.j, 2   w46-K: est du style

Il fut reçu à cause de Zaïde, mais ce ne fut qu'après avoir fait amende honorable à Virgile, dont il a si faiblement imité les Eglogues, et si durement traduit l'Eneïde. On ne pardonne pas à Pelisson, d'avoir dit, gravement, tant de puérilités dans son Histoire de l'Académie, et d'avoir rapporté, comme des bons mots, (k) des   515

Sa Zaïde est un roman purement écrit, et entre les mains de tout le monde.

(k) Voici ce que Pelisson rapporte comme des bons mots, sur ce qu'on parlait de marier Voiture, fils d'un marchand de vin, à la fille d'un pourvoyeur de chez le roi.

> *O que ce beau couple d'amants,*
> *Va goûter de contentements!*   5
> *Que leurs délices seront grandes!*
> *Ils seront toujours en festin;*
> *Car si la Prou fournit les viandes,*
> *Voiture fournira le vin.*

Il ajoute que madame Desloges jouant au jeu des proverbes, dit à   10
Voiture: *Celui-ci ne vaut rien, percez-nous en d'un autre.*[98]

Son Histoire de l'Académie, est remplie de pareilles minuties, écrites languissamment et sans esprit. Tous ceux qui lisent ce livre sans prévention, sont bien étonnés de la réputation qu'il a eue.

---

n.*j*, 11   w38-k: La Zaïde est [...] monde; mais il n'est pas de lui.//
515   w38-k: Académie française, et
      w71: comme de bons
515-516   rp40-k: des choses assez grossières
n.*k*, 1   k: comme de bons
n.*k*, 5   rp40, w46-w52: *de contentement!*
n.*k*, 8   msi: *ses viandes*
n.*k*, 10   w52: jeu de proverbes
n.*k*, 13   w38-k: languissamment: et ceux qui lisent
n.*k*, 14   w38-k: eue; mais il y avait alors quarante personnes [rp40-k: personnes intéressées] à le louer.//

sottises bien grossières. Le doux, mais faible Pavillon, fait sa cour dans un coin à madame des Houlières. [99] L'inégal Saint Evremont, (*l*) n'ose parler de vers à personne. Balzac assomme de longues phrases hyperboliques, [100] Voiture (*m*) et Benserade, [101] qui

(*l*) On sait à quel point Saint-Evremont était mauvais poète. Ses comédies sont encore plus mauvaises que ses vers. [102] Cependant il avait tant de réputation, qu'on lui offrit cinq cents louis pour imprimer sa comédie de *Sir Politik*. [103]

(*m*) Voiture est celui de tous ces illustres du temps passé, qui eut le plus de gloire, et celui dont les ouvrages la méritent peut-être le moins, si vous en exceptez cinq ou six petites pièces de vers. [104] Il passait pour écrire des lettres mieux que Pline; et ses lettres ne valent guère mieux que celles de le Païs, ou de Boursault. [105] Voici quelques-uns de ses traits.   5

Lorsque vous me déchirez le cœur, et que vous le mettez en mille pièces, il n'y en a pas une qui ne soit à vous; et un de vos souris confit mes plus amères douleurs. Le regret de ne vous plus voir me coûte, sans mentir, cent mille larmes... Sans mentir, je vous conseille de vous faire roi de Madère. Imaginez-vous le plaisir d'avoir un royaume tout de sucre. A dire le vrai,   10 *nous y vivrions avec beaucoup de douceur.* [106]

Il écrit à Chapelain. *Et certes, quand il me vient en la pensée que c'est*

516   MS2:   Pavillon faisait
516-517   W38-W46:   fait la cour humblement à
517   33A-37:   cour à Mme
     RP40-K: Deshoulières qui est placée fort au-dessus de lui. L'inégal
n.*l*   33A-37, note absent
n.*l*, 2   W38-K: mauvaises. Cependant
518-520   MS2, 33A-37:   personne. Voiture et Benserade cherchent tous deux de l'esprit et trouvent des pointes
519-520   W38:   hyperboliques. Voiture et Benserade lui répondent
n.*m*   33A-37, note absent
n.*m*, 2-3   W38-K: ouvrages le méritent le moins [...] exceptez quatre ou cinq [W46: 4 ou 5] petites pièces de vers, et peut-être autant de lettres. Il
n.*m*, 4   W42:   ces lettres
n.*m*, 5   W38-K: le Pays et de
n.*m*, 8-9   W38-K: *mentir, plus de cent mille larmes. Sans*
n.*m*, 11   W51:   *avec plus de douceur.*
n.*m*, 12   W38-K: *Et notez quand*

lui répondent par des pointes et des jeux de mots, dont ils rougissent 520
eux-mêmes le moment d'après. [107]

   Je cherchais le fameux comte de Bussy. Madame de Sévigné,

---

au plus judicieux homme de notre siècle, au père de la Lionne et de la
Pucelle que j'écris, les cheveux me dressent si fort à la tête, qu'il semble d'un
hérisson. [108]   15

Souvent rien n'est si plat que sa poésie.

> *Nous trouvâmes près Sercotte,*
> *Cas étrange, et vrai pourtant,*
> *Des bœufs qu'on voyait broutant*
> *Dessus le haut d'une motte;*   20
> *Et plus bas quelques cochons,*
> *Et bon nombre de moutons.* [109]

   Cependant, Voiture a été admiré, parce qu'il est venu dans un temps
où l'on commençait à sortir de la barbarie, et l'on courait après l'esprit
sans le connaître. Il est vrai que Despréaux l'a comparé à Horace; mais 25
Despréaux était alors fort jeune. Il payait volontiers ce tribut à la
réputation de Voiture, pour attaquer plus sûrement celle de Chapelain,
qui passait alors pour le premier génie de l'Europe. [110]

---

n.*m*, 14   W50: qu'ils semblent d'un

n.*m*, 24   W38-K: et où l'on courait

n.*m*, 26   RP40-W75G: alors jeune.

              K: jeune alors.

n.*m*, 27-28 W38-K: attaquer celle […] pour le plus grand génie de l'Europe;
et Despréaux a rétracté depuis ces éloges.// [W42, W46: Europe.//]

521-530 MS2, 33A-37: d'après: tandis que Balzac se tenant seul au haut de la
voûte, et n'étant entendu de personne, déclame à perte d'haleine ses longues phrases
hyperboliques. ¶Le cardinal et son ami cherchèrent le comte de Bussy, qui se tenait
à l'écart avec une fierté mécontente. L'aimable, la naturelle Mme de Sévigné
accourut au lieu de lui.

> Elle dit que son cher cousin,
> Homme d'esprit, mais un peu vain,
> Et qui s'applaudit et qui s'aime
> Au point d'en paraître ennuyeux,
> Est mal reçu dans ces beaux lieux,

qui est aimée de tous ceux qui habitent le temple,[111] me dit: que
son cher cousin, homme de beaucoup d'esprit, mais, de son temps,
le plus vain, n'avait jamais pu réussir à donner au dieu du Goût,   525
la bonne opinion que le comte de Bussy avait de messire Roger
de Rabutin.

> Bussy qui s'estime et qui s'aime
> Jusqu'au point d'en être ennuyeux,
> Fut exilé de ces beaux lieux,   530
> Pour avoir d'un ton glorieux
> Parlé si souvent de lui-même; (n)
> Mais son fils, son aimable fils,

(n) Il écrivait au roi:

SIRE, *Le mal que vous m'avez fait, ne m'a point ôté l'amitié, et a
augmenté même l'estime que j'ai toujours eue pour vous. Si j'avais l'honneur
d'être plus particulièrement connu de Votre Majesté, elle aurait de la bonté
pour moi, et j'ose dire de l'estime.*   5

SIRE, *Un homme comme moi, qui a eu de la naissance, de l'esprit, et du
courage …*

J'ai de la naissance, et l'on dit que j'ai de l'esprit, SIRE, *pour faire estimer
ce que j'écris, etc.*[112]

524-525 w38-w42: mais un peu trop vain,
         w46-k: esprit, un peu trop vain
525-526 w38:   Goût toute la bonne
         RP40-K: Goût cet excès de bonne
530   w38-K: Est censuré dans ces
532   33A-37:   Si souvent parlé
      RP40-K: Parlé trop souvent
n.n   33A-37, note absent
n.n, 1   w38-K: Il écrivit au
n.n, 2-5   w38-K, absent
n.n, 4   MSI: *d'être connu plus particulièrement de*
n.n, 8   w38-K: *l'esprit pour*
n.n, 9   w38-K: *que je dis.//*

Dans le temple est toujours admis;
C'est lui qu'on créa dans Paris (*o*)   535
Dieu de la bonne compagnie, [113]
Lui qui d'un charmant entretien,
Ne voulant flatter ni médire,
Sans le croire, parle aussi bien
Que son père croyait écrire. [114]   540
   Je vis arriver en ce lieu,
Le brillant abbé de Chaulieu
Qui chantait en sortant de table.
Il osait caresser le dieu
D'un air familier, mais aimable.   545
Sa vive imagination
Prodiguait dans sa douce ivresse

(*o*) Le talent de plaire dans la société, est le premier de tous les talents, et celui qui distingue la personne dont il est ici question.

534   MS2, 33A-37: Parmi nous est toujours
535-538 W38-K:
     Lui qui sans flatter, sans médire,
     Toujours d'un aimable entretien,
n.*o*   33A-37, note absent
537-538 MS2, 33A-37:
     Lui de qui l'aimable entretien
     Sur tous nos cœurs a tant d'empire;
     Qui, sans flatter et sans médire,
     Ne prétendant jamais à rien,
540   MS1, 33R: père pouvait écrire.

Des beautés sans correction, (*p*)
Qui choquaient le sens, la justesse,
Mais respiraient la passion. [115]

550

(*p*) L'abbé de Chaulieu dans une épître au marquis de la Fare, connue dans le public sous le titre du *Déiste*, dit:

J'ai vu de près le Stix; j'ai vu les Euménides,
Déjà venaient frapper mes oreilles timides;
Les affreux cris du chien de l'empire des morts...   5

Le moment d'après, il fait le portrait d'un confesseur, et *parle du dieu d'Israël*.

Dans une autre pièce sur la Divinité.

D'un Dieu moteur de tout, j'adore l'existence...
Ainsi l'on doit passer avec tranquillité,   10
Les ans que nous départ l'aveugle destinée... [116]

On trouve dans ses poésies beaucoup de contradictions pareilles. Il n'y a pas trois pièces écrites avec une correction continue; mais les beautés de sentiment et d'imagination qui y sont répandues, en rachètent les défauts.   15

L'abbé de Chaulieu mourut en 1720, âgé de près de quatre-vingts ans, avec beaucoup de courage d'esprit.

n.*p*   33A-37, note absent
n.*p*, 5, 9, 11   w38-K, omit dots
n.*p*, 6   w46-K: parle d'un dieu
n.*p*, 7-8   w56-K, between 7 and 8:
    Lorsqu'au bord de mon lit une voix menaçante
    Des volontés du ciel interprète lassante.
Voilà bien le confesseur. Dans
n.*p*, 8   RP40-K: Divinité, il dit:
n.*p*, 12   w56-K: Ces remarques sont exactes et M. de Saint-Marc s'est trompé en disant dans son édition de Chaulieu qu'elles ne l'étaient pas. On trouve
n.*p*, 13   w38: correction continuée; mais
n.*p*, 15   w70L: défauts; surtout l'épître intitulée la *Tocane* et celle du *Déiste* eurent beaucoup de réputation.//
n.*p*, 16   w70L: de plus de quatre-vingts
549   MS2, 33A-K: choquaient un peu la

La Fare,[117] avec plus de mollesse (*q*)
Et baissant sa lyre d'un ton,
Chantait auprès de sa maîtresse
Quelques vers sans précision,
Que le plaisir et la paresse   555
Dictaient à ce gros Céladon.[118]

(*q*) Le marquis de la Fare, auteur des mémoires qui portent son nom, et de quelques pièces de poésie qui respirent la douceur de ses mœurs, était encore plus aimable homme qu'aimable poète. Il est mort en 1718. Ses poésies sont imprimées à la suite des œuvres de l'abbé de Chaulieu, son intime ami.   5

n.*q*   33A-37, note absent
n.*q*, 3   RP40-K: était plus aimable
n.*q*, 5   W38-K: ami, avec une préface très partiale et pleine de défauts. [W42: trop partiale.[119]]
        W38, adds: Il était d'une grosseur remarquable.
552   33R, W38-K: En baissant
        MSI: baissant la lyre
556   RP40-K: Dictaient sans l'aide d'Apollon
556-557   W38-K, between 556 and 557:
        Auprès d'eux le vif Hamilton,
        [with note: Le comte Anthoine Hamilton, né à Caen en Normandie,
        a fait des vers pleins de feu et de légèreté. Il était fort satirique.[120]]
        Toujours armé d'un trait qui blesse
        Médisait de l'humaine espèce
        Et même d'un peu mieux, dit-on.
        RP40-K, followed by:
        L'aisé, le tendre Saint-Aulaire [W42, W46: Saint-Haulaire],
        [with note: M. de Saint-Aulaire, à l'âge de plus de quatre-vingt-dix
        [W42, W46: 90] ans, faisait encore des chansons aimables.[121]]
        Plus vieux encor qu'Anacréon,
        Avait une voix plus légère;
        On voyait les fleurs de Cythère
        Et celles [W46: celle] du sacré vallon
        Orner sa tête octogénaire.

Le dieu aimait fort ces deux messieurs, et surtout, la Fare, qui ne se piquait de rien, et qui même avertissait son ami Chaulieu, de ne se croire que le premier des poètes négligés, et non pas le premier des bons poètes, comme l'abbé s'en flattait de très bonne foi. 560

Cependant ils se mirent à faire conversation avec quelques-uns des plus aimables hommes de leur temps. Ces entretiens n'ont ni l'affectation de l'Hôtel de Ramboüillet, (r) ni le tumulte qui règne chez nos jeunes étourdies. 565

> On y sait fuir également
> Le précieux, le pédantisme,
> L'air empesé du syllogisme,
> Et l'air fou de l'emportement;
> C'est là qu'avec grâce on allie 570

(r) Despréaux alla réciter ses premiers ouvrages à l'Hôtel de Rambouillet. Il y trouva Chapelain, Cotin, et quelques gens de pareil goût, qui le reçurent fort mal.[122]

557   W38:   ces messieurs
557-558   RP40-K: fort tous ces messieurs, et surtout ceux qui ne se piquaient de rien: il avertissait Chaulieu
560-561   RP40-K: des bons poètes.//
          MS1, W38:   de bonne foi.
562-563   MS2, 33A-37:   Chapelle était au milieu d'eux; Chapelle, plus débauché que délicat, plus naturel que poli, facile dans ses vers, libertin dans ses idées, incorrect dans son style [MS2: incorrect dans son style, libertin dans ses idées]; il parlait toujours au dieu du Goût sur la même rime. On prétend que ce dieu lui répondit un jour: ¶Réglez [58-64, with variant] redoublées. ¶Et je crois que je ne ferais pas mal de suivre cet avis. ¶Chapelle, Chaulieu, La Fare, St Evremont [MS1: Saint-Evremond, La Fare] faisaient conversation avec le célèbre duc de la Rochefoucault et madame de la Fayette. Ces entretiens
562   W38-K: Ils faisaient conversation avec
n.r   33A-37, note absent
n.r, 1   W38-K: ses ouvrages
564-565   W38-K: règne parmi nos
565   33A-K: jeunes étourdis.

Le vrai savoir et l'enjouement,
Et la justesse à la saillie.
L'esprit en cent façons se plie:
On sait donner, rendre, essuyer
Cent traits d'aimable raillerie.   575
Le bon sens de peur d'ennuyer
Ressemble à la plaisanterie.

Quelquefois même, on laisse parler longtemps la même personne; mais ce cas arrive très rarement.[123] Heureusement pour moi, on se rassemblait, en ce moment, autour de la fameuse Ninon   580
Lenclos.[124]

Ninon, cet objet si vanté(s)
Qui si longtemps sut faire usage
De son esprit, de sa beauté,
Et du talent d'être volage,   585
Faisait alors, avec gaieté,
A ce charmant aréopage
Un discours sur la volupté.
Dans cet art elle était maîtresse,
L'auditoire était enchanté,   590
Et tout respirait la tendresse.

(s) Mademoiselle de Lenclos, connue dans le temps de sa jeunesse et de sa beauté, sous le nom de *Ninon*. Voyez son portrait à la fin d'un petit livre sur la musique des anciens, composé par feu M. l'abbé de Chateauneuf. Ce petit ouvrage est très estimé des connaisseurs. Il se vend chez la veuve Pissot, à la Croix d'or.[125]   5

578-631 33A-37, see below, appendix I.D, p.194-97.

574   w38-K: sait lancer, rendre
575   w38-K: Des traits
577   MS2, 33A-K: Se déguise en plaisanterie.
578-631 33A-37, see below, appendix I.D, p.194-97.
578-746 w38-K, see below, appendix I.D, p.197-99.
n.s, 3 MS1: par M. l'abbé

Mes deux guides, en vérité,
Auraient volontiers écouté:
Mais, hélas! ils sont d'une espèce
Qui leur ôte la liberté, 595
Et les condamne à la sagesse.

Ils me laissèrent entendre le sermon de Ninon. Je courus ensuite vers la le Couvreur, et mes conducteurs s'amusèrent à parler de littérature avec quelques jésuites qu'ils rencontrèrent. Un janséniste dira que les jésuites se fourrent partout: mais la vérité est que de 600 tous les religieux, les jésuites sont ceux qui entendent le mieux les belles-lettres, et qu'ils ont toujours réussi dans l'éloquence et dans la poésie. Le dieu voit de très bon œil beaucoup de ces pères; mais à condition qu'ils ne diront plus tant de mal de Despréaux, [126] et qu'ils avoueront que les Lettres provinciales sont la plus ingénieuse, 605 aussi bien que la plus cruelle, et en quelques endroits la plus injuste satire qu'on ait jamais faite. [127]

On se doute assez que les bienfaiteurs du temple y ont une place honorable; mais croirait-on bien que Colbert y est mieux traité que le cardinal de Richelieu; c'est que Colbert protégea tous les 610 beaux-arts, sans être jaloux des artistes, et qu'il ne favorisa que de grands hommes; car il se dégoûta bien vite de Chapelain, et encouragea Despréaux. [128] Le cardinal de Richelieu au contraire fut jaloux du grand Corneille, et au lieu de s'en tenir comme il le devait à protéger les beaux vers, il s'amusa à en faire de mauvais, 615 avec Chapelain, Desmarets et Colletet. (*t*) Je m'aperçus même que

(*t*) Non seulement le cardinal de Richelieu, fit quelquefois travailler Chapelain à des ouvrages de théâtre. Mais il s'appropria un mauvais prologue de ce Chapelain. C'était le prologue d'un très ridicule poème dramatique, intitulé *les Tuileries*. [129] Ce cardinal fit bâtir la salle du Palais Royal, pour représenter la tragédie de *Mirame*, dont il avait donné le 5 sujet, et dans laquelle il avait fait plus de cinq cents vers. Il se servait de

609   33x2:   honorable; croirait-on
614-615   msi: comme il devait

ce grand ministre était moins gracieusement accueilli par le dieu du Goût, qu'un certain duc son neveu, [130] qui vient très souvent dans le temple. Les connaisseurs en belles-lettres, disent pour raison.

> Que dans ce charmant sanctuaire   620
> L'honneur de protéger les beaux-arts qu'on chérit
> Mais auxquels on ne s'entend guère,
> L'autorité du ministère,
> L'éclat, l'intrigue et le crédit,
> Ne sauraient égaler les charmes de l'esprit,   625
> Ni le don fortuné de plaire.

Les connaisseurs en galanterie, ajoutent, que son éminence (*u*) fit jadis l'amour en vrai pédant, et que son neveu s'y prend d'une

---

Desmarets, de Colletet, de Faret, pour composer des tragédies dont il leur donnait le plan. [131] Il admit quelque temps le grand Corneille dans cette troupe, mais le mérite de Corneille se trouva incompatible avec ces poètes, et il fut bientôt exclu. Ce cardinal avait si peu de goût, qu'il   10 récompensa ces vers impertinents de Colletet.

> *La canne s'humecter de la bourbe de l'eau,*
> *D'une voix enrouée et d'un battement d'aile,*
> *Animer le canard qui languit auprès d'elle.* [132]

Il voulait seulement pour rendre ces vers parfaits, qu'on mît *barboter,* au   15 lieu d'*humecter.*

(*u*) Le cardinal de Richelieu fit soutenir des thèses sur l'*Amour,* chez sa nièce la duchesse d'Aiguillon. Il y avait un président, un répondant, et des argumentants. Il y a à Paris une copie de ces thèses chez un curieux. Ces thèses sont divisées en plusieurs positions, comme les thèses de collège. La première position est: *Qu'il ne faut point parler d'un*   5 *véritable amour après sa fin, parce qu'un véritable amour est sans fin.* [133]

---

n.*t*, 6-7   33XI: se servait de Colletet
n.*t*, 9-10   MSI: ses poètes
623   33X2:   du ministre

manière assurément tout opposée. Il y a dans cette demeure bien
des habitants, qui comme lui n'ont fait aucun ouvrage.   630

> Qui sagement livrés aux douceurs du loisir
> Ont passé de leurs jours les moments délectables,
> A recevoir, à donner du plaisir.
> De chanter et d'écrire ils ont été capables;
> Mais pour être en ce temple et pour y réussir   635
> Qu'ont-ils fait? ils étaient aimables.

C'est entre ces voluptueux et les artistes, qu'on trouve le facile,
le sage, l'agréable la Faye. Heureux qui pourrait passer comme lui
les dernières années de sa vie, tantôt composant des vers aisés et
pleins de grâce, tantôt écoutant ceux des autres sans envie et sans   640
mépris, ouvrant son cabinet à tous les arts et sa maison aux seuls
hommes de bonne compagnie. Combien de particuliers dans Paris
pourraient lui ressembler dans l'usage de leur fortune! mais le goût
leur manque, ils jouissent insipidement, et ils ne savent qu'être
riches. [134]   645

Devant le dieu est un grand autel où les muses viennent
présenter, tour à tour, des livres, des dessins et des ornements de
toute espèce. On y voyait tous les opéras de Lully et plusieurs
opéras de Destouches et de Campra. Le dieu eût désiré quelquefois
dans Destouches, une musique plus forte, [135] souvent dans Campra   650
un récitatif mieux déclamé, [136] et de temps en temps dans Lully
quelques airs moins froids. [137] Tantôt les muses, tantôt les Pélissier
et les le More, chantent ces opéras charmants. [138] Le temple résonne
de leurs voix touchantes, tout ce qui est dans ces beaux lieux,
applaudit par un léger murmure plus flatteur que ne le seraient les   655
acclamations emportées du peuple. Les mauvais auteurs et leurs
amis prêtent l'oreille autour du temple, entendent à peine quelques
sons, et sifflent pour se venger.

---

637   MS2, 33A-37:   artistes, que je trouvai le facile
640   MS2:   pleins de grâces, tantôt
646-733   MS2, 33A-37, absent

Sur l'autel du dieu, on voit le plan de cette belle façade du
Louvre, dont on n'est point redevable au cavalier Bernin qu'on fit   660
venir inutilement en France avec tant de frais, (*v*) et qui fut
construite par Louis le Vau homme admirable, et trop peu connu. [139]
Là est le dessin de la porte St Denis, dont la plupart des Parisiens
ne connaissent pas plus la beauté que le nom de François Blondel
qui acheva ce monument. [140] Cette admirable fontaine qu'on   665
remarque si peu (*w*) et qui est ornée des précieuses sculptures de
Jean Gougeon; le portail de St Gervais, chef-d'œuvre d'architecture à qui il manque une église, une place et des admirateurs, et

(*v*) Louis XIV donna au cavalier Bernin cinquante mille écus de
gratification, son portrait enrichi de diamants, cent francs par jour,
depuis son départ de Rome jusqu'à son retour, et six mille livres de
pension sa vie durant. Cependant Bernin ne fit ici rien de digne de sa
réputation. On a encore les modèles qu'il donna, et on convient qu'on   5
eut raison de lui préférer les architectes français. [141]

(*w*) C'est la fontaine St Innocent, petit chef-d'œuvre d'architecture
et de sculpture. Le dessin est encore d'un Français, nommé Pierre Lescot,
connu sous le nom de l'abbé de Clagni. Ce fut lui qui jeta les premiers
fondements du Louvre sous François Iᵉʳ. Cet architecte eut le même
honneur qu'on fit depuis à Louis le Vau. Ses dessins furent préférés à   5
ceux de Sébastien Serlio, qu'on avait fait venir d'Italie. [142]

660   w68-k: cavalier Bernini
n.*v*   w38-k, note absent
662-663   w38-k: construite par Perault [w42, w46: Pérault] et par Louis le
Vau, grands artistes trop peu connus. Là
665-666   w46-k: qu'on regarde si peu
n.*w*, 1-6   w38: La Fontaine St Innocent.//
          RP40-k: La fontaine St Innocent, l'architecture est de Lescot, abbé
de Clagni [w46: Claigni], et les sculptures de Jean Gougeon.//
667   w48D-k: Gougeon, mais qui le cède en tout à l'admirable fontaine de
Bouchardon, [143] et qui semble accuser la grossière rusticité de toutes les autres; le
portail
667-668   RP40-k: architecture, auquel il

qui devrait immortaliser le nom de Desbrosses, encore plus que le
Luxembourg qu'il a aussi bâti;[144] tous ces beaux monuments 670
attirent souvent les regards du dieu. Il aime la gloire de notre
nation, il est bien aise que ce soit un Parisien Louis de Foix, qui
ait été préféré nommé à tous les architectes de l'Europe, pour bâtir
l'Escurial,[145] il se réjouit que l'Italie soit ornée des sculptures (x)
du Puget, de Théodon, de le Gros[146] et de tant d'autres sculpteurs 675
français.

Le dessin de Versailles se trouve à la vérité sur l'autel; mais il
est accompagné d'un arrêt du dieu, qui ordonne qu'on abatte, au
moins, tout le côté de la cour, afin qu'on n'ait point à la fois, en
France, un chef-d'œuvre de mauvais goût et de magnificence. 680
Par le même arrêt, le dieu ordonne que les grands morceaux
d'architecture très déplacés et très cachés dans les bosquets de
Versailles, soient transportés à Paris pour orner des édifices publics.

Une des choses que le dieu aime davantage, est un recueil
d'estampes d'après les plus grands maîtres, entreprise utile au 685
genre humain, qui multiplie, à peu de frais, le mérite des meilleurs
peintres; qui fait revivre à jamais, dans tous les cabinets de
l'Europe, des beautés qui périraient sans le secours de la gravure,

---

(x) Les plus belles statues de l'église de Sainte Marie de Carignan à
Gênes, sont du Puget. Il y a surtout un St Sébastien, qui pour la
force et l'expression, égale Michel Ange, l'Algarde et toute l'antiquité.
Théodon et le Gros remportèrent dans Rome le prix au concours, et
firent il y a environ trente ans, deux groupes de marbre de cinq figures 5
chacun, qui sont placés dans l'église de St Ignace, et admirés même des
Italiens.[147]

669-670   w38:   le palais Luxembourg
            RP40-K: le palais du Luxembourg
670   w46-K: ces monuments
670-671   RP40-K: monuments négligés par un vulgaire toujours barbare, et par
les gens du monde toujours légers, attirent
673   MSI, 33R, 33X2:   préféré à tous

et qui peut faire connaître toutes les écoles, à un homme qui n'aura
jamais vu de tableaux. [148]   690

> Crozat (*y*) préside à ce dessein, [149]
> Il conduit le docte burin
> De la gravure scrupuleuse
> Qui, d'une main laborieuse,
> Immortalise, sur l'airain,   695
> Du Carache la force heureuse,
> Et la belle âme du Poussin. [150]

Dans le temps que nous arrivâmes, le dieu s'amusait à faire élever
en relief, le modèle d'un palais parfait; il joignait l'architecture
extérieure du château de Maisons, [151] avec les dedans de l'hôtel   700
Lassay, lequel, par sa situation, ses proportions et ses embellissements, est digne du maître aimable qui l'occupe, et qui lui-même
a conduit l'ouvrage. [152]

Tous les amateurs considéraient ce modèle avec attention.
Parmi eux, était le président de Maisons, qui, depuis le moment   705
fatal où il a été enlevé, à ses amis, et aux beaux-arts, dont il faisait
les délices, jouit auprès du dieu du Goût, de l'immortalité qu'il
mérite. (*ç*) Quelle fut ma félicité de le revoir, de pouvoir prendre
encore de ses leçons, et de jouir de son utile entretien! [153]

(*y*) N... Crozat, l'un des amateurs les plus distingués, et excellent
connaisseur, a entrepris de faire graver tous les beaux tableaux qui sont
en France. Cette belle et utile entreprise est déjà fort avancée.

(*ç*) René de Longüeil de Maisons, président du Parlement, mort à
Paris en 1731 à l'âge de 30 ans, et n'ayant laissé pour héritier qu'un
enfant de quelques mois, mort l'année suivante. Il avait eu du goût pour
tous les arts dès sa première jeunesse. Il avait un jardin de plantes, plus
complet et mieux entretenu que celui du roi ne l'était alors. Il commençait   5

690   MS1:   vu des tableaux.
697   MS1:   la source heureuse
700   MS1:   avec le dedans
700-701   33R: hôtel de Lassay

171

O transport! ô plaisirs! ô moment plein de charmes!   710
Cher Maisons, m'écriai-je, en l'arrosant de larmes:
C'est toi que j'ai perdu, c'est toi que le trépas,
A la fleur de tes ans, vint frapper dans mes bras!
La mort, l'affreuse mort fut sourde à ma prière.
Ah! puisque le destin nous voulait séparer,   715
C'était à toi de vivre, à moi seul d'expirer.
Hélas! depuis le jour où j'ouvris la paupière,
Le ciel pour mon partage a choisi les douleurs.
Il sème de chagrins ma pénible carrière;
La tienne était brillante et couverte de fleurs: 720
Dans le sein des plaisirs, des arts et des honneurs,
Tu cultivais, en paix, les fruits de ta sagesse;
Ta vertu n'était point l'effet de la faiblesse,
Je ne te vis jamais offusquer ta raison,
Du bandeau de l'exemple et de l'opinion.   725
L'homme est né pour l'erreur: on voit la molle argile
Sous la main du potier moins souple et moins docile
Que l'âme n'est flexible aux préjugés divers,
Précepteurs ignorants de ce faible univers.
Tu bravas leur empire, et tu ne sus te rendre   730
Qu'aux paisibles douceurs de la pure amitié;
Et dans toi la nature avait associé
A l'esprit le plus ferme, un cœur facile et tendre.

―――――

un cabinet de tableaux. Il s'amusait quelquefois à faire des vers, et même
de la musique. Il était excellent critique; peu aimé de ceux qui ne le
connaissaient pas, et chéri avec la plus vive tendresse de ses amis, qui
en parlent encore les larmes aux yeux.

n.ʒ, 9   MSI: encore la larme aux
710   RP40-K: transports! ô plaisirs! ô moments [W75G: moment] pleins
723   RP40-K: de ta faiblesse

Que ne puis-je, au lieu de ces vers, rapporter la conversation
qu'eut avec lui un de mes guides, et tout ce qu'ils dirent d'utile   735
sur la manière dont les arts sont aujourd'hui traités? Je les suivis
tous trois dans la bibliothèque du dieu. Presque tous les livres y
sont de nouvelles éditions, revues, et retranchées. Les œuvres de
Marot[154] et de Rabelais,[155] sont réduites à cinq ou six feuilles.
Saint-Evremont, à un très petit volume.[156] Baile, à un seul tome.[157]   740
Voiture, à quelques pages.[158]

De là, on passa dans le lieu le plus reculé du sanctuaire. Un
petit nombre de grands hommes, y faisaient ce qu'ils n'avaient

---

734-743   MS2, 33A-37:   Après avoir goûté l'entretien de ces hommes aimables,
on alla voir la bibliothèque. On croit bien que nous n'y trouvâmes pas

   L'amas curieux et bizarre
   De vieux manuscrits vermoulus,
   Ni la suite inutile et rare
   D'écrivains qu'on n'a jamais lus.
   Mais les muses ont elles-mêmes
   En leur rang placé ces auteurs
   Qu'on lit, qu'on estime et qu'on aime,
   Et dont la sagesse suprême
   N'a ni trop ni trop peu de fleurs.

Presque [MS2: Puis que] toutes les éditions sont corrigées et retranchées, de la
main des muses. Les trois quarts de Rabelais, au moins, sont renvoyés à la
Bibliothèque bleue; et le reste, tout bizarre qu'il est, ne laisse pas de faire rire
quelquefois le dieu du Goût. Marot, qui n'a qu'un style et qui chante du même ton
les psaumes de David et les merveilles d'Alix [MS2: psaumes et Alix], est réduit à
cinq ou six feuillets. Voiture et Sarrazin n'ont pas à eux deux plus de soixante pages.
Tout l'esprit de Bayle est en [MS1: dans] un seul tome; et ce judicieux philosophe,
ce juge éclairé de tant d'auteurs et de tant de sectes, n'eût pas probablement composé
plus d'un in-folio, s'il n'avait écrit que pour lui, et non pas [MS1: lui et pas] pour
des [MS2: les] libraires. ¶St Evremont, qui parle si délicatement de religion, si
solidement de bagatelles, et qui écrit de si longues lettres à la belle madame Mazarin,
est confiné dans un très petit volume; encore n'y trouve-t-on pas la Conversation
du père Canaye, qui appartient à Charleval. ¶La Conjuration de Venise, seul
ouvrage qui puisse donner un nom à l'abbé de St Réal, est à côté de Salluste.[159] Il
n'y a point encore d'écrivain [MS2: écrivains] français que les muses aient pu mettre
à côté de Tacite. ¶Enfin, l'on nous fit passer dans l'intérieur du sanctuaire. Là les
mystères du Dieu me furent révélés. Là je vis ce qui doit servir d'exemple à la
postérité: un petit nombre

jamais fait pendant leur vie. Ils voyaient et corrigeaient tous
leurs défauts. [160] La Bruyère adoucissait dans son style nerveux   745
et singulier, des tours durs et forcés qui s'y rencontrent. [161]
L'aimable auteur du Télémaque, retranchait des détails et des
répétitions dans son roman moral, et rayait le titre de poème
épique, que quelques zélés lui donnent; car il avouait sincèrement,
qu'il n'y a point de poème en prose. (*a*) [162] Bossuet annoblissait   750
beaucoup de familiarités qui avilissaient quelquefois ses sublimes
oraisons funèbres. [163] Pierre Corneille joignait enfin, l'esprit de
discernement à son vaste génie; et il convenait que Suréna n'était
pas égal à Polieucte.

L'élégant, le tendre, l'ingénieux Racine, tenait entre ses mains   755
les portraits de Bajazet, de Xipharès, de Pharnace, d'Hypolite, de
Britannicus, de Titus: tous ces amants se ressemblaient un peu
trop, il en tombait d'accord; [164] et cependant il ôtait lui-même à
Bérénice, le nom de tragédie, pour lui substituer celui d'élégie en
dialogue.   760

La Fontaine, qui avait reçu de la nature l'instinct le plus heureux
que jamais homme ait eu, osait enfin raisonner. Il accourcissait ses
contes, et il corrigeait quelques-unes de ses fables. [165] Le sage

(*a*) Jamais l'illustre Fénelon n'avait prétendu que son Télémaque
fut un poème. Il connaissait trop les arts, pour les confondre ainsi. Lisez
sur ce sujet une dissertation de l'abbé Fraguier, imprimée dans les
Mémoires de l'Académie des Inscriptions. [166]

744   MS2, 33A-37: fait de leur
745-746   MS2, 33A-37: corrigeaient leurs fautes.
747   MSI, MS2, W5I: auteur de Télémaque
747-748   W38-K: des répétitions et des détails inutiles dans
748   W5I: titre du poème
749   MS2: que plusieurs zélés
      W38-K: quelques zélés indiscrets lui
      MS2, 33A-K: il avoue sincèrement
n.*a*   33A-K, note absent
750-773   33A-K, see below, p.200-204, appendix I.E.

Boileau, ce maître du Parnasse, ayant rendu justice à tant d'auteurs, se la rendait aussi. Il avait ôté (*b*) de ses ouvrages, l'Ode de Namur   765

(*b*) Despréaux, si admirable dans le style didactique, et qui faisait des vers alexandrins, avec tant de justesse, de force et d'élégance, n'avait point du tout le génie de l'ode, tant les talents des hommes sont bornés. Son Ode sur Namur a passé, chez tous les connaisseurs, pour être plate et dure. Voici des exemples de sa platitude.   5

> *Malgré vous, Namur en poudre,*
> *S'en va tomber sous la foudre*
> *Qui dompta Lille et Courtrai,*
> *Gand la superbe espagnole,*
> *Saint-Omer, Besançon, Dole,*   10
> *Ypres, Mastric et Courtrai,* [167]
> *Dépouillez votre arrogance,*
> *Fiers ennemis de la France,*
> *Et désormais gracieux,*
> *Allez à Liège, à Bruxelles,*   15
> *Portez les humbles nouvelles*
> *De Namur prise à vos yeux.* [168]

Exemples de dureté.

> *Considérez ces approches,*
> *Voyez grimper sur ces roches*   20
> *Ces athlètes belliqueux,* [169]
> ....
> *Et sur des monceaux de piques*
> *De corps morts, de rocs, de briques*
> *S'ouvrir un large chemin.* [170]   25

Ce qui surprendra davantage les gens de goût, c'est qu'on loue l'élégance de ces vers, dans un livre excellent intitulé, *Réflexions sur la poésie et sur la peinture.* [171] Le savant et ingénieux auteur de ce livre s'est bien trompé assurément, en appelant ces vers élégants. Comment un homme qui se connaît un peu en vers, peut-il souffrir le terme de *corps*   30

n.*b*, 8 MSI: *Lille et Douai*
n.*b*, 18 33XI: Exemple de

aussi bien que deux ou trois de ses satires, [172] et toutes ces petites
pièces qu'il fit imprimer par faiblesse dans un âge avancé. Je le vis
qui embrassait Quinaut par ordre exprès du dieu; mais il y
avait trop de contrainte dans ses embrassements, et Quinaut lui
pardonnait d'un air plus naturel. [173]

Molière tendait la main de temps en temps à Renard qui
travaillait derrière eux. [174] Renard faisait des portraits charmants
quand il était encouragé par les regards de Molière: mais dès qu'il
n'en était plus vu, il faisait grimacer ses figures.

Je connus par tout ce que je vis, que le dieu du Goût est très
difficile à satisfaire; mais qu'il n'aime point à demi. Je vis que les
ouvrages qu'il critique le plus en détail, sont souvent ceux qui, en
tout, lui plaisent davantage.

> Nul auteur avec lui n'a tort,
> Quand il a trouvé l'art de plaire,
> Il le critique sans colère
> Mais il l'approuve avec transport.
>
> Melpomène étalant ses charmes
> Vient lui présenter ses héros;
> Le dieu connaît tous leurs défauts:
> Mais c'est en répandant des larmes.

770

775

780

785

---

morts, et l'image faible des briques, placée après l'image forte des morts
entassés, sur lesquels le soldat vole à la brèche. [175]

766   MS1: toutes ses petites
775   MS2: Je reconnus par
      W38-K: Je connus alors que
777   W38-K: sont ceux
782   W38: Il applaudit avec
      RP40-K: Il l'applaudit avec
785-786   W38-K:
          Et c'est en répandant des larmes
          Que ce dieu connaît leurs défauts.

Malheureux qui toujours raisonne,
Et qui ne s'attendrit jamais.
Dieu du Goût ton divin palais
Est un séjour qu'il abandonne.   790

Ce qui me charmait davantage dans cette demeure délicieuse,
c'était de voir avec quelle heureuse agilité, l'esprit se promène sur
différents plaisirs, en parcourant de suite tous les arts et caressant
tant de beautés diverses,

On y passe, facilement,   795
De la musique à la peinture,
De la physique au sentiment,
Du tragique au simple agrément,
De la danse à l'architecture.
Tel Homère peignait ses dieux   800
Planant sur la terre et sur l'onde;
Et cent fois plus prompts que nos yeux
S'élançant du centre des cieux,
Jusqu'au bout de l'axe du monde.

Aussi, serais-je trop long, si je disais tout ce que je vis dans ce   805
temple, grâce au siècle de Louis XIV: une foule de grands hommes,
en tout genre, qui avaient honoré ce beau siècle, s'étaient rangés
avec mes deux guides, autour du grand Colbert. Je n'ai exécuté,
disait ce ministre, que la moindre partie de ce que je méditais.
J'aurais voulu que Louis XIV eût employé aux embellissements   810
nécessaires de sa capitale, les trésors ensevelis dans Versailles, et
prodigués pour forcer la nature. Si j'avais vécu plus longtemps,
Paris aurait pu surpasser Rome, en magnificence et en bon goût,
comme il la surpasse en grandeur. Ceux qui viendront après moi,
feront ce que j'ai seulement imaginé. Alors le royaume sera rempli   815
des monuments de tous les beaux-arts. Déjà les grands chemins

787 w46-k: Malheur à qui [w46 omits 'à']
791-836 33a-k, absent
793 33r: suite les arts

qui conduisent à la capitale, sont des promenades délicieuses, ombragées de grands arbres, l'espace de plusieurs milles, et ornées même de fontaines et de statues. (*c*) Un jour vous n'aurez plus de temples gothiques. Les salles de vos spectacles (*d*) seront dignes des ouvrages immortels qu'on y représente. De nouvelles places et des marchés publics construits sous des colonnades, décoreront Paris comme l'ancienne Rome. Les eaux seront distribuées dans toutes les maisons comme à Londres. Les inscriptions de Santeüil, [176] ne seront plus la seule chose que l'on admirera dans vos fontaines, la sculpture étalera partout ses beautés durables, (*e*) et annoncera aux étrangers la gloire de la nation, le bonheur du peuple, la

820

825

(*c*) Sur le chemin de Juvisi on a élevé deux fontaines, dont l'eau retombe dans de grands bassins. Des deux côtés du chemin sont deux morceaux de sculpture. L'un est de Costou, et est fort estimé. Il est triste que son ouvrage ne soit pas de marbre, mais seulement de pierre. [177]

(*d*) Les salles de tous les spectacles de Paris, sont sans magnificence, sans goût, sans commodités; ingrates pour la voix, incommodes pour les acteurs et pour les spectateurs. Ce n'est qu'en France qu'on a l'impertinente coutume de faire tenir debout la plus grande partie de l'auditoire.

(*e*) C'était en effet le dessein de ce grand homme. Un de ses projets était de faire une grande place de l'hôtel de Soissons. On aurait creusé au milieu de la place un vaste bassin, qu'on aurait rempli des eaux qu'il devait faire venir par de nouveaux aqueducs. Du milieu de ce bassin, entouré d'une balustrade de marbre, devait s'élever un rocher, sur lequel quatre fleuves de marbre auraient répandu l'eau, qui eût retombé en nappe dans le bassin, et qui de là se serait distribuée dans les maisons des citoyens. Le marbre destiné à cet incomparable monument, était acheté. Mais ce dessein fut oublié avec M. Colbert, qui mourut trop tôt pour la France. [178]

5

10

819-820   33X2:   de temple gothique.
n.*e*, 4   MSI: par des nouveaux
n.*e*, 7   33XI: nappes dans

sagesse et le goût de ses conducteurs. Ainsi parlait ce grand
ministre.

Qui n'aurait applaudi, quel cœur français n'eût été ému à de   830
tels discours? On finit par donner de justes éloges et par souhaiter
un succès heureux aux grands desseins que le magistrat de la ville
de Paris, (f) a formé pour la décoration de cette capitale.

Enfin après une conversation utile dans laquelle on louait avec
justice ce que nous avons, et dans laquelle on regrettait avec non   835
moins de justice ce que nous n'avons pas, il fallut se séparer.
J'entendis le Dieu qui disait à ses deux amis en les embrassant.

(f) N... de Turgot, président au Parlement, prévôt des marchands,
qui a déjà embelli cette capitale, a fait marché avec des entrepreneurs
pour agrandir le quai derrière le palais, le continuer jusqu'au pont de
l'Ile, et joindre l'Ile au reste de la ville par un beau pont de pierre. Il n'y
a point de citoyen dans Paris, qui ne doive s'empresser à contribuer de   5
tout son pouvoir à l'exécution de pareils desseins, qui servent à notre
commodité, à nos plaisirs et à notre gloire. [179]

836-852   MS2, 33A-37:   Quand il fallut se séparer, le dieu parla ainsi, à peu près,
à mes deux protecteurs. Voici [MS2: tout au plus] le sens de ses paroles.

    Adieu, mes plus chers favoris.
    Comblés des faveurs du Parnasse,
    Ne souffrez pas que dans Paris
    Mon rival usurpe ma place.
    Je sais qu'à vos yeux éclairés
    Le faux goût tremble de paraître.
    Si jamais vous le rencontrez,
    Il est aisé de le connaître.
    Toujours accablé d'ornements,
    Composant sa voix, son visage,
    Affecté dans ses agréments,
    Et précieux dans son langage,
    Il prend mon nom, mon étendard:
    Mais on voit assez l'imposture;
    Car il n'est que le fils de l'art,
    Et je le suis de la nature.

Ensuite, il leur parla de la protection qu'on doit aux belles-lettres [MS2: aux arts],
de la gloire qu'elles [MS2: qu'ils] donnent aux pays dans lesquels elles [MS2: ils]

Adieu, mes plus chers favoris,
Par qui ma gloire est établie.
Tant que vous serez dans Paris   840
Je n'ai pas peur que l'on m'oublie:
Mais prêchez, je vous en supplie
Certains prétendus beaux esprits,
Qui du faux goût toujours épris,
Et toujours me faisant insulte,   845
Ont tout l'air d'avoir entrepris
De traiter mes lois et mon culte,
Comme l'on traite leurs écrits.

Il les pria ensuite de faire ses compliments à un jeune prince
qu'il aime tendrement, et s'échauffant, à son nom, avec un peu   850
d'enthousiasme, que ce dieu ne dédaigne pas quelquefois; mais
qu'il sait toujours modérer, il prononça ces vers avec vivacité.

Que toujours Clermont s'illumine
Des vives clartés de ma loi. (g)
Lui, ses sœurs, les amours et moi,   855
Nous sommes de même origine.

(g) M. le comte de Clermont, prince du sang, a fondé, à l'âge de
vingt ans, une Académie des Arts, composée de cent personnes, qui
s'assemblent chez lui; et il donne une protection marquée à tous les gens
de lettres. On ne saurait trop proposer un tel exemple aux jeunes
princes. [180]
                                                                     5

---

fleurissent, à [MS2: et à] ceux qui les cultivent, à ceux qui les favorisent. Il s'écria
avec un peu d'enthousiasme qu'il ne dédaigne pas quelquefois mais qu'il sait
toujours modérer:
        w38-K: Quand mes conducteurs s'en retournèrent le dieu leur parla,
à peu près, dans ce sens; car il ne m'est pas donné de dire ses propres mots.
        Adieu, mes plus chers favoris,
        [text of 33A-37v, l.4-17]
        Moi je le suis de la nature.//
852   33XI: prononça ce vers

Conty, sachez à votre tour [181]
Que vous êtes né pour me plaire
Aussi bien qu'au dieu de l'amour.
J'aimai jadis votre grand-père, [182]   860
Il fut le charme de ma cour;
De ce héros suivez l'exemple,
Que vos beaux jours me soient soumis,
Croyez-moi, venez dans ce temple,
Où peu de princes sont admis.   865

Vous, noble jeunesse de France,
Secondez les chants des beaux-arts.
Tandis que les foudres de Mars
Se reposent dans le silence,
Que dans ces fortunés loisirs   870
L'esprit et la délicatesse,
Nouveaux guides de la jeunesse,
Soient l'âme de tous vos plaisirs.
Je vois Thalie et Melpomène (h)

(h) Il y a plus de vingt maisons dans Paris, dans lesquelles on

857-886   MS2, 33A-37:
      Brillez dans le sein des beaux-arts,
      Illustre jeunesse de France,
      Tandis que les foudres de Mars
      Se reposent dans le silence.

      Brassac, sois toujours mon soutien.
      Sous tes doigts j'accordai ta lyre.
      De l'amour tu chantes [MS2: chante] l'empire
      Et tu composes [MS2: compose] dans le mien.

      Caylus, tous les arts te chérissent.
      Je conduis tes brillants desseins;
      Et les Raphaëls s'applaudissent
      De se voir gravés par tes mains.
      Jeune d'Estampes, et vous Surgères,
      Employez des soins
866   33X2:   de la France

Vous suivre en secret quelquefois,   875
Et quitter Gossin [183] et Dufresne [184]
Pour venir entendre vos voix,
Et vous applaudir sur la scène.

Que des muses, à vos genoux,
Les lauriers à jamais fleurissent,   880
Que ces arbres s'enorgueillissent
De se voir cultivés par vous.
Transportez le Pinde à Cythère.
Brassac, (*i*) chantez; gravez, Caïlus, (*j*)

représente des tragédies et des comédies. On a fait même beaucoup de
pièces nouvelles pour ces sociétés particulières. On ne saurait croire
combien est utile cet amusement, qui demande beaucoup de soin et
d'attention; il forme le goût de la jeunesse; il donne de la grâce au corps   5
et à l'esprit; il contribue au talent de la parole; il retire les jeunes gens
de la débauche, en les accoutumant aux plaisirs purs de l'esprit. [185]

(*i*) M. le chevalier de Brassac, non seulement a le talent très rare de
faire la musique d'un opéra; mais il a le courage de le faire jouer, et de
donner cet exemple à la noblesse française. [186] Il y a déjà longtemps que
les Italiens, qui ont été nos maîtres en tout ne rougissent pas de donner
leurs ouvrages au public. Le marquis Maffei vient de rétablir la gloire   5
du théâtre italien. [187] Le baron d'Astorga, [188] et le prélat qui est aujourd'hui
archevêque de Pise, [189] ont fait plusieurs opéras fort estimés.

(*j*) N... marquis de Caïlus est célèbre par son goût pour les arts, et
par la faveur qu'il donne à tous les bons artistes. Il grave lui-même, et
met une expression singulière dans ses dessins. Les cabinets des curieux
sont pleins de ses estampes. M. de St Maurice, officier aux gardes, grave
aussi, et se sert davantage du burin. Il a fait une estampe d'après le Nain,   5
qui est un chef-d'œuvre. [190]

n.*i*, 2   37: de la faire jouer
n.*i*, 7   33A-37: estimés. Le duc de Buckingham, le comte de Rochester et
plusieurs autres ont fait des pièces de théâtre qui sont jouées souvent à Londres. [191]
Les paroles de l'opéra de M. le chevalier de Brassac sont de M. de Moncrif, auteur
de la fable de Tithon et de l'Aurore. [192]
n.*j*, 3   33XI: met lui-même une

Ne craignez point, jeune Surgère, (k) 885
D'employer des soins assidus
Aux beaux vers que vous savez faire;
Et que tous les sots confondus
A la cour et sur la frontière,
Désormais ne prétendent plus (l) 890
Qu'on déroge et qu'on dégénère
En suivant Minerve et Phébus.

(k) N ... de la Rochefoucaut, marquis de Surgère, a fait une comédie intitulée *l'Ecole du monde*, pièce sans contredit bien écrite, et pleine de traits que le célèbre duc de la Rochefoucaut, auteur des Maximes, aurait approuvés. [193]

(l) On commence, depuis quelque temps, à revenir de ce sot préjugé, qui sentait encore la barbarie.

887   33A-37:   vous daignez faire
        MS2:   vous devez faire
889   MS2, 33A-37, absent
n.k, 2-3   33A-37:   écrite et dans laquelle il y a des traits
n.k, 3-4   33A-37:   de la Rochefoucault eût approuvé. M. le marquis d'Estampes qu'on nomme M. de la Ferté-Imbaut, [194] permettra, malgré son extrême modestie, qu'on dise qu'il a fait à l'âge de dix-huit ans une tragédie dont les vers sont très harmonieux dans le temps que de vieux poètes de profession étaient assez déraisonnables pour écrire contre l'harmonie.

APPENDIX I

Longer variants

Appendix I.A : lines 287-367, MS2, 33A-K

Dans le moment arriva un autre versificateur, soutenu par deux petits satyres. [195] Il paraissait plein de confiance, et s'étonnait qu'on tardât à lui ouvrir.

> Je viens, dit-il, (*a*) pour rire et pour m'ébattre,
> Me rigolant, menant joyeux déduit,
> Et jusqu'au jour faisant le diable à quatre. [196]

Qu'est-ce que j'entends là, dit la Critique? C'est moi, reprit le rimeur. J'arrive d'Allemagne pour vous voir, et j'ai pris la saison du printemps:

> Car les jeunes Zéphyrs, de leurs chaudes haleines,
> Ont fondu l'écorce des eaux. (*b*) [197]

Plus il parlait ce langage, moins la porte s'ouvrait. On me prend donc, continua-t-il,

(*a*) *Vers de Rousseau.*
(*b*) *Vers de Rousseau.*

---

1   w42:   moment entra un
2-3   w38:   plein de confiance.//
    RP40-K: satyres et couvert de lauriers et de chardons.// [w46: petits satyres.//]
12-13   w38-K: s'ouvrait. Quoi! l'on me prend donc, dit-il,

Pour (*c*) une grenouille aquatique,
Qui du fond d'un petit thorax,   15
Va chantant pour toute musique:
Brekekeke, koax, koax, koax, koax. [198]

Ah, bon Dieu! s'écria la Critique, quel horrible jargon! Elle fit
ouvrir la porte, pour voir l'animal qui avait un cri si singulier.
Quel fut son étonnement, quand tout le monde lui dit que c'était   20

(*c*) *Vers de Rousseau.*

17 w38-k: Brekeke, kake, koax, koax, koax?
18-73 w38-w48d: jargon. On lui dit que c'était Rousseau, dont les dieux
avaient changé la voix en ce cri ridicule, pour punition de ses méchancetés. Elle lui
ferma la porte au plus vite. Il fut [l.293-301, 306-331, with variants] Après avoir
donné cet avis, la Critique décida que Rousseau passerait devant la Motte, en qualité
de versificateur; mais que la Motte aurait le pas, toutes les fois qu'il s'agirait d'esprit
et de raison. ¶Ces deux hommes [l.365-367]
        w50-w52: jargon! Elle ne put d'abord reconnaître celui qui s'exprimait
ainsi; on lui dit que c'était Rousseau dont les muses avaient changé la voix en
punition de ses méchancetés. Elle ne pouvait le croire et refusait d'ouvrir. Il s'écriait:
¶Adoucissez [l.296-300, 306-331] Après avoir [see w38-w48d*v*] hommes [l.365-367]
        w56-k: jargon! Elle [see w50-w52*v*] d'ouvrir. ¶Elle ouvrit pourtant en
faveur de ses premiers vers; mais elle s'écria: ¶O vous [l.332-338, with variants]
Puis, me faisant approcher, elle me dit tout bas: Tu le connais; il fut ton ennemi, et
tu lui rends justice.
                Tu vis sa muse indifférente
                Entre l'autel et le fagot
                Manier d'une main savante
                De David la harpe imposante
                Et le flageolet de Marot.
                Mais n'imite pas la faiblesse
                Qu'il eut de rimer trop longtemps:
                Les fruits des rives du Permesse
                Ne croissent que dans le printemps
                Et la froide et triste vieillesse
                N'est faite que pour le bon sens.
Après avoir [k: m'avoir] donné cet avis [see w38-w48d*v*] hommes [l.365-367]

Rousseau! Elle lui ferma la porte au plus vite. Le rimeur désespéré lui criait dans son style marotique.

> Eh! montrez-vous un peu moins difficile.
> J'ai près de vous mérité d'être admis.
> Reconnaissez mon humeur et mon style,   25
> Voici des vers contre tous mes amis.
> O vous, Critique, ô vous, déesse utile,
> C'était par vous que j'étais inspiré. [199]
> En tout pays, en tout temps abhorré,
> Je n'ai que vous désormais pour asile.   30

A ces paroles, la Critique fit ouvrir le temple, parut d'un air de juge, et parla ainsi au cynique.

> Rousseau, tu m'as trop méconnue,
> Jamais ma candeur ingénue
> A tes écrits n'a présidé.   35
> Ne prétends pas qu'un dieu t'inspire,
> Quand ton esprit n'est possédé
> Que du démon de la satire.
> Pour certains couplets de chanson,
> Et pour un fort mauvais facton,   40
> Ta mordante muse est bannie. (d)
> Mais par l'équitable Apollon
> Ta rage est encor mieux punie:

[followed by l.325-331, with variants]

La Mothe entendait tout cela: il riait; mais point trop fort, et avec discrétion. Rousseau lui reprochait avec fureur, tous les   45

(d) Voyez le factum de M. Saurin de l'Académie des Sciences, contre Rousseau; avec l'arrêt qui condamne ce dernier comme calomniateur.

---

22   MS2:   dans ce petit huitain
43   MS2:   Ta rage encore est mieux punie
44   37:   mais non point

mauvais vers que cet académicien avait faits en sa vie. Souviens-toi du (*e*) *cornet fatidique*, disait Rousseau avec un sourire amer. Eh! n'oubliez pas *l'œuf cuit dans sa coque*, répondait doucement La Mothe. La dispute aurait duré longtemps, si la Critique ne leur avait imposé silence, et ne leur avait dit; Ecoutez: Prenez tous   50
deux à la main vos premiers ouvrages, et brûlez les derniers. (*f*) Rousseau, placez-vous au dessus de La Mothe, en qualité de versificateur: mais toutes les fois qu'il s'agira d'esprit et de raison, vous vous mettrez fort au-dessous de lui. Ni l'un ni l'autre ne fut content de la décision.   55

J'étais présent à cette scène. La Critique m'aperçut. Ah, ah! me dit-elle, vous êtes bien hardi d'entrer! Je lui répondis humblement: Dangereuse déesse, je ne suis ici que parce que ces messieurs l'ont voulu; je n'aurais jamais osé y venir seul. Je veux bien, dit-elle, vous y souffrir à leur considération: mais tâchez de profiter de   60
tout ce qui se fait ici.

Surtout gardez-vous bien de rire

(*e*)   *Plus loin, une main frénétique*
              Chasse du cornet fatidique
              L'oracle roulant du destin.
La Mothe. [200]
              Ah! je connais votre équivoque;   5
              Et ressemblez à l'œuf cuit dans sa coque.
Rousseau. [201]

(*f*)   Les premiers vers de La Mothe et de Rousseau furent reçus très favorablement du public; mais les derniers n'ont eu aucun succès.

47   MS2: *fatidique*, lui disoit il, eh
48   MS2: répondait l'autre. La
49   MS2: duré plus longtemps si
51-52   MS2: derniers. Vous Rousseau
53   MS2: mais aussi toutes

Des auteurs que vous avez vus;
Cent petits rivaux inconnus
Crieraient bien vite à la satire.   65
Corrigez-vous sans les instruire:
Donnez plus d'intrigue à *Brutus*,
Plus de vraisemblance à *Zaïre*;
Et, croyez-moi, n'oubliez plus,
Que vous avez fait *Artémire*.   70

Je vis bien qu'elle en allait dire davantage; elle me parlait déjà d'un certain *Philoctète*:[202] je m'esquivai, et je laissai avancer un homme qui valait mieux que Rousseau, La Mothe, et moi.

63   MS2:   vous aurez vus
65   MS2:   crieraient bientôt à
72   MS2:   et laissai

Appendix I.B : lines 398-431, MS2, 33A-K

A l'égard de Lucrèce, il rougit d'abord en voyant le cardinal son ennemi. Mais à peine l'eut-il entendu parler, qu'il l'aima; il courut à lui, il l'embrassa, il avoua ses erreurs; il lui dit en beaux vers latins, ce que je traduis ici en assez mauvais vers français:

Aveugle que j'étais! je crus voir la nature; 5
Je marchai dans la nuit, conduit par Epicure;
J'adorai comme un dieu ce mortel orgueilleux,
Qui fit la guerre au ciel et détrôna les dieux.
L'âme ne me parut qu'une faible étincelle,
Que la nuit du trépas dissipe dans les airs. 10
Tu m'as vaincu, je cède; et l'âme est immortelle,
Aussi bien que ton nom, tes écrits et mes vers.

Le cardinal répondit à Lucrèce dans la langue de ce poète. Tous les poètes de l'antiquité qui l'écoutèrent, le prirent pour un ancien Romain: mais il ne s'agit ici que des Français. 15

1-2 w38:   en voyant son ennemi.
3 MS2:   courut à lui et lui avoua
      w38-K: lui et lui dit en très beaux
7 w51:   comme dieu
10 w38-K: Que l'instant du
12 w38-K: nom, mes écrits et tes vers.
13-14 w38-K: à ce compliment [w52-K: très flatteur] dans la langue de Lucrèce. Tous les poètes latins qui étaient là, le
      MS2:   langue de ce poète philosophe. Virgile et les autres qui l'entendaient, le
15 MS2:   mais je me borne à parler ici des
15-17 w38-K: Romain à son air et à son style; mais les poètes français sont fort fâchés qu'on fasse des vers dans une langue qu'on ne parle plus, et disent que puisque Lucrèce, né à Rome, embellissait Epicure en latin, son adversaire, né à Paris, devait le combattre en français. [203] Enfin après beaucoup de ces retardements agréables nous

Enfin, après ces retardements agréables, au milieu des beaux-arts, des muses, des plaisirs mêmes, nous arrivâmes jusqu'à l'autel et jusqu'au trône du dieu du Goût.

> Je vis ce dieu, qu'en vain j'implore;
> Ce dieu charmant, que l'on ignore   20
> Quand on cherche à le définir;
> Ce dieu qu'on ne sait point servir,
> Quand avec scrupule on l'adore;
> Que La Fontaine fait sentir,
> Et que Vadius cherche encore.   25
> Il se plaisait à consulter
> Ces grâces simples et naïves,
> Dont la France doit se vanter;
> Ces grâces piquantes et vives,
> Que les nations attentives   30
> Voulurent souvent imiter;
> Qui de l'art ne sont point captives;
> Qui régnaient jadis à la cour,
> Et que la nature et l'amour
> Avaient fait naître sur nos rives.   35
> Il est toujours environné
> De leur troupe aimable et légère:
> C'est par leurs mains qu'il est orné,
> C'est avec elles qu'il veut plaire.
> Elles-même l'ont couronné   40

16   MS2:   après mille de ces
17   MS2:   plaisirs même nous
20   MS2:   l'on adore
22   w38, absent
25-40   w38:
> Que M. Bardou cherche encore.
> Par la main des grâces orné,
> Ce dieu toujours est couronné
37   RP40-K: troupe tendre et
39   RP40-K: C'est par leurs charmes qu'il sait plaire.

Appendix 1.c : lines 474-497, MS2, 33A-37

Dans ce même cabinet consacré aux Phidias et aux Apelles
modernes, on cultivait cet autre art inventé en Italie, et perfectionné
en France; (*a*) cet art qui multiplie et qui éternise les tableaux, et
qui exprime tout sans le secours des couleurs. C'est là qu'on voit
un recueil d'estampes d'après tous les beaux tableaux qui sont en   5
France.

> Crozat préside à ce dessein: (*b*)
> Il conduit le docte burin
> De la gravure scrupuleuse
> Qui d'une main laborieuse,   10
> Immortalise sur l'airain
> De Boulogne la grâce heureuse, [204]
> Et l'esprit sage du Poussin.

Vis-à-vis sont les modèles de nos plus beaux édifices. Colbert,
l'amateur et le protecteur de tous les arts, rassemblait autour de   15

(*a*) L'art de la gravure en cuivre, trouvé à Florence par un orfèvre
nommé Finguerra, au commencement du XVIe siècle; et trouvé par
hasard, comme la plupart de tous les arts. [205]

(*b*) N... Crozat, l'un des plus célèbres amateurs et des meilleurs
connaisseurs, fait graver les tableaux et les dessins des plus grands
maîtres qui sont en France. Cet ouvrage est déjà fort avancé par les
soins de M. Robert, peintre et sculpteur très habile.

n.*a*   MS2, note absent
4   MS2:   couleurs: là on voit
5   MS2:   d'après les tableaux

lui les connaisseurs. Tous félicitèrent le cardinal de Polignac (*c*)
sur ce salon de Marius, qu'il a déterré dans Rome, et dont il vient
d'orner la France.

Colbert attachait souvent sa vue sur cette belle façade du
Louvre, dont Perrault et Le Vau se disputent encore l'invention.   20
Il soupirait de ce qu'un si beau monument périssait sans être
achevé. Ah! disait-il, pourquoi a-t-on forcé la nature pour faire du
château de Versailles un favori sans mérite; tandis qu'on pouvait
en continuant le Louvre égaler en bon goût Rome ancienne et
moderne!   25

On voyait sur un autel le plan du Luxembourg; de ce portail si
noble auquel il manque une place, une église, et des admirateurs;
de cette fontaine qui fut un chef-d'œuvre de goût dans un temps
d'ignorance; de cet arc de triomphe qu'on admirerait dans Rome,
et auquel le nom vulgaire de la porte St Denys ôte tout son mérite   30
auprès de la plupart des Parisiens. Cependant le dieu s'amusait à
faire construire le modèle d'un palais parfait. Il joignait l'architecture du château de Maisons, au dedans de l'hôtel de Lassay,
dont il a conseillé lui-même la situation, les proportions et les
embellissements au maître aimable de cet édifice, et auquel il   35

(*c*) M. de Polignac ayant conjecturé qu'un certain terrain de Rome
avait été autrefois la maison de Marius, fit fouiller cet endroit. L'on
trouva à plusieurs pieds sous terre, un salon entier avec plusieurs statues
très bien conservées. Parmi ces statues, il y a en dix qui font une suite
complète, et qui représentent Achille déguisé en fille à la cour de   5
Lycomède, et reconnu par l'artifice d'Ulysse. Cette collection est unique
dans l'Europe, par la rareté et par la beauté. Elles sont actuellement chez
M. le cardinal de Polignac, où les curieux peuvent les voir. [206]

17   MS2:   sur le salon
21   MS2:   Il gémissait de
22   MS2:   pourquoi avoir forcé
29   MS2:   que l'on admirait dans
32   MS2:   d'un temple parfait.

ajoutait quelques commodités. Je demandais tout bas, pourquoi il
y a eu à proportion moins de bons architectes en France, que de
bons sculpteurs. Le cardinal, qui connaît tous les arts, daigna
répondre ainsi. Premièrement, les sculpteurs et les peintres ont
toute la liberté de leur génie; au lieu que les architectes sont   40
souvent gênés par le terrain, et encore plus par le caprice du
maître. En second lieu, les sculpteurs et les peintres faisant
beaucoup plus d'ouvrages, ont bien plus d'occasion de se corriger.
Cent particuliers étaient en état d'employer le pinceau du Poussin,
de Jouvenet, [207] de Santerre, [208] de Boulogne, de Vatau; et même   45
aujourd'hui nos peintres modernes travaillent presque tous pour
de simples citoyens. Mais il faut être roi ou surintendant, pour
exercer le génie d'un Mansart ou d'un Desbrosses. Enfin, le succès
du peintre est dans le dessin de son tableau; celui du sculpteur est
dans son modèle en terre: le modèle de l'architecte au contraire   50
est trompeur, parce que le bâtiment regardé ensuite à une plus
grande distance, fait un effet tout différent, et que la perspective
aérienne en change les proportions. En un mot, il en est souvent
du plan en relief d'un édifice, comme de la plupart des machines,
qui ne réussissent qu'en petit.   55

Après avoir examiné ce cabinet où l'architecture, la sculpture,
la peinture étalait leurs charmes, nous passâmes dans l'endroit du
temple où se rassemblent tous ces hommes illustres, auxquels on
donne le nom de beaux-esprits.

Parmi ces écrivains célèbres, les Pavillons   60

37-38   MS2:   que de bons peintres et de bons sculpteurs
38-39   MS2:   daigna me répondre
42   MS2:   lieu, le sculpteur et le peintre faisant
43   MS2:   d'ouvrage, ont
        MS2:   d'occasions de
45   MS2:   du Vateau

Appendix I.D : lines 578-746, MS2, 33A-37, W38-K

MS2, 33A-37, lines 578-631:

On y examine si les arts se plaisent mieux dans une monarchie, que dans une république: Si l'on peut se passer aujourd'hui du secours des anciens: Si les livres ne sont point trop multipliés: Si la comédie et la tragédie ne sont point épuisées. On établit quelle est la vraie différence entre l'homme de talent, et l'homme d'esprit; 5 entre le critique, et le satirique; entre l'imitateur, et le plagiaire. Quelquefois même on laisse parler longtemps la même personne, mais ce cas arrive très rarement. Heureusement pour moi, on se rassemblait en ce moment autour de la fameuse Ninon Lenclos.

> Ninon, cet objet si vanté, 10
> Qui joignit tant de probité
> Au doux talent d'être volage,
> Faisait alors avec gaieté
> Un discours sur la volupté,
> Sur l'art et la délicatesse, 15
> Qui rend la moins fière beauté
> Respectable dans sa faiblesse.

Tandis que j'écoutais attentivement son sermon, mes deux graves conducteurs s'amusèrent à parler de belles-lettres avec quelques jésuites. 20

Un janséniste, dira, que les jésuites se fourrent partout; mais la vérité est que le dieu du Goût a instruit beaucoup de ces pères; il

---

6 MS2: entre le cinique et le plagiaire
9 MS2: rassemblait autour
14 MS2: A ce charmant arreopage
      Un sermon sur la volupté

les reçoit aussi bien que leurs ennemis, et il est assez plaisant de voir en ce lieu Bourdaloue qui s'entretient avec Pascal sur le grand art de joindre l'éloquence au raisonnement. 25

Derrière eux était l'exact et le délicat Bouhours, [209] qui marquait sur des tablettes toutes les fautes de langage, et toutes les petites négligences qui échappaient à Bourdaloue et à Pascal. Le cardinal de Polignac ne put s'empêcher de dire au père Bouhours:

> Quittez d'un censeur pointilleux 30
> La scrupuleuse diligence:
> Aimons jusqu'aux défauts heureux
> De leur mâle et libre éloquence.
> J'aime mieux errer avec eux,
> Que d'aller, censeur pointilleux, [210] 35
> Peser des mots dans ma balance.

Cela fut dit avec bien plus de politesse que je ne le rapporte; mais nous autres poètes nous sommes souvent très impolis, pour la commodité de la rime.

Le père Bouhours lui répondit: Permettez que je continue mes 40 petites observations. Ce sont les grands hommes qu'il faut critiquer, de peur que les fautes qu'ils font contre les règles ne servent de règles, aux petits écrivains. Ce sont les défauts du Poussin et du Sueur, qu'il faut relever; non ceux de Rouet [211] et de Vignon: [212] et dès que votre Anti-Lucrèce sera imprimé, soyez sûr de ma critique. 45

Eh bien, examinez, vétillez, tant qu'il vous plaira, dit en passant un jeune duc qui revenait du sermon de Ninon, et qui en paraissait tout pénétré; pour moi je n'ai pas la force de rien censurer aujourd'hui.

Cet homme, que Ninon avait rendu si indulgent, 50

> C'est lui qui d'un esprit vif, aimable et facile,
> D'un vol toujours brillant sut passer tour à tour,

41 MS2: les plus grands
44 MS2: Vouët et
46 MS2: examinez, critiquez, vétillez

Du temple des Beaux-arts au temple de l'Amour,
Mais qui fut plus content de ce dernier asile.
    Des mains des grâces présenté   55
    En Allemagne, en Italie,
    Il charma l'Europe adoucie,
    Dont son oncle fut redouté.

Il est même encore mieux reçu dans le Temple du Goût, que
cet oncle si vanté, qui rétablit les beaux-arts en France, de la même   60
main dont il abaissa ou perdit tous ses ennemis. Ce terrible
ministre, craint, haï, envié, admiré à l'excès de toutes les cours et
de la sienne, est redouté jusque dans le Temple du Goût, dont il
est le restaurateur. On craint à tout moment qu'il ne lui prenne
fantaisie d'y faire entrer Chapelain, Colletet, Faret et Desmarets,   65
avec lesquels il faisait autrefois de méchants vers.

Quand je vis que le cardinal de Richelieu n'avait pas toutes
les préférences, je m'écriai: C'est donc ici comme ailleurs, et
l'inclination l'emporte partout sur les bienfaits! Alors j'entendis
quelqu'un qui me dit: 70

    Etablir, conserver, mouvoir, arrêter tout,
    Donner la paix au monde, ou fixer la victoire,
    C'est ce qui m'a conduit au Temple de la Gloire,
        Bien plutôt qu'au Temple du Goût.
        Je vois bien, qu'en ce sanctuaire,   75
        L'autorité du ministère,
    L'honneur de protéger les beaux-arts qu'on chérit,
        Mais auxquels on ne s'entend guère,
        L'éclat, l'intrigue, le crédit,

62   MS2: ministère, craint
63   MS2: sienne, inspira plus de vénération que d'amour dans
65   MS2: Faret Desmarets
71-72 MS2 inverts these lines
73   MS2: qui doit conduire
75   MS2: Vous voyez qu'en
79   MS2: l'intrigue et le

Ne sauraient égaler les charmes de l'esprit,   80
   Ni le don de plaire.

Ce don de plaire fait tout; c'est lui qui dans le temple donne le pas à l'auteur d'une chanson, sur un compilateur de cent volumes; c'est lui qui met presque au même rang que les illustres, ces hommes sages et heureux,   85

   Qui dans le sein des arts, du monde et du loisir,

w38-κ, lines 578-746:

Là se trouvait Chapelle, ce génie plus débauché que délicat, plus naturel que poli, facile dans ces vers, incorrect dans son style, libre dans ses idées. Il parlait toujours au dieu du Goût sur les mêmes rimes. On dit que ce dieu lui répondit un jour:
    [l.58-64, with variants]

Parmi ces gens d'esprit, nous trouvâmes quelques jésuites. Un   5 janséniste dira que les jésuites se fourrent partout; mais le dieu du Goût reçoit aussi leurs ennemis et il est assez plaisant de voir dans ce temple Bourdaloue qui s'entretient avec Pascal sur le grand art de joindre l'éloquence au raisonnement. [213] Le père Bouhours est derrière eux, marquant sur des tablettes toutes les fautes de langage   10 et toutes les négligences qui leur échappent. Le cardinal ne put s'empêcher de dire au père Bouhours:

        Quittez d'un censeur pointilleux
        La pédantesque diligence,
        Aimons jusqu'aux défauts heureux   15

---

81   MS2:   don fortuné de
1   RP40-κ: débauché encore que
2   RP40-κ: dans ses vers
4-5   RP40-κ, here insert: Ce fut parmi ces hommes aimables, que je rencontrai le président de Maisons, homme très éloigné de dire des riens, homme aimable et solide, qui avait aimé tous les arts. [see l.711-734, with variants as above] Parmi
11   MS2, w46-w50:   ne peut

De leur mâle et libre éloquence.
J'aime mieux errer avec eux,
Que d'aller, censeur scrupuleux,
Peser des mots dans ma balance.

Cela fut dit avec beaucoup plus de politesse que je ne le rapporte; 20
mais nous autres poètes, nous sommes souvent très impolis pour
la commodité de la rime.

Je ne m'arrêtai pas dans ce temple à voir les seuls beaux esprits.

Vers enchanteurs, exacte prose,
Je ne me borne point à vous; 25
N'avoir qu'un goût, est peu de chose:
Beaux-arts, je vous invoque tous.
Musique, danse, architecture,
Art de graver, docte peinture,
Que vous m'inspirez de désirs! 30
Beaux-arts, vous êtes des plaisirs,
Il n'en est point qu'on doive exclure.

Je vis les muses présenter tour à tour sur l'autel du dieu, des
livres, des dessins, et des plans de toute espèce. On voit sur cet
autel, le plan de cette belle façade [l.659-671, with variants] du 35
dieu.

On nous fit voir ensuite la bibliothèque de ce palais enchanté.
Elle n'était pas ample. On croira bien que nous n'y trouvâmes pas

L'amas curieux et bizarre
De vieux manuscrits vermoulus 40
Et la suite inutile et rare
D'écrivains qu'on n'a jamais lus.
Mais les muses ont elles-mêmes

---

30   MS2, RP40, W46-W52:   de désir!
43-44   W52-K:
       Le dieu daigna de sa main même
       En leur rang placer ces

En leur rang placé ces auteurs
Qu'on lit, qu'on estime et qu'on aime,   45
Et dont la sagesse suprême
N'a ni trop ni trop peu de fleurs.

Presque tous les livres y sont corrigés, et retranchés de la main
des muses. On y voit, entre autres l'ouvrage de Rabelais, réduit
tout au plus à un demi-quart.   50

Marot, qui n'a qu'un style, et qui chante du même ton les
psaumes de David et les Merveilles d'Alix, n'a plus que sept ou
huit feuillets. Voiture et Sarrazin, n'ont pas à eux deux plus de
soixante pages.

Tout l'esprit de Bayle se trouve dans un seul tome, de son   55
propre aveu; car ce judicieux philosophe, en juge éclairé de tant
d'auteurs et de tant de sectes, disait souvent qu'il n'aurait pas
composé plus d'un in-folio, s'il n'avait écrit que pour lui, et non
pour les libraires.

Enfin l'on nous fit passer dans l'intérieur du sanctuaire. Là, les   60
mystères du dieu furent dévoilés. Là, je vis ce qui doit servir
d'exemple à la postérité. Un petit nombre de véritablement grands
hommes, y faisaient ce qu'ils n'avaient point fait dans leur vie; ils
voyaient et corrigeaient leurs fautes. L'aimable auteur

51   w42: d'un ton
56   RP40-K: philosophe, ce juge
59   RP40-W42: pour ses libraires.
    ˙RP40-K, with note: C'est ce que Bayle lui-même, écrivit au sieur des
Maisaux
60   RP40-K: Enfin on nous
63-64   RP40-K: hommes s'occupaient à corriger ces fautes de leurs écrits
excellents, qui seraient des beautés dans des [w52-K: les] écrits médiocres. L'aimable

Bossuet, le seul Français véritablement éloquent entre tant de bons
écrivains en prose, qui pour la plupart ne sont qu'élégants; Bossuet
voulait bien retrancher quelques familiarités échappées à son génie
vaste et facile, qui déparent la beauté de ses oraisons funèbres.

> Ce grand, ce sublime Corneille, 5
> Qui plut bien moins à notre oreille,
> Qu'à notre esprit qu'il étonna;
> Ce Corneille qui crayonna
> L'âme d'Auguste, de Cinna,
> De Pompée et de Cornélie, 10
> Jetait au feu sa Pulchérie,
> Agésilas, et Suréna;
> Et sacrifiait sans faiblesse
> Tous ces enfants infortunés,
> Fruits languissants de sa vieillesse, 15
> Trop indignes de leurs aînés.
>   Plus pur, plus élégant, plus tendre,
> Et parlant au cœur de plus près,

1-4   W38-K: [W38: Et] L'éloquent Bossuet voulait bien rayer quelques familiarités échappées à son génie vaste, impétueux et facile, lesquelles déparent un peu la
sublimité de ses oraisons funèbres; et il est à remarquer qu'il ne garantit point tout
ce qu'il a dit de la prétendue sagesse des anciens Egyptiens. [214] [W42 errata: lisez
comme dans la première édition: Bossuet le seul éloquent parmi tant d'orateurs qui
ne sont qu'élégants]

1-2   MS2:   tant écrivains
5   W38:   grand et sublime
8   W38-K, with note: Terme dont Corneille se sert dans une de ses épîtres. [215]
9   MS2:   Auguste et de
14   MS2, RP40-W71, K: Tous ses enfants
15   MS2:   Fruit languissantes
16   MS2:   Trop indigne de

Nous attachant sans nous surprendre,
Et ne se démentant jamais,   20
Racine observe les portraits
De Bajazet, de Xipharès,
De Britannicus, d'Hippolite:
A peine il distingue leurs traits;
Ils ont tous le même mérite;   25
Tendres, galants, doux, et discrets;
Et l'amour qui marche à leur suite,
Les croit des courtisans français.
    Toi favori de la nature,
Toi La Fontaine, auteur charmant,   30
Qui bravant et rime et mesure,
Si négligé dans ta parure,
N'en avais que plus d'agrément:
Sur tes écrits inimitables
Dis-nous quel est ton sentiment;   35
Eclaire notre jugement
Sur tes contes et sur tes fables.

La Fontaine, qui avait conservé la naïveté de son caractère, et
qui dans le Temple du Goût joignait un discernement éclairé à cet
heureux instinct qu'il avait pendant sa vie, retranchait les premières   40
et les dernières de ses fables, accourcissait ses contes, et arrachait
plus des trois quarts d'un gros recueil d'œuvres posthumes,
imprimé par ces éditeurs qui vivent des sottises des morts.

    Là régnait Despréaux, leur maître en l'art d'écrire;

24   MS2:   distingue les traits
36-37   MS2, absent
39-42   W38-K: joignait un sentiment éclairé à cet heureux et singulier instinct
qui l'inspirait pendant sa vie, retranchait quelques-unes de ses fables; mais en très
petite quantité. [W52-K: fables.] Il accourcissait presque tous ses contes, et déchirait
les trois
42-43   MS2:   posthumes imprimés […] des autres.
        W42-K: imprimées

Lui qu'arma la raison des traits de la satire;   45
Qui donnant le précepte, et l'exemple à la fois,
Fit fleurir d'Apollon les rigoureuses lois.
Il revoit ses enfants avec un œil sévère:
De la triste Equivoque il rougit d'être père;
Il rit des traits manqués du pinceau faible et dur,   50
Dont il défigura le vainqueur de Namur:
Lui-même il les efface, et semble encor nous dire,
Ou sachez vous connaître, ou gardez-vous d'écrire.

Despréaux, par ordre exprès du dieu du Goût, se réconciliait
avec Quinault qui est le poète des grâces, comme Despréaux est   55
le poète de la raison.

Mais le sévère satirique
Embrassait encore en grondant
Cet aimable et tendre lyrique,
Qui lui pardonnait en riant.   60

Je ne me raccommode point avec vous, disait Despréaux, que
vous ne conveniez qu'il y a bien des fadeurs dans ces opéras si
agréables.
Eh bien! oui, je l'avoue, lui dit Quinault. Mais avouez aussi que
vous n'eussiez jamais fait Atys, ni Armide.   65

Dans vos scrupuleuses beautés,
Soyez vrai, précis, raisonnable;
Que vos écrits soient respectés:
Mais permettez-moi d'être aimable.

---

47   w38-k: Etablit d'Apollon
50   w38-k: Et rit
     rp40:   traits marqués du
54   w38-k: par un ordre
61   w38-k: ne me réconcilie point
64   w38-k: Cela peut bien être, dit
     ms2:   avouez que

Enchanté de tout ce que je voyais, ravi hors de moi-même, je 70
m'aperçus en parcourant ce lieu sacré, que j'étais devant Molière.
Je lui fis ce petit compliment:

> L'élégant, mais le froid Térence,
> Est le premier des traducteurs. [216]
> Tu fus le peintre de nos mœurs, 75
> De l'univers, et de la France.
> Nos courtisans trop rengorgés,
> Nos bourgeois pleins de préjugés,
> De ridicule si chargés,
> Chez toi venaient se reconnaître; 80
> Et tu les aurais corrigés,
> Si l'esprit humain pouvait l'être.

Ah! dit-il, pourquoi ma profession m'obligea-t-elle de partager

70-72   w38-K: Après avoir salué Despréaux et embrassé tendrement Quinault, je vis l'inimitable Molière et j'osai lui dire:

71-72   MS2:   Molière, et j'osay lui faire ce

73   RP40-K: Le sage, le discret Térence

74   w38:   Fut le premier

75-79   RP40-K:

> Jamais dans sa [MS2, w50: la] froide élégance
> Des Romains il n'a peint les mœurs.
> Tu fus le peintre de la France:
> Nos bourgeois à sots préjugés,
> Nos petits marquis rengorgés,
> Nos robins toujours arrangés,

77-79   w38, see 75-78ν, l.4-6

79   MS2:   De ridicules

83-89   w38-K: Ah! disait-il, pourquoi ai-je été forcé d'écrire quelquefois pour le peuple? Que n'ai-je toujours été le maître de mon temps! J'aurais trouvé des dénouements plus heureux; et j'aurais moins abaissé [RP40-K: j'aurais moins fait descendre] mon génie au bas comique. ¶C'est ainsi que tous ces maîtres de l'art montrait leur supériorité, en avouant ces erreurs auxquelles l'humanité est soumise, et dont nul grand homme n'est exempt.

83   MS2:   disait-il
      MS2:   de changer

mes talents! Pourquoi ai-je écrit pour le peuple! Si j'avais été le
maître de mon temps, mes dénouements auraient été plus heureux,
mes intrigues plus variées; et si je n'avais écrit que pour les
connaisseurs, j'aurais moins donné dans le bas comique. C'est
ainsi que tous ces grands hommes montraient leur supériorité, en
avouant leurs fautes.

85

84-85 MS2: été maître

APPENDIX II

LETTRE DE M. DE V... À M. DE C...

Monsieur,

Vous avez vu, et vous pouvez rendre témoignage, comment cette bagatelle fut conçue et exécutée. C'était une plaisanterie de société. Vous y avez eu part comme un autre; chacun fournissait ses idées; et je n'ai guère eu d'autre fonction que celle de les mettre par écrit.

M. de ... disait que c'était dommage que Bayle eût enflé son dictionnaire de plus de deux cents articles de ministres et de professeurs luthériens ou calvinistes; qu'en cherchant l'article de *César*, il n'avait rencontré que celui de *Jean Césarius*, professeur à Cologne;[217] et qu'au lieu de *Scipion*, il avait trouvé six grandes pages sur *Gerard Scioppius*.[218] De là on concluait à la pluralité des voix à réduire Bayle à un seul tome dans la bibliothèque du Temple du Goût.

Vous m'assuriez tous que vous aviez été assez ennuyés en lisant l'*Histoire de l'Académie française*; que vous vous intéressiez fort peu à tous les détails des ouvrages de Balesdens, de Porchères, de Bardin, de Baudouin, de Faret, de Colletet, de Cottin[219] et d'autres

5

10

15

a MS2: Epître / À MONSIEUR de ****
w68-w75G: LETTRE À M. DE C*** SUR LE TEMPLE DU GOÛT
4   MS2: eu autant de part qu'un autre
5   MS2: d'autres fonctions que
10 MS2: Caesar, il
MS2: Jean Caesarius
13 w46-w75G: Bayle en un seul
16 MS2: française et que
17 w68-w75G: Balesdeus
18 w68-w75G: Colletet et d'autres

pareils grands hommes; et je vous en crus sur votre parole. On
ajoutait qu'il n'y a guère aujourd'hui de femme d'esprit qui n'écrive   20
de meilleures lettres que Voiture. On disait que St Evremond
n'aurait jamais dû faire de vers, et qu'on ne devait pas imprimer
toute sa prose. C'est le sentiment du public éclairé; et moi, qui
trouve toujours tous les livres trop longs, et surtout les miens, je
réduisais aussitôt tous ces volumes à très peu de pages.   25

Je n'étais en tout cela que le secrétaire du public: si ceux qui
perdent leur cause se plaignent, ils ne doivent pas s'adresser à celui
qui a écrit l'arrêt. Je sais que des politiques ont regardé cette
innocente plaisanterie du Temple du Goût comme un grave
attentat. Ils prétendent qu'il n'y a qu'un malintentionné qui puisse   30
avancer que le château de Versailles n'a que sept croisées de face
sur la cour; [220] et soutenir que Le Brun, qui était premier peintre
du Roi, a manqué de coloris. [221]

Des rigoristes disent qu'il est impie de mettre des filles de
l'Opéra, Lucrèce et des docteurs de Sorbonne dans le Temple du   35
Goût. [222]

Des auteurs auxquels on n'a point pensé, crient à la satire et se
plaignent que leurs défauts sont désignés et leurs grandes beautés

20   MS2:   de femmes d'esprit
20-21   37-W75G: femmes d'esprit qui n'écrivent de
21-23   MS2:   que les vers de St Evremont, sont les plus mauvaises vers qu'un
homme d'esprit puisse faire. On assurait, que c'était le sentiment du public
22   W46:   faire des vers
24   37:   toujours les livres
27-28   MS2:   à ceux qui ont écrit l'arrêt. Il est vrai que je vous proposai (comme
ayant l'honneur d'être poète) de faire le voyage au Temple du Goût sur un char de
lumière conduit par l'imagination et traîné par des génies, de décrire la situation du
temple et les attributs du dieu dans un style bien figuré, et d'entasser allégorie sur
allégorie; vous admirâtes et vous baillâtes; vous voulûtes tous aller au Temple du
Goût de la manière la plus simple, et c'était celle qui me convenait le mieux. ¶Je
sais
28-29   MS2:   cette mauvaise plaisanterie
32   MS2:   et dire que
34   MS2:   rigoristes prétendent

passées sous silence; crime irrémissible, qu'ils ne pardonneront de leur vie: et ils appellent le Temple du Goût un libelle diffamatoire. 40

On ajoute qu'il est d'une âme noire de ne louer personne sans un petit correctif; et que dans cet ouvrage dangereux nous n'avons jamais manqué de faire quelque égratignure à ceux que nous avons caressés.

Je répondrai en deux mots à cette accusation. Qui loue tous, 45 n'est qu'un flatteur: celui-là seul sait louer, qui loue avec restriction.

Ensuite, pour mettre de l'ordre dans nos idées, comme il convient dans ce siècle éclairé, je dirai qu'il faudrait un peu distinguer entre la *critique*, la *satire* et le *libelle*.

Dire que le *Traité des Etudes* est un livre à jamais utile, et que 50 par cette raison même il en faut retrancher quelques plaisanteries et quelques familiarités peu convenables à ce sérieux ouvrage; dire que *Les Mondes* est un livre charmant et unique, et qu'on est fâché d'y trouver que 'le jour est une beauté blonde, et la nuit une beauté brune'[223] et autres petites douceurs; voilà, je crois, de la *Critique*. 55

Que Despréaux ait écrit

— Pour trouver un auteur sans défaut
La raison dit Virgile, et la rime Quinault,

c'est de la *satire*, et de la satire même assez injuste en tous sens, (avec le respect que je lui dois:) car la rime de *défaut* n'est point 60 assez belle pour exiger celle de *Quinault*; et il est aussi peu vrai de dire que Virgile est sans défaut que de dire que Quinault est sans naturel et sans grâces.

---

45   MS2:   Qui loue tout,
51-52   MS2:   retrancher *le petit Cyrus servant son papa avec sa serviette sur l'épaule* et quelques autres plainsanteries peu convenables à un si bon ouvrage. ¶Dire
53   MS2:   unique, mais qu'on
55   MS2:   et choses semblables, c'est je crois
     w68-w75G: et d'autres
59   37, w68-w75G: en tout sens
61   37, w68-w75G: belle pour rimer avec Quinault

Les *Couplets* de Rousseau, le *Masque de Laverne*, et telle autre horreur; certains ouvrages de Gacon; voilà ce qui s'appelle un libelle diffamatoire. 65

Tous les honnêtes gens qui pensent, sont *critiques*; les malins sont *satiriques*; les pervers font des *libelles*: et ceux qui ont fait avec moi le *Temple du Goût*, ne sont assurément ni malins ni pervers.

Enfin, voilà ce qui nous amusa pendant plus de quinze jours. 70 Les idées se succédaient les unes aux autres; on changeait tous les soirs quelque chose; et cela a produit sept ou huit *Temples du Goût* absolument différents.

Un jour nous y mettions les étrangers; le lendemain nous n'admettions que les Français. Les Maffei, les Pope, les Bonon- 75 cini [224] ont perdu à cela plus de cinquante vers qui ne sont pas fort à regretter. Quoi qu'il en soit, cette plaisanterie n'était point du tout faite pour être publique.

Une des plus mauvaises et des plus infidèles copies d'un des plus négligés brouillons de cette bagatelle, ayant couru dans le 80 monde, a été imprimée sans mon aveu; et celui qui l'a donnée, quel qu'il soit, a très grand tort.

Peut-être fait-on plus mal encore de donner cette nouvelle édition: il ne faut jamais prendre le public pour le confident de ses amusements. Mais la sottise est faite, et c'est un de ces cas où l'on 85 ne peut faire que des fautes.

Voici donc une faute nouvelle; et le public aura cette petite esquisse, (si cela même peut en mériter le nom) telle qu'elle a été faite dans une société où l'on savait s'amuser sans la ressource du

64   MS2:   *Des couplets*, le masque
69   MS2, 37-W75G: malins ni méchants.//
75   MS2, W68-W75G: les Popes
79   MS2:   Une des plus mauvaises copies
80-81   MS2:   bagatelle a été imprimée assez mal à propos sans
85   W46:   un des cas
87-88   MS2:   public, c'est-à-dire le petit nombre des amateurs, lira s'il veut cette petite et frivole esquisse du Temple du Goût (si cela même peut en mériter le nom). On la donne telle

jeu, où l'on cultivait les belles-lettres sans esprit de parti, où l'on   90
aimait la vérité plus que la satire et où l'on savait louer sans
flatterie.

S'il avait été question de faire un traité du goût, on aurait prié
les De Côtes[225] et les Beaufrancs[226] de parler d'architecture, les
Coypels de définir leur art avec esprit,[227] les Destouches[228] de dire   95
quelles sont les grâces de la musique, les Crébillons de peindre la
terreur qui doit animer le théâtre: pour peu que chacun d'eux eût
voulu dire ce qu'il fait, cela aurait fait un gros in-folio. Mais on
s'est contenté de mettre en général les sentiments du public dans
un petit écrit sans conséquence; et je me suis chargé uniquement   100
de tenir la plume.

Il me reste à dire un mot sur notre jeune noblesse qui emploie
l'heureux loisir de la paix à cultiver les lettres et les arts; bien
différents en cela des augustes visigoths leurs ancêtres qui ne
savaient pas signer leurs noms. S'il y a encore dans notre nation   105
si polie quelques barbares et quelques mauvais plaisants qui osent
désapprouver des occupations si estimables, on peut assurer qu'ils
en feraient autant, s'ils le pouvaient. Je suis très persuadé que
quand un homme ne cultive point un talent, c'est qu'il ne l'a pas;
qu'il n'y a personne qui ne fît des vers, s'il était né poète, et de la   110
musique, s'il était né musicien.

Il faut seulement que les graves critiques, aux yeux desquels il
n'y a d'amusement honorable dans le monde que le lansquenet et

96-97   MS2: musique on aurait laissé à un homme que vous et moi aimons
extrêmement, le soin de nous apprendre comment il s'y est pris pour mettre tant de
terreur sur le théâtre; et pour peu
97-98   MS2: d'eux ait voulu
98   MS2: cela ferait un
99   MS2: s'est borné à mettre
104   MS2: différents des
108-111   MS2: suis persuadé, que quand on ne [...] qu'on ne l'a pas, que tout
homme, qui est né musicien fait de la musique, et que tout homme né poète fait des
vers.
112   MS2: que ces graves
113-114   MS2: a de noble amusement que celui du jeu honorable sachent

le biribi, sachent que les courtisans de Louis XIV, au retour de la conquête de Hollande en 1672, dansèrent à Paris sur le théâtre de Lulli dans le jeu de paume de Belleaire avec les danseurs de l'Opéra; et que l'on n'osa pas en murmurer. [229] A plus forte raison doit-on, je crois, pardonner à la jeunesse d'avoir de l'esprit dans un âge où l'on ne connaissait que la débauche.

Omne tulit punctum, qui miscuit utile dulci. [230]

V.

115

120

115   MS2:   conquête de la Hollande
118   MS2:   doit on pardonner à notre jeunesse
         W68-W75G: d'avoir eu de
119   MS2:   connaissait guère autrefois que
120-121   W70L: dulci.//
121   W68, W75G: Je suis, etc.//

NOTES

[1] These lines reflect a real, if realistic, respect for Fleury; cf. *Précis du siècle de Louis XV*, ch.3 (*OH*, p.1314-21).

[2] *Anti-Lucretius, sive de Deo et natura, libri novem* (Paris 1747; BV2785). The poem was translated by Jean-Pierre de Bougainville: *L'Anti-Lucrèce, poème sur la religion naturelle* (Paris 1749; BV2784). Polignac began his poem after a visit to Bayle in 1698 and at various times held public readings of select passages which won the work a great reputation. The cardinal continued to polish his verse until his death in 1741. Voltaire's note, as modified for w52-k, reflects his disappointment with the published text which also failed to meet the expectations of the general public. He returns to the subject in a letter to Marmontel dated 28 January 1764 (D11667): 'Cet *Anti-Lucrèce* m'avait paru un chef d'œuvre, quand j'en entendis les quarante premiers vers récités par la bouche mielleuse du cardinal; l'impression lui a fait tort.'

[3] *Anti-Lucretius*, I, l.78-79, where the text is that of 33A-W51.

[4] Voltaire wrote *Le Temple de l'amitié* for Mme de Fontaine-Martel. The poem is first mentioned in a letter of 31 December 1732 (D557). See the introduction to the text, above, p.29f.

[5] In 1725 Desfontaines wrote an 'Apologie de M. de Voltaire adressée à lui-même' denigrating *La Ligue* and accusing him of making money by fraudulently multiplying alleged new editions of his works. This criticism, repeated by his enemies, always stung Voltaire, who may therefore have had a second reason for remembering a sentence in the 'Apologie': 'M. de S. Didier est un grand poète; il a fait le voyage du Parnasse, et en a donné au public la relation en prose et en vers. Mais on a trouvé que son *voyage* ressemblait à celui de Paul Lucas qui a le talent de parler de ce qu'il n'a jamais vu, ou de ce qu'il n'a vu que de fort loin' (*Bibliothèque française*, 1726, vii.257-80).

[6] Pride in the cultural achievements of the reign of Louis XIV was a contemporary attitude reflected not only in the quarrel of the Ancients and Moderns but also in the subjects proposed by the French Academy for its verse competitions: 1727: 'Les progrès de la peinture sous le règne de Louis XIV'; 1732: 'Les progrès de la tragédie sous le règne de Louis le Grand'; 1733: 'Les progrès de la sculpture sous le règne de Louis le Grand'; see *Pièces de poésie qui ont remporté le prix de l'Académie française depuis 1671 jusqu'à 1747* (Paris 1747). In 1727 the winning ode, by Pierre Bouret, praised the same painters as does Voltaire in *Le Temple du goût*: Le Brun, Le Sueur, Boullongne, Jouvenet, Coypel (*Pièces de poésie*, p.247-52). In 1733 the successful poet, Isnard, singled out Girardon and his *Bains d'Apollon*, the horses by Marsy and Guérin, *Le Mirmillon ou gladiateur mourant d'après l'antique* by Maunier, Puget, 'préféré aux plus habiles sculpteurs d'Italie', Théodon and Le Gros (*Pièces de poésie*,

p.281). In sculpture and painting Voltaire shares the views of his contemporaries. He also shares their impression of decline and exhaustion in the arts.

[7] J.-F. Félibien deals with the rôle of Mehmet II and the flight of the Greeks to Italy in terms which Voltaire seems to have remembered in l.31-36 and in this note: *Dissertation touchant l'architecture antique et l'architecture gothique*, in A. Félibien, *Entretiens sur les vies et sur les ouvrages des plus excellents peintres anciens et modernes; avec la Vie des architectes* (Trévoux 1725; BV1314), vi.226.

[8] In 1732 appeared a new edition of the *Voyage de messieurs F. Le Coigneux de Bachaumont et C.E.L.C.* It contains a section entitled 'Pièces fugitives où il est parlé de Chapelle ou qui sont composées dans le goût de ce poète' (p.183-84). Among the works reprinted are Voltaire's *Epître de M. Arouet à M*** (p.183; see D32) and *Epître à M. le Grand Prieur* (p.189; see D37). While in 1716 Voltaire acknowledged his debt to Chapelle, he was nonetheless already critical. It was perhaps the inclusion of his epistles in the 1732 edition which prompted him in *Le Temple du goût* to clarify his assessment of Chapelle, lest the faults of his predecessor be taken for beauties. He may also have been protesting against Titon Du Tillet's uncritical praise: 'Chapelle [a excellé] dans de petites pièces de poésie fines et délicates, et d'un style libre et naturel, il est regardé aussi comme un bon original dans la composition des vers sur des rimes redoublées, genre de poésie très harmonieux et difficile, et dans de petits ouvrages mêlés de prose et de vers' (*Description du Parnasse français*, Paris 1727, p.5, 18-19; ed. 1732, p.22). In the article on Chapelle in the 'Catalogue des écrivains' in *Le Siècle de Louis XIV* Voltaire expounds his views on the use of *rimes redoublées* and allots Chapelle his rightful place in the literary hierarchy: 'Il n'est pas vrai qu'il fut le premier qui se servit des rimes redoublées; Dassoucy s'en servait avant lui, et même avec quelque succès [...] On trouve beaucoup de rimes redoublées dans Voiture. Chapelle réussit mieux que les autres dans ce genre, qui a de l'harmonie et de la grâce, mais dans lequel il a préféré quelquefois une abondance stérile de rimes à la pensée et au tour. Sa vie voluptueuse et son peu de prétention contribuèrent encore à la célébrité de ses petits ouvrages [...] Au reste, il faut bien distinguer les éloges que tant de gens de lettres ont donnés à Chapelle et à des esprits de cette trempe, d'avec les éloges dus aux grands maîtres. Le caractère de Chapelle, de Bachaumont, du Broussin, et de toute cette société du Marais, était la facilité, la gaieté, la liberté' (*OH*, p.1147). Voltaire rates Chaulieu more highly than Chapelle.

[9] 'Extrait d'une lettre écrite de la campagne à M. de Molière', *Voyage*, p.131-33. Voltaire indicates the omission of the following prose passage: 'Cependant, mon cher hôte, à qui j'avais demandé quelque chose pour vous régaler, et qui le souhaite encore plus que moi'. However, he does not indicate his other two omissions: 1) between l.15 and 16: 'Comme en pâte aussi tous deux mis / Par un patissier d'importance'; 2) between l.19 and 20: 'Car outre que la prévoyance / Pour envoyer en assurance / Un pâté jusques à Paris / Par une longue expérience / Veut qu'il tire un peu sur le gris'.

[10] Pierre Richelet was the author of *La Versification française ou l'art de bien faire*

et tourner les vers (1671), a dictionary of rhymes often reprinted. The library at Ferney contained an edition of 1751 (*Dictionnaire de rimes*, ed. P.-C. Berthelin, Paris 1751; BV2978), but Voltaire had little regard for the work. In the 'Catalogue des écrivains', he speaks of 'dictionnaires de rimes, tristes ouvrages qui font voir combien il est peu de rimes nobles et riches dans notre poésie, et qui prouvent l'extrême difficulté de faire de bons vers dans notre langue' (*OH*, p.1198).

[11] Lexicocrassus and Scriblerius (a reminiscence of Swift or Pope?) seem to be invented, allegorical names for pedants; but Bayle's *Dictionnaire* may have been the source of the names Baldus and Sciopius (see art. 'Baldus, Bernardin' and 'Scioppius, Caspar, Gaspar, Kaspar Schoppe'). Bayle calls Bernardin Baldus (1553-1617) 'un des plus savants hommes de son temps'. At Ferney Voltaire's library included Schoppe's *Les Fleurs sciopiennes* ([Genève] 1619; BV3119), but we do not know when the work was acquired. Eustachius does not appear in Bayle's *Dictionnaire*; but Voltaire had perhaps in mind Eustathius of Thessalonica and his pedantic commentary on the Homeric poems to which Mme Dacier refers in the preface to *L'Iliade d'Homère, traduite en français avec des remarques* (Paris 1719), i.LXIV.

[12] André Dacier (1651-1722) and his wife Anne (*c.*1654-1720) were eminent classical scholars. André Dacier edited and translated the works of Horace (*Œuvres d'Horace en latin et en français, avec des remarques critiques et historiques*, first edition 1681-1689). Voltaire acquired the fourth edition (Amsterdam 1727; BV1678), to which the following notes refer.

[13] *Œuvres*, i.64-65; *Odes*, i.v.

[14] Claude Saumaise (1588-1653), considered in his time to be the greatest European scholar, was commissioned by the future Charles II of England to write his *Defensio regia pro Carolo I* (1649). Milton's reply was *Pro populo anglicano defensio* (1651). Of this Saumaise wrote a refutation which was published after his death: *Ad Ioannem Miltonum responsio* (1660). In the Ferney library were two copies of works by Milton: *A Defence of the people of England* ([Amsterdam] 1692; BV2461) and *Defensio secunda pro populo anglicano* (Hagae-Comitum 1654; BV2462), but no edition of Saumaise. Neither the *Defensio regia* nor the *Ad Ioannem Miltonum responsio* contain the passage quoted by Voltaire, who must have drawn on a secondary source which I have not been able to identify. Bayle's *Dictionnaire* contains a long article on Milton in which the controversy with Saumaise is described in terms which support Voltaire's remark.

[15] Voltaire's image of the pedantic commentator remained unchanged. This line is echoed in a letter of 21 August 1746: 'Il [Montaigne] pense, et ces messieurs [les commentateurs] ne pensent point' (D3453). The latters' lack of good sense and aberrant judgment are emphasised in 1756 in an exchange of letters with Thiriot (D6879, D6903, D6906).

[16] It was not Johann Friedrich Gronov (1611-1671), but Anne Dacier who edited Lucius Septimius, *Dictys Cretensis Ephemeris belli Troiani* (1680, republished in 1702). The target must have been obvious to Voltaire's contemporaries, despite the substitution of the name.

Theagenes of Rhegium and his pupil, Metrodorus of Lampsacus, were the first recorded exegetists of the poems of Homer. Voltaire probably remembered the name from his reading of Mme Dacier's preface to her *L'Iliade d'Homère*, i.LXII.

[17] *Œuvres*, i.312-13; *Odes*, i.xxxvii. Dacier's text reads: 'C'est maintenant, mes chers amis, qu'il'.

[18] *Œuvres*, iii.108-109; *Odes* III.vi. Dacier's text reads: 'qu'elles font de nouveaux galants à la table même de leurs maris'.

[19] Voltaire had carefully read Dacier's much esteemed translation of Aristotle's *Poetics* (*La Poétique d'Aristote*, Paris 1692; BV102, CN, i.114-45) and had consulted him on the subject of Greek tragedy in 1714 (D26); but even then he ignored his advice though he respected his learning. In the 'Catalogue des écrivains' he described him as 'Homme plus savant qu'écrivain élégant, mais à jamais utile par ses traductions et par quelques-unes de ses notes' (*OH*, p.1152).

[20] It is tempting to speculate on the identity of this Crésus. Could this name stand for that of Pierre Crozat the Elder or that of Pierre Crozat the Younger? On 21 July 1734 Voltaire wrote to Du Resnel: 'On m'a envoyé de Paris une malheureuse copie de l'épitre à Emilie, dans la quelle il n'y a pas le sens commun. Entre autres sottises, ils ont mis monsieur Crosat, pour monsieur *Cresus*. Cecy est moins une sotise qu'une malice' (D771); see below, p.274-75. It is possible that Voltaire was also hoping to scotch gossip which in Paris identified the Crésus of *Le Temple du goût* with Pierre Crozat. The Crésus-Crozat association was still in his mind in 1738 when he referred in a letter (D1419) to 'ce crésus Crozat' (though this may refer to Louis-François).

[21] In his 'Lettre de M. de V... à M. de C...' Voltaire invokes Robert de Cotte and Germain Boffrand as authorities in the field of architecture, remaining faithful to the concept of 'le grand goût'. Here he may be condemning the developing Rococo as reflected in the sometimes unfortunate architectural experiments and highly inventive decoration of Gilles-Marie Oppenhardt (1672-1742) who was employed by the Regent at the Palais-Royal and by Crozat. Or he could have in mind Juste-Aurèle Meissonnier (1693-1750) who was goldsmith, sculptor, painter architect and furniture designer. Meissonnier rarely left the smallest space undecorated.

[22] *A tort, à droit*. The expression had been used by Claude-François Houtteville in his *La Religion chrétienne prouvée par les faits* (Paris 1722; BV1684: Paris 1749): 'Les Juifs modernes ont tout tenté, tout épuisé, tout écrit à tort et à droit' (p.189). Desfontaines had mocked this neologism (which was in reality no neologism) in his *Dictionnaire néologique* (Amsterdam 1728; BV1006), p.13. In the quarrel which followed the publication of Houtteville's highly successful work, this 'théologie de style Régence' enjoyed the support of the Moderns. See R. Pomeau, *La Religion de Voltaire* (Paris 1969), p.96-97.

[23] Voltaire's line may be a reference to Watteau's early work on devotional pictures. Could he have seen one of Watteau's last paintings, a crucifixion for the curé of Nogent-sur-Marne, where Watteau went to spend his last days with

M. Lefèvre, intendant des Menus Plaisirs du Roi? See Rosalba Carriera, *Journal* [...] *pendant son séjour à Paris en 1720 et 1721*, trad. A. Sousier (Paris 1865), p.308.

[24] Jean de Jullienne (1686-1766), écuyer, chevalier de l'ordre de Saint-Michel, amateur honoraire de l'Académie de peinture, amateur engraver and art collector, inherited *la manufacture de draps fins et écarlates des Gobelins* from his uncle, the Dutchman, Jean Gluck, who married the daughter of François de Jullienne, a fellow-dyer. For more than 50 years Julienne collected paintings, drawings, statues, etc., and acquired an impressive number of Watteau's works. After the latter's death, he published *L'Œuvre d'Antoine Watteau, gravé d'après ses tableaux et dessins originaux, tirés du Cabinet du roi et des plus curieux de l'Europe* (1725-1739). He was a close friend of Watteau and, like him, frequented Crozat, Gersaint, Caylus. See E. Dacier, J. Hérold and A. Vuaflart, *Jean de Jullienne et les graveurs de Watteau au XVIIIe siècle* (Paris 1921-1929).

[25] Jean-Baptiste Morvan de Bellegarde (1648-1734) was a tireless translator and author of edifying and literary works which were redeemed by neither content nor style. Among his best known productions were *Réflexions sur le ridicule* (1696) and *Lettres curieuses* (1702). His *Œuvres diverses* appeared in 4 volumes in Paris in 1723. Voltaire acquired his *Les Vies de plusieurs hommes illustres et grands capitaines de France, depuis le commencement de la monarchie jusqu'à présent* (Paris 1726; BV2527).

[26] François Gayot de Pitaval (1673-1743), was an inoffensive compiler, best known for his *Causes célèbres et intéressantes, avec les jugements qui les ont décidées* (1734-1743; BV1442: Paris 1739-1754) which Voltaire judged to be 'ridiculement écrites' (CN, iv.72). He no doubt had no better opinion of Gayot de Pitaval's *Bibliothèque des gens de cour* (Paris 1723-1725) which he read in an edition of 1746 (see D4901), or of *L'Art d'orner l'esprit en l'amusant* (Paris 1728; BV1441: Paris 1732). We do not know whether he also perused *Esprit des conversations agréables* (Paris 1731) or *Saillies d'esprit, ou choix curieux de traits utiles et agréables pour la conversation* (Paris 1726), but he first classed Gayot de Pitaval among the prolific bores in w38. The reference was suppressed in the next edition (RP40) as he wished to enlist Gayot de Pitaval as an ally in the attack on Desfontaines's *Voltairomanie* (see above, p.89). Gayot de Pitaval had written against Desfontaines in his *Critique des ouvrages de M. L. A. D. F.* (Amsterdam 1733), also published as *Le Faux Aristarque reconnu, ou lettres critiques sur l'abbé Desfontaines* (Amsterdam 1733).

[27] François Gacon (1667-1725), *le poète sans fard*. Voltaire may have used the material he provided in his *Anti-Rousseau* (1712), but he no doubt always despised him; cf. 'Catalogue des écrivains', art. 'Gacon': 'Ce n'est pas là assurément du bon goût' (*OH*, p.1164).

[28] Eustache Lenoble (1643-1711), baron de Saint-Georges et de Tenelière, had achieved a certain notoriety through the melodramatic misadventures of his private life and the great quantity of his undistinguished writings. These were issued in 19 volumes in 1718. While it may be suspected that he was mentioned because his name fitted into the line, it is possible that Voltaire may have disliked him as the author of *Charanton ou l'hérésie détruite, poème héroïque* (Paris 1686), a several times

reprinted and much revised eulogy of the revocation of the Edict of Nantes. The library at Ferney contained Lenoble's *Le Bouclier de la France* (Cologne 1692; BV2043).

[29] This note represents Voltaire's reaction to Desfontaines's *La Voltairomanie* (1738) which was a reply to Voltaire's *Le Préservatif* (1738).

[30] Pierre Crozat was not an *homme de robe* but a financier, unlike his nephew Joseph-Antoine Crozat, marquis de Tugny (1696-1751), with whom he is often confused. The *homme de robe* in question could be Louis de Lubert, président de la Troisième Chambre des Enquêtes (1676-?), whose 'gros ventre', obsession with the violin and heedless melomania amused and sometimes shocked his contemporaries. Marais noted in August 1723 that for some time he had been giving important concerts at his house on Mondays. He had set up 'une espèce d'Académie de musiciens qui se sont donné le nom de *Mélophilètes*' (iii.12, 91-92). Unfortunately, Lubert's personal tastes in music are unknown; see J.-F. Bluche, *Les Magistrats du Parlement de Paris au XVIIIe siècle: 1715-1771* (Paris 1960), p.130, 343-44, 354, 368.

[31] See p.168 and notes 135-37.

[32] In the Ferney library there was a copy of a *Histoire générale de la danse sacrée et prophane* (Paris 1724; BV469) by Jacques Bonnet and Pierre Michon Bourdelot. Did Voltaire at one time own and read their *Histoire de la musique* (Amsterdam 1725) in which was reprinted Jean-Laurent Le Cerf de La Viéville's *Comparaison de la musique italienne et de la musique française* (1704)? The latter criticised Italian music as being 'une musique, qui évite d'être liée et suivie, qui affecte sans cesse d'être inégale, *glapissante*, cahottante, furieuse, n'est ni harmonieuse, ni mélodieuse, ni agréable, et n'est propre qu'à tourmenter ceux qui ont le triste penchant et la folle gloire d'aimer à être tourmentés' (iii.278). Le Cerf de La Viéville defended French taste as represented by Lully and his disciples against those who claimed superiority for Italian fashions and despised French music. His attitude in the quarrel resembles that of Voltaire.

[33] Voltaire is comparing André Félibien's *Entretiens sur les vies et sur les ouvrages des plus excellents peintres anciens et modernes* with Roger de Piles's *Abrégé de la vie des peintres*.

[34] It is possible that Voltaire remembered Sénecé's description of his Temple of Good Taste: 'nous arrivâmes en côtoyant les plus agréables bois qu'il soit possible de voir, à la vue d'un superbe palais, que Virgile nous dit être celui du bon goût. Bien qu'il y eut de la grandeur dans le dessein de l'édifice, le bel ordre et la proportion des parties était ce qui frappait le plus. Un certain air de propreté régnait dans toute l'ordonnance du bâtiment, qui riait aux yeux et remplissait agréablement l'idée. J'en avais autrefois approché, mais jamais de si près que je fis dans cette occasion, et je vous avoue que j'en fus charmé' (*Lettre de Clément Marot à monsieur de ***, p.100-101). He may also have had in mind Maisons, by Mansart.

[35] Jean-François Sarasin, *Discours de la tragédie, ou remarques sur l'Amour tyrannique* (1639) written as a preface to Scudéry's *L'Amour tyrannique* (season

1637-1638). Voltaire no doubt read it in *Les Œuvres de M. Sarasin*, ed. G. Ménage (Paris 1696; BV3089).

[36] In Gabriel Guéret's *Le Parnasse réformé* (Paris 1671), p.49, Jean Puget de La Serre uses the arguments here attributed to Scudéry to prove the popularity of his prose tragedy *Thomas Morus* (1641). I have not been able to discover whether the same story was told of Scudéry.

[37] Jacques Pradon (1644-1698) was prompted by Racine's enemies to compose a rival tragedy on the same subject as *Phèdre*. His *Phèdre et Hippolyte* was first performed on 3 January 1677, two days after Racine's play. The success of the latter was compromised for a time (about a month, although Pradon preferred to believe that he had held his own against Racine for three months). Voltaire's source was probably Boileau, *Œuvres* (Paris 1716; BV440), i.235, Remarques (on *Épître VII à monsieur Racine*), by Claude Brossette; he had read *Épître VII* with some attention; see CN, i.379.

[38] Voltaire no doubt has in mind Faydit's *Télécomanie* (1700) and Gueudeville's *Critique générale des Aventures de Télémaque* (1700); see 'Catalogue des écrivains', art. 'Fénelon' (*OH*, p.1161).

[39] According to Louis Racine, *Remarques sur les tragédies de Jean Racine* (Amsterdam 1752; BV2859) some contemporaries thought that in Aman they recognised Louvois. Voltaire may have heard this story from L. Racine.

[40] After the death of La Bruyère, the manuscript keys which had been circulating were superseded by printed keys, the first of which appeared in 1696/1697. These multiplied in the eighteenth century. At Ferney Voltaire possessed the tenth edition: *Les Caractères de Théophraste [...] avec les Caractères ou les mœurs de ce siècle* (Paris 1699; BV1802); but he may have been reminded of La Bruyère's difficulties by the re-issue of Coste's edition in 1731.

[41] François Lemoyne (1688-1737), French historical and genre painter, appointed professor at the Académie de peinture in 1733, decorated the Salon d'Hercule at Versailles, completing his task in 1736. His work won him the appointment of first painter to the king and a pension, but fatigue and bitterly resented criticism combined to unbalance his mind and he committed suicide on 4 June 1737. Voltaire ranked him with Poussin, Le Sueur, Le Brun and Vanloo (*Siècle de Louis XIV*, ch.32; *OH*, p.1014). 'Il n'y a guère dans l'Europe de plus vastes ouvrages de peinture que le plafond de Lemoine à Versailles, et je ne sais s'il y en a de plus beaux', he asserted (ch.33, p.1019). He was even prepared to give Lemoyne first place: 'Lemoine [...] a peut-être surpassé tous ces peintres par la composition du *salon d'Hercule*, à Versailles' (p.1218).

[42] This passage is reminiscent of *La Henriade*, VII.159-164 (V 2, p.519).

[43] Despite Voltaire's denial in 1736 (D1000), it seems certain that this is a reference to Marivaux. In 1732 he anticipated that in *Les Serments indiscrets* 'il y aura beaucoup de métaphysique et peu de naturel [...] les cafés applaudiront pendant que les honnêtes gens n'entendront rien' (D480). And in 1733 he nicknamed Marivaux 'Marivaux Le métaphysique' (D589). The joke was already in Desfontaines's

Dictionnaire néologique, 'Eloge historique de Pantalon-Phoebus', where among the works left by Pantalon-Phœbus is *Arlequin métaphysicien*, *comédie*, a title which a note refers to Marivaux (p.38). For Voltaire Marivaux's work represented a real, insidious threat to good taste.

[44] In alluding to a 'roman mathématique' Voltaire may have had in mind either Louis-Bertrand Castel or Jean Terrasson. The former published in 1728 his *Mathématique universelle abrégée, à l'usage et à la portée de tout le monde* (BV649: Paris 1758), which Voltaire ridiculed in a letter to d'Argens in 1737: 'C'est là le style de nos beaux esprits savants, qui ne peuvent imiter que les défauts de Voiture et de Fontenelle; pareilles impertinences dans le père Castel, qui dans un livre de mathématiques, pour faire comprendre que le cercle est un composé d'un infini de lignes droites, introduit un ouvrier faisant un talon de souliers, qui dit, qu'un cône n'est qu'un pain de sucre, &cᵃ, et que ces notions suffisent pour être bon mathématicien' (D1342; cf. D13807).

It is also possible that Voltaire was thinking of Terrasson's novel *Séthos* (Paris 1731; BV3263) which, he said, 'prouve que des géomètres peuvent écrire de très méchants livres' (D435). In a letter to Formont on 10 December 1731 Voltaire included *Séthos* in a list of works the rest of which he was to satirise in *Le Temple du goût*: 'L'antéchrist est venu, mon cher monsieur; c'est lui qui a fait la vérité de la religion prouvée par les faits [see p.128 and n.22], Marie Alacoque [see n.46], Séthos, Œdipe en prose rimée et non rimée [see n.51]' (D445). Terrasson was elected to the French Academy in 1732; he may therefore be Voltaire's target.

[45] Garassus was the true form of the surname of François Garasse (1585-1631), a Jesuit who sought to combat free-thought in various works one of which, *La Doctrine curieuse des beaux-esprits de ce temps ou prétendus tels* (1623), was in Voltaire's library in an edition of 1624 (BV1429). Garasse was in great part responsible for the trial of Théophile de Viau. In the article 'Athée, athéisme' in the *Dictionnaire philosophique* Voltaire describes him as 'un jésuite autant au-dessous d'Aristophane, qu'Aristophane est au-dessous d'Homère; un malheureux dont le nom est devenu ridicule parmi les fanatiques mêmes' (V 35, p.379). But Voltaire's target is rather another jesuit, Aubert (Albertus), whose preaching led to the public burning of copies of Bayle's *Dictionnaire* and d'Argens's *Lettres juives* in Colmar in 1749. Voltaire appears to have learned about the incident during his stay in Colmar (October 1753-June 1754; see D5705, D5706). The modification of his text in w56 followed. The Aubert in question was François Aubert (1700-1780) who became *recteur* of the colleges of Auxerre (1757-1758) and Epinal (1759-1760) and died at Chambéry; see L. Châtellier, 'Voltaire, Colmar, les Jésuites et l'histoire', *Revue d'Alsace* 106 (1980), p.69-82.

[46] Jean-Joseph Languet de Gergy (1677-1753), elected to the French Academy in 1721, appointed bishop of Soissons in 1715 and archbishop of Sens in 1730, published in 1729 *La Vie de la vénérable mère Marguerite Marie* [...] *morte en odeur de sainteté en 1690* (Paris 1729; BV1912). Voltaire was not alone, apparently, in finding the work ridiculous (D445, D2771; *La Pucelle*, XVII.58, n.3). In June 1737

he proposed Languet de Gergy's biography as a suitable subject for mockery in d'Argens's *Mémoires secrets*: 'Le goût que vous avez pour le bon et pour le vrai ne vous permettra pas de passer sous silence les visions de Marie à la Coque; les vers français que Jesus Christ a faits pour cette sainte, vers qui feraient penser que notre divin sauveur était un très mauvais poète, si on ne savait d'ailleurs que Languet, archevêque de Sens, a été le Pellegrin qui a fait ces vers de Jesus Christ!' (D1342). In 1743, when he was a candidate for the French Academy, Voltaire feared Languet de Gergy's hostility (D2719). Defeated, he was disappointed and did not hold his tongue (D2755), but waited until 1756 to pillory Languet de Gergy together with Aubert and Garasse.

⁴⁷ In the 'Catalogue des écrivains', art. 'La Motte-Houdart', Voltaire reveals that the name Bardus / Bardou designates Nicolas Boindin (1676-1751), *procureur du Roi au bureau des trésoriers de France*, elected member of the Académie des inscriptions in 1706 and censeur royal (*OH*, p.1178). He was the alleged author of *Polichinelle sur le Parnasse*, a satire directed against *Le Temple du goût* (see above, p.62). Voltaire respected Boindin's integrity and philosophical views (he was an atheist), but resented his criticism of *Le Temple du goût* and counter-attacked in 33A. In *Le Siècle de Louis XIV* he asserted that, as a critic, Boindin was faithfully painted in *Le Temple du goût*, but it is possible that his judgment was distorted by Boindin's posthumous intervention in the *affaire des couplets* (see 'Catalogue des écrivains', art. 'Boindin', 'La Motte-Houdart', 'Rousseau', 'Saurin'). Voltaire possessed Boindin's *Œuvres* (Paris 1753; BV442) and *Le Port de mer* (Paris 1713; BV443), the comedy he wrote in collaboration with La Motte. He read Boindin's *Mémoire pour servir à l'histoire des couplets de 1710 attribués faussement à M. Rousseau* (Bruxelles 1752) as soon as it appeared (see D4848, D4870, D4871, D4997) and inserted a reply in the 1752 Leipzig edition of *Le Siècle de Louis XIV* (*OH*, p.1173-79). In a later edition of 1768 he added that Boindin was 'un critique dur', but nowhere does he attribute to him the pedantic, analytical approach described here.

⁴⁸ In a letter to Formont on 25 [26] December [1731] (D450), Voltaire had used the same words to characterise La Motte's poetry: 'Le patriarche des vers durs vient de mourir. C'est bien dommage, car son commerce était aussi plein de douceur que ses poésies de dureté. C'est un bon homme, un bel esprit et un poète médiocre de moins.' [Note by Catriona Seth.]

⁴⁹ When on 6 March 1732 Fontenelle received the bishop of Luçon as successor to La Motte in the French Academy, he defended La Motte's verse on the grounds of the excellence of its content, ironically translating the attitude of the critics into the following words: 'Un Poëte si peu frivole, si fort de choses, ne pouvait pas être un Poëte, accusation plus injurieuse à la Poësie qu'à lui' (*Discours prononcés dans l'Académie française le jeudy 6 mars MDCCXXXII à la réception de M. l'évêque de Luçon*, Paris 1732). But part, at least, of the public suspected that Fontenelle had been ironical at La Motte's expense. Formont describes the atmosphere at the ceremony where Fontenelle's unsuitable but brilliant speech provoked sustained laughter in an appreciative audience (D465). In a letter to Bouhier dated 30 April

1732 (Bn Fr 2441(2), f.227), the abbé Gédoyn remarked: 'l'expression *fort de chose* a fait beaucoup rire nos dames, qui ont dit que le pauvre M. de la Motte ne leur avait pas paru tel'. Marais commented: 'Vous avez dit en trois lignes tout ce qu'on peut dire du discours sur M. de la Motte. Mais il ne faut pas oublier *le fort des choses* qui est admiré des dames, et qui soutiennent que le berger y a pensé malice' (iv.352; cf. iv.347). Fontenelle's choice of words was indeed ambiguous, as it referred to an expression ridiculed by Desfontaines in his *Dictionnaire néologique* (Amsterdam 1731, p.77). An article entitled 'Fort de sens' reads: 'Notre fabuliste appelle les traits d'une morale élevée, des *traits fort de sens* (*Fab.* 19 *l.* 3.). Cela est pris par métaphore de cette expression ordinaire. (Voilà qui est fort de Caffé, cette liqueur est forte d'eau-de-vie.) On peut dire que le style de cet Auteur est *fort d'esprit.*' *L'Amour et la mort*, fable xix of book III (La Motte, *Fables nouvelles*, Paris 1719) is an anecdote preceded by 36 lines dealing with poetry in general and with the critical attitude of readers: 'Loin, Lecteurs dont la critique / Souffle le chaud et le froid, / Qui répandez sur tout une bile caustique, / Sans distinguer ni le tort, ni le droit. / Toute perfection chez vous s'appelle vice. / Est-on sublime? on est guindé. / Est-on simple? on est bas. Tout art est artifice, / Et tout ce qui plaît est fardé. / Si je hasarde quelque conte, / Qui vous semble un peu fort de sens, / Eh quoi! direz-vous, quelle honte / De proposer ces traits à des enfants!' Voltaire adopted Fontenelle's phrase in the 'Epître à Mme la marquise Du Châtelet' with which he prefaced *Alzire*: 'Le siècle des choses est arrivé' (V 14, p.111). But in 1736 Emilie explained to Algarotti why the word *chose* could no longer be used: 'En cas qu'on traduise l'épître, m. de Voltaire a fait du siècle des *choses* celui des *idées*; et cela parce que, depuis qu'on a tourné en ridicule, *fort de choses* (expression de feu mr de la Motte et dont même m. de Voltaire a parlé dans le *Temple du goût*) le mot de *chose* est devenu ridicule' (D1088). Voltaire remembered the phrase in the 'Catalogue des écrivains', art. 'La Motte-Houdart'. So did Fréron who used it in 1760 in his debate with Trublet over the importance of style in French literature (Naves, *Le Goût de Voltaire*, p.405). Voltaire was to re-use 'fort de choses' to qualify Fontenelle himself as Beuchot remarks (XLVII, p.26): 'Quel ministre du Seigneur! comme il fête la Pentecôte! comme il est *fort de chose* ce petit Fontenelle!' (*Lettre de Claustre à Madame de la Flachère*, 1769).

[50] La Motte had launched a courteously conducted attack on versification in the preface to his prose *Œdipe* (see n.51). Voltaire had sought to counter this offensive in the preface to the 1730 edition of his *Œdipe* and here continues his defence of poetry. See also N. Cronk, 'The epicurean spirit', *Studies* 371 (1999), p.69-70.

[51] For the two versions of La Motte's *Œdipe*, see *Les Œuvres de théâtre* (Paris 1730; BV1904), i.247-322 (prose), ii.219-88 (verse). The 'Avertissement' to which Voltaire refers is to be found at ii.220. In the first version Voltaire quotes La Motte correctly, but by 1739 he prefers, for polemical reasons, to strengthen the contrast between La Motte's statement and the historical 'truth'.

[52] From w38 onwards Voltaire tries to provide a fairer and more nuanced assessment which is best expressed in *Le Siècle de Louis XIV*, ch.32: 'La Motte-

Houdart, homme d'un esprit plus sage et plu étendu que sublime, écrivain délicat et méthodique en prose, mais manquant souvent de feu et d'élégance dans sa poésie, et même de cette exactitude qu'il n'est permis de négliger qu'en faveur du sublime. Il donna d'abord de belles stances plutôt que de belles odes. Son talent déclina bientôt après; mais beaucoup de beaux morceaux qui nous restent de lui, en plus d'un genre, empêcheront toujours qu'on ne le mette au rang des auteurs méprisables. Il prouva que, dans l'art d'écrire, on peut être encore quelque chose au second rang' (*OH*, p.1014). Cf. 'Catalogue des écrivains', art. 'La Motte-Houdart': 'célèbre par sa tragédie d'*Inès de Castro*, l'une des plus intéressantes qui soient restées au théâtre, par de très jolis opéras, et surtout par quelques odes qui lui firent d'abord une grande réputation: il y a presque autant de choses que de vers; il est philosophe et poète. Sa prose est encore très estimée' (*OH*, p.1173). Among the odes in which Voltaire found at least some admirable *stances* were *L'Amour-propre, ode à l'évêque de Soissons*, l.5 and 9, and *La Sagesse du roi supérieur à tous les événements*, l.4; see *Questions sur l'Encyclopédie*, art. 'Critique' (M.xviii.286-87). Among the operas (or more precisely opera-ballets) Voltaire, like his contemporaries, admired especially *L'Europe galante* (1697).

[53] Rousseau wrote an *Epître à Marot* in which he declares his admiration for the sixteenth-century poet.

[54] The abbé Jean-Paul Bignon (1662-1743), a member of a well-known legal and administrative family, produced very little original work, but had a distinguished career as a scholar, man of letters and administrator. He was made a member of the Académie des sciences in 1691 and of the Académie des inscriptions in 1693. Also in 1693 he was elected to the French Academy and became *conseiller d'Etat* in 1701. In 1718 the Regent appointed him head of the royal library with, in 1720, the definitive title of *bibliothécaire du roi*. According to Voltaire, it was he who engineered J.-B. Rousseau's election to the Académie des inscriptions et belles-lettres. He edited the *Journal des savants* from 1701 to 1743. He is believed to be the author of a novel, *Les Aventures d'Abdalla* (Paris 1712), reprinted in 1713, 1723, 1745, 1773 and 1785.

[55] Rousseau, *Œuvres* (Paris 1820), ii.319-20, Epigrammes, III, 30.

[56] Rousseau, *Œuvres*, ii.45-49, Epîtres, I.4. Voltaire abridged his quotation which reads in the original text: Venez, voyez, tant a beau le visage / Doux le regard, et noble le corsage! (p.47).

[57] Voltaire venomously recalls two episodes, both, he hoped, to Rousseau's discredit. According to his *Vie de M. J. B. Rousseau* (1738), the duc de Noailles was, about 1697, Rousseau's protector and introduced him to the court. Michel de Chamillard, intendant (1690) and controller-general of finances (1699), then minister of war (1700), had him appointed 'directeur d'une affaire dans les sous-fermes' (M.xxii.336). Bignon, about 1700, promoted his election to the Académie des inscriptions et belles-lettres. But about 1707 Rousseau could not resist writing satirical verses which lost him the good-will of his friends who were preparing to further his interests. Noailles was alienated by a hostile letter written by Rousseau

to Louis Sébastien Bernin de Valentiné, marquis d'Ussé, and shown to Noailles by the dramatist Hilaire Bernard de Roquelaure, baron de Longepierre. The relationship between Noailles and Rousseau was not improved with the publication in 1723 of Rousseau's *La Palinodie*, composed in 1716. This poem was a bitter attack on those who owed their eminence to Louis XIV but had ungratefully criticised him after his death (*Œuvres*, i.237-42). Rousseau maintained that his more particular targets were his erstwhile friends and patrons, Daniel François Voysin (chancellor of France), d'Aguesseau and Bignon (D147); but on 11 February 1723 he found himself obliged to defend himself against the accusation that he was attacking Noailles. Prince Eugène had written to him on 13 January 1723, enclosing a letter of complaint, dated 26 December 1722, to himself from Villars whose son was about to marry one of Noailles's daughters. Rousseau promptly identified Voltaire as the malicious source of this interpretation of *La Palinodie* which Rousseau had read to him during his stay in Brussels. For his part, as late as 1752 (D4867) Voltaire was asserting that he had not prompted Villars's action, that *La Palinodie* was directed against Noailles and that Villars's complaint to Prince Eugène led the latter to suppress his pension to Rousseau. Voltaire asserted that he had tried to intervene to dissuade Villars from writing to Prince Eugène and invoked the testimony of Villars's wife. The *Vie de J. B. Rousseau* does not mention the rôle of Villars and Noailles and attributes the loss of Rousseau's pension and promised post in the Low Countries to his part in couplets against Prince Eugène written by the comte de Bonneval.

[58] Rousseau, *Œuvres*, ii.219-33, Allégories, II, 2.

[59] Rousseau, *Œuvres*, ii.294, Epigrammes, II, 23.

[60] Voltaire may well have read the documents in the case in François Gacon's *L'Anti-Rousseau* (Rotterdam 1712; BV1410). This work reproduces La Motte's *Le Mérite personnel, ode à M. Rousseau* (p.231), the *Factum ou mémoire pour le s^r Saurin* [...] *contre le s^r Rousseau* (p.460-525) and the *Arrêt du Parlement contre Jean Baptiste Rousseau* (p.530-31). This last document declares that Rousseau 'a été déclaré dûment atteint et convaincu d'avoir composé et distribué *les vers impurs, satiriques et diffamatoires* qui sont au *Procès* [...] Pour réparation de quoi le dit Rousseau est banni à perpétuité du royaume [...] *cinquante livres* d'amende, et *cent livres* de réparation civile vers le dit Saurin'. The addition made to the note in w52 was inspired by Nicolas Boindin's belated attempt to vindicate Rousseau in his *Mémoire pour servir à l'histoire des couplets de 1710 attribués faussement à M. Rousseau*. For a detailed discussion of the labyrinthine *affaire des couplets* and its sequel, see H. A. Grubbs, *J. B. Rousseau, his life and works* (Princeton 1941), ch.3, 5.

[61] Grimm reports the discovery of the following unpublished fragment, 'écrit de la main de l'auteur', in a copy of Voltaire's works (CLT, ii.465):

> O vous, messieurs les beaux esprits,
> Voulez-vous être favoris
> Du dieu de la double montagne?
> Voulez-vous que dans vos écrits
> Le dieu du goût vous accompagne?

Faites tous vos vers à Paris.

[62] For Voltaire's views on the ode see note 175. His conception of the *allégorie* in 1733 emerges from three letters (D673, D685, D686) in which he criticises an *épître allégorique* sent to him by Cideville. The *allégorie* is essentially 'une métaphore continue'; it is a poem which instructs through allegorical devices. The latter must be logical and credible; they must give economic, transparent, unaffected expression to one, coherent, self-evident subject. In content and style, meretriciousness, gaudiness and precious over-elaboration or excessive ingenuity must be avoided. Voltaire's ideas are formulated systematically by Marmontel in the article 'Allégorie' in his *Eléments de littérature*. The *Utile examen des trois dernières épîtres du sieur Rousseau* (1736) is an enlightening supplement to this note in *Le Temple du goût*.

[63] For this epigram see Rousseau, *Œuvres*, ii.284, Epigrammes, II, 5, where the first line quoted by Voltaire reads: 'Car je'. Voltaire renewed his mockery in an epigram 'Qu'il est mauvais cet œuf cuit dans sa coque' (M.xxxii.411).

[64] Voltaire quotes the first strophe and the first three lines of the last strophe of La Motte's *Le Mérite personnel* (*Œuvres*, Paris 1753-1754; BV1901, i.526-28).

[65] *Pantalo-Phébéana* (in Desfontaines's *Dictionnaire néologique*, nouvelle édition, Amsterdam 1731) suggests (p.5-6) that comparing Rousseau and La Motte was habitual and quotes the 'Discours ordinaires de M. D. L. M. [La Motte] dans le Caffez' according to which: 'Rousseau & moi faisions des Odes de la même force & de la même beauté. Dans ses plus belles, comme dans l'Ode de la *Fortune* & de la *raison*, il est impossible de distinguer son stile du mien. Si nos noms étoient déguisez, le plus fin connoisseur s'y tromperoit. Pour ce qui est de ses autres Poësies, on m'a raporté que tout le monde les mettoit fort au-dessus des miennes. Mais M. de F. [Fontenelle] & l'Abbé D. P. [de Pons] pensent autrement; cela me suffit.' [Note by Catriona Seth]

[66] *Fables nouvelles* (Paris 1719), I, 8: 'Le chat et la chauve-souris', p.25.

[67] Rousseau's *Vénus et Adonis*, first performed in April 1697, was revived on 17 August 1717. His other opera, *Jason ou la Toison d'or*, performed for the first time on 6 January 1696, was a failure; see C. Girdlestone, *La Tragédie en musique (1673-1750)* (Genève 1972), p.148.

[68] *Le Café* (1694), *Le Flatteur* (1696), *Le Capricieux* (1700), *La Ceinture magique* (1701).

[69] Rousseau, *Œuvres*, ii.289-90, Epigrammes, II, 15.

[70] Fontenelle's *Lettres galantes du chevalier d'Her**** appeared in 1686. *Le Ruisseau amant de la prairie* caused some interest when it was published by the *Mercure* in November 1677. The other two poems, *Sur une passion d'automne* and *Sur un clair de lune* were printed in the *Poésies pastorales* of 1688. *Aspar, tragédie lyrique* (1680), was a failure celebrated by Racine in an epigram (*Œuvres complètes*, Paris 1950, i.978-79). *Endymion*, composed in 1692 and set to music by Hénault, was a *pastorale* [héroïque]. Published in 1698, in the second edition of *Poésies pastorales*, it was first performed (unsuccessfully) on 17 May 1731, with music by Collin de Blamont. It was reprinted in the same year. The opera *Thétis et Pélée, tragédie en musique*, with

music by Colasse, was first performed in January 1689. A great success, it was revived for the sixth time in January 1736. The *Histoire du renouvellement de l'Académie royale des sciences*, published in 1708, was reprinted in 1717 and 1722.

Voltaire had already made public his low opinion of Fontenelle's preciosity in a letter to *Le Nouvelliste du Parnasse* in 1731: 'Oublions avec monsieur de Fontenelle des Lettres composées dans sa jeunesse, mais apprenons par cœur, s'il est possible, les *Mondes*, la Préface de l'Académie des Sciences, &c.' (D415). In 1736, in a letter to the abbé d'Olivet (D980), he will return to the *Lettres galantes* which he attacked in a letter to Thiriot in March of the same year (D1027): 'Je tâcheray du moins de m'éloigner autant des pensées de made de Lambert que le stile vray et ferme de me du Chatelet s'éloigne de ces riens entortillez dans des phrases précieuses, et de ces billevesées énigmatiques

> Que cette dame de Lambert
>
> Imitoit du chevalier Dher,
>
> Et dont leur laquais Marivaux
>
> Farcit ses ouvrages nouveaux,
>
> Que cecy soit entre nous dit,
>
> Car je veux respecter l'esprit.'

The Ferney library contained the *Œuvres diverses de M. de Fontenelle* (Paris 1724; BV1363). Volume 2 includes *Endymion* (p.58-102), *Thétis et Pélée* (p.165-216), *Sur un clair de lune* (p.302-303), *Sur une passion d'automne* (p.303-304) and the *Lettres galantes* (p.347-549).

An echo of Voltaire's conviction that Fontenelle was Marivaux's father in preciosity is found in Emilie's letter of June 1735 (D876). On Voltaire's attitude to Fontenelle, see also p.77.

[71] Voltaire's information about, and assessment of, Leibniz reflect Fontenelle's *Eloge de Leibniz* (1717); see *Œuvres*, i.360-401; W. H. Barber, *Leibniz in France from Arnauld to Voltaire* (Oxford 1955), p.178. One sentence in his note appears to have been borrowed from Fontenelle who wrote: 'Leibniz faisait même des vers français' (*Œuvres*, i.362-63).

[72] Virgil, whose name was Publius Vergilius Maro.

[73] Marie Anne Cuppi, known as La Camargo (1710-1770). Voltaire may have had a secondary motive in bringing in her name; she was Clermont's mistress from 1733 to 1741; see E. P. Shaw, *François Augustin Paradis de Moncrif* (New York 1958), p.32; Dacier, *Mlle Sallé*, p.99.

[74] François Rébel (1701-1775), French violinist and composer, wrote for the first finale of his *Pyrame et Thisbé* (1726) a lively air which was adapted to a much admired *pas seul* of La Camargo.

[75] Jean-Joseph Mouret (1682-1738) arrived in Paris in 1707 and was appointed musician to the duchesse Du Maine. He composed the celebrated divertissements for the Grandes Nuits de Sceaux as well as divertissements for the Théâtre-Italien. His opera-ballets are among his best work. From 1728-1734 he was musical director of the Concert Spirituel.

[76] Marie Pélissier (1707-1749) made her début in 1722 and retired from the Opera in 1741 (Dacier, *Mlle Sallé*, p.36). Among others she created the rôles of Diane in Fontenelle's *Endymion* and Phèdre in Brassac's *L'Empire de l'Amour*.

[77] Charles Rollin, *De la manière d'enseigner et d'étudier les belles-lettres, par rapport à l'esprit et au cœur* (Paris 1726-1728). Voltaire's pagination in his note refers to this edition (cf. BV3007: Paris 1748-1755).

[78] Voltaire abridges Rollin's text which, in the above edition, begins on iii.304. He also slightly modifies what he quotes.

[79] Rollin, iii.507.

[80] Rollin, iii.648.

[81] Marie Sallé (1707-1756), much courted by Thiriot and much admired by Voltaire, had a highly successful and chequered career well described in E. Dacier's biography. According to the latter (p.123-40), her ambition was to replace the traditional choreography and costumes of the ballet with more mime, a more expressive style of dancing ('ballet-pantomime') and simpler costumes ('draperies simples, légères, amplement distribuées'). Her dancing contrasted strongly with the acrobatic prowess of La Camargo (p.39-40). Between the admirers of the two dancers there was much argument over their respective merits, but most ballet-lovers considered that they complemented each other (p.77-81, 101).

[82] On 17 March 1765 Falconet wrote to Voltaire to ask him to rectify errors in this note in w68 which was being printed. 'En relisant le Temple du goût, dernière édition, j'ai trouvé de petites fautes dans une notte; ces fautes regardent la Sculpture. Je puis en juger par ce que je connois un peu cet art. Il s'agit de faits aisés à rectifier dans la belle édition qui s'imprime de vos ouvrages. [...] Il n'y a que trois figures de Girardon au grouppe des bains d'Apollon, le Dieu et deux nymphes qui sont sur le devant. Il n'y a qu'un des grouppes de chevaux (celui à droite en entrant) qui soit de Marti. L'autre est trop mauvais pour en parler. Il n'y a point de gladiateur du Pujet; c'est le Milon et l'Andromede' (D12473). Voltaire did not modify his text which was silently corrected by the editors of Kehl.

[83] Voltaire's information on Nicolas Poussin was taken from André Félibien's *Entretiens*, iv.3-52. The date given by K is incorrect.

[84] This sentence may reflect R. de Piles's view which is neatly expounded in a table, entitled 'La Balance des peintres', in his *Cours de peinture par principes* (Paris 1708), p.489. Out of 20 marks in each case Poussin is awarded 15 for *composition*, 17 for *dessein*, 6 for *coloris* and 15 for *expression*.

[85] Voltaire may have been drawing on Félibien (*Entretiens*, iv.51-52) and Crozat who, under n° XXVIII, reproduces Raphael's *Vision d'Ezéchiel* and retells the story of the putting together of the paintings by Poussin and Raphael: 'M. Félibien rapporte que M. de Chantelou pria le Poussin, dont il était ami particulier, de lui peindre le ravissement de St Paul pour servir de pendant à ce petit tableau de Raphaël [...] M de Chantelou [...] fit effectivement servir le tableau du Poussin de couverture à la boite qui enfermait celui de Raphaël. M. de Launay les a vendus tous deux en cet état à feu S. A. R. [the Regent]' (*Recueil d'estampes d'après les plus*

beaux tableaux et d'après les plus beaux desseins qui sont en France, Paris 1729, i.12). After the latter's death the collections passed into the hands of his son, Louis d'Orléans-Bourbon, duc d'Orléans (1703-1752). Voltaire is most likely to have seen the pictures during the Regent's lifetime.

[86] Charles Le Brun (1619-1690), rector of the Académie royale de peinture et de sculpture and director of the Gobelins, both of which he helped to found, dominated the French classical school until the death of Colbert in 1683. A disciple of Vouet and Poussin, he won the favour of Louis XIV with his *The Family of Darius before Alexander* (1661), curiously mis-described in Voltaire's note here. The king then further commissioned from him a series on the victories of Alexander the Great. Voltaire repeated his eulogy in *Le Siècle de Louis XIV* where he comments: 'son tableau de *la Famille de Darius*, qui est à Versailles, n'est point effacé par le coloris du tableau de Paul Véronèse qu'on voit à côté, et le surpasse beaucoup par le dessin, la composition, la dignité, l'expression et la fidélité du costume' (*OH*, p.1217).

[87] Eustache Le Sueur (1616-1655), a disciple of Vouet and later influenced by Poussin and Raphael, enjoyed a high reputation throughout the eighteenth century. He did not visit Rome, but this gap in his education was used by biographers to demonstrate that a Roman training was not essential. Voltaire may have culled this idea from Piles (*Abrégé*, p.477-79) or Félibien (*Entretiens*, iv.195).

[88] This assessment also corresponds to the marks awarded in Piles's table in his *Cours de peinture*, p.489.

[89] Adrienne Lecouvreur (1692-1730), the greatest tragic actress of her day, last appeared on the stage in Voltaire's *Œdipe* on 15 March 1730. After a brief (and to some, suspect) illness she died on 30 March in Voltaire's presence. Excommunicate because she was a player, unrepentant on her death-bed, she was refused Christian burial and secretly interred at night in unconsecrated ground in the Faubourg Saint-Germain. Voltaire's deep admiration and affection for her were matched by his pity and indignation over the manner of her death and burial (D407). In his poem, *La Mort de Mlle Lecouvreur* (1730), in the first 'Epître dédicatoire' of *Zaïre* (1733) and in the *Lettres philosophiques*, XXIII, he scathingly contrasted the respect accorded to great actresses in England and the burial of Anne Oldfield in Westminster Abbey.

For 33A he replaced his first note with a harmless comment on Adrienne Lecouvreur's status and achievements as an actress (see l.438-448*v*). His remarks are illuminated by his article 'Chant' in the *Questions sur l'Encyclopédie* and the following passage from his *Appel à toutes les nations de l'Europe* (1761): 'La déclamation, qui fut, jusqu'à Mlle Lecouvreur, un récitatif mesuré, un chant presque noté, mettait encore un obstacle à ces emportements de la nature qui se peignent par un mot, par une attitude, par un silence, par un cri qui échappe à la douleur. Nous ne commençâmes à connaître ces traits que par Mlle Dumesnil [...] Nous avons vu Baron; il était noble et décent, mais c'était tout. Mlle Lecouvreur avait les grâces, la justesse, la simplicité, la vérité, la bienséance; mais pour le grand pathétique de l'action, nous le vîmes la première fois dans Mlle Dumesnil' (M.xxiv.220-21); see Naves, *Le Goût de Voltaire*, p.279-80.

⁹⁰ The influence of François de Chateauneuf's *Dialogue sur la musique des anciens* (Paris 1725; BV726: Paris 1735) is obvious in lines 495-521. Cf. 'Et combien a-t-on connu de personnes qui, ayant trouvé autrefois des admirateurs, ont survécu à leur nom sans qu'il soit arrivé de changement à leur esprit? Vous verrez, reprit Théagène, que les personnes dont vous parlez avaient l'esprit de leur temps et non pas le leur [...] quand on a un esprit à soi, on a un esprit de tous les temps, [...] on est sûr de plaire toujours' (p.110); see also below, n.107, 125.

⁹¹ *Art poétique*, iv.201; see below, l.510-516*v*. Segrais's eclogues were written about 1652 and collected in 1722.

⁹² *Traduction de l'Enéide de Virgile* (Paris 1668-1681). Voltaire may have had in mind Titon Du Tillet's opinion that '*Segrais* [a excellé] dans l'églogue et dans sa traduction en vers français de l'Enéide et des Géorgiques de Virgile' (*Le Parnasse français*, ed. 1727, p.5; cf. ed. 1732, p.22). In the 'Catalogue des écrivains', Voltaire says that Segrais 'était en effet un très bel esprit et un véritable homme de lettres. [...] Ses *Eglogues* et sa traduction de Virgile furent estimées; mais aujourd'hui on ne les lit plus'. But he is still conscious of his literary heresy since he adds: 'Il est remarquable qu'on a retenu des vers de la *Pharsale* de Brébeuf, et aucun de *l'Enéide* de Segrais. Cependant Boileau loue Segrais, et dénigre Brébeuf' (*OH*, p.1208-209).

⁹³ *L'Amour guéri par le temps, tragédie lyrique* (1685), published in 1723. According to Cioranescu, Segrais's opera was composed before Quinault's *Roland*, but the libretto was rejected by Lully on the pretext that the versification was too harsh and unsuitable for song (*L'Arioste en France*, Paris 1939, i.76-78).

⁹⁴ Jean Regnault de Segrais, *Œuvres* (Amsterdam 1723; BV3133), ii.111.

⁹⁵ *Les Géorgiques de Virgile, traduites en vers français: ouvrage posthume* (Paris 1711).

⁹⁶ It was perhaps Roy's *Essai d'apologie des auteurs censurés dans le Temple du goût* which suggested to Voltaire the new text of 33A: 'J'avoue que la conquête de la Franche-Comté, si bien décrite par cet auteur, est bien au dessus de son Histoire de l'Académie' (p.10). Pellisson-Fontanier is admitted to the Temple on the strength of his *Histoire de la dernière guerre entre la France et l'Espagne, ou de la conquête de la Franche-Comté* which had been printed in Pierre-Nicolas Desmolets and Claude-Pierre Goujet, *Continuation des Mémoires de littérature et d'histoire* (Paris 1726-1731; BV1014), vii.1-199.

⁹⁷ Pierre-Daniel Huet, *Commentarius de rebus ad eum pertinentibus* (Amstelodami 1718), p.204; cf. p.254-55; the translation was no doubt by Voltaire. The *Commentarius* was not translated into French until 1853. It is curious that Voltaire was initially unaware that Segrais had repudiated the authorship of *Zayde* (see note *j*), especially as his repudiation had been reprinted in an edition of his *Œuvres diverses* published in 1723 (i.XI, 10). But this edition is not listed in the Ferney library catalogue. Voltaire probably made his discovery when he was searching for material to strengthen his case against Segrais (see D656 which apparently reflects a recent reading of Huet's *Commentarius*). His respect for Mme de La Fayette and *Zayde*

still endured in 1761 when he held them up as models in contrast to J.-J. Rousseau and *La Nouvelle Héloïse* (D9670, D9672).

[98] Paul Pellisson-Fontanier and Pierre-Joseph Thoulier d'Olivet, *Histoire de l'Académie française* (Paris 1730; BV2681: Paris 1749), i.276-77.

[99] Voltaire's opinion of Mme Deshoulières's work is more clearly formulated in a letter of April/May 1777 to Frederick II: 'il y a dans les ouvrages de madame Deshoulières quoi qu'un peu faibles des morceaux naturels et même philosophiques qui méritent d'être conservez' (D20657). Her rank among seventeenth-century poets is indicated in the 'Catalogue des écrivains': 'De toutes les dames françaises qui ont cultivé la poésie, c'est celle qui a le plus réussi, puisque c'est celle dont on a retenu le plus de vers' (*OH*, p.1156). Cf. D6900 in which Voltaire, biased perhaps in counselling a woman, advises Louise Menon that 'Il y a des pièces de madame Deshoulières qu'aucun auteur de nos jours ne pourrait égaler'. Voltaire's library contained the *Œuvres de madame et de mademoiselle Deshoulières* (Paris 1747; BV1008) and *Choix des meilleures pièces de madame Deshoulières et de l'abbé de Chaulieu* (Berlin 1777; BV1009).

In the 'Catalogue des écrivains' Voltaire says briefly of Etienne Pavillon that he is 'connu par quelques poésies écrites naturellement' (*OH*, p.1192). His library contained an edition of Pavillon published in 1747 (BV2675).

[100] Cf. Voltaire to d'Olivet, 6 January 1736: 'De quoy diable vous avisez vous de louer les phrases hiperboliques, et les riens enflez de Balzac' (D980). Guez de Balzac's letters are described as 'des harangues ampoulées' in *Le Siècle de Louis XIV*, ch.32, but his entry in the 'Catalogue des évrivains' is entirely laudatory (*OH*, p.1003, 1135); see also Taylor, 'Voltaire iconoclast', p.52-53.

[101] *Le Siècle de Louis XIV*, ch.25, shows that Voltaire was acquainted with Benserade's contribution to Court entertainments and ballets and knew of his *Métamorphoses d'Ovide mises en rondeaux* (1676; *OH*, p.906, 908, 912, 1138); it confirms the assessment of *Le Temple du goût*.

[102] In 1761, in his *Appel à toutes les nations*, Voltaire praised Saint-Evremond's discernment and good taste in his diagnosis of the weaknesses of French tragedy, but he never departed from his judgment of 1733 that Saint-Evremond was 'un homme bien médiocre' (D584). 'C'était un esprit agréable et assez juste', he wrote in 1767, 'mais il avait peu de science, nul génie, et son goût était peu sûr: ses *Discours sur les Romains* lui firent une réputation dont il abusa pour faire les plus plates comédies et les plus mauvais vers dont on ait jamais fatigué les lecteurs, qui n'en sont plus fatigués aujourd'hui, puisqu'ils ne les lisent plus. On peut le mettre au rang des hommes aimables et pleins d'esprit qui ont fleuri dans le temps brillant de Louis XIV, mais non pas au rang des hommes supérieurs' (*Lettres à S. A. Mgr le prince de ***** sur Rabelais*, M.xxvi.500). The *Appel à toutes les nations* refers to 'la pitoyable comédie de *Sir Politik*, et [...] celle des *Opéra*; [...] ses petits vers de société sont ce que nous avons de plus plat en ce genre; [...] c'était un petit faiseur de phrases' (M.xxiv.218). In 1735, in his préface to *La Mort de César*, Voltaire declared that '*Sir Politick* n'était ni dans le goût des Anglais, ni dans celui d'aucune

autre nation' (V 8, p.250). Voltaire argued that Saint-Evremond's total achievement was slight and that he was credited with works that were not his. He emphasised that readers should bear in mind Saint-Evremond's discreet approach and ignore anti-Christian writings attributed to him 'parce qu'en effet on trouve dans ses véritables ouvrages plusieurs traits qui annoncent un esprit dégagé des préjugés de l'enfance. D'ailleurs sa vie épicurienne et sa mort toute philosophique servirent de prétexte à tous ceux qui voulaient accréditer de son nom leurs sentiments particuliers' (*Lettres*, M.xxvi.499-500). Erroneously, Voltaire believed that the celebrated *Conversation du maréchal d'Hocquincourt et du P. Canaye* (*Œuvres en prose*, ed. R. Ternois, Paris 1966, iii.192-206) was written by Charles Faucon de Ris Charleval, except for 'la petite dissertation sur le jansénisme et sur le molinisme que Saint-Evremond y a ajoutée. Le style de cette fin', continues Voltaire in *Le Siècle de Louis XIV*, 'est très différent de celui du commencement. Feu M. de Caumartin, le conseiller d'Etat, avait l'écrit de Charleval, de la main de l'auteur' (*OH*, p.1148; cf. D656).

[103] I have not been able to find the anecdote about *Sir Politick Would-be* in Desmaizeaux's *Œuvres de monsieur de Saint-Evremond* (Amsterdam 1726; BV3061: Paris 1740), ii.203-369.

[104] In a letter to Thiriot in 1733 Voltaire is conscious of possibly shocking public opinion in down-grading Voiture to the level of 'un petit esprit' (*c.*1 April, D584). In the *Lettres philosophiques*, XXI, he repeated the substance of his note in *Le Temple du goût*. His criticism is more biting in a letter to the abbé d'Olivet in 1736: 'Voiture tombe tous les jours et ne se relèvera point, il n'a que trois ou quatre petites pièces de vers par où il subsiste. Sa prose est digne du chevalier Dher [Fontenelle] et vous allez louer la naiveté du stile le plus pincé, guindé, et le plus ridiculement recherché. Laissez là ces fadaises, c'est du plâtre et du rouge sur le visage d'une poupée' (D980). His most telling observation is to be found in the 'Catalogue des écrivains': 'C'est le premier qui fut en France ce qu'on appelle un bel esprit. Il n'eut guère que ce mérite dans ses écrits, sur lesquels on ne peut se former le goût' (*OH*, p.1213). Voltaire classes Voiture among the pioneers whose meritorious but fumbling efforts must not be imitated. In the article 'Esprit' of the *Questions sur l'Encyclopédie* he amplifies thus: 'Loin que j'aie reproché à Voiture d'avoir mis de l'esprit dans ses lettres, j'ai trouvé, au contraire, qu'il n'en avait pas assez, quoiqu'il le cherchât toujours. On dit que les maîtres à danser font mal la révérence, parce qu'ils la veulent trop bien faire. J'ai cru que Voiture était souvent dans ce cas: ses meilleures lettres sont étudiées; on sent qu'il se fatigue pour trouver ce qui se présente si naturellement au comte Antoine Hamilton, à Mme de Sévigné, et à tant d'autres dames qui écrivent sans efforts ces bagatelles mieux que Voiture ne les écrivait avec peine' (M.xix.7-8). He damns Voiture's letters definitively in *Le Siècle de Louis XIV*, ch.32: 'Voiture donna quelque idée des grâces légères de ce style épistolaire qui n'est pas le meilleur, puisqu'il ne consiste que dans la plaisanterie. C'est un baladinage que deux tomes de lettres dans lesquelles il n'y en a pas une seule instructive, pas une qui parte du cœur, qui peigne les mœurs du temps et les caractères des hommes; c'est plutôt un abus qu'un usage de l'esprit' (*OH*, p.1003).

Voltaire's library contained: *Les Œuvres de monsieur de Voiture*, 4th ed. (Paris 1654; BV3459), and *Les Entretiens de monsieur de Voiture et de monsieur de Costar*, 2nd ed. (Paris 1655; BV3460).

[105] René Le Pays (1634-1690), by profession *directeur général des gabelles de Dauphiné*, published sundry 'lettres galantes' and a body of amatory verse in the *précieux* manner. Edme Boursault (1638-1701), a more substantial literary figure, also published 'lettres galantes', but achieved some recognition as a dramatist and played a part in the controversies surrounding Boileau's *Satires* and Molière's *L'Ecole des femmes*. He, but not Le Pays, earns a brief mention in the 'Catalogue des écrivains' (*OH*, p.1143). Neither author figures in the Ferney library.

[106] The first of these passages is from *Lettres amoureuses*, no.22, 'A mademoiselle de M***', in Voiture, *Œuvres*, ed. M. A. Ubicini (Paris 1855), ii.203. The second closely resembles a comment by Voiture in a letter to the marquis de Montausier, in *Œuvres*, i.189.

[107] Cf. Chateauneuf's assessment of Guez de Balzac and Voiture: 'tandis que deux écrivains autrefois si vantés parmi nous, ces maîtres du style épistolaire sont déchus du rang où la voix publique les avait placés. On peut encore prendre plaisir à lire Balzac, mais on n'oserait s'en vanter; et tel qui lui doit le plus, est le premier à le décrier. Voiture même commence à se passer, et je doute qu'on voulût écrire comme lui quand on le pourrait: du moins ne chercherait-on pas à l'imiter dans les efforts d'esprit qu'il fait quelquefois, et qui sont si éloignés de la simplicité des entretiens familiers dont ce genre d'écrire ne saurait trop approcher' (*Dialogue sur la musique des anciens*, Paris 1725, p.117-18).

[108] Voiture to Chapelain, 'à Avignon, le 11 juin 1642', *Œuvres*, i.384 (cf. BV3459: Paris 1654).

[109] 'Chanson sur l'air du branle de Mets', l.7 (*Œuvres*, ii.345).

[110] Boileau ranks Voiture with Horace in *Satires*, ix.27, but in xii.41-50, he denounces the ravages of ambiguity and wit in the 'brillants ouvrages' of 'cet auteur si charmant / Et pour mille beaux traits vanté si justement'. This criticism hardly warrants Voiture's addition in w38-k.

[111] Among the letter-writers of the seventeenth century Voltaire gave pride of place to Mme de Sévigné for reasons he made clear in the 'Catalogue des écrivains': 'Ses lettres, remplies d'anecdotes, écrites avec liberté, et d'un style qui peint et anime tout, sont la meilleure critique des lettres étudiées où l'on cherche l'esprit, et encore plus de ces lettres supposées dans lesquelles on veut imiter le style épistolaire en étalant de faux sentiments et de fausses aventures à des correspondants imaginaires. C'est dommage qu'elle manque absolument de goût' (*OH*, p.1209). In chapter 32 of *Le Siècle de Louis XIV*, he rates Mme de Sévigné as 'la première personne de son siècle pour le style épistolaire, et surtout pour conter des bagatelles avec grâce' (*OH*, p.1011). The earliest edition listed in the catalogue of the library at Ferney is that published in 1754 by D. M. de Perrin (BV3155-3156), but Voltaire must have read the letters made available in various editions of Bussy's letters, in an edition prepared by Celse de Bussy (1726) and in the Rouen edition published

by Thiriot or the La Haye edition produced by (?) Desfontaines, both issued in 1726 (see D322).

[112] Voltaire quotes loosely from three letters of which Bussy-Rabutin sent copies to Mme de Sévigné on 23 May 1667 (paragraph 1), 23 December 1676 (paragraph 2) and 30 April 1679 (paragraph 3). His sources were apparently: Dominique Bouhours, *Pensées ingénieuses des anciens et des modernes* (Paris 1722), p.167, 172, 187; and the *Lettres de messire Roger de Rabutin, comte de Bussy* (Amsterdam 1731), i.21, 217, 317. For the first and third paragraphs he adopts the text of the latter, in the second paragraph the text of the former. It is of course possible that Voltaire used an edition that I have not been able to identify.

[113] Cideville, in his copy of the text, notes: 'vers resté sans rime', which may explain why the passage was revised. [Note by Catriona Seth.]

[114] In a letter to La Harpe in 1772 Voltaire was still of the opinion that Michel-Celse de Rabutin, comte de Bussy 'avait plus d'esprit que son père' (D17809).

[115] Guillaume Amfrye de Chaulieu (1639-1720), Voltaire's friend since the days of the Temple, was also one of his models. 'Vous avez bau vous deffendre', wrote the latter in 1716, 'd'être mon maître, vous le serez quoyque vous en disiez. Je sens trop le besoin que j'ay de vos conseils; et d'ailleurs les maîtres ont toujours aimé leurs disciples' (D35). But only within limits clearly marked by Voltaire in the 'Catalogue des écrivains': '[Chaulieu] connu par ses poésies négligées et par les beautés hardies et voluptueuses qui s'y trouvent. La plupart respirent la liberté, le plaisir, et une philosophie au-dessus des préjugés' (*OH*, p.1148). Nevertheless his admiration for certain poems persisted, and his respect for Chaulieu seems to have grown as his disappointment with the evolution in eighteenth-century taste deepened. On 2 February 1759 he wrote to Mme Du Bocage: 'Il me paraît que les grâces et le bon goût sont bannis de France, et ont cédé la place à la métaphysique embrouillée, à la politique des cerveaux creux, à des discussions énormes sur les finances, sur le commerce, sur la population, qui ne mettront jamais dans l'état ni un écu ni un homme de plus. Le génie français est perdu; il veut devenir anglais, hollandais et allemand; nous sommes des singes qui avons renoncé à nos jolies gambades pour imiter mal les bœufs et les ours. *La Tocane* et *la Goutte* de Chaulieu, qui ne contiennent que deux pages, valaient cent fois mieux que tous les volumes dont on nous accable' (D8075). The library at Ferney contained the *Œuvres diverses*, ed. C. M. de Launay (Amsterdam [Paris, Prault], 1233 [1733], BV732) and the reissue of 1740 (BV733), together with an anthology published in 1777 (see above, n.99).

[116] The *Poésies de monsieur l'abbé de Chaulieu et de monsieur le marquis de la Fare* (Amsterdam 1724) does not offer the lines quoted by Voltaire. But the latter no doubt had a manuscript copy (see D206 where Voltaire offers to supply Thiriot with copies of pieces by La Fare). In his edition of the *Œuvres* (Amsterdam 1757), Toussaint Rémond de Saint-Mard quotes Voltaire's lines and note, adding: 'Les deux pièces citées dans cette note sont les odes xv et xvi du tome ii. On chercherait en vain, dans la première, le portrait du confesseur qui ne s'y trouve pas; et les deux

derniers vers que M. de Voltaire cite comme étant de la seconde, sont de l'épître à madame la duchesse de Bouillon. Voyez le tome II, où l'on lit, dans le premier de ces deux vers: *Ainsi l'on peut passer*; et non: *Ainsi l'on doit passer*. Obligé, par état, d'écrire l'histoire, M. de Voltaire peut apprendre, de ces deux légères erreurs dont je l'avertis, qu'en matière de faits il est imprudent de s'en rapporter à sa mémoire' (i.c-cii). In w56 Voltaire rejected Rémond de Saint-Mard's criticisms and supplied the lines on the confessor in an addition to his original note (see n.*p*, 7-8*v*, 12*v*). In 1770 Voltaire included the *Lettre de l'abbé de Chaulieu au marquis de la Fare* in *Les Choses utiles et agréables*.

[117] Charles Auguste, marquis de La Fare (1644-1712), was associated with Chaulieu whose philosophical and aesthetic ideas he shared and with whose work his verse was published (see n.116). His *Mémoires et réflexions sur les principaux événements du règne de Louis XIV* first appeared in 1716 (Rotterdam [Rouen]; BV1842). In the 'Catalogue des écrivains', Voltaire says that he was 'connu par ses *Mémoires* et par quelques vers agréables. Son talent pour la poésie ne se développa qu'à l'âge de près de soixante ans' (*OH*, p.1170).

[118] This line echoes a line, referring to La Fare, in Chaulieu's *A monsieur l'abbé Courtin qui lui avait envoyé des fruits*:

> Des gens d'honneur petite est la cabale,
>
> Depuis la mort du pauvre Céladon.

Voltaire may have had a copy of this poem among the manuscripts of Chaulieu and La Fare he had collected and which Thiriot intended to draw upon for the edition of Chaulieu he was planning in 1724 (see D193, D198, D206, D210, D213). He could also have read it in 1728 in Desmolet's *Continuation des mémoires de littérature et d'histoire* (vii.253-54), in a collection entitled 'Poésies de l'abbé de Chaulieu qui n'ont point été imprimées dans le recueil de ses ouvrages d'Amsterdam (Lyon) 1724' (p.243).

[119] In his edition of the works of Chaulieu and La Fare, Rémond de Saint-Mard criticised Voltaire's comment, 'avec une préface trop partiale', in w42: 'On ne sait pas trop', he objects, 'ce que ces derniers mots veulent dire, ni de qui l'auteur veut parler. Camusat, dans sa lettre à M. d'Orville, et l'éditeur de 1731 à la fin de son avertissement ne donnent au marquis de La Fare que des louanges qu'il mérite. Où est donc la partialité? Le poète la Fare est inférieur, sans doute, au poète Chaulieu. S'ensuit-il qu'il ne soit pas digne de marcher quelques pas après lui? Ne peut-on lui donner un rang distingué parmi les poètes aimables, sans risquer de passer pour trop partial?' Voltaire had already reverted to the version 'très partiale' and did not reply.

Rémond de Saint-Mard reprinted in his edition of the works of Chaulieu the 'Avis des libraires, mis à la tête de l'édition de 1731, à la Haye, chez Charles de Rogissart et Sœurs' (i.[I]-III) and the 'Lettre de M. Camusat à M. d'Orville, professeur en histoire et en belles-lettres dans l'école illustre d'Amsterdam: sur les poètes qui ont chanté la volupté', dated 12 September 1731 (i.CV-CLXVI). A moderately appreciative passage on La Fare is found in the second part of the 'Avis', i.LXVII-LXVIII. Much greater enthusiasm characterises Denis-François Camusat's *Lettre* which associates Chaulieu and La Fare in the following panegyric: 'Les ouvrages de M. l'abbé de Chaulieu seront dans toute la postérité une preuve convaincante des progrès qu'il fit sous un si grand maître [Chapelle]; Je ne sais, monsieur, s'il ne l'a pas surpassé. Au moins ne lui peut-on pas disputer cet avantage du côté de l'invention. Quelle variété dans ses tableaux! Quelle multitude d'images toutes naturelles! Quelle foule de ces sentiments qui vont au cœur, parce qu'ils y ont leur première source! Quel ingénieux badinage! Quels traits de lumière sur les importantes vérités! Il vaut mieux vous laisser, monsieur, le plaisir d'apercevoir vous-même toutes ces beautés. Elles sont, à peu près, les mêmes dans les poésies de M. le marquis de la Fare; à cela près que je trouve dans ces dernières un peu moins de force, et qu'il y a quelques vers que j'ai de la peine à distinguer de la prose' (i.CXLII-CXLIII). Voltaire is merely protesting against the excessively high praise given to Chaulieu and La Fare whom he considers to be minor poets.

[120] Anthony (Antoine), Earl of (comte de) Hamilton (*c*.1646-1720) was a friend of La Fare and Chaulieu whose ideas he shared. Among secondary writers Voltaire esteemed Hamilton for his wit and his style ('Catalogue des écrivains', *OH*, p.1167; *Questions sur l'Encyclopédie*, art. 'Esprit', I). His library contained the *Mémoires du comte de Grammont* (Paris 1749; BV1592) of which there were editions in 1713, 1714 and 1732. Though there is no copy listed in the Ferney collection, it seems unlikely that he did not read also Hamilton's *Œuvres mêlées en prose et en vers* (Paris 1731) which Formont announced in a letter to Cideville (D393). In January 1730 Voltaire had asked Thiriot to provide Josse who was printing Hamilton's *Le Bélier* in 1729-1730 (D371) with any of the same author's 'pièces fugitives' he might have among his papers. *Le Temple du goût* appears to be the only work in which Voltaire stresses Hamilton's pessimistic view of humanity and suggests the possibility of his religious scepticism.

[121] François-Joseph de Beaupoil, marquis de Saint-Aulaire (1643-1742), a friend of Fontenelle, frequented Mme de Lambert's salon and the court at Sceaux. When he was about sixty years of age, he began writing verse, a few epistles, elegies and madrigals, which remain scattered in the various *recueils* of the time. It was as a brilliant conversationalist that he was elected to the French Academy in 1706, despite Boileau's bitter opposition. In the 'Catalogue des écrivains', Voltaire comments: 'C'est une chose très singulière que les plus jolis vers qu'on ait de lui aient été faits lorsqu'il était plus que nonagénaire [...] Anacréon moins vieux fit de bien moins jolies choses' (*OH*, p.1201-202).

[122] Voltaire's source is probably Pellisson-Fontanier and d'Olivet, *Histoire de l'Academie française*, ii.188.

[123] Despite Voltaire's reservations (see n.2), his conception of ideal conversation was eminently reflected in Polignac's practice as described by d'Argenson in *Les Loisirs*: 'La conversation du cardinal est également brillante et instructive; il sait de tout, et rend avec clarté et grâce tout ce qu'il sait; il parle sur les sciences et sur les objets d'érudition, comme Fontenelle a écrit ses *Mondes*, en mettant les matières

les plus abstraites et les plus arides à la portée des gens du monde et des femmes, et les rendant dans des termes avec lesquels la bonne compagnie est accoutumée à traiter les objets de ses conversations les plus ordinaires. Personne ne conte avec plus de grâce que lui, et il conte volontiers' (ii.136-37). Voltaire believed that the art of conversation had declined. His impatience with current fashions in the drawing rooms of Paris is reflected in *Zadig*, ch.1: 'On était étonné de voir qu'avec beaucoup d'esprit il n'insultât jamais par des railleries à ces propos si vagues, si rompus, si tumultueux, à ces médisances téméraires, à ces décisions ignorantes, à ces turlupinades grossières, à ce vain bruit de paroles, qu'on appelait conversation dans Babylone' (ed. Ascoli and Fabre, i.5; ii.7, n.33; 11, n.11); cf. D8777.

[124] When Voltaire was presented to Ninon de Lenclos in 1704 he was ten years old and Ninon an old woman. Any knowledge of her earlier years must have come in part from conversations with Chateauneuf and Gédoyn. For essentially similar but more detailed treatment, see D4456 and *Dialogue entre Mme de Maintenon et Mlle de Lenclos* (1751).

[125] *Dialogue sur la musique des anciens. A Monsieur de* ***(Paris, chez Noel Pissot, à la Croix d'Or, Quai des Augustins, à la descente du Pont-Neuf, 1725). For Ninon's portrait, under the name Leontium, see p.8-9, 108-25. Voltaire borrows extensively from Chateauneuf (see also n.90). The edition in the Ferney library is dated Paris 1735 (BV726). Voltaire asked Thiriot to obtain a copy for him in 1769 (D15630) and quoted from the work in the preface to *Le Dépositaire* (1769).

[126] The Jesuits' campaign against Boileau is described by J. R. Miller, *Boileau en France au dix-huitième siècle* (Baltimore 1942), p.111-20. Their hostility was aroused especially by his *Epître XII. Sur l'amour de Dieu* (1695) and by his *Satire XII. Sur l'équivoque* (1705; published posthumously).

[127] Voltaire was familiar with Pascal's works before 1725 (Pomeau, *La Religion de Voltaire*, p.97, 236). In the library at Ferney there was an edition of the *Pensées* published in 1684 (BV2653) and an edition of *Les Provinciales* issued in 1700 (BV2656) though we do not know when these were acquired. Voltaire had a high regard for the *Lettres provinciales* which he considered to be the first prose masterpiece of the seventeenth century. The reasons for his admiration are given in *Le Siècle de Louis XIV*, ch.32: 'Mais le premier livre de génie qu'on vit en prose fut le recueil des *Lettres provinciales*, en 1654. Toutes les sortes d'éloquence y sont renfermées. Il n'y a pas un seul mot qui, depuis cent ans, se soit ressenti du changement qui altère souvent les langues vivantes. Il faut rapporter à cet ouvrage l'époque de la fixation du langage. L'évêque de Luçon, fils du célèbre Bussy, m'a dit qu'ayant demandé à Monsieur de Meaux quel ouvrage il eût mieux aimé avoir fait, s'il n'avait pas fait les siens, Bossuet lui répondit: Les *Lettres provinciales* [...] Le bon goût qui règne d'un bout à l'autre dans ce livre, et la vigueur des dernières lettres, ne corrigèrent pas d'abord le style lâche, diffus, incorrect, et décousu, qui depuis longtemps était celui de presque tous les écrivains, des prédicateurs, et des avocats' (*OH*, p.1004); see Naves, *Le Goût de Voltaire*, p.352-53.

[128] In *Le Siècle de Louis XIV*, ch.33, Voltaire will describe Colbert as 'le Mécène

de tous les arts' (*OH*, p.1019). According to Brumfitt (*Voltaire historian*, Oxford 1958, p.52), he was one of the very few writers who still defended Colbert in the second half of the eighteenth century. But he seems to have come late to an appreciation of Colbert's rôle as patron of the arts. Colbert first appears in the catalogue of great Frenchmen in *La Henriade* in 1737 (see V 2, p.528-29).

[129] Voltaire's source seems to be Pellisson-Fontanier's *Histoire de l'Académie française*, i.103-10, imperfectly remembered. According to Pellisson, Chapelain did not write, nor the cardinal borrow, the prose prologue to *La Comédie des Tuileries* (1635); it was to *La Grande pastorale* (1637) that Richelieu contributed some five hundred lines.

[130] Louis-François-Armand Du Plessis, duc de Richelieu (1696-1788), grand-nephew to cardinal de Richelieu, Voltaire's close and much admired friend since his school-days.

[131] Pellisson does not mention Nicolas Faret.

[132] The lines by Guillaume Colletet are from his *Monologue des Tuileries*.

[133] Voltaire retold this story in the *Essai sur les mœurs*, ch.175 (*Essai*, ii.585). He quotes Retz as one authority for Richelieu's pedantry (Jean-François-Paul de Gondi de Retz, *Mémoires*, Amsterdam 1731; BV2967, ii.19). I have found no trace of the copy of the theses alleged to be in the possession of the abbé de Rothelin (Goujet, *Lettre*, p.6).

[134] Jean-François Leriget de La Faye (1674-1731), a wealthy, well-connected soldier and diplomat, dabbled in poetry and was a patron of the arts. He possessed a fine collection of Flemish and French pictures, engravings, engraved stones, porcelain and Chinese and Japanese objets d'art to which he freely admitted interested visitors. He was fond of music. His verse (mainly light) gives him a place among the minor poets. In the debate over poetry in the 1730s he defended versification for the same reasons as Voltaire. The latter, at the end of his preface to the 1730 edition of *Œdipe*, extolled La Faye's 'ode en faveur de l'harmonie [*Ode en faveur des vers*, 1729], dans laquelle il combat en beaux vers le système de M. de La Motte, et à laquelle ce dernier n'a répondu qu'en prose [...] M. de La Faye a rassemblé en vers harmonieux et pleins d'imagination presque toutes les raisons que j'ai alléguées' (M.ii.57-58). It was not for his verse, but for his interest in the arts that he was elected to the French Academy in 1730. Voltaire celebrated his special qualities, not only in *Le Temple du goût*, but also in his *Portrait de M. de La Faye* (1731; M.x.489). In a letter of 10 February 1736 he complimented Antoine de La Roque, editor of the *Mercure*, on his resemblance to La Faye: 'il est bien doux de plaire à un homme qui, comme vous, connaît et aime tous les beaux-arts. Vous me rappelez toujours par votre goût, par votre politesse, et par votre impartialité, l'idée du charmant M. de La Faye, qu'on ne peut trop regretter' (D1009). La Faye was, like Chaulieu and La Fare, an habitué of the Temple. In his *Conseils à un journaliste* (1739) Voltaire made clear his assessment of La Faye as a poet: 'Vous répandez beaucoup d'agrément sur votre journal, si vous l'ornez de temps en temps de ces petites pièces fugitives marquées au bon coin, dont les

portefeuilles des curieux sont remplis. On a des vers du duc de Nevers, du comte Antoine Hamilton, né en France, qui respirent tantôt le feu poétique, tantôt la douce facilité du style épistolaire. On a mille petits ouvrages charmants de MM. d'Ussé, de Saint-Aulaire, de Ferrand, de La Faye, de Fieubet, du président Hénault, et de tant d'autres. Ces sortes de petits ouvrages dont je vous parle suffisaient autrefois à faire la réputation des Voiture, des Sarrasin, des Chapelle. Ce mérite était rare alors. Aujourd'hui qu'il est plus répandu, il donne peut-être moins de réputation; mais il ne fait pas moins de plaisir aux lecteurs délicats' (M.xxii.251).

[135] André Cardinal Destouches (1672-1749), French composer, was a pupil of Campra to whose *L'Europe galante* he contributed three airs. His first opera, *Issé* (1697), brought him fame and was followed by nine more of which some achieved great and prolonged popularity. His main librettists were La Motte and Roy.

[136] André Campra (1660-1744), French composer, began his very successful career with *L'Europe galante* (1697), an opéra-ballet with a libretto by La Motte. This work was regularly performed until 1755 and became the model for later works of this type. Campra was one of the most notable dramatic composers between Lully and Rameau. In the preface to the first book of his *Cantates françaises* (1708), he claimed to have tried to combine the characteristics of the French and Italian schools. Did Voltaire, while at school, attend any of the performances of Campra's works at Louis-le-Grand: *Annibal jurans ad oras* (Latin tragedy with French intermèdes, 1704), *Joseph vendu par ses frères* (tragedy with intermèdes, librettist Lejay, 1704), *Agapitus Martyr* (Latin tragedy with French intermèdes, librettist Charles Porée, 1710)?

[137] Voltaire traces the acclimatisation of opera in France in *Le Siècle de Louis XIV* and in the article 'Art dramatique' of the *Questions sur l'Encyclopédie*. His view of the genre was much influenced by the current notion of *tragédie lyrique*, by his relative indifference to instrumental music, his preoccupations as a playwright and his enjoyment of the spectacular elements combined with music and dancing. Like his contemporaries, he saw in the theatre of Ancient Greece the prototype of modern opera. He tended to consider the ideal opera to be a good classical tragedy set to music, the latter being subordinate to the libretto which it should translate faithfully into musical terms. He was therefore preoccupied by recitativo and suspicious of the disintegrating effect of arias or any element that delayed the evolution of the action. But he fully realised that by its nature opera could not conform closely to the prescriptions for tragedy. In his 1730 preface to *Œdipe* he described opera as 'un spectacle aussi bizarre que magnifique, où les yeux et les oreilles sont plus satisfaits que l'esprit, où l'asservissement à la musique rend nécessaires les fautes les plus ridicules [...] On tolère ces extravagances, on les aime même, parce qu'on est là dans le pays des fées; et, pourvu qu'il y ait du spectacle, de belles danses, une belle musique, quelques scènes intéressantes, on est content'. Nevertheless, the best operas are those which conform most closely to the three unities: 'Il serait aussi ridicule d'exiger dans *Alceste* l'unité d'action, de lieu et de temps, que de vouloir introduire des danses et des démons dans *Cinna* et dans

Rodogune. Cependant, quoique les opéras soient dispensés de ces trois règles, les meilleurs sont encore ceux où elles sont le moins violées' (M.ii.52). Voltaire reserved his greatest admiration for the best operas by Lully and Quinault, though he wrote for Rameau and came to respect Gluck. He extolled Campra and Destouches whom he described as imitators of Lully. In a letter of December 1735 to Thiriot he reveals his fidelity to the French tradition as established by Lully and Quinault combined with a readiness to incorporate into it some of the new Italian fashion. 'Je veux', he remarks, 'qua ma Dalila chante de baux airs où le goust français soit fondu dans le goust italien' (D971); see Naves, *Le Goût de Voltaire*, p.374-76.

138 Catherine-Nicole Lemaure (1704-1786) made her début in 1721 and eventually retired in 1735. On Marie Pélissier, see above, n.76.

139 Voltaire had in his possession Germain Brice's *Nouvelle description de la ville de Paris*, 8th ed. (Paris 1725; BV543), where this information probably came from (i.44). Voltaire's statement about the rôle of Louis Le Vau and the modification in 33A (see below, appendix 1.c) reflect the controversy over the respective parts played by the two architects (see l.662-663*v*). In *Le Siècle de Louis XIV*, ch.29, he asserts that 'Claude Perrault avait donné ce dessin [de la façade du Louvre], exécuté par Louis Levau et Dorbay' (*OH*, p.970-71).

140 See Brice, *Nouvelle description de Paris*, ii.1-4. François Blondel (1617-1686), architect, engineer and mathematician, expounded the classical doctrines of the Académie royale d'architecture in his *Cours d'architecture* (Paris 1675). He designed the Porte Saint-Denis (1671).

141 This note on Bernini summarises the information given by Brice, i.38-39.

142 This note summarises information given by Brice, i.46-47 (cf. CN, i.512). In 1546 François 1 commissioned Pierre Lescot (1515-1578) to rebuild the Louvre in preference to the Italian architect Sebastiano Serlio whose plan was rejected. Lescot was also responsible for the Fontaine des Innocents, constructed in the years 1547-1549 on the corner of the Rue Saint-Denis and the Rue aux Fers (today Rue Berger). The decoration was by Jean Goujon who had collaborated with Lescot in his work on the Louvre. Voltaire knew the fountain in its original form with two bays on one side and one on the other. It was resited and carefully rebuilt with four sides at the end of the eighteenth century (1786). It was again rebuilt and resited in 1865 in the middle of the Square des Innocents; see J. Hillairet, *Evocation du vieux Paris* (Paris 1953-1958), i.244; Pierre-Jean Mariette, *L'Architecture française*, ed. L. Hautecœur (Paris 1927), i, plate 28.

143 Bouchardon's fountain, known as 'la fontaine des Quatre-Saisons', is in the rue de Grenelle. It was erected in the years 1736-1739 and was inaugurated on 19 July 1749 by Michel-Etienne Turgot (Hillairet, *Evocation du vieux Paris*, ii.444). Bouchardon's bust of Polignac, begun in Rome towards the end of 1729, was on view in the Salon of 1737. In the Salon of 1738 he exhibited a model of his fountain and in the Salon of the following year a model of his *Amour se faisant un arc de la massue d'Hercule*. He was, in sculpture, the favourite protégé of Caylus with whom Voltaire discussed his work in January 1739 (D1757) and August 1740 (D2294).

Bouchardon's name was introduced into the text of *Le Mondain* as early as 1739. The latter's austere classicism was another bond between Voltaire, Polignac and Caylus. Voltaire's admiration for Bouchardon is reflected in D1930, D2038, D2074.

[144] In his remarks on Saint-Gervais Voltaire followed Brice, ii.144-45. Salomon de Brosse (1575-1626) designed a new classical façade for the Late Gothic church of Saint-Gervais (1616) and in 1615 was commissioned to build the Palais du Luxembourg for Marie de Médicis. For Saint-Gervais see Mariette, *L'Architecture française*, i, plate 5.

[145] Voltaire is following Brice, i.49-50.

[146] Pierre Puget (1620-1694) decided, after the disgrace of his patron, Fouquet, in 1661, to work in Genoa where he executed his two statues of St Sebastian and the Blessed Alessandro Sauli for the decoration of S. Maria Assuta di Carignano. During his years in Genoa he produced other religious works. He returned to France in 1667, living mainly in Marseilles and Toulon. Voltaire must have known his most notable work, the *Milon de Crotone*, installed in the gardens at Versailles in 1683, and his *Persée et Andromède* accepted for the same gardens in 1684. – Jean-Baptiste Théodon (1646-1713), French sculptor, worked at Versailles and in Rome where he achieved his greatest success. He was chosen in preference to Bernini when the statue of St John was commissioned for the Lateran basilica. – Pierre Legros (1666-1719), French sculptor, worked mainly in Rome.

[147] Some of the information may have been provided by Polignac, but the most likely source is Jean-Baptiste Dubos, *Réflexions critiques sur la poésie et sur la peinture* (Paris 1719): 'Depuis le renouvellement des arts on n'a jamais vu en quelque lieu que ce soit le grand nombre de sculpteurs excellents, ni de bons graveurs en tout genre et en toute espèce, qu'on a vu en France sous le règne du feu roi. Les Italiens, de qui nous avons pris l'art de la sculpture, sont réduits depuis longtemps à se servir de nos ouvriers. Puget, sculpteur de Marseille, fut choisi préférablement à plusieurs sculpteurs italiens pour tailler deux des quatre statues dont on voulait orner les niches des gros pilastres qui portent le dôme de la magnifique église de Sainte-Marie de Carignan à Gênes. Le Saint Sébastien et le Saint Alexandre Sauli sont de lui. Je ne veux point faire tort à la réputation de Domenico Guidi qui fit le Saint Jean, ni à l'ouvrier qui fit le Saint Barthélemi, mais les Génois regrettent aujourd'hui que Puget n'ait pas fait les quatre statues. Quand les Jésuites de Rome firent élever il y a vingt ans l'autel de saint Ignace dans l'église de Jésus, ils mirent au concours deux groupes chacun de cinq figures de marbre blanc qui devaient être placés à côté de ce superbe monument. Les plus habiles sculpteurs qui fussent en Italie présentèrent un modèle, et ces modèles ayant été exposés, il fut décidé sur la voix publique que celui de Théodon, alors sculpteur de la Fabrique de saint Pierre, et celui de le Gros, tous deux Français, étaient les meilleurs. Ils firent les deux groupes, qui sont cités aujourd'hui parmi les chefs-d'œuvre de la Rome moderne' (ii.162-63). *Le Siècle de Louis XIV* is silent on Puget's work in Italy, but proudly asserts that 'Legros et Théodon ont embelli l'Italie de leurs ouvrages' (*OH*, p.1219).

[148] Lines 684-690 follow closely Crozat, *Recueil d'estampes*, Préface, p.I, IV-V.

NOTES

Voltaire may have borrowed also from R. de Piles's *Abrégé de la vie des peintres*, i, ch.28, 'De l'utilité des estampes et de leur usage' (p.74-90), or from his *Idée du peintre parfait* (ch.27), reprinted in Félibien's *Entretiens*, vi.

149 The Crozat designated here is the banker, Pierre Crozat (1665-1740), not his nephew, Joseph-Antoine Crozat, marquis de Tugny (1696-1751). Pierre Crozat was a great connoisseur and acquired one of the most valuable and celebrated collections of paintings (some 500), statues (several hundred), drawings (19,201), engravings and engraved stones. Between 1720 and 1725, prompted by the Regent, he conceived the idea of publishing engravings of the pictures of the great masters in his own collection and in those of the king and the duc d'Orléans, together with a small number of works in foreign hands. Mariette and Caylus did not spare their encouragement. The first volume appeared in 1729 under the title: *Recueil d'estampes d'après les plus beaux tableaux et d'après les plus beaux dessins qui sont en France* (Paris in-folio). This covered the Roman school. The second volume was published only in 1742 by Pierre-Jean Mariette. After the publication of the first volume, Crozat, in order to lighten the burden, enlisted the help of Paul-Ponce-Antoine Robert (1686-1733), painter to cardinal de Rohan. They may have met through Polignac who, in 1721 in Rome, had appointed Robert his painter and after his return to Paris provided him with a lodging in his house. Crozat greatly admired the cardinal's relics of the ancient world (Rouchon, *La Mission du cardinal de Polignac à Rome*, p.171, n.2).

Crozat held weekly meetings at his house where the best artists of the day came to discuss their art. His circle included Watteau, Jean de Jullienne, Vleughels, de Troy, Legros, Largillière and Caylus. Of these artists Voltaire employed Vleughels and de Troy for the plates for *La Henriade*; he was painted by Largillière. As he frequented Caylus and Polignac, he no doubt was acquainted with Pierre Crozat (though not with all members of the family; cf. D801). Voltaire obviously did not share Crozat's enthusiasm for Watteau. Nor did he have the same taste for Italian music as Crozat who gave magnificent concerts at his house. With Mme de Prie the latter founded *Gli Academici paganti*, a kind of club dedicated to the performance of Italian music.

150 Crozat reproduces only one picture by Annibale Carracci (i.ii, unnumbered) and none by Poussin. Voltaire may have been conscious of a line of development from Carracci to Poussin; he may be reporting Crozat's intentions; he may be indicating a personal reaction to the two artists' work.

151 The château de Maisons (now Maisons-Laffitte), near Saint-Germain, was built by François Mansart in 1642-1651 for René de Longueil, marquis de Maisons, *surintendant des finances*, grandfather to Voltaire's friend. Voltaire thought it 'un des plus beaux édifices du royaume' (D173). He stayed there in October-December 1723 (see D167-D173). The architectural ideal incarnate in Maisons never lost its attractions for Voltaire. The influence of Maisons on the building of Ferney is recognised by Voltaire in 1760: 'J'ai bâti un petit Maisons, mais non pas une petite maison. J'ai fait en miniature à Ferney à peu près ce que Maisons est en grand. Une

maison [...] fait honneur à son maçon quand elle est bâtie avec goût. Sans goût il n'y a rien' (D9233); see Besterman, *Voltaire* (London 1969), p.401.

[152] The construction of the hôtel de Lassay (now the Présidence of the Assemblée nationale) was begun by Lassurance in 1724 and continued by Jean Aubert (d. 1741) who was responsible for the interior planning and probably also for the façade. The latter was notable for the high standard of comfort which also distinguished the Palais Bourbon. Aubert was one of the most important and talented decorators of his time. According to Voltaire, the house reflected the taste of his friend, Léon de Lassay. For an idea of the hôtel de Lassay in Voltaire's time, see J. Mariette, *L'Architecture française*, plates 180, 287-290, 451-452; and Paris, 'Le marquis de Lassay et l'hôtel Lassay', p.732-36.

[153] Jean-René de Longueil, marquis de Maisons (1699-1731) was *président à mortier du Parlement de Paris*, and a *membre honoraire* of the Académie des sciences. A close friend of Voltaire, he died after contracting smallpox on 13 September 1731. The depth of Voltaire's grief may be gauged from D432. Voltaire greatly respected his literary discernment (see D213, D421, D422). He celebrated the family in *La Henriade* (V 2, p.462).

[154] Voltaire saw Marot, as he did Homer and Shakespeare, as a brief and uncertain flash of light in a dark and barbarous age. In the *Essai sur les mœurs*, he was to write: 'Si nous suivons la destinée de la poésie en France, nous la verrons un peu renaître sous François 1er avec les autres arts dont il était le père. Avouons que ce fut en tout genre une faible aurore, car que nous restera-t-il de ce temps-là qu'un homme de goût puisse lire avec plaisir et avec fruit? Quelques épigrammes libertines de Saint-Gelais et de Marot, parmi lesquelles il n'y en a peut-être pas dix qui soient correctement écrites. On y peut encore ajouter une quarantaine de vers qui sont pleins d'une grâce naïve, mais tout le reste n'est-il pas grossier et rebutant?' ('Le chapitre des arts', *Essai*, ii.829; cf. ii.202). In a more detailed passage he asserts that 'Marot pensait très peu et mettait en vers durs et faibles les idées les plus triviales. De plus de soixante épîtres, il n'y en a guère que deux qui puissent se lire, l'une dans laquelle il conte avec naïveté qu'un valet l'a volé [*Au roi pour avoir été dérobé, Epître XXV*], l'autre où il fait la description du Châtelet [*Epître à Lyon Jamet, Epître X*]. De deux cent soixante et dix épigrammes, y en a-t-il plus d'une douzaine dignes d'amuser un homme de goût? Et retranchez encore cette licence qui en fait presque tout le mérite, que restera-t-il? Le reste de ses ouvrages, à un ou deux rondeaux près, ses psaumes, ses cimetières, ses étrennes, portent le caractère d'un siècle qui, ne connaissant pas le bon, estimait beaucoup le mauvais. Cependant le peu qu'il a de bon est si naturel qu'il a mérité d'être dans la bouche de tout le monde. Trois ou quatre petites pierres précieuses ont passé à la postérité à travers tant de débris et ont fait dire à Despréaux: Imitez de Marot l'élégant badinage' (ii.846). Although Voltaire adopted *le style marotique* in frivolous works, he rejected its use in serious genres (see above, p.54).

[155] Voltaire was disconcerted by Rabelais. He describes his first reactions in a letter of 13 October 1759 to Mme Du Deffand: 'Le Duc d'Orléans régnant daigna

un jour causer avec moi au bal de L'opéra. Il me fit un grand éloge de Rabelais, et je le pris pour un prince de mauvaise compagnie qui avait le goust gâté. J'avais un souverain mépris pour Rabelais' (D8533). In the *Lettres philosophiques*, XXII, he compared Rabelais very unfavourably with Swift and concluded: 'Rabelais dans son extravagant et inintelligible livre a répandu une extrême gaieté et une plus grande impertinence; il a prodigué l'érudition, les ordures et l'ennui; un bon conte de deux pages est acheté par des volumes de sottises: il n'y a que quelques personnes d'un goût bizarre qui se piquent d'entendre et d'estimer tout cet ouvrage' (ed. Lanson and Rousseau, ii.135). But, by 1759, his attitude had changed as he explained in his letter to Mme Du Deffand: 'je l'ai relu depuis; et comme j'ai plus aprofondi toutes les choses dont il se mocque, j'avoüe qu'aux bassesses près, dont il est trop rempli, une bonne partie de son Livre m'a fait un plaisir extrême'. In April 1760 he regrets his earlier incomprehension: 'je me repends d'avoir dit autrefois trop de mal de lui'. But, even so, Rabelais remains 'quand il est bon [...] le premier des bons boufons' (D8846). Voltaire was not singular in his condemnation of Rabelais's bad taste. Both La Bruyère (*Caractères*, I.43) and the author of the preface to the *Œuvres de maître François Rabelais* ([Paris] 1732; BV2851) had already expressed their distaste (i.XII).

156 See above, p.158 and n.102.

157 The evolution of Voltaire's comments on Bayle is more apparent than real since the variants reveal no change in Voltaire's judgment, but an attempt to substantiate his initial remark in reply to widespread indignation. In the text of 33A he amended his first laconic comment in order to throw the blame for Bayle's confused prolixity on his publishers (734-743v, l.18-21). In the letter Linant wrote for Prévost, at the prompting of his patron, he invoked the authority of Desmaizeaux: 'l'on aurait mauvaise grâce à contester une chose avouée par Bayle lui même. Il dit un jour à m^r de Maiseaux son éditeur que s'il avait eu à recommencer, il aurait réduit tous ses ouvrages à un seul volume. Mr de Maizeaux ne disconviendra pas de ce fait' (D656). This text seems to point to a remark transmitted orally to Voltaire by Desmaizeaux. The latter did not die until 1745, so that, even if he did not read Linant's unpublished letter, he could have been acquainted with Voltaire's new text and note. As far as we know, he did not contradict Voltaire's assertions. In a letter of 21 June 1739, Voltaire alleges that he had seen in writing Bayle's condemnation of his own prolixity and explains to d'Argens his attitude to Bayle: 'A l'égard de Bayle ce serait une grande erreur de penser que je voulusse le rabaisser. On sait assez en France comment je pense sur ce génie facile, sur ce savant universel, sur ce dialecticien aussi profond qu'ingénieux [...] Quel donc a été mon but en réduisant en un seul tome le bel esprit de Bayle? De faire sentir ce qu'il pensait lui même, ce qu'il a dit et écrit à m. Desmaiseaux, ce que j'ai vu de sa main: qu'il aurait écrit moins s'il eût été le maître de son temps. En effet, quand il s'agit simplement de goût, il faut écarter tout ce qui est inutile, écrit lâchement, et d'une manière vague. Il ne s'agit pas d'examiner si les articles de deux cents professeurs plaisent aux gens du monde ou non, mais de voir que Bayle, écrivant si rapidement sur tant d'objets

différents, n'a jamais châtié son style. Il faut qu'un écrivain tel que lui se garde du style étudié et trop peigné: mais une négligence continuelle n'est pas tolérable dans des ouvrages sérieux. Il faut écrire dans le goût de Cicéron, qui n'aurait jamais dit qu'*Abélard s'amusait à tâtonner Héloïse, en lui apprenant le latin*. De pareilles choses sont du ressort du goût, et Bayle est trop souvent répréhensible en cela, quoique admirable ailleurs. Nul homme n'est sans défaut; le dieu du goût remarque jusqu'aux petites fautes échappées à Racine, et c'est cette attention même à les remarquer qui fait le plus d'honneur à ces grands hommes. Ce ne sont pas les grandes fautes des Boyer, des Danchet, des Pellegrin, ces fautes ignorées qu'il faut relever, mais les petites fautes des grands écrivains; car ils sont nos modèles, et il faut craindre de ne leur ressembler que par leur mauvais côté' (D2034).

[158] See above, p.158 and n.104.

[159] For a discussion of the place of Sallust and Saint-Réal in Voltaire's conception of history, see Pomeau, *OH*, p.9-10; Brumfitt, *Voltaire historian*, p.30; and my article, 'Voltaire's apprenticeship as a historian: *La Henriade*', in *The Age of the Enlightenment: studies presented to Theodore Besterman* (Edinburgh, London 1967), p.10-11. In 1736, in a letter to d'Olivet, Voltaire emphasised the literary qualities he admired in the historical writings of Bossuet and Saint-Réal: 'Il nous resterait l'histoire, mais un génie naturelement éloquent veut dire la vérité, et en France on ne peut pas la dire. Bossuet a menti avec une élégance et une force admirable [...] Je ne connais après luy aucun[e] histoire où je trouve du sublime, que la conjuration de s^t Real. La France fourmille d'historiens, et manque d'écrivains' (D980). In the 'Catalogue des écrivains' he confers on the *Histoire de la conjuration de Venise* the rank of 'chef-d'œuvre' (*OH*, p.1205), but in 1758 he agrees in a letter to Pierre-Jean Grosley that 'l'abbé de s^t Real (homme qu'il ne faut pas regarder comme un historien) a fait un Roman de la conspiration de Venize', though 'on ne peut douter que le fonds ne soit vrai' (D7599). He had little regard for Saint-Réal's other works (see *OH*, p.1205). Despite his short-comings, Saint-Réal was no doubt the seventeenth-century historian Voltaire most admired, but he thought him inferior to Tacitus. This early admiration for Tacitus was dimmed in later years by a greater admiration for Livy; see Naves, *Le Goût de Voltaire*, p.308; Brumfitt, *Voltaire historian*, p.141-42. Two editions of Saint-Réal's works are listed in Voltaire's library; one of 1724 and another of 1745 (BV3071-3072). Sallust is represented by *Opera* (Lugduni Batavorum 1659; BV3078) and *Salluste, de la conjuration de Catalina, et de la guerre de Jugurtha contre les Romains* (Paris 1717; BV3079).

[160] The implications of this passage are made clear by the *Lettres philosophiques*, XXIV: 'Pour l'Académie française, quel service ne rendrait-elle pas aux lettres, à la langue, et à la nation, si au lieu de faire imprimer tous les ans des compliments, elle faisait imprimer les bons ouvrages du siècle de Louis XIV, épurés de toutes les fautes de langage qui s'y sont glissées. Corneille et Molière en sont pleins, la Fontaine en fourmille: celles qu'on ne pourrait pas corriger seraient au moins marquées. L'Europe qui lit ces auteurs apprendrait par eux notre langue avec sûreté, sa pureté serait à jamais fixée; les bons livres français imprimés avec ce soin aux dépens du

Roi, seraient un des plus glorieux monuments de la nation. J'ai oui dire que M. Despréaux avait fait autrefois cette proposition, et qu'elle a été renouvelée par un homme dont l'esprit, la sagesse et la saine critique sont connus' (ed. Lanson and Rousseau, ii.176). If the person in the last sentence is indeed Rothelin (see ii.183), the identity of views would partly explain his presence in *Le Temple du goût*.

[161] This view of La Bruyère parallels that expressed earlier by the abbé d'Olivet (Pellisson-Fontanier and d'Olivet, *Histoire de l'Académie francaise*, ii.354-55). Could Voltaire have identified in La Bruyère tendencies that were to lead to the preciosity he was attacking?

[162] Voltaire never accepted the idea of the prose poem which the Moderns such as La Motte and Pons exploited in their attack on versification (see V 2, p.108). His view of *Télémaque* is illuminated by his comment in his *Essai sur la poésie épique* (1733): 'Quelques-uns ont voulu réparer notre disette, en donnant au *Télémaque* le titre de poème épique; mais rien ne prouve mieux la pauvreté que de se vanter d'un bien qu'on n'a pas. On confond toutes les idées, on transpose les limites des arts, quand on donne le nom de poème à la prose. Le *Télémaque* est un roman moral, écrit, à la vérité, dans le style dont on aurait dû se servir pour traduire Homère en prose: mais l'illustre auteur du *Télémaque* avait trop de goût, était trop savant et trop juste, pour appeler son roman du nom de poème. J'ose dire plus, c'est que si cet ouvrage était écrit en vers français, je dis même en beaux vers, il deviendrait un poème ennuyeux, par la raison qu'il est plein de détails que nous ne souffrons point dans notre poésie, et que de longs discours politiques et économiques ne plairaient assurément pas en vers français [...] En un mot tous les détails dans lesquels Mentor daigne entrer seraient aussi indignes d'un poème épique qu'ils le sont d'un ministre d'Etat' (V 3B, p.493-94). This passage is absent from the 1727 English *Essay on epic poetry*; see V 3B, p.206-207. He was to be more specific about the nature and defects of Fénelon's work in *Le Siècle de Louis XIV*, ch.32: 'Presque tous les ouvrages qui honorèrent ce siècle étaient dans un genre inconnu à l'antiquité. Le *Télémaque* est de ce nombre. Fénelon [...] composa ce livre singulier, qui tient à la fois du roman et du poème, et qui substitue une prose cadencée à la versification. Il semble qu'il ait voulu traiter le roman comme Monsieur de Meaux avait traité l'histoire, en lui donnant une dignité et des charmes inconnus [...] les juges d'un goût sévère ont traité le *Télémaque* avec quelque rigueur. Ils ont blâmé les longueurs, les détails, les aventures trop peu liées, les descriptions trop répétées et trop uniformes de la vie champêtre; mais ce livre a toujours été regardé comme un des beaux monuments d'un siècle florissant' (*OH*, p.1006-1008).

[163] Voltaire was much criticised for his remarks on Bossuet, but the distinction in his mind between 'éloquent' and 'élégant' becomes clear from his observations in *Le Siècle de Louis XIV*, ch.32: 'Bossuet [...] s'était déjà donné aux oraisons funèbres, genre d'éloquence qui demande de l'imagination et une grandeur majestueuse qui tient un peu à la poésie, dont il faut toujours emprunter quelque chose, quoique avec discrétion, quand on tend au sublime [...] il appliqua l'art oratoire à l'histoire même, qui semble l'exclure [...] son style n'a trouvé que des admirateurs. On fut étonné de cette force majestueuse dont il décrit les mœurs, le gouvernement,

l'accroissement et la chute des grands empires, et de ces traits rapides d'une vérité énergique dont il peint et dont il juge les nations' (*OH*, p.1005-1006). Voltaire, unfortunately, does not detail the 'quelques familiarités' he condemns in the text of *Le Temple du goût*. However, in his *Lettre sur les panégyriques* (1767) he derides in a note the vision of a hen snatching its chick from the jaws of a dog described by Bossuet in his *Oraison funèbre d'Anne de Gonzague de Clèves, princesse palatine* (1685); see *Questions sur l'Encyclopédie*, art. 'Eloquence', 'Elégance', 'Esprit'; and Naves, *Le Goût de Voltaire*, p.292, 355.

[164] Luigi Riccoboni had already remarked on the monotonous similarity, the altogether too French courtliness, the 'galanterie', the unfailing 'tendresse' of Racine's heroes in his *Dissertation sur la tragédie moderne* published in the first volume of his *Histoire du théâtre italien* (Paris 1728-1731). The second volume of the latter is listed in the catalogue of the Ferney library (BV2973); but it seems unlikely that Voltaire would have ignored volume 1. Riccoboni claims in his *De la réformation du théâtre* (Paris 1743) that in London in 1727/1728 he read his *Dissertation* to Voltaire who agreed with his view of the French theatre (p.187-88); see X. de Courville, *Un apôtre de l'art du théâtre au XVIIIᵉ siècle: Luigi Riccoboni dit Lélio (1716-1731)* (Paris 1943-1945), ii.292. It is possible that in 1733 Voltaire was influenced by Riccoboni's criticisms.

[165] Fundamentally, Voltaire never departed from this view of La Fontaine though in subsequent editions of *Le Temple du goût* he expanded and modified it, showing more indulgence (see below, appendix I.E, l.29-43). For detailed discussion of La Fontaine's work, see *Le Siècle de Louis XIV*, ch.32, and 'Catalogue des écrivains' (*OH*, p.1013, 1170-71); *Discours aux Welches* (1764; M.xxv.242-45); *Lettre de M. de La Visclède* (1775; M.xxx.317-32). Voltaire thought that La Fontaine was unequalled as a fabulist though of his fables only 'environ cinquante' (M.xxv.242) or 'une soixantaine' (M.xxx.321) could be considered perfect or almost perfect. Among the fables he admired were *Les Deux pigeons, Le Corbeau et le renard, La Cigale et la fourmi, Les Animaux malades de la peste, Le Savetier et le financier, Le Meunier, son fils et l'âne*. He alleged that the fables were marred by 'le familier, le bas, le négligé, le trivial: défauts dans lesquels il tombe trop souvent' (*OH*, p.1171), popular expressions and aphorisms, occasionally the *style marotique* (M.xxx.330). Voltaire habitually judged La Fontaine, as a *conteur en vers*, to be inferior to Ariosto, but superior to Boccaccio (M.xxx.321-22, 329). His 'contes sont les meilleurs que nous ayons', but 'le grand défaut peut-être des contes de La Fontaine est qu'ils roulent presque tous sur le même sujet: c'est toujours une fille ou une femme dont on vient à bout' (M.xxv.244). The tales 'paraissent pour la plupart, aux bons critiques, un peu trop allongés' (M.xxx.328); they are marred by the same défects in taste as the fables (M.xxv.244). Nevertheless, there are 'une vingtaine de contes, écrits avec cette facilité charmante et cette négligence heureuse que nous admirons en lui' (M.xxx.321); see Nablow, *A study of Voltaire's lighter verse*, p.27-28. Voltaire was critical of the contents of an edition of the *Œuvres posthumes de M. de La Fontaine* published in 1696. Of an edition of the works, published under the title *Œuvres diverses* (Paris, La Haye 1729) he remarked in his *Lettre à M. de La*

Visclède: 'l'abbé d'Olivet eut plus de tort encore de faire une collection de tout ce qui pouvait diminuer la gloire de La Fontaine' (M.xxx.321). He was wrong in attributing the enterprise to d'Olivet, but justified in his criticisms. The only edition in the Ferney library was *Fables choisies mises en vers*, ed. C.-P. de Monthenault (Paris 1755-1759; BV1856).

166 Claude-François Fraguier, 'Qu'il ne peut y avoir de poèmes en prose' (11 août 1719), in *Histoire et mémoires de littérature tirés des registres de l'Académie royale des inscriptions et belles-lettres* (Paris 1717-1809), vi.265-77. Voltaire echoes Fraguier's words: 'Je suis persuadé que l'illustre auteur du *Télémaque* n'a jamais prétendu faire un poème; il connaissait trop bien chaque partie des lettres humaines, pour ne pas respecter les bornes qui séparent leur patrimoine' (p.276). 'On ne les [les limites] peut ôter de leurs places sans se rendre coupable envers lui; c'est troubler l'ordre que lui-même a établi; c'est jeter la confusion et le trouble où doivent régner l'ordre et la tranquillité' (p.266); cf. the passage from the *Essai sur la poésie épique*, above, n.158). Fraguier's essay left a permanent mark on Voltaire's theory of poetry because it drew a clear and, to Voltaire's mind, valid distinction between poetry, poetic prose and prose.

167 *Ode sur la prise de Namur*, l.85-90.

168 *Ode sur la prise de Namur*, l.155-160.

169 *Ode sur la prise de Namur*, l.105-107.

170 *Ode sur la prise de Namur*, l.148-150.

171 Jean-Baptiste Dubos, *Réflexions critiques sur la poésie et sur la peinture* (Utrecht 1732), i.178-79.

172 Few writers have been as savagely satirical as Voltaire. Yet, like the *philosophes* in general, he regularly condemned satire, especially if it were of a personal nature. While he admired much of Boileau's other work, in particular the *Art poétique*, he professed little regard for his satires which he criticised for their gratuitous and unfair personalities, their attacks on minor authors and their vulgar realism (*Siècle de Louis XIV*, ch.32; *OH*, p.1012-13). In 1731, in his *Histoire de Charles XII*, he related that 'le roi ne prit nul goût aux satires de ce dernier [Boileau], qui en effet ne sont pas ses meilleures pièces' (V 4, p.379); and in more placatory terms he repeated his view to Brossette in a letter of 14 April 1732 (D477). His major onslaught came in his *Mémoire sur la satire* (1739) written in reply to Desfontaines's *Voltairomanie*. In this he condemned lines 77-78 in *Satire* I, lines 17-20 in *Satire* II and lines 185-187 in *Satire* III. The reasons for his dislike of *Satire* XII. *Sur l'équivoque* emerge from his annotation of the text (CN, i.376-79). He found the poem absurd and intolerant. Boileau's solution to the problem of evil was unacceptable as was his condemnation of deism and protestantism. His juxtaposition of the horrors of religious warfare (Voltaire invokes the massacres of St Bartholomew's day) and the alleged 'morale relâchée' of the Jesuits produced only bathos. In criticising the *Satire sur l'équivoque* Voltaire was, in 1733, hoping to win support from the Jesuits, but this was not his only motive. He renewed his condemnation in 1769 in his *Epître à Boileau* (M.x.398). By 1774 he had changed his views on the rôle of ambiguity in

theological quarrels and in a letter to Mme Du Deffand (D19051) wished only that *Satire* XII were of higher quality.

[173] Boileau's strictures on Quinault (see prefaces of 1683, 1685 and 1694; *Satires*, ii.20, iii.187-199, ix.98, 288, x.131-148, *Le Lutrin*, v.191-199, *Réflexions sur Longin*, iii) seemed to Voltaire to be inspired by malice and to be an aberration of taste (*Lettres philosophiques*, XXI; *Mémoire sur la satire*, M.xxiii.52-53). In his *Epître sur la calomnie*, composed in 1733, he awards both writers the same rank (see below, p.306):

> Ne craignons rien de qui cherche à médire.
>
> En vain Boileau, dans ses sévérités,
>
> A de Quinault dénigré les beautés;
>
> L'heureux Quinault, vainqueur de la satire,
>
> Rit de sa haine, et marche à ses côtés.

Voltaire seems to have no great regard for Quinault's tragedies: he mentions only two, *Astrate* which he compares with Racine's *Alexandre* to the latter's detriment (M.xxiii.52-53) and *Le Faux Tiberinus* which he describes as 'mauvaise' in *Le Siècle de Louis XIV* (*OH*, p.895). His admiration goes to the librettist of the operas *Amadis de Gaule*, *Alceste*, *Armide et Renaud*, *Atys*, *Persée*, *Roland*, *Thésée* (D16135; V 54, p.31-32; V 55, p.563, 970-71; *Le Siècle de Louis XIV*, *OH*, p.1013, 1145, 1195, 1216, 1284). He extols Quinault's dramatic, lyrical treatment of the passions and the quality of his verse. Of the latter he remarks in his *Commentaires sur Corneille* (1764): 'Une remarque importante à faire, c'est qu'il n'y a pas une seule faute contre la langue dans les opéras de Quinault, à commencer depuis *Alceste*. Aucun auteur n'a plus de précision que lui, et jamais cette précision ne diminue le sentiment; il écrit aussi correctement que Boileau; et on ne peut mieux le venger des critiques passionnées de cet homme, d'ailleurs judicieux, qu'en le mettant à côté de lui' (V 55, p.564). The reconciliation between the two poets after 1673 is not accepted at its face value by Voltaire who, in his *Mémoire sur la satire* wonders 'comment Boileau pouvait insulter si indignement et si souvent l'auteur de la *Mère coquette*; comment il ne demanda pas enfin pardon à l'auteur d'*Atys*, de *Roland*, d'*Armide*; comment il n'était pas touché du mérite de Quinault, et de l'indulgence singulière du plus doux de tous les hommes, qui souffrit trente ans, sans murmure, les insultes d'un ennemi qui n'avait d'autre mérite par-dessus lui que de faire des vers plus corrects et mieux tournés, mais qui certes avait moins de grâce, de sentiment, et d'invention' (M.xxiii.53). The abbé d'Olivet may have provided Voltaire with the picture of Quinault's sweetness and tolerance: 'une chose bien à remarquer dans M. Quinault, car elle tient de l'héroïque dans un poète, c'est qu'il était sans fiel. Jamais les traits satiriques, dont il fut cruellement percé, ne le portèrent à écrire contre M. Despréaux, qui était l'agresseur. Homme de mœurs très simples, n'ayant que des passions douces, régulier dans toute sa conduite, bon mari, bon père de famille' (Pellisson-Fontanier and d'Olivet, *Histoire de l'Académie française*, ii.257). Voltaire may have drawn on Brossette's note to the *Art poétique*, I.222 for his depiction of Boileau's reluctance: 'Ceci regarde M. Quinaut. Les railleries que notre auteur avait faites de lui dans ses satires, n'empêchèrent pas qu'il ne recherchât l'amitié de M. Despréaux [...] M. Quinaut l'allait voir souvent, mais ce n'était que pour avoir l'occasion de lui faire voir ses ouvrages. *Il n'a voulu se raccommoder avec moi, disoit M. Despréaux, que pour me parler de ses vers: et il ne me parle jamais des miens*' (*Œuvres*, ed. C. Brossette, i.202-203).

Voltaire's views were echoed by a M. de Villemont in his 'Réflexions [...] sur la guerre perpétuelle qui règne entre les auteurs modernes': 'cependant il [Quinault] passe aujourd'hui pour un modèle, et malgré ce fameux satyrique, le public convient que dans la poésie lyrique ou chantante, personne de nos jours ne l'a égalé' (*Mercure*, December 1740, p.2562-79).

[174] In Voltaire's opinion Jean-François Regnard sometimes equalled Molière (see Preface to *L'Enfant prodigue*), but in general should be regarded as second in the hierarchy of French comic dramatists. 'Molière est le premier; mais il serait injuste et ridicule de ne pas mettre le *Joueur* à côté de ses meilleures pièces [...] qui ne se plaît pas à Regnard n'est pas digne d'admirer Molière (*Conseils à un journaliste*, M.xxii.247). In 1770, in his article 'Art dramatique' in *Questions sur l'Encyclopédie*, Voltaire asserted that *Le Joueur* was the first 'pièce supportable' after Molière's death (M.xvii.418). He attributed to Regnard 'un génie vif, gai, et vraiment comique' ('Catalogue des écrivains', *OH*, p.1198).

[175] Voltaire was in fact puzzled by the apparently conflicting requirements of the ode and was especially disconcerted by the Pindaric ode which seemed to him absurd in its grandiloquent treatment of the commonplace. He did not appreciate the later odes of either La Motte or J.-B. Rousseau and composed few himself. He was probably bored by this verse form (see D6942, D6943) for which the best substitute in French poetry was *stances*; see Taylor, 'Voltaire iconoclast', p.50-51. The Kehl edition classifies 18 poems as *odes*, 28 as *stances*.

[176] Jean-Baptiste de Santeuil (1630-1697) 'passe', said Voltaire in the 'Catalogue des écrivains', 'pour excellent poète latin, si on peut l'être, et ne pouvait faire de vers français [...] Je me défie beaucoup des vers modernes latins' (*OH*, p.1206).

[177] Voltaire is alluding to a work by Guillaume Coustou (1677-1746), surmounting one of the fountains of the bridge over the Orge at Juvisy. According to the *Grande Encyclopédie*, the bridge, called *Pont des Belles-Fontaines*, was finished in 1728.

[178] The source for this information is, apparently, Brice, *Nouvelle description de la ville de Paris*, i.439-40 (see CN, i.513), whose wording is reflected in Voltaire's. Voltaire, however, copied inaccurately. Brice specifies 'un haut rocher de marbre'; Voltaire does not mention any material. The latter speaks of 'quatre fleuves de marbre', Brice of 'quatre fleuves [...] de bronze'. There is no mention of new aqueducts in Brice who believes that 'le bassin [...] aurait reçu la dernière décharge des eaux qui viennent du village de Rongis, par l'aqueduc d'Arcueil, lesquelles de là se seraient divisées pour d'autres endroits de la ville'. Voltaire 'improved' Colbert's plans in two ways. He indicated a more sophisticated distribution of water to the private citizen; he removed from the top of the *rocher* the statue of Louis xiv 'foulant aux pieds la discorde et l'hérésie'.

In 1572 Catherine de Médicis had commissioned Philibert Delorme and Bullant to build the hôtel de la Reine which became the hôtel de Soissons, beside the church of Saint-Eustache. Under the Regency it became a 'tripot de luxe' and was demolished in 1748.

[179] Michel-Etienne Turgot (1690-1751), *prévôt des marchands* (1729-1740), widened the Quai de l'Horloge, carried it to the end of the Ile du Palais and built a stone bridge (1731) to connect it with the rest of the city; see *Le Siècle de Louis XIV*, ch.33 (*OH*, p.1019).

[180] See above, p.35.

[181] Louis-François de Bourbon, prince de Conti (1717-1776), inherited the literary tastes of his father, Louis-Armand de Bourbon, prince de Conti (1696-1727). The latter celebrated Voltaire in a poem in 1718 (M.i.302-303). See also Voltaire's *Epître à S. A. S. Mgr le prince de Conti* (M.x.243-45).

[182] François-Louis de Bourbon, prince de Conti (1664-1709), father of Louis-Armand, grandfather of Louis-François. In 1697 Louis XIV offered him the Polish crown to which, through bribery, the then abbé de Polignac secured his election. This election however was set aside by a rival faction, and the Polish throne went on this occasion to the Elector of Saxony, Augustus II.

[183] Jeanne-Catherine Gaussem, known as Mlle Gaussin (1711-1767), made her Paris début in 1731. She was acclaimed in the rôle of Zaïre which she created. Voltaire expressed his admiration for her in his *Epître à Mlle Gaussin* (1732; V 8, p.406-407) and for both Gaussin and Dufresne in the *Discours en vers sur l'homme*, II, 'De l'envie' (V 17, p.481).

[184] Abraham-Alexis Dufresne (1693-1767) made his début at the Comédie-Française in 1712 and created the rôle of Orosmane in *Zaïre*. He was equally successful in other plays by Voltaire. The latter, in 1778, summed up his acting assets as 'une belle voix et un beau visage' (D21002).

[185] In a letter of 29 May 1732 to Formont, Voltaire had observed: 'La fureur de jouer la comédie partout continue toujours' (D494). Marais noted on 28 October of the same year: 'La folie de nos gens de cour est de jouer des comédies' (iv.438). The *Journal de la cour et de Paris* believed that Voltaire's friend, Pont-de-Veyle, had launched the movement: '[29 January 1733] M. de Pont-de-Veyle a mis les gens de condition dans le goût de faire des comédies. M. le comte de Caylus va faire exécuter chez Madame de Sassenage une petite pièce intitulée: *La Fausse Niaise*; M. le marquis de Surgères l'*Ecole du monde*, et M. le duc d'Epernon une autre comédie' (ed. Duranton, p.58). Pont-de-Veyle wrote *Le Complaisant, comédie en cinq actes et en prose* (Paris 1733).

[186] René de Gallard de Béarn, styled the *chevalier de Brassac*, *maréchal des camps et armées du roi de France*, wrote the music for *L'Empire de l'Amour*, a heroic ballet in free verse, with words by Moncrif. Performed on 14 April 1733 by the Académie royale de musique, it had little success, despite the singing of Lemaure, the dancing of Camargo and a magnificent set that may have been created by Servandoni. The *Journal de la cour et de Paris* (17 April 1733) notes with pleasure that 'cet opéra,

annoncé depuis si longtemps et si vanté, a été jugé d'une fadeur et d'un ennui parfait, de sorte que Voltaire dit aujourd'hui tout seul: *Chantez Brassac*. On n'a trouvé rien de pillé dans cet opéra quoiqu'on l'eût dit; c'est-à-dire rien qui ressemblât à Lulli, Destouches et Campra. Le récitatif surtout est d'une langueur insupportable. Il est généralement sur un ton si bas que l'on dit en plaisantant que le musicien l'a fait par politesse pour l'auteur des paroles qu'on n'entend point. Cet opéra a trois actes et un prologue qui n'ont aucun rapport entre eux, sept à huit sons qui se ressemblent et pas un seul air qu'on veuille retenir [...] Il y a dans ce dernier acte une décoration soupçonnée de Servandoni et bien au-dessus de celle qu'il fit pour le temple du soleil dans *Phaëton*. C'est par cette décoration que Saint-Gilles se console, que cet opéra continue, et que nous ne l'avons pas encore oublié' (ed. Duranton, p.77).

[187] Francesco Scipione Maffei (1675-1755), arrived in Paris on 23 January 1732 and spent about four years in France. He frequented Polignac at whose request the Académie des inscriptions made him a *membre surnuméraire*. Voltaire who admired his *Mérope* (1713), began to translate it and then composed his own play on the same subject. It was perhaps his friendship with Maffei which stimulated Voltaire's interest in the Italian language (V 2, p.153*n*); see G. Boissier, 'Un savant d'autrefois', *Revue des deux mondes* 92 (1871), p.455-56.

[188] Emanuele Giocchino Cesare Rincon, baron d'Astorga (1680-c.1755), an Italian amateur composer, was the author of an opera, *Dafni*, first performed in 1709 and revived in 1715 and 1726. He is now remembered for his chamber cantatas and his *Stabat mater*. We know little about his life and there is no record of a visit to Paris at this time.

[189] According to *Hierarchia catholica* (Patavii 1958), v.315, vi.339, this hitherto unidentified prelate should be Francesco Frosini (?-20 November 1733), son of an Italian architect, Donato Frosini, who was active in the early seventeenth century. Francesco Frosini, bishop of Pistoia and Prato, became archbishop of Pisa on 2 October 1702. I have not been able to trace Frosini's operas. Voltaire may have confused Frosini with another librettist in his eagerness to invoke a prelate's name as evidence for the respectability of the theatre; see *La Grande Encyclopédie*, art. 'Frosini'.

[190] P. de Saint-Maurice, amateur French aquafortist who worked between 1720 and 1732.

[191] In the *Lettres philosophiques*, XXI, Voltaire includes George Villiers, second Duke of Buckingham (1628-1687), and John Wilmot, second Earl of Rochester (1647-1670), among those noblemen who 'n'ont pas cru déroger en devenant de très grands poètes et d'illustres écrivains'. In *Le Siècle de Louis XIV*, ch.34, he describes them as 'poètes agréables' (*OH*, p.1023), but his only comment on them as dramatists is in *Le Temple du goût*. There is no direct evidence that he saw or read their plays though he could have seen Villiers's *The Rehearsal* (1671) or *The Chances* (1682) during his stay in London (see H. Fenger, 'Voltaire et le théâtre anglais', *Orbis litterarum* 7, 1949, fasc. 3-4, p.273). He was well acquainted with

Rochester as a satirist (A. Gunny, *Voltaire and English literature*, Studies 177, 1979, p.169-76). His remark in *Le Temple du goût* was perhaps prompted in part by Du Resnel's annotation of his translation of Pope's *Essay on criticism* (*Essai sur la critique*, Paris 1730; BV2793). In 1729 Du Resnel had submitted the text of his notes to Voltaire who urged him to keep them 'but explanatory and historical' (D367). Though Voltaire claimed in 1769 (D15481) to have contributed considerably to Du Resnel's verse, his letter would suggest that he did not add to the content of Du Resnel's notes. The latter say little of Rochester (*Essai sur la critique*, ed. 1737, l.236n). Hamilton's *Mémoires de la vie du comte de Grammont* had already made the names of Rochester and Buckingham familiar to the French reading public.

[192] The reference is to Moncrif's poem *Le Rajeunissement inutile, ou les amours de Tithon et de l'Aurore*, printed in 1728 and 1731 with Desfontaines's *Dictionnaire néologique* (as the final item, paginated 1-7 and 108-12). Voltaire twice professed his esteem for this work (D448, D2725), but in letters addressed to the author.

[193] Alexandre-Nicolas de La Rochefoucauld, marquis de Surgères, *lieutenant-général des armées du roi* (1709-1760), author of *Comment l'esprit vient aux filles*, a three-act comedy in verse, performed at Morville in 1738, *L'Ecole du monde*, a comedy performed privately, *Silvie ou la fausse niaise*, a one-act comedy in prose, *La Princesse Sirenne, farce héroïque*, one act in prose, 'avec des couplets', performed at Morville in 1739 (Brenner). None of these appears to have been published though *L'Ecole du monde* is alleged to have been printed with Voisenon's dramatic works (*Œuvres de théâtre de M****, Paris 1753). This play is in fact Voisenon's *L'Ecole du monde, dialogue en vers, précédé du prologue de l'Ombre de Molière* [by Brécourt], first published in 1740.

D614 seems to indicate the existence of a group including Surgères, Formont and the three Sades.

[194] Philippe Charles d'Estampes, known as the marquis de La Ferté-Imbault (*c.*1712-1737), replaced his father in 1731 as colonel of the Régiment de Chartres, Infanterie. On 18 February 1733 he married Marie-Thérèse Geoffrin. We do not know how long he had known Voltaire who encouraged him in his mania for composing tragedies and epistles and no doubt in his taste for acting. I have not been able to discover the title of the tragedy he wrote at the age of eighteen (i.e. about 1730). His wife found him handsome, amiable, but pretentious and devoid of poetic talent. She resented Voltaire's influence and his flattery which was perhaps inspired by the desire to cultivate Mme Geoffrin's friendship. La Ferté-Imbault died of tuberculosis on 26 March 1737. To propose marriage to Marie-Thérèse he had slightly adapted some lines from *Zaïre* (1.ii.189-92, 205-208). The story of the marriage is amusingly told by C. Photiadès, *La Reine des Lanturelus: Marie Thérèse Geoffrin, marquise de La Ferté-Imbault (1715-1791)* (Paris 1928), p.31-50, who had access to Marie-Thérèse's own account. Rather than Surgères or Moncrif, Arlequin (le baron de Grimoût) represents La Ferté-Imbault in d'Allainval's *Le Temple du goût*; see J. Curtis, 'Voltaire, d'Allainval and *Le Temple du goût*', *Romance notes* 15 (1974), p.440, 442.

[195] When did Voltaire read Sénecé? If he borrowed from the *Lettre de Clément Marot*, it was to amplify satirically the bald introductory sentence in 33 (l.287). Compare Sénecé's description of Lully's arrival: 'Sur une espèce de brancard composé grossièrement de plusieurs branches de lauriers, parut porté par douze satyres, un petit homme d'assez mauvaise mine, et d'un extérieur fort négligé, de petits yeux bordés de rouge qu'on voyait à peine, et qui avaient peine à voir, brillaient en lui d'un feu sombre, qui marquait tout ensemble beaucoup d'esprit, et beaucoup de malignité' (p.18).

[196] Rousseau, *Œuvres*, ii.323-24, Poésies diverses, *Epithalame*. The original text is: 'Puis maints Amours de rire et de s'ébattre, / Se rigolant'.

[197] Rousseau, *Œuvres*, i.216, Odes, III, 7: *A S. A. M. le comte de Zinzindorf*: 'Et les jeunes'.

[198] Rousseau, *Œuvres*, ii.368-69, Poésies diverses, *Le Rossignol et la grenouille. Fable. Contre ceux qui publient leur propres écrits sous le nom d'autrui*. The original text is:

> Aussitôt la bête aquatique,
> Du fond de son petit thorax,
> Leur chante pour toute musique,
> Brre ke ke kex, koax, koax.

[199] Voltaire is referring to some of Rousseau's most celebrated poems: his odes based on the Psalms of David and his *Epître à Marot*. [Note by Catriona Seth.]

[200] *Odes* (Amsterdam 1719), i.337: 'La Fuite de soi-même'. Desfontaines mocked these lines in his *Dictionnaire néologique*, p.50, art. 'Dez', p.120, art. 'Oracle'. They are again referred to in the 'Eloge historique de Pantalon-Phoebus', p.7, and in the 'Pantalo-Phébeana', p.1, in the same volume.

[201] *Œuvres*, ii.284. Voltaire quotes the essential lines from Rousseau's epigram the last four lines of which are:

> Car je connais votre cœur équivoque;
> Respect le cabre, amour ne l'adoucit;
> Et ressemblez à l'œuf cuit dans sa coque:
> Plus on l'échauffe, et plus se rendurcit.

[202] See above, p.76. *Brutus* (1730) was a moderate success. *Zaïre* (1732) was indeed criticised for its improbability. *Artémire* (1720), of which only fragments survive, was withdrawn by Voltaire after the first performance. Philoctète appears in Voltaire's *Œdipe* (1718). His character and rôle are both criticised and defended by Voltaire in his *Lettres sur Œdipe* (1719).

[203] Voltaire distrusted neo-Latin literature. He considered it a pedantic anachronism which eighteenth-century taste could not be educated to assess. In reply to Favières, who had sent him a collection of Latin and French verse, he wrote in 1731: 'je conseillerais plutôt à un homme qui aurait du goût & du talent pour la littérature, de les employer à faire des vers français. C'est à ceux qui peuvent cultiver les belles lettres avec avantage à faire à notre langue l'honneur qu'elle mérite. Plus on a fait provision des richesses de l'antiquité, & plus on est dans

l'obligation de les transporter en son pays. Ce n'est pas à ceux qui méprisent Virgile, mais à ceux qui le possèdent, d'écrire en français!' (D405). See above, n.176.

[204] The reference is probably to Bon Boullongne (1649-1717) whom Voltaire describes in *Le Siècle de Louis XIV* as an 'excellent peintre; la preuve en est que ses tableaux sont vendus fort cher' (*OH*, p.1218). Voltaire is less enthusiastic about his brother Louis (1654-1733) and does not mention the father, Louis (1609-1674).

[205] Voltaire's source is apparently R. de Piles's *Abrégé de la vie des peintres* which says more precisely: 'Leur origine est de 1460. Elle vient d'un nommé Maso Finiguérra orfèvre de Florence' (p.75). The information is much more fully and accurately reproduced in 'Le chapitre des arts' of which we still possess the draft and which Voltaire intended to incorporate into the *Essai sur les mœurs* (*Essai*, ii.833-34).

[206] See above, p.36. After Polignac's death in 1742, his collection of statuary was acquired by Frederick II. Voltaire's correspondence suggests that he played a part in the transaction, perhaps alerting the king and acting as intermediary or supervisor (D2664, D2669, D2681, D2686).

[207] Jean-Baptiste Jouvenet (1644-1717), French historical and portrait painter, was a pupil of Le Brun with whom he worked at Versailles. He is especially esteemed for his religious painting. In *Le Siècle de Louis XIV* Voltaire classes him as 'inférieur à son maître, quoique bon peintre' (*OH*, p.1218) and adds that 'il a peint presque tous les objets d'une couleur un peu jaune. Il les voyait de cette couleur, par une singulière conformation d'organes'.

[208] Jean-Baptiste Santerre (1638-1717), French historical and portrait painter was a pupil of François Lemaire and Boullongne and notable for his drawing. Of him Voltaire writes in *Le Siècle de Louis XIV*: 'Il y a de lui des portraits de chevalet admirables, d'un coloris vrai et tendre. Son tableau d'*Adam et Eve* est un des plus beaux qu'il y ait en Europe. Celui de *Sainte Thérèse*, dans la chapelle de Versailles, est un chef-d'œuvre de grâces, et on ne lui a reproché que d'être trop voluptueux pour un tableau d'autel' (*OH*, p.1218). In chapter 33 he adds: 'J'ai vu en France refuser douze mille livres d'un tableau de Santerre' (p.1019).

[209] See above, p.74. Dominique Bouhours (1628-1702) became well-known with the publication of his *Entretiens d'Ariste et d'Eugène* in 1671. He considerably influenced the younger generation of teachers at Louis-le-Grand, Thoulier (abbé d'Olivet), Fraguier, Le Jay and Du Cerceau. He denounced the abuses of preciosity and the excesses of an over-ingenious wit. He was well represented in Voltaire's library (*Doutes sur la langue française*, La Haye 1674, BV499; *La Manière de bien penser dans les ouvrages d'esprit*, Paris 1689, BV500; *Remarques nouvelles sur la langue française*, s.l. 1675, BV501). In the 'Catalogue des écrivains' Voltaire claimed that 'La langue et le bon goût lui ont beaucoup d'obligations [...] Ses *Remarques sur la langue*, et surtout sa *Manière de bien penser sur les ouvrages d'esprit*, seront toujours utiles aux jeunes gens qui voudront se former le goût: il leur enseigne à éviter l'enflure, l'obscurité, le recherché et le faux [...] son style est pur et agréable' (*OH*, p.1142).

[210] On 24 July 1733 Voltaire wrote to Thiriot: 'Vous aurez vu sans doute ce second temple du goust imprimé à Amsterdam. Il fourmille de fautes. Il y a entre autres deux vers qui finissent tous deux par *censeur pointilleux*. Il faut corriger le premier ainsi: *quittez d'un bel esprit fâcheux*' (D635). The correction was never printed. Instead *scrupuleux* was substituted for the second *pointilleux* (see p.198, l.18).

[211] Simon Vouet (1590-1649), French painter, spent many years in Rome where he made his reputation as a portraitist. Louis XIII recalled him to Paris, appointed him First Painter to the Crown and commissioned him to execute work in the Louvre and the Luxembourg. Vouet, especially skilled in decoration, was also employed by Richelieu at the Palais Royal and at Rueil. He led the movement back to the Raphael tradition and in this was followed by his pupil, Charles Le Brun.

[212] Either Claude Vignon the Elder (1593-1670), painter and engraver, or his son, Claude-François (1633/1634-1703), historical painter.

[213] Cf. 'Catalogue des écrivains': 'Le premier modèle des bons prédicateurs en Europe'; and ch.32: 'Un des premiers qui étala dans la chaire une raison toujours éloquente, fut le P. Bourdaloue, vers l'an 1668. Ce fut une lumière nouvelle. Il y a eu après lui d'autres orateurs de la chaire, comme le P. Massillon, évêque de Clermont, qui ont répandu dans leurs discours plus de grâces, des peintures plus fines et plus pénétrantes des mœurs du siècle, mais aucun ne l'a fait oublier. Dans son style plus nerveux que fleuri, sans aucune imagination dans l'expression, il paraît vouloir plutôt convaincre que toucher, et jamais il ne songe à plaire' (*OH*, p.1004-1005).

[214] In w38 Voltaire added a sceptical comment on Bossuet's praise for the wisdom of the ancient Egyptians in his *Discours sur l'histoire universelle* (Paris 1732, p.416-40; BV483: Paris 1737-1739). Bossuet's approval had been echoed (see Préface, i.xxxviii) by Rollin in his *Histoire ancienne des Egyptiens* (Paris 1730-1738), i.57-116 (BV3008: Paris 1731-1737; BV3009: Amsterdam 1734-1739), and by Calmet in his *Histoire universelle sacrée et profane* (Paris 1735-1747), i.33-39. It was perhaps the publication of these works and the study of the Bible and Calmet's *Commentaire* at Cirey in the years 1735-1739 which prompted Voltaire to cast doubts on Bossuet's reliability and indirectly on that of historians with similar views. In a letter of 6 January 1736 he wrote to d'Olivet: 'Bossuet a menti avec une élégance et une force admirable tant qu'il a eu à parler des anciens Egyptiens' (D980); see *La Philosophie de l'histoire*, ed. Brumfitt, V 59, p.62-64. (It should be noted, however, that in his *Commentaire* Calmet is concerned to clear the divinely inspired and guided Jews of any major debt to Egyptian civilisation.)

[215] This note by Voltaire is a reply to criticism by Prévost (see above, p.82). In his 'Epître dédicatoire' to Fouquet at the beginning of *Œdipe* Corneille wrote:

> Et je me trouve encore la main qui crayonna
> L'âme du grand Pompée, et l'esprit de Cinna.

Voltaire again quotes Corneille's expression in his comments on *Œdipe* in his *Commentaires sur Corneille* (V 55, p.798).

²¹⁶ Terence's comedies are for the most part adaptations of the Greek of Menander. Three editions (1691, 1695, 1724) of Mme Dacier's translation of Terence were in the Ferney library (BV3257-3259). They bear witness to Voltaire's interest in Terence though, except in sustained purity and elegance of style, he considered the Latin dramatist to be inferior to Molière. A detailed discussion of the latter's work is to be found in Voltaire's *Vie de Molière*, composed in 1733-1734; see below, p.391-463. Voltaire regarded Molière as the greatest European comic dramatist who 'a tiré la comédie du chaos' (*OH*, p.1186). In the *Conseils à un journaliste* (1739) he observed: 'Il ne voulait que peindre la nature, et il en a été sans doute le plus grand peintre'. In 1768 he added that Molière was also unique in the seventeenth-century dramatic world in that 'il était philosophe, et il l'était dans la théorie et dans la pratique' (*OH*, p.1186). But he had reservations summarised in a letter of 1769 to Sumarokov: 'il y a des longueurs, les intrigues sont quelquefois faibles, et les dénouements sont rarement ingénieux' (D15488). He fully agreed with Boileau's strictures on Molière's concessions to popular taste (*Art poétique*, iii.393-400).

²¹⁷ Voltaire conveniently ignores the fact that Bayle's spelling explains why his article on Jean Caesarius, occupying about one third of a page, precedes that, in eight pages, on César.

²¹⁸ There is indeed no article on Scipio; the article on Scioppius (see above, n.11) covers a little more than seven pages in the 1720 edition.

²¹⁹ Volume 1 of the *Relation contenant l'histoire de l'Académie française*, written by Paul Pellisson-Fontanier, devotes a general section to each author and later in the volume adds a comprehensive list of works: Jean Baledens, François d'Arbaud de Porchères, Pierre Bardin, Jean Baudouin, Nicolas Faret, Guillaume Colletet, Charles Cotin. The second volume was by the abbé d'Olivet and first appeared in 1729 when Voltaire enquired about it in a letter to Thiriot (D344). In 1773 he describes Pellisson-Fontanier's history as 'minutieuse', implying tedium, and d'Olivet's sequel as 'pédante' (D18141; cf. D656, dated September 1733). None of the writers whose names are quoted has a place in the 'Catalogue des écrivains'.

²²⁰ In reply to general indignation over his condemnation of the Cour de marbre (see above, p.170) Voltaire made his criticism of the château de Versailles more specific. He must have felt that in this case he was supported by opinion; but he gave ground over the chapel, omitting his note in editions following 33. For public hostility, see D628.

²²¹ See above, p.153.

²²² See above, p.76.

²²³ The full text of the incriminated comparison is: 'Oui, me répondit-elle, la beauté du jour est comme une beauté blonde qui a plus de brillant; mais la beauté de la nuit est une beauté brune qui est plus touchante' (Fontenelle, *Entretiens sur la pluralité des mondes*, ed. R. Shackleton, Oxford 1955, p.60). Voltaire's remarks in *Le Temple du goût* and the 'Lettre de M. de V... à M. de C...' were probably resented by Fontenelle (cf. D849, dated 15 March 1735); see C. Mervaud, 'Voltaire et Fontenelle', in *Fontenelle*, ed. A. Niderst (Paris 1989), p.317-28.

[224] Of the Bononcini Voltaire probably has in mind Giovanni Bononcini (1670-1747) who married Margherita Balleti, the sister-in-law of Luigi Riccoboni (Lélio). Bononcini's operas aroused keen interest in France and his *Erminia* was performed in Paris by the London opera company in 1723. We have no evidence that Voltaire saw the performance. He may have witnessed Bononcini's great success in London (1720-1732) where he was patronised by the great families of Rutland, Queensberry, Sunderland and Marlborough. Through his connections Voltaire may have met Bononcini; he may have heard *Astianatte*, an opera performed on 6 May 1727. After a scandal in 1731 and after producing his *Amore per amor* in June 1732, Bononcini followed the charlatan, Count Uglu, to France where he spent some time. It is possible that Voltaire met him in Paris in 1732-1733 through his Italian friends or Polignac. His respect for Bononcini was in part motivated by the latter's view of Lully. 'Ce sont', wrote Voltaire in the *Lettres philosophiques*, XIV, 'les mauvais musiciens d'Italie qui méprisent Lully, mais un Bononcini l'estime et lui rend justice.'

[225] Robert de Cotte (1656-1735) was appointed *intendant général des bâtiments* and first architect to the King. He was one of the architects who, during the Regency, aimed at pleasant, relaxed and comfortable interiors.

[226] Germain Boffrand (1667-1754) was a notable exponent of the style of the Regency, creating in the houses he built both comfort and distinction. He was Quinault's nephew; in his youth he wrote plays and was interested in theatrical scenery.

[227] The name of a very successful family of French painters. Antoine Coypel (1661-1722), son of Noël Coypel (1628-1707), was appointed director of the Académie de peinture et de sculpture in 1714 and painter to the King in 1716. His *Vingt discours sur la peinture* appeared in 1721. His son, Charles-Antoine (1695-1752), was given the same appointments. He composed ballets, an elegy and various works on art, and published in 1732 his *Discours sur la peinture, prononcés dans les conférences de l'Académie royale de peinture et de sculpture*. Voltaire had tried, unsuccessfully, to enlist him among the illustrators of *La Ligue* (V 2, p.42-43). The reference is probably to Charles-Antoine rather than to his half-brother, Noël-Nicolas (1692-1734).

[228] See above, p.236, n.135. Destouches does not appear to have written theoretical works. His last new work was a *Te Deum* sung before the queen on 24 June 1732.

[229] As a further argument in defence of the theatre Voltaire refers to court ballet. His attitude is similar to that of Jacques Bonnet, *Histoire générale de la danse sacrée et prophane* (Paris 1724; BV469). Bonnet defends serious dancing, quoting royal ballets in which Louis XIV took part, together with the great nobles at Court and professional dancers (p.74). Voltaire avoids the idea of royal participation perhaps because Louis XV showed no enthusiasm although he had danced in *L'Inconnu* (1720), *Les Folies de Cardenio* (1720) and *Les Eléments* (1721) at the Tuileries. The *ballet de cour* was again briefly revived in the *Ballet du Parnasse*, performed at Versailles in 1729 in honour of the dauphin's birth. It was perhaps tact that made

Voltaire allude to the performance in 1672 at the Bel-Air tennis court which had been rented by Lully. Only the nobility was then involved. Louis xiv had given up dancing in court ballet in 1670. Afterwards the genre had rapidly declined. But Voltaire was unwilling to abandon a useful example of the social prestige once enjoyed by the theatre.

[230] Horace, *Ars poetica*, v.343.

La Mule du pape

édition critique

par

Sylvain Menant

INTRODUCTION

'C'est une satire que j'ai retrouvée dans mes paperasses': voici comment Voltaire désigne *La Mule du pape* en l'envoyant, au mois d'août 1734, à la comtesse de La Neuville.[1] Indifférence plus affichée que réelle pour une 'petite œuvre': en 1759, sollicité par Mme d'Epinay, Voltaire est encore capable de 's'en souvenir, la refaire' (D8419). Les commentaires de Frédéric de Prusse en 1737, de Frédéric de Hesse-Cassel en 1766 prouvent la vogue durable de ces quelques vers (D1266, D1838). Ils ont sans doute été composés à la fin de 1732 et ont circulé depuis lors en manuscrit, mais discrètement, au témoignage de l'abbé Le Blanc qui les mentionne dans deux lettres des 5 janvier et 4 février 1733. Il s'agit, écrit-il, d'une 'pièce nouvelle' dont il espère avoir le texte, mais, ajoute-t-il un mois plus tard, 'Voltaire ne donne pas de copies de *La Mule du Pape* et a raison: je croyais pourtant qu'il serait assez fou pour cela.'[2]

Selon le mot de Frédéric de Prusse, Voltaire a écrit un 'joli badinage' (D1266). Badiner consiste ici à pratiquer une ironie à double fond. Voltaire fait l'histoire d'une institution pour la déconsidérer, méthode usuelle.[3] Mais en même temps, on s'en aperçoit bientôt, il place cette histoire dans le domaine de la fantaisie. C'est une façon de se moquer à la fois des 'papegots' et des huguenots, des fanatiques du pape et des fanatiques contre le pape. Toute la fin du petit conte est consacrée à cette opération de

---

[1] D781: nous adoptons la datation proposée.

[2] Lettres de l'abbé Le Blanc publiées par Hélène Monod-Cassidy dans *Un Voyageur-philosophe au XVIIIᵉ siècle, l'abbé Jean-Bernard Le Blanc* (Cambridge, Mass. 1941), p.165, 170.

[3] Signalons que les papiers du président Bouhier (Bibliothèque de Troyes, MS 2362) contiennent une *Mule du pape* par Du Tilliot, ou écrite de sa main, datée de 1727.

dégagement; elle est renforcée, à partir de 1769, par l'introduction du chevalier de Saint-Gilles, sur qui est rejetée la naïveté du récit. L'attitude du conteur est toute de mobilité: le ton évangélique du début fait place à une fausse indignation devant l'audace des huguenots, puis à la satisfaction que procure, au bout du compte, un récit bien irrespectueux.

Voltaire veut ici ôter leur puissance suggestive aux grandes figures de la religion chrétienne. La bonhomie égalitaire du style marotique l'y aide. Les menaces du diable ne sont guère effrayantes, puisqu'il est 'notre ami Belzébut'; comment prêter attention aux révélations du Christ, puisque ses lumières paraissent si limitées à côté de celles du diable, et que toute sa vertu est d'être resté niaisement attaché à ce qu''il avait appris dans son enfance'? Le diable appelle Jésus 'mon ami', le pape 'frère'; Dieu n'est que 'le Bon Dieu', et Satan un 'farfadet'. Ainsi, pêle-mêle, les personnages de l'histoire du salut ne sont plus que les complices d'une commune entreprise de tromperie. Il y a quelque chose de joyeux dans cet amalgame grossier.

Manuscrits et éditions

Nous disposons de trois états du texte: une première version, celle que reçut Mme de La Neuville, doit se refléter dans une copie manuscrite de la Pierpont Morgan Library, et se trouve imprimée dans l'édition de La Haye (1738); reflet déformé, assurément: il s'agit d'un recueil composite, où tout n'est pas de Voltaire. Il n'a évidemment pas mis la main à cette édition, qui contient des vers faux ou mal refaits (v.16, 37, 47), à la syntaxe gauche (v.30, 31). D'ailleurs, en 1759, ce volume n'est pas dans sa bibliothèque, ou il ne s'y fie pas, puisqu'il doit refaire son conte, comme on l'a vu. [4]

---

[4] D8419. Cette seconde version, la seule dont le texte soit sûr, est très supérieure à la première. En particulier, elle crée un effet comique irrésistible en remplaçant, aux vers 30-32, la conclusion du pacte par la brusque prosternation du pontife, dans un raccourci magistral.

La troisième version, née de cette réfection, a dû être imprimée fidèlement par Cramer dans les *Choses utiles et agréables*. C'est le texte qui a toujours été reproduit depuis et que nous reproduisons. Celui qui figure dans la copie de Weimar de la *Correspondance littéraire* en est proche et peut représenter un premier état de cette réfection.

MS1

La Mule du pape. Recueil de vers que Voltaire a fait copier à l'intention de Cideville et que celui-ci a dû recevoir vers la fin du mois de février 1735. Voir V 14, p.514-15.

Rouen: Cideville, Poésies de Voltaire, f.103r-105r.

MS2

La Mule du pape. Copie de la main du jeune Francheville. Le texte est essentiellement le même que celui du MS1.

Reims: MS 2150, f.13r.

MS3

La Mule du pape. Copie de la main d'un secrétaire(?).

Pierpont Morgan Library: MA 634.

CL

La Mule du pape fut insérée par Grimm dans la livraison du 15 août 1759 de la *Correspondance littéraire*. Il en existe deux manuscrits: WeA, f.297v, Sm 1, p.193-94 (sous la date du 15 juillet 1760); voir ICL, 62:060, et p.L. Le texte présente un état intermédiaire entre MS1 et CUA.

L38

Lettres de M. de V*** avec plusieurs pièces de différents auteurs. La Haye, Pierre Poppy, 1738.

141-142 La Mule du pape.

Bn: Rés. Z Beuchot 496.

CUA69 (1770)

Les Choses utiles et agréables. Berlin [Genève, Cramer], 1769-1770. 3 vol. 8°. Bengesco ii.399-404; iv.244; BnC 5221-5226.

Volume 2 (1770): 154-156 La Mule du pape. Par le chevalier de St Gile.

Bn: Z 20862; – Rés. D2 5302.

NM (1775)

Nouveaux mélanges philosophiques, historiques, critiques, &c. &c. &c. [Genève, Cramer], 1765-1776. 19 vol. 8°. Bengesco iv.230-39; Trapnell NM; BnC 111-135.

Volume 17 (1775): 247-248 La Mule du pape. Par le chevalier de St Gile.

Bn: Z 27259.

W75G

La Henriade, divers autres poèmes et toutes les pièces relatives à l'épopée. [Genève, Cramer & Bardin], 1775. 37 vol. (40 vol. avec les *Pièces détachées*). 8°. Bengesco iv.94-105; Trapnell 75G; BnC 158-161.

Volume 13: 374-375 La Mule du pape. Par le chevalier de St Gile.

Bn: Z 24851; ImV: A 1775/2 (13); Taylor: VF.

W75X

Œuvres de Mr de Voltaire. [Lyon?], 1775. 37 vol. (40 vol. avec les *Pièces détachées*). 8°. Bengesco 2141; BnC 162-163.

Volume 13: 374-375 La Mule du pape.

Taylor: VF.

W71 (1776)

Collection complette des œuvres de M. de Voltaire. Genève [Liège, Plomteux], 1771-1777. 32 vol. 12°. Bengesco iv.89-91; Trapnell 71; BnC 151.

Volume 25 (1776): 263-265 La Mule du pape.

ImV: A 1771/1 (25); Taylor: VF.

w68 (1777)

Collection complette des œuvres de M. de Voltaire. [Genève, Cramer; Paris, Panckoucke], 1768-1777. 30 vol. 4°. Bengesco iv.73-83; Trapnell 68; BnC 141-144.

Volume 26 (1777): 265-267 La Mule du pape. Par le chevalier de St Gile.

Bn: Rés. m Z 587 (26); ImV A 1768/1 (26); Taylor: VF; Bl: 94.f.1.

w70L (1780)

Collection complette des œuvres de M. de Voltaire. Lausanne, Grasset, 1770-1781, 57 vol. 8°. Bengesco iv.83-89; Trapnell 70L; BnC 149-150.

Volume 54 (1780): 357-359 La Mule du pape.

Bn: 16° Z 14521; ImV: A 1770/2 (54); – A 1770/3 (54); – A 1770/4 (54); Taylor: V1 1770/2 (29).

k84

Œuvres complètes de Voltaire. [Kehl], Société littéraire-typographique, 1784-1789. 70 vol. 8°. Bengesco 2142; BnC 164-169.

Volume 14: 17-18 La Mule du pape.

Bn: Rés. p Z 2209 (14); ImV: A 1784/1 (14); Taylor: VF.

Principes de cette édition

Nous avons choisi comme texte de base la troisième et dernière version, celle publiée par Cramer dans les cua. Les variantes figurant dans l'apparat critique proviennent des manuscrits et éditions suivants: ms1, ms2, ms3, cl, l38, nm, w75g and k. Nous respectons la ponctuation du texte de base; nous modernisons l'orthographe sauf celle des noms propres. Une coquille a été corrigée: l.43, 'l'on' en 'l'ont'. Les particularités du texte de base sont les suivantes: absence de la consonne *t* dans: 'tems'; utilisation systématique de la perluette; l'orthographe moderne a été rétablie dans les mots suivants: 'sçavez'; 'aparence', 'apris', 'grife'; 'bla-zoné', 'formillière'; 'age', 'grace'; 'baisat'; 'vôtre', 'nôtre' (adjectif

possesif); 'jouïssance'; 'saint Père' et 'St père'. Majuscules supprimées: 'Chevalier', 'Diable', 'Empire', 'Evêque', 'Farfadet', 'Huguenots', 'Jésuite', 'Mule', 'Noël', 'Pape', 'Papegot', 'Papisme',
'Seigneur', 'Sire', 'Ultramontain'.

LA MULE DU PAPE

Par le chevalier de St Gile. [1]

Frères très chers on lit dans saint Mathieu [2]
Qu'un jour le diable (*a*) emporta le bon Dieu

(*a*) Le jésuite Bouhours se servit de cette expression, *Jésus-Christ fut emporté par le diable sur la montagne.* C'est ce qui donna lieu à ce noël qui finit ainsi.

Car sans lui saurait-on, don, don,
Que le diable emporta, la la,   5
Jésus notre bon maître? [3]

---

a-b   MSI, MS2, MS3, L38, K: La Mule du pape.//
       CL: La Mule du pape par feu monsieur Petitpied, docteur de Sorbonne.
2   L38:   Frère très cher
n.*a*   MSI, MS2, MS3, CL, note absente

---

[1] Cette attribution apparaît pour la première fois dans l'édition de 1769 (CUA). Charles de Saint-Gilles Lenfant, mort vers 1709, fut sous-brigadier de la première compagnie des Mousquetaires du roi et acquit une certaine réputation littéraire. Selon Titon Du Tillet, 'il réussissait surtout à faire des contes, et ordinairement sur des sujets assez gaillards'. Ses œuvres ont été publiées sous le titre *La Muse mousquetaire* (Paris 1709). Nicolas Petitpied (1627-1705), auquel la CL attribue le poème, était l'auteur d'un *Traité du droit et des prérogatives des ecclésiastiques dans l'administration de la justice séculière* (Paris 1705).

[2] Cf. Matthieu iv.8-11, troisième tentation de Jésus par le diable.

[3] Cette note apparaît dans la CUA et a été reproduite depuis. Nous n'avons pu identifier ce noël dans l'abondante production satirique du temps. Le sermon du P. Bouhours ne semble pas avoir été publié. Ce jésuite mourut (1702) peu avant l'entrée de Voltaire à Louis-le-Grand; l'anecdote du sermon a pu être recueillie au collège. Voir la notice sur Bouhours dans *Le Siècle de Louis XIV*, 'Catalogue des écrivains'.

Sur la montagne; et puis lui dit, Beau sire,
Vois-tu ces mers, vois-tu ce vaste empire
L'Etat romain de l'un à l'autre bout?   5
L'autre reprit, Je ne vois rien du tout;
Votre montagne en vain serait plus haute.
Le diable dit, Mon ami c'est ta faute. [4]
Mais avec moi veux-tu faire un marché?
Oui-da, dit Dieu, pourvu que sans péché   10
Honnêtement nous arrangions la chose.
Or voici donc ce que je te propose,
Reprit Satan. Tout le monde est à moi,
Depuis Adam j'en ai la jouissance; [5]
Je me démets, et tout sera pour toi   15
Si tu me veux faire la révérence.

Notre Seigneur ayant un peu rêvé

3   MS3, L38: et là lui dit
     CL: et qu'il lui dit
4   MS3: Vois-tu les mers
     CL: Vois-tu ces mers, ces terres, cet empire
5-16 MS1, MS2, MS3, L38:
          Ce nouveau monde inconnu jusqu'ici
          Rome la grande et sa magnificence;
          Je te ferai maître de tout ceci
          Si tu veux me [MS1, MS2: me veux] faire la révérence.
6   CL: L'autre lui dit: Je
14-16 CL:
          Depuis longtemps; et tout sera pour toi;
          Tu tiendras tout de ma pleine puissance,
          Il ne s'agit que d'une révérence.

[4] Les vers 6 à 8 ne correspondent à rien dans saint Matthieu. Voltaire a sans doute voulu faire une critique de vraisemblance de l'épisode évangélique de la tentation, mais sur le mode plaisant puisque la présence du diable nous place de toute façon sur le terrain de la foi.
[5] Voir par exemple Genèse lxvi.6.

Dit au démon que quoique en apparence
Avantageux le marché fût trouvé,
Il ne pouvait le faire en conscience: 20
Car il avait appris dans son enfance
Qu'étant si riche on fait mal son salut. [6]

Un temps après notre ami Belzébut
Alla dans Rome. Or c'était l'heureux âge
Où Rome avait fourmilière d'élus.   25
Le pape était un pauvre personnage,
Pasteur de gens, évêque, et rien de plus.
L'Esprit malin s'en va droit au saint-père,
Dans son taudis l'aborde et lui dit, Frère,
Je te ferai si tu veux grand seigneur.   30
A ce seul mot l'ultramontain pontife
Tombe à ses pieds et lui baise la griffe.
Le farfadet, d'un air de sénateur
Lui met au chef une triple couronne; [7]

18   CL: Dit au lutin que
21   MS3, L38: Ayant toujours ouï dire en son enfance
     CL: Ayant appris de Jean dans son enfance
23   CL: Un temps après le père Belsébuth
25   MS3, L38: Où Rome était fourmilière
27   MS3: Pasteur de gens, pauvre homme
29   CL: Dans son taudis l'embrasse
31-32   MS3, L38:
          Si tu voulais tâter de la grandeur
          Si j'en voulais, ou par Dieu, Monseigneur:
          Marché fut fait, et voilà mon pontife
          Aux pieds du diable, et lui baisant la griffe.
32   CL: Tombe à genoux et

[6] Voltaire commente ici Mathieu viii.10 par Mathieu xix.23-24.
[7] La tiare, bonnet à trois couronnes, désigne le pape comme 'père des rois et des princes, recteur du monde et vicaire de Jésus-Christ'.

Prenez, dit-il, ce que Satan vous donne;   35
Servez-le bien, vous aurez sa faveur.

O papegots![8] voilà la belle source
De tous vos biens, comme savez. Et pour ce
Que le saint-père avait en ce tracas
Baisé l'ergot de messer Satanas   40
Ce fut depuis chose à Rome ordinaire
Que l'on baisât la mule du saint-père.[9]
Ainsi l'ont dit les malins huguenots[10]
Qui du papisme ont blasonné l'histoire;
Mais ces gens-là sentent bien les fagots: 45

35   CL: Voilà, dit-il
36   CL: Soyez toujours digne de sa faveur
37   MS1, MS2, MS3:   O Papesguais, voilà l'unique source
      L38:   O vous Papes, voici l'unique source
      CL: voilà l'unique source
38   CL: De vos grandeurs, comme
39   MS3, L38:   en son tracas
40   MS3, L38:   de Monsieur Satanas
42   MS3:   Que de baiser la
43-46   MS1, MS2, MS3, L38, CL, absent

[8] Selon Littré, déformation du mot *papegaut* qui chez Rabelais (*Pantagruel*, v.2) désigne le pape; sens confirmé par la variante de L38 'O vous Papes'. Papegaut est aussi un ancien nom du perroquet; le manuscrit de le Pierpont Morgan Library porte d'ailleurs 'papegai' qui n'a que ce sens.

[9] L'usage de baiser le pied semble être un signe de soumission d'origine orientale. Comme marque d'hommage au suzerain, les papes se l'étaient réservé depuis Grégoire VII.

[10] Nous n'avons pas retrouvé dans la satire huguenote l'origine précise de cette fable; mais l'idée d'un pacte entre le pape et Satan n'est pas rare; voir par exemple *Le Mandement de Lucifer au Pape*, ou *L'Alcoran de l'Antéchrist romain* (1563), et C. Lenient, *La Satire en France ou la littérature militante au XVIème siècle* (Paris 1866, ch. 3). La thèse assimilant le pape à l'Antéchrist avait été soutenue, sur le plan théologique, par le pasteur Jérémie Ferrier (1570-1626); converti plus tard au catholicisme, il s'était réfuté lui-même dans *De l'Antéchrist et de ses marques* (1615).

Et grâce au ciel, je suis loin de les croire.

Que s'il advient que ces petits vers-ci,
Tombent ès mains de quelque galant homme,
C'est bien raison qu'il ait quelque souci
De les cacher s'il fait voyage à Rome.   50

47   L38:   que ces vers-ci
     MS3:   S'il advenait d'hazard que ces vers cy

Epître sur la calomnie

critical edition

by

D. J. Fletcher

INTRODUCTION

1. *Base text*

The first printed *Epître sur la calomnie* served as a tailpiece for the major work of *La Mort de César* (36A). This edition has been chosen for the base text. The choice has been made to underline the importance of the earlier texts, parts of which were later discarded by Voltaire. From 36A to w52 the *Epître* finished with the same passage of a dozen lines beginning with 'De tout ceci que faudra-t-il conclure', the text of which was largely concerned with 'Belle Emilie, ornement de la France' (l.172). The opening twelve lines of the *Epître* centred upon Voltaire's 'charmante Emilie'; so there was a certain symmetry in the construction. This symmetry vanished, however, when a new and lengthier passage was introduced into w56 and included thereafter right up to к84. Mme Du Châtelet died in 1749.

Voltaire probably decided to discard the final dozen lines of w52 and opted for w56 instead in order to avoid the painful tenor of the close relationship which had existed between himself and Emilie.

2. *Manuscript copies*

On 2 July 1733 Voltaire was, unusually, at a loose end. Idleness was anathema to him and he was soon his busy self again, as his friend Cideville was to witness: 'je commençay une épitre en vers sur la calomnie dédiée à une femme très aimable et très calomniée. Je veux vous envoyer cela bientôt en retour de votre allégorie' (D627). The 'femme très aimable et très calomniée' in question was Gabrielle-Emilie Le Tonnelier de Breteuil, marquise Du

Châtelet-Lomont. She was twenty-seven years old and had been married for eight years when she met Voltaire and both recognised a mutual affinity of minds and the burgeoning of love. He could hardly have guessed that she would become his equal as the formidable blue-stocking, Emilie. The mature young woman was nevertheless fragile before the assaults of the slanderers and dependent upon Voltaire who could be relied upon to respond with vigour and to castigate the calumniators.

His promise to finish the epistle quickly was kept by 27 July, as is apparent from his letter to Thiriot of that date: 'J'ay achevé mon épitre sur la calomnie. Je voudrais bien que vous la pussiez lire, mais la personne à qui elle est adressée vient de me faire promettre que personne qu'elle n'en aura jamais de copie' (D638). Cideville was a poet and a very special friend of Voltaire so his case was regarded as exceptional by Emilie who was obviously delighted to read the flattering verses dedicated to her in his poem 'à Emilie' (D644) and happy to impose her own rules, which necessitated returning the text of the *Epître sur la calomnie* as soon as possible and without copying any part of it (D645). The rule against copying which Emilie insisted upon in the letter of 14 August had already been broken by Linant who had sent to Cideville on 7 August the first twenty-seven lines of the opening of the *Epître* which were identical with those of the printed edition except for line 13 which prefers 'la calomnie' to 'la médisance' (D643). The exactitude in this case was unusual; to judge by Voltaire's letters, the inaccuracy of manuscript copies was a perpetual bane, for example: 'On m'a envoyé de Paris une malheureuse copie de l'epitre à Emilie, dans la quelle il n'y a pas le sens commun. Entre autres sottises, ils ont mis monsieur Crosat, pour monsieur *Cresus*. Cecy est moins une sotise qu'une malice. Je suis fait pour être la victime de la calomnie et de la bêtise' (D771, 21 July [1734]). No printed edition has been found that mentions either Crosat or Croesus.

On 2 November 1734 Voltaire wrote to Berger to ask for his support against the falsehood which maintained that he had slipped the name of Crosat into his *Epître* (D801). On the previous day he had sent his misgivings about the *Epître* to Cideville: 'On m'a mandé que L'épitre à Emilie couroit le monde, mais j'ai peur qu'elle ne soit défigurée étrangement. Les pièces fugitives sont comme les nouvelles, chacun y ajoute ou en retranche, ou on falsifie quelque chose selon le degré de son ignorance et de sa mauvaise volonté' (D799). The possibility of retaining the emergent *Epître* in its pristine condition of July 1733 was slight. Speculation was rife among the literati who avidly devoured all news of Voltaire and exchanged information about him. Among these were the marquis de Caumont whose friend Bouhier wrote to him from Montpellier on 23 August 1733 'pour ce qui est des Lettres Philosophiques de Voltaire, on ne m'en écrit rien de Paris. Mais on m'a envoyé un petit fragment assez joli d'une espece de Satyre, qu'il vient de faire *Sur la Médisance qui règne en France*, et qu'il ne montre encore que par lambeaux. Je vous l'envoyerai, si vous en estes curieux', and again from Dijon on 11 November 1733: 'Voici le fragment qu'on m'a envoyé de la pièce de Voltaire sur la Calomnie, quoi qu'il plaigne beaucoup sur cela le sort des dames, et même celui des Rois, et des Ministres, je crois qu'il plaint encore plus celui des Poëtes. Ce morceau vous fera desirer le reste. Mais je ne sçais si nous l'aurons si tost.'[1]

A transcript written by Mme Du Châtelet in 1735[2] might throw some light upon what has puzzled many scholars. What has been transcribed are two separate passages: the first contains twenty lines of Voltaire's chastisement of J.-B. Rousseau in the *Epître*, the second was regarded by Beuchot as a fourteen-line variant of it. There is a good case, however, for discarding the label of 'variant' and accepting the second passage as an integral part of the *Epître*. It seems likely that at some point Voltaire considered rounding off the finale of the *Epître* with a eulogy of his beloved

[1] Bn n.a.f. 4324, f.74v, 88v.
[2] Mariemont Aut. 1291a.

Emilie, preceded by his contempt for the waspish Launay who revelled in spreading calumny about the innocent. It would seem, however, that in the end Voltaire favoured the final passage as it appeared in 36A and which remained unchanged until w56.

It would have been quite appropriate, however, for Voltaire to equate Rousseau's vileness with Launay's: the former he calls a 'serpent envenimé' and the latter he addresses as an 'insect vil, qui rampez pour piquer'. As early as September 1726 Rousseau wrote to a certain Delaunay in Paris to warn him that Voltaire's popularity would soon be shown to be a flash in the pan.[3] In January 1732 this same Delaunay sent a copy of Zaïre to Rousseau who was scathingly critical of Voltaire's play and saw to it that his criticism was published in Le Glaneur in April 1733. The Delaunay in question is surely the same person whom Voltaire despises as 'l'aunay'. Mme Du Châtelet referred to him as 'l'aulnay' and Formont as 'De L'aunay'. Launay, the playwright, had little success and offered an obvious target for Voltaire to belittle his endeavours: 'Formont vous aura sans doute mandé que le Paresseux de Launay a été reçu comme il le méritoit. Ce pauvre diable se ruine à faire imprimer ses ouvrages et n'a de ressource qu'à faire imprimer ceux des autres' (D606; 6 May 1733). But if his comedies were left in oblivion for the most part, his fables were interesting enough to draw Beuchot's attention to La Vérité fabuliste.

3. The w42 edition

The w42 edition of the Epître sur la calomnie is quite different from preceding ones. The usual text stopped at line 138 ('N'en a versé dessus Pasquier Quesnel') and a new text of 41 lines took

---

[3] Henry A. Grubbs, J. B. Rousseau, his life and works (Princeton 1941), p.180, 128.

over to the end of the *Epître*. A possible reason for this was that Voltaire wished for a change to leave aside the castigation of J.-B. Rousseau. He had his moments of relentless in-fighting but he had feelings of disgust as well. In the *Mémoire sur la satire*, published in 1739, Voltaire claimed that he had lost patience with Rousseau but asked the latter to excuse him. It is not impossible that the death of Rousseau in his seventieth year in March 1741 made an impression upon Voltaire, but if so, it would not be easily understandable in the light of earlier remarks of Voltaire such as: 'Est il vrai que Rousseau est mort? Il avait trop vécu pour sa gloire & pour le repos des honnêtes gens' (D1160; 1 October 1736) and 'Si Roussau est mort c'est un méchant homme de moins, et ses derniers ouvrages ne font pas plus regreter le poète que sa conduite ne fait regreter l'homme' (D1164; 9 October 1736).

The unusual final text of the *Epître* is divided into two parts: the first composed of 21 lines and the second of 20 lines. The first uses the story of Marsyas, satyr of Phrygia, to show how overweening pride and lack of consideration for others lead to disaster. In eighteenth-century France the world of literary endeavour is frequently in the background, while in the foreground plagiarism, malicious rivalry and sordid epigrams aim to spoil the reputation of others. Voltaire is sanguine nevertheless in his conclusion:

> Je veux prouver que tout Auteur malin
> Nuit à soi-même encor plus qu'au prochain.

The second part of the final text begins with eight lines which are reminiscent of the five lines (162-166) of the base text of the *Epître*. There is a particular resemblance between 163-164:

> En vain Boileau, dans ses sévérites,
> A de Quinaut dénigré les beautes,

and the first two of the eight lines mentioned:

> O dur Boileau, dont la muse sévère,
> Au doux Quinaut envia l'art de plaire.

277

Furthermore Voltaire addresses Boileau (who predictably comes out badly), 'Chacun maudit ta satire inhumaine', and 'L'heureux Quinaut, vainqueur de la satire' (l.165) is, as always, applauded. Jealousy, intrigue and hypocrisy do not upset Voltaire it would seem, and he looks ahead to the future with his faith in 'le vrai mérite'. Although the line 'L'auteur malin des plus malins couplets' makes one think of J.-B. Rousseau, restraint is now the order of the day and Voltaire does not name his deceased rival.

4. *Voltaire and J.-B. Rousseau*

In the first half of the eighteenth century calumny was virulent and its practitioners were plentiful. Voltaire added his *Epître sur la calomnie* to his edition of *La Mort de César* (36A) after mentioning in the 'Préface des éditeurs' 'un trait de satire violent'. The violence in question was aimed at Jean-Baptiste Rousseau, and Voltaire's justification for resorting to personalities sounds rather lame, particularly when he uses the third person: 'Il ne s'est jamais permis la Satire personnelle que contre Rousseau, comme Despréaux ne se l'est permis que contre Rollet'. Rousseau was clearly a special case for punishment in Voltaire's opinion: 'La conduite de Rousseau et les mauvais vers qu'il fait depuis quinze ans justifient assez ce trait'. Doubtless the appetite of anti-Rousseau readers was whetted by the selected ten lines of satire in the 'Préface' and they would have been even more delighted later by the whole of Voltaire's presentation of Rousseau's misdemeanours in the *Epître sur la calomnie*. Some of the victims of Rousseau's calumny listed in the 'Préface' are connected with *Le Temple du goût* and later variants. The notorious 'vers durs' usually included the dangerous weapon of satire which was wielded crudely by J.-B. Rousseau in his attacks against Fontenelle, but in his *Temple* Voltaire took up the cudgels against his enemy and compared his paltry epigrams with the breadth and distinction of the works of a renowned scholar (M.viii.566). In the original 1733 edition of *Le Temple du goût* Voltaire quotes the bellicose words of Rousseau who thereby damns himself: 'Voici des vers contre l'abbé Bignon'; and 'J'ai rétracté l'éloge de Noailles' (see above, p.139-40); his downfall was underlined by Voltaire's succinct notes which acted as a harbinger of the *Epître sur la calomnie*.

Among the numerous *bêtes noires* in Voltaire's life, Jean-Baptiste Rousseau clearly stands out. Some time in the year 1701 Rousseau, according to Voltaire, turned against his patron the baron de Breteuil and satirised him in a poem entitled *La Baronade* (a work which has proved stubbornly elusive to scholars trying to track it down). This offensive minor work outraged the baron's young daughter Emilie and when she became Voltaire's lover in 1733 his animus against Rousseau was strengthened. Voltaire presents Rousseau in his *Epître sur la calomnie* as an incorrigible calumniator and he maintains in a footnote that it was his enemy who was the author of the notorious couplets of 1701 and 1710. The earlier episode shows Rousseau as being adept at writing neat epigrams of eight or ten lines with a sharp cutting edge and also at supplying his readers with popular obscenities. A keen frequenter of the Café Laurent, he drew inspiration for much of his satirical material from observing regular customers of the café; unfortunately for him, a spate of couplets began to circulate and were attributed to him. Openly accused by Joseph Saurin of writing the couplets, Rousseau apart from admitting that he wrote a mere seven verses protested his innocence and decided to leave the café for good. For the next three months new couplets were delivered to the doors or left in the café but gradually the affair lost its fervour and the excitement died down. While visiting the comte de Verdun on Sunday 23 February 1710, however, Rousseau was told that new couplets had been circulated, that members of the café had been attacked and that once again he had been accused by the habitués of being the author. He dismissed the very idea and in a later letter to Verdun he expressed his contempt for his enemies who had quickly broadcast his supposed guilt all over Paris. The most active of these enemies was Saurin who lodged a complaint against Rousseau as the author both of the couplets and of obscene epigrams and caused a warrant to be taken out for his arrest. Although Rousseau was given his *arrêt de décharge*, it inevitably followed that both he and Saurin issued *factums* presenting their case to the public. Rousseau had the disadvantage of presenting his case first, thus giving his adversary the opportunity to refute it. Saurin's *factum* was admired by Voltaire whose *Epître sur la calomnie* is in tune with Saurin's allegations. The judgement of 12 December acquitted Saurin and gave him permission to make a complaint against Rousseau for subornation of witnesses while Rousseau had to pay damages amounting to four thousand francs. The frightening atmosphere after the trial prompted Rousseau to leave France on 29 December with a view to tracking down the misdemeanours of his enemy, Saurin, in his native Switzerland and showing him up as a hypocrite, impostor, thief and extortioner. This scheme never materialised; Rousseau's appeal to the Parlement was rejected on 27 March 1711 and the judgement in favour of Saurin was confirmed. Rousseau did not appear in court and his absence made him liable to receive a sentence by default; the case was finally decided and the Parlement gave its verdict in April 1712. Voltaire published the proceedings in his *Vie de M. J.-B. Rousseau* (1738; M.xxii.327-57).

Voltaire's personal acquaintance with Rousseau had begun as early as August 1710 when the young aspirant of Louis-le-Grand was presented to the elder poet. Looking back upon the encounter, Rousseau recalled a teenager 'd'assez mauvaise physionomie, mais d'un regard vif & éveillé' (D1078; May 1736). The young and ambitious Arouet wrote to Rousseau in 1714 asking for his judgement on an ode which he had written with a view to competing for the Academy's poetry prize (D24); Rousseau's would-be helpful response was that the best poets did not compete for the prize (D25). More obvious encouragement was forthcoming from Rousseau in a letter to his friend Boutet in April 1715 in which three short pieces in verse were described as 'toutes pétillantes de génie, mais assez peu correctes' (D27); the avuncular tone of his leniency towards the 'jeune homme' was to echo frequently in the first ten years or so of their relationship. The year 1722 was an important one so far as relations between Rousseau and Voltaire were concerned. It was clear that the exiled poet attracted Voltaire who lavished compliments upon him and presented himself as 'un disciple tendrement attaché à son maitre' (D103; 23 February) in the obvious hope of soon meeting Rousseau in Brussels. The encounter seems to have been a success: Rousseau kept *La Henriade* to mull over and Voltaire listened to some readings of Rousseau's unpublished poems. After spending eleven days in Brussels Voltaire, accompanied by his travelling companion Mme de Rupelmonde, was on his return journey and, according to Rousseau, publicly recited his shocking *Epître à Julie* (the *Epître à Uranie*). It seems very likely that the irreverent conduct of Voltaire in the church of Notre-Dame du Sablon disgusted Rousseau enough to lead him to treat him henceforth as an enemy.

The new note sounded by Rousseau from London in February 1723 was meant to damn Voltaire: 'les visions ou peut-être la malignité d'un jeune homme qui cherche à faire le nécessaire en troublant le repos d'autrui' (D147). A little more than a year later, in May 1724, Rousseau's criticism of Voltaire's work had become predictable: 'Je crois que le sr de Voltaire en aurait pu faire un bon poème, s'il avait suivi les avis que je lui donnai alors [...] il me parut, qu'en me le lisant il cherchait des louanges, & non pas des conseils' (D188).

Inevitably, Rousseau's remarks on *Mariamne* in a letter of August 1725 were scathing about Voltaire's unsatisfactory use of rhyme and his awkward construction of plot (D245). In the autumn of 1725 Rousseau wrote to Voltaire with a provocative reference to 'un auteur qui a osé déchirer Jesus christ dans une satire affreuse' meant to discredit further him and his *Epître à Julie* (D248). There is no trace of the letter that Rousseau claimed he had received from him in response. From 1726 to 1732 there was a considerable lull in the relations between the two men. Voltaire noted Rousseau's revision of Tristan's *Mariamne* which appeared in 1731 and regarded it as a hostile act. He struck back at his enemy in *Le Temple du goût*, allotting him an ignominious position as a bad poet.

Rousseau was doubtless aware of the impending belittlement of his works by Voltaire and he decided to discard his lofty attitude of ignoring his enemy and to submit the author of *Zaïre* to harsh criticism. In fact the criticism which he wrote in a letter to Launay (D561; 13 January 1733) which was published in April 1733 recalls the impious outlook of Voltaire which he detested:

Le sentiment qui y Règne d'un boût à l'autre, tend seulement à faire voir que tous les efforts de la grâce, n'ont aucun pouvoir sur nos passions. Ce dogme Impie, et aussi injurieux au bon sens qu'à la Religion, fait l'unique fondement de sa fable, et au lieu que le but de Corneille a êté de voir dans Polieucte le triomphe de la grâce, il semble que celui de Voltaire, ait êté d'en peindre la déffaitte.

Shortly afterwards, at the beginning of July 1733, Voltaire began to write his *Epître sur la calomnie*, clearly with Rousseau very much in mind. He finished it by 27 July but it was not printed for nearly three years.

In May 1736 Rousseau sent an open letter to the editors of the *Bibliothèque française* which stressed Voltaire's impious behaviour of 1722. Voltaire bided his time before writing to the *Bibliothèque française* in September in the sure knowledge that he had the upper hand – he had noted that Rousseau in his open letter had said that he had been slandered by Voltaire in the presence of the duc d'Aremberg but when the attention of the duke was drawn to Rousseau's unfortunate remarks, he reacted as Voltaire had wanted him to: 'Je suis très indigné, monsieur, d'apprendre que mon nom est cité dans la Bibliothèque sur un article qui vous regarde. On me fait parler très mal à propos & très faussement &c. [...] A Anghien ce 8 Septembre 1736' (D1144); the *Vie de M. J.-B. Rousseau* claims that the duke bundled Rousseau ignominiously out of his house; whether this was the case or not, the gap between protégé and patron came home to Rousseau who lost his pension and learned the bitter lesson that poets should remain in their lowly station.

Voltaire did not cease criticising Rousseau but showed a certain weariness now and then in coping with his intransigent adversary. Rousseau suffered a disabling stroke at the beginning of 1738 and died on 16 March 1741. It may be said that in his *Siècle de Louis XIV*, ch. xxxii: 'Des beaux-arts' (M.xiv.551), Voltaire wrote a reasonably fair-minded obituary of Rousseau. Whereas Rousseau lacked the fine touches found in Houdar de La Motte's prose works, Voltaire wrote, he was far more talented than his contemporary in the art of versification; he followed the path of Houdar's odes but introduced more variety and more striking odes; his psalms were redolent of the canticles of Racine and his epigrams were more cleverly crafted than those of Marot. On the debit side, however, his work in the areas of opera, comedy and moral epistles was adjudged to be a failure by Voltaire who reiterated Rousseau's shortcomings – 'un amour-propre indomitable, et trop mêlé de jalousie et d'animosité' – before finally adjudging him to be 'un écrivain qui n'a pas peu contribué à l'honneur des lettres'.

5. *Marotisme, Rousseau and Voltaire*

Henry A. Grubb's discovery of a manuscript in the Bibliothèque municipale de Chartres allowed him to present the sources of J.-B. Rousseau's inspiration and his method of composition in a succinct passage which sheds more light upon *marotisme*:

Entre tous nos poètes français, j'étais surtout épris de la naïveté de Marot et de Saint-Gelais, dont la manière de narrer concise me paraissait préférable au style diffus et négligé de tous les autres auteurs, même de la Fontaine, poète d'ailleurs inimitable. J'étais persuadé comme je le suis encore, que les grâces de ces auteurs ne consistaient point dans les vieux termes qu'ils emploient, mais seulement dans le tour et la précision entière avec laquelle ils s'expriment. J'avais soutenu plusieurs fois ce sentiment et pour mieux faire sentir ma doctrine j'avais de temps en temps essayé de mettre en huit ou dix vers des contes qui paraissaient ne pouvoir être exprimés que par un long discours. Le café m'en fournissait le plus souvent la matière. On ne s'y entretenait guère que de pareilles folies, et quelque fois l'épigramme se faisait sur-le-champ et en la présence de ceux qui m'en avaient donné le sujet. [4]

Though Rousseau's concise manner of narration was often admired, it was not in favour with Voltaire who detested the clipped sentences and truncated phrases of the Marotic style. He strongly disliked the general revival of interest in the writers of the sixteenth century and was on the alert to avoid the deterioration of the French language and ever ready to support good taste.

In *Le Temple du goût* (1733) Rousseau is presented as a figure of bad taste, fresh from Germany, spouting 'horrible jargon' which is echoed in the *Epître* (1.157-159):

> Et ces ramas de larcins marotiques,
> Ces vers nouveaux, ces adieux chimériques,
> Moitié français et moitié germaniques.

The father of *marotisme*, as was predictable, got a bad reputation from Voltaire who was intent, in the *Essai sur les mœurs*, upon deflating the reputation of Marot (ed. Pomeau, ii.846-47):

Il le faut avouer, Marot pensait très peu et mettait en vers durs et faibles les idées les plus triviales. De plus de soixante épîtres, il n'y en a guère que deux qui puissent se lire, l'une dans laquelle il conte avec naïveté qu'un valet l'a volé, l'autre où il fait la description du Châtelet. De deux cent soixante et dix épigrammes, y en a-t-il plus d'une douzaine dignes d'amuser un homme de goût? Et retranchez encore cette licence qui en fait presque tout le mérite, que restera-t-il? Le reste de ses ouvages, à un ou deux rondeaux pres, ses psaumes, ses cimetières, ses étrennes portent le caractère d'un siècle qui, ne connaissant pas le bon, estimait beaucoup le mauvais.

Cependant le peu qu'il a de bon est si naturel qu'il a mérité d'être

---

[4] MS Chartier 1591, f.4-4v.

dans la bouche de tout le monde. Trois ou quatre petites pierres précieuses ont passé à la postérité à travers tant de débris et ont fait dire à Despréaux:

Imitez de Marot l'élégant badinage.

6. *Manuscripts and editions*

Manuscripts

MS1

La Calomnie. / par M. de Voltaire

This is an early version of the text. It has been struck through and the margins on all but the first page used for a copy of an unrelated text. A note at the head states: 'reportée ci-devant p.425'.

cc BnF 15362 (Jamet), p.642-45.

MS2

Sur / La Calomnie.

The text is almost identical with MS1. Variant readings taken from a later version, apparently RP40, have been added above the line and in the margin.

cc BnF 15362 (Jamet), p.425-32.

MS3

Epître de Voltaire / à Madame la Marquise Duchâtelet / sur la Calomnie.

A carefully written copy of the early version.

cc BPU, Geneva, AT 177, no.4.

MS4

Epître sur la calomnie

A copy of the early version in a collection of Voltaire texts sent to

Cideville by the author. A note in Cideville's hand at the head of the collection reads: 'Ce recueil charmant m'a été envoyé par l'autheur au commencement de mars 1735.'

cc Bibliothèque municipale de Rouen, Cideville papers, f.51*v*-61*v*.

MS5

Epître sur la calomnie

An early draft included in a collection, 'Recueil de plusieurs piesse', written at the end of 1734. It is described by Gustave L. van Roosbroeck in 'An early version of Voltaire's *Epître sur la calomnie*', *Neophilologus* 8 (1923), p.252-56.

Editions

36A

LA / MORT / DE / CESAR, / *TRAGEDIE* / DE / M. DE VOLTAIRE, / SECONDE EDITION / *Revue, corrigée & augmentée par l'Auteur* / [*intaglio engraving, with the words 'Serere ne dubites'*] / *A AMSTERDAM*, / Chez ETIENNE LEDET, & COMPAGNIE [*or* JACQUES DESBORDES*] / M. DCC. XXXVI.

63-70 Epître sur la calomnie.

The first printed version, differing in numerous details from the manuscripts.

The 'Préface des éditeurs' quotes lines 149-146 in a slightly different form from the text published in the same edition.

Bn: Rés. Z Bengesco 38; Tay: V3 M7 1736(5) (with variant imprint).

w38

Œuvres de M. de Voltaire. Amsterdam, Ledet [or] Desbordes, 1738-1756. 9 vol. 8°. Bengesco iv.5-12; Trapnell 39A; BnC 7-11.

Volume 3: 83-91 Epître sur la calomnie.

Bn: Ye 9213; Taylor: V1 1738.

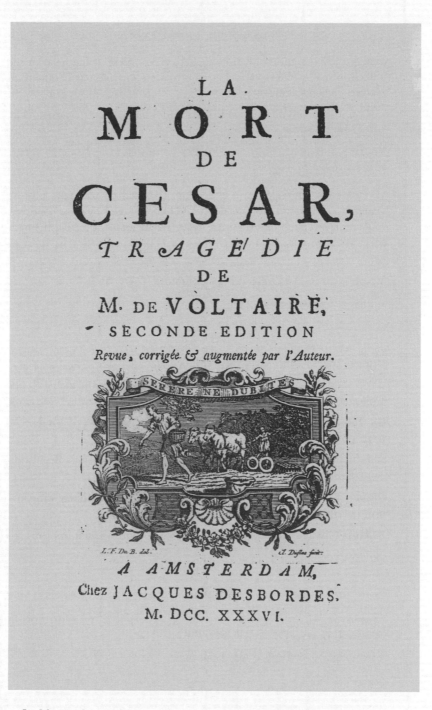

LA

MORT

DE

CESAR,

TRAGEDIE

DE

M. DE VOLTAIRE,

SECONDE EDITION

Revue, corrigée. & augmentée par l'Auteur.

SERERE NE DUBITES

L.F. Du B. del.   *J. Duflos fecit.*

A AMSTERDAM,

Chez JACQUES DESBORDES.

M. DCC. XXXVI.

2. *La Mort de César*: title page of 36A, with variant imprint. Taylor Institution, Oxford.

RP40

Recueil de pièces fugitives en prose et en vers. [Paris, Prault], 1740 [1739]. 1 vol. 8°. Bengesco iv.218-19; BnC 369-370.

145-52 Epître sur la calomnie.

Bn: Rés. Z Beuchot 55; – Zz 4185; ImV: BA 1739/1; – BA 1739/2; BL: 12235.c.16.

W41C

Œuvres de M. de Voltaire. Amsterdam [Paris, Didot, Barrois], Compagnie, 1741-1742. 5 vol. 12°. Bengesco iv.15-20; Trapnell 41C; BnC 20-21.

Volume 5: 106-112 Epître sur la calomnie.

Bn: Rés. Z Bengesco 471 (5).

W42

Œuvres mêlées de M. de Voltaire. Genève, Bousquet, 1742. 5 vol. 12°. Bengesco iv.20-23; Trapnell 42G; BnC 22-24.

Volume 5: 106-12 Epître sur la calomnie.

Bn: Rés. Z Beuchot 51 (5); – Z 24571; ImV: A 1742/1 (5); Taylor: V2 1742.

W46

Œuvres diverses de M. de Voltaire. Londres [Trévoux], Nourse, 1746. 6 vol. 12°. Bengesco iv.24-28; Trapnell 46; BnC 25-26.

Volume 5: 85-91 Epître sur la calomnie.

Bn: Rés. Z Beuchot 8 (5).

W48D

Œuvres de M. de Voltaire. Dresde, Walther, 1748-1754. 10 vol. 8°. Bengesco iv.31-38; Trapnell 48D; BnC 28-35.

Volume 3: 190-97 Epître sur la calomnie.

Bn: Rés. Z Beuchot 12; – Rés. p Z 2644; ImV: A 1748/1 (3); – A 1748/2 (3); Taylor: V1 1748.

w51

Œuvres de M. de Voltaire. [Paris, Lambert], 1751. 11 vol. 12°. Bengesco iv.42-46; Trapnell 51P; BnC 40-41.

Volume 3: 217-24 Epître sur la calomnie.

Bn: Rés. Z Beuchot 13 (3); ImV: A 1751/2 (3); Taylor: V1 1751; BL: 630.a.27-37.

w52

Œuvres de M. de Voltaire. Dresde, Walther, 1752. 9 vol. 8°. Bengesco iv.46-50; Trapnell 52; BnC 36-38.

Volume 3: 88-93 Epître sur la calomnie.

Bn: Rés. Z Beuchot 14 (2); ImV: A 1752/1 (2).

w56

Collection complette des œuvres de M. de Voltaire. [Genève, Cramer], 1756. 17 vol. 8°. Bengesco iv.50-63; Trapnell 56, 57G; BnC 55-66.

Volume 2: 74-81 Epître sur la calomnie.

Bn: Z 24577; ImV: A 1756/1 (2); Taylor: VF.

w57P

Œuvres de M. de Voltaire. [Paris, Lambert], 1757. 22 vol. 12°. Bengesco iv.63-68; Trapnell 57P; BnC 45-54.

Volume 6: 63-68 Epître sur la calomnie.

Bn: Z 24647; Taylor: VF.

w68

Collection complette des œuvres de M. de Voltaire. [Genève, Cramer; Paris, Panckoucke], 1768-1777. 30 vol. 4°. Bengesco iv.73-83; Trapnell 68; BnC 141-144.

Volume 18: 295-302 Epître sur la calomnie.

Bn: Rés. m Z 587 (18); ImV: A 1768/1 (18); Taylor: VF; BL: 94.f.1.

W70L (1772)

Collection complette des œuvres de M. de Voltaire. Lausanne, Grasset, 1770-1781. 57 vol. 8°. Bengesco iv.83-89; Trapnell 70L; BnC 149-150.

Volume 22: 184-91 Epître sur la calomnie.

Bn: 16° Z 14521 (22); ImV: A 1770/2 (22); – A 1770/3 (22); – A 1770/4 (22); Taylor: V1 1770.

W75G

La Henriade, divers autres poèmes, et toutes les pièces relatives à l'épopée. [Genève, Cramer & Bardin], 1775. 37 vol. 8° (40 vol. with the *Pièces détachées*). Bengesco iv.94-105; Trapnell 75G; BnC 158-161.

Volume 12: 293-300 Epître sur la calomnie.

Bn: Z 24850; ImV: A 1775/2 (12); Taylor: VF.

K84

Œuvres complètes de Voltaire. [Kehl], Société littéraire-typographique, 1784-1789. 70 vol. 8°. Bengesco 2142; Trapnell K; BnC 164-169.

Volume 13: 74-82 Epître sur la calomnie.

Bn: Rés. p Z 2209 (13); ImV: A 1784/1 (13); Taylor: VF.

7. *Translations*

Epistle upon calumny, in *The Works of Mr de Voltaire*. Translated by T. Smollett and others. London, J. Newbery, R. Baldwin, etc, 1761-1770, xxxii.226-35.

8. *Editorial principles*

The base text is 36A, the first edition. Variants are drawn from
W38, RP40, W41C, W42, W46, W48D, W51, W52, W56, W57P, W68,
W70L, W75G and K84. Simple misprints are not recorded in the
critical apparatus, nor are variations in punctuation having no
effect on the sense of the text.

Modernisation of the base text

The spelling of the names of persons and places has been respected and the
original punctuation retained.

The following aspects of orthography and grammar in the base text have been
modified to conform to modern usage:

1. Consonants
   - the consonant *p* was not used in: tems, nor in: long-tems, passe-tems.
   - the consonant *t* was not used in syllable endings -*ans* and -*ens*: vigilans,
     agrémens, alimens.
   - a single consonant was used in: afront, apauvri, apui, apuyer, échaufe,
     siflës, soufle.
   - a double consonant was used in: appellés, rejetter.

2. Vowels
   - *oi* was used in place of *ai* in: alloit, avoit, avoient, connoissez, étoit, foible,
     François.
   - *i* was used in place of *y* in: voiez.
   - *y* was used in place of *i* in: joye, proye.

3. Accents
   The acute accent
   - was used in place of the grave in: entiére, inquiéte.
   - was used in: frélons.
   - was not used in: reduit.
   The grave accent
   - was not used in: géometre, mene, Mere, misere.

The circumflex accent
- — was not used in: ame, infames.
- — was used in: assûrance.

The diaeresis
- — was used in: Louïs, païs.

4. Various
- — the ampersand was used.
- — the hyphen was used in: aussi-tôt, beaux-esprits, bien-tôt, long-tems, passe-tems.

ÉPÎTRE SUR LA CALOMNIE

Ecoutez-moi, ma charmante Emilie,
Vous êtes belle, ainsi donc la moitié
Du genre humain, sera votre ennemie:
Vous possédez un sublime génie,
On vous craindra, votre tendre amitié   5
Est confiante, et vous serez trahie:
Votre vertu, dans sa démarche, unie
Simple, et sans fard, n'a point sacrifié
A nos dévots, craignez la calomnie;
Attendez-vous, s'il vous plaît, dans la vie,   10
Aux traits malins, que tout fat à la cour,
Par passe-temps, souffre, et rend tour à tour.
La médisance est l'âme de ce monde,
Elle y préside, et sa vertu féconde

a   MS1:   La Calomnie, par M. de Voltaire.
    MS2:   Sur la Calomnie.
    MS3:   Epître de Voltaire à Madame la marquise Duchâtelet sur la Calomnie.
    W38:   ÉPÎTRE À MADE. DE *** SUR
    W70L, W75G: ÉPÎTRE SUR LA CALOMNIE. A Madame la Marquise du Chastelet,
Lorraine.
 1   W38-K84:   Ecoutez-moi, respectable Emilie
 6   RP40:   vous seriez trahie
 8   MS2:   n'a pas sacrifié
 9   MS3:   craignez leur calomnie.
12   MS3:   Pour passe-temps
13   D643:

            La calomnie est

    RP40-K84:

            La médisance est la fille immortelle
            De l'amour-propre et de l'oisiveté.
            Ce monstre ailé paraît mâle et femelle,
            Toujours parlant, et toujours écouté.
            Amusement et fléau de ce monde,

Du plus stupide échauffe les propos,   15
Rebut du sage, elle est l'esprit des sots:
En ricanant, cette maigre furie
Va de sa langue épandre les venins
Sur tous états: mais trois sortes d'humains,
Plus que le reste aliments de l'envie,   20
Sont exposés à sa dent de harpie;
Les beaux-esprits, les belles, et les grands,
Sont de ses traits les objets différents.
Quiconque en France, avec éclat attire
L'œil du public, est sûr de la satire,   25
Un bon couplet, chez ce peuple falot,
De tout mérite est l'infaillible lot.
       La jeune Eglé de pompons couronnée,
Devant un prêtre à minuit amenée,
Va dire un *oui*, d'un air tout ingénu,   30
A son mari, qu'elle n'a jamais vu;
Le lendemain en triomphe, on la mène
Au cours, au bal, chez Bourbon,[1] chez la reine,
Bientôt après, sans trop savoir comment,
Dans tout Paris, on lui donne un amant.   35

15 w42:   échauffe le propos
18 MS1:   épandre ses venins
    MS3:   épandre le venin
20 MS1:   que tout autre aliment a l'envie
26 MS1, MS2:   bon brevet chez le peuple
32 MS3, MS4:   l'amène
33 MS1, MS2:   Au bal, au cours, chez
34 MS1, MS2, MS4, RP40-K84:   Le lendemain, sans

[1] Possibly a reference to Françoise-Marie de Bourbon (1677-1749), wife of Philippe d'Orléans (1674-1723), regent of France.

Roy (a)[2] la chansonne, et son nom par la ville
Court ajusté sur l'air d'un vaudeville:
Eglé s'en meurt: ses cris sont superflus;
Consolez-vous Eglé, d'un tel ouvrage,
Vous pleurerez, hélas! bien davantage,   40
Lorsque de vous on ne parlera plus.
Et nommez-moi la beauté, je vous prie,
De qui l'honneur fut toujours à couvert.
Lisez-moi Bayle, à l'article Schomberg,[3]

(a) Mauvais poète.

n.a MS1-MS4, W38, RP40-W52, note absent
n.a W56-K84: Poète connu en son temps par quelques opéras [W56, W57P, W68, W70L, W75G: opéra], et par quelques petites satires nommées *calottes*, qui sont tombées dans un profond oubli.
39 MS1-MS4, W38-K84: d'un tel outrage
42 MS1, MS3: Eh! dites-moi la
  MS2: Eh! nommez-moi
  MS5, after l.42:
    Nulle vertu n'échappe à la furie,
43 MS2: Dont la vertu fut

[2] Pierre-Charles Roy (1683-1764).
[3] Pierre Bayle, in his *Dictionnaire historique et critique*, deuxième édition (Rotterdam, Leers, 1702), in the article, 'Schomberg, Charles de', states that Charles de Schomberg, duc d'Haluin, lost his first wife in 1641 and married again in 1646 Marie de Hautefort who 'a été fort célébrée pour sa vertu par Scarron, et par d'autres poëtes: Mais un (A) stirique moderne lui a porté une furieuse estocade'. Bayle's note A states that the maréchale de Schomberg was accused in the anonymous and satirical work *Mémoires de M.L.C.D.R. concernant ce qui s'est passé de plus particulier sous le règne du cardinal Richelieu et du cardinal Mazarin* (La Haye 1687) of having had an affair with a certain La Porte, of humble origins, after having refused the king. The abbé Faydit in his *Extrait d'un sermon prêché le jour de saint Polycarpe* of 1689 consoled the maréchale by comparing her situation with that of the Blessed Virgin who 'n'avoit pu ou voulu éviter les calomnies des insolents, et que peu de tems après sa mort il s'étoit trouvé un Ecrivain celebre, qui avoit eu l'impudence d'assûrer, *qu'elle avoit eu un commerce criminel avec un homme d'épée nommé* PANTHER, *et que c'étoit de lui qu'elle avoit eu J.C.*' Voltaire's notes in 1748 and 1752 on the

Vous y verrez que la Vierge Marie, (*b*)   45
Des chansonniers comme une autre a souffert:

(*b*) Bayle et l'abbé Houtteville font mention d'un ancien livre hébreu
où l'on trouve cette calomnie contre la Vierge.

45-53   RP40, W42:
    Vous y verrez à quel point la satire
    Sut en tous temps
n.*b*   MS1-MS3, note absent
    W38:   Vierge. Ce livre est intitulé *Liber Todos Jeskut*; il est du IXe siècle.

    W46-K84:   Cette calomnie, citée dans Bayle et dans l'abbé Houteville, est
tirée d'un ancien livre hébreu, intitulé *Toldos Jescut*, dans lequel on donne pour
époux à cette personne sacrée, Jonathan; et celui que Jonathan soupçonne s'appelle
Joseph Panther. [W52-K84: Ce livre, cité par les premiers pères, est incontestablement
du premier siècle.]
    46   MS3:   Des chansonneurs
    MS1, MS3, MS4:   comme un autre
    MS2:   comme <toute> ↑une

calumniation of the Virgin Mary were supplemented by him in the article 'Messie'
in the *Dictionnaire philosophique* (1764; V 36, p.360-62) and in the *Examen important
de Milord Bolingbroke* (1767; V 62, p.213-14). The article 'Messie' explains the age-
old Jewish origin of the book entitled *Sepher Toldos Jeschut*. It was Johann Christoph
Wagenseil who was first to publish this anonymous life of Jesus in a translation in
Latin in 1681. The *Sepher Toldos Jeschut* was, according to Voltaire, known as far
back as the second century, yet his note of 1752 maintains that this book was
'incontestablement du premier siecle'. Voltaire supports Celsus's confident stance
and rejects Origen's refutations – in his Leningrad notebook ([f.103] V 81, p.81)
one reads: 'L'histoire de Pantaire est beaucoup plus ancienne qu'on ne le dit. Celse
en parle comme d'une chose de notoriété publique'. In the *Examen important*
Voltaire reduced miracles and fables to the everyday banality of the *Toldos Jeschut*:
'Il est plus vraisemblable que Joseph Panther avait fait un enfant à Mirja (i.e. Mary)
qu'il ne l'est qu'un ange soit venu par les airs faire un compliment de la part de
Dieu à la femme d'un charpentier, comme Jupiter envoya Mercure auprès d'Alcmène'
(V 62, p.214).

Certain lampon courut longtemps sur elle,
Dans un refrain, cette mère pucelle
Se vit nichée; et le juif infidèle
Vous parle encore, avec un rire amer,   50
D'un rendez-vous avec monsieur Santer.

    Vous voyez donc à quel point la satire
Sait en tout temps gâter tous les esprits,
La terre entière est, dit-on, son empire;
Mais croyez-moi, son trône est à Paris.   55
Là, tous les soirs, la troupe vagabonde
D'un peuple oisif, appelé le beau monde,
Va promener, de réduit en réduit,
L'inquiétude, et l'ennui qui le suit.
Là sont en foule, antiques mijaurées,   60
Jeunes oisons, et bégueules titrées,
Disant des riens, d'un ton de perroquet,
Lorgnant des sots, et trichant au piquet.
Blondins y sont, beaucoup plus femmes qu'elles,
Profondément remplis de bagatelles,   65

47-54   w46-k84:
        Jérusalem a connu la satire.
        Persans, Chinois, baptisés, circoncis,
        Prennent ses lois: la terre est son empire
49   ms3: vit nicher et
      ms4: les juifs infidèle
51   ms1-ms4, w38: monsieur Panter.
      ms4: avec note: Cette histoire de Panter se trouve aussi dans ce même livre
hébreux
52-53   ms1-ms3, k84 var. a:
        C'est de tout temps ainsi que la satire
        A de son souffle [ms3: fiel] infecté les esprits
54   ms1: Le monde entier est
56   ms1: les jours, la
59   ms2, ms3, k84: qui la suit
60   ms1, ms2: C'est là qu'on voit antiques
      ms3, ms4: On voit en foule
65   ms4: de bagatelle

D'un air hautain, d'une bruyante voix,
Chantant, parlant, minaudant à la fois.
Si par hasard quelque personne honnête,
D'un sens plus droit, et d'un goût plus heureux,
Des bons écrits ayant meublé sa tête,   70
Leur fait l'affront d'être sage à leurs yeux;
Tout aussitôt leur brillante cohue,
D'étonnement, et de colère émue,
Maudit essaim de frelons envieux,
Pique et poursuit cette abeille charmante,   75
Qui leur apporte, hélas! trop imprudente,
Ce miel si pur, et si peu fait pour eux.
    Quant aux héros, aux princes, aux ministres,
Sujets usés de nos discours sinistres:

66   MS4:   d'une brillante voix
67   MS1:   Riant, chantant, minaudant
     MS2, MS3:   Dansant, sifflant, minaudant
     RP40-K84:   Chantant, dansant, minaudant
69   MS1:   D'un esprit juste et
     MS2, MS3:   D'un esprit juste et d'un sens plus heureux
71   MS1-MS5:   affront de penser devant eux
     RP40-K84:   affront de penser à
72   MS1-MS5:   aussitôt la brillante [MS2, MS5: bruyante] cohue
73-74   MS1, MS4, after l.73:
             Va de ses [MS4: leurs] traits en cent lieux affubler
             Calomnier, désoler, accabler,
             Cette étrangère en leur pays venue
         MS2, MS3, after l.73:
             Court en cent [MS3: tous] lieux de ses [MS3: cent] traits affublés
             Calomnier, désoler, accabler,
             Cette étrangère en leur pays venue
74   MS1-MS4:   Comme un essaim
     RP40-K84:   Bruyant essaim
75   MS1-MS4:   poursuit une abeille
77   MS2:   Le miel si
     MS5:   Son miel trop pur et trop parfait pour
79   MS3:   de vos discours

Qu'on m'en nomme un dans Rome et dans Paris,   80
Depuis César, jusqu'au jeune Louis:
De Richelieu, jusqu'à l'ami d'Auguste;
Dont un pasquin[4] n'ait barbouillé le buste.
Ce grand Colbert, dont les soins vigilants
Nous avaient plus enrichis en dix ans,   85
Que les mignons, les catins et les prêtres
N'ont en mille ans appauvri nos ancêtres:
Cet homme unique, et l'auteur, et l'appui
D'une grandeur, où nous n'osions prétendre,
Vit tout l'Etat murmurer contre lui;   90
Et le Français osa troubler (c) la cendre
Du bienfaiteur, qu'il révère aujourd'hui.[5]
  Lorsque Louis, qui d'un esprit si ferme
Brava la mort, comme ses ennemis,

(c) On voulait déterrer M. Colbert à St Eustache.

80   MS1-MS3:   Rome ou dans
84   MS2:   Le grand
86   MS1, MS3:   Que les catins, les mignons et
     MS2:   Que les catins, les moines et
     RP40, W42, :   et les traîtres
87   MS1:   en cent ans
90   MS1:   A vu l'Etat soulevé contre
     MS2-MS4:   l'Etat murmurant contre
n.c MS1-MS4, note absent
     RP40-K84:   Le peuple voulut [W42: voulait] déterrer
93   MS1-MS3:   Louis, d'un esprit sage et ferme,
94   MS1-MS4:   Bravant la

    [4] A satirical piece of writing, named after the Pasquino, a mutilated and decrepit statue in Rome to which lampoons were affixed.
    [5] Voltaire's particular admiration went to Colbert: 'Cet homme unique, et l'auteur, et l'appui/D'une grandeur où nous n'osions pretendre', who was treated disgustingly by the common people who wished to exhume his corpse.

De ses grandeurs ayant subi le terme,   95
Vers la chapelle, allait à St Denis;
J'ai vu son peuple, aux nouveautés en proie,
Ivre de vin, de folie, et de joie,
De cent couplets égayant le convoi,
Jusqu'au tombeau maudire encore son roi. [6]   100
    Vous avez tous connu, comme je pense,
Ce bon régent, qui gâta tout en France:
Il était né pour la société,
Pour les beaux-arts, et pour la volupté:
Grand, mais facile, ingénieux, affable,   105
Peu scrupuleux, mais de crime incapable:
Et cependant, ô mensonge! ô noirceur!

95   MS3: Et des grandeurs
     W51: De sa grandeur
96   MS1: De la chapelle
     MS3: De sa chapelle
     MS4, W38-K84: Vers sa chapelle
99-100 MS2:
            Jusqu'au tombeau maudire encor son roi,
            De cent couplets égayer le convoi.
101 MS2: Nous avons tous
     W42: Vous avez connu
103 MS1-MS3: était fait pour
105 MS2: Il était grand, ingénieux
106 MS1-MS4: Peu vertueux, mais
107-108 MS2:
            Jamais son cœur n'en parut infecté
            Et cependant la ville et les provinces
107 MS1: cependant, oh prodige! oh noirceur!
107 MS3:
            Aimant surtout les talents, l'équité
            Et cependant, ô prodige! ô noirceur!

[6] Louis XIV was treated no better and his funeral cortege was followed by joyously inebriated citizens waving their calumnious couplets, whilst the amiable Regent, Philippe, duc d'Orléans, was severely criticised for his frivolous life-style in the scurrilous *Philippiques*.

Six ans entiers la ville et les provinces
Au plus aimable, au plus clément des princes,
Ont prodigué le nom d'empoisonneur; [7]   110
Chacun les lit, ces archives d'horreur,
Ces vers impurs, appelés Philippiques, (d)
De l'imposture éternelles chroniques!
Et nul Français n'est assez généreux
Pour s'élever, pour déposer contre eux.   115

(d) Libelle diffamatoire en vers par le sieur de la Grange, contre monsieur le duc d'Orléans.

108   MS1, MS3: Dix ans
      RP40-K84: Nous avons vu la
109   MS1, MS3: Au plus auguste, au
      MS2:   Au plus clément, au plus juste des
110   MS3:   les noms
      RP40-K84: Donner les noms... Quelle absurde fureur!
111   MS2: Nous les lisons, ces
112   MS2: vers impies, appelés
n.d   MS1-MS3, note absent
      MS4:   contre Mgr le duc
      RP40-K84: vers, contre monsieur
      W38, W48D, W51, W56, W52, W57P, W68, W75G: contre monsieur le duc
d'Orléans, régent du royaume [W52, W56, W57P, W68, W70L, W75G, K84: , composé
par Lagrange-Chancel. On lui a pardonné. Bayle et Arnauld [W52, W56, W57P: Et
Bayle, Arnaud] sont morts hors de leur patrie].
113   W38: exécrables chroniques
      W70L, W75G: effroyables chroniques
115   MS1: s'élever, et déposer

[7] The Dauphin, Louis, died in 1711. The new Dauphin, Louis, duc de Bourgogne, died in 1712, as did his wife, Marie-Adélaïde de Savoie, and oldest son, Louis, duc de Bretagne. Philippe d'Orléans, who had taken up chemistry, or alchemy, was widely accused of having poisoned them in an attempt to succeed to the throne.

Que le mensonge un instant vous outrage,
Tout est en feu soudain pour l'appuyer:
La vérité perce enfin le nuage,
Tout est de glace à vous justifier.
  Mais voulez-vous après ce grand exemple   120
Baisser les yeux sur des moindres objets?
Des souverains descendons aux sujets,
Des beaux esprits ouvrons ici le temple,
Temple, autrefois l'objet de mes souhaits,
Que de si loin, monsieur Bardus contemple,   125
Et que Damis ne visita jamais.
Entrons: d'abord on voit la jalousie,
Du dieu des vers la fille et l'ennemie,
Qui sous les traits de l'émulation,
Souffle l'orgueil, et porte sa furie   130
Chez tous ces fous courtisans d'Apollon.
Voyez leur troupe inquiète, affamée,
Se déchirant, pour un peu de fumée,
Et l'un sur l'autre épanchant plus de fiel
Que l'implacable et mordant janséniste   135
N'en a lancé sur le fin moliniste,

116   MSI: mensonge en secret vous
116-122   MS2, absent
117   MS3:   est de feu
120   MSI: après un tel exemple
121   MSI: Jeter les
      MSI, MS3, RP40-W75G: yeux sur de [W48D: yeux de] moindres
125   MSI, MS3:   loin le bon Bardus
      MS2:   Monsieur Crésus [MS5: Crozat] contemple
      W70L, W75G, K84:   loin Desfontaines contemple
126   MSI-MS3, MS5:   que Launay ne
      W70L, W75G, K84:   que Gacon ne
131   MSI, W42:   tous les fous
      W70L: tous ses fous
133   MS3:   Se déchirer pour
136   MSI-MS4:

Ou que Doucin, cet adroit casuiste
N'en a versé dessus Pasquier Quesnel. [8]
Ce vieux rimeur couvert d'ignominies,

Pour son salut, et pour l'honneur du ciel,
N'en a versé [MS4: lancé] sur le fin [MS3, fier] moliniste
138   MS1-MS3: N'en a lancé contre Pasquier
      W38: Pasquier, Quesnel
139   MS2: Le vieux
      RP40, W41C: Ce vieux rumineur
139-140   MS1, MS3, MS4: d'ignominie, [...] de calomnie,
139-178   W42:
          Quand Marsias, ce désastreux satire,
          Des mains d'un dieu fut jadis écorché
          Ce n'était pas qu'il eût mal embouché,
          Et battu faux les sept trous de sa lyre;
          Ce Marsias était un effronté
          Qui du Parnasse ignorant nouvelliste,
          Prit chez les Grecs le nom de journaliste,
          Pensant flétrir les morts et les vivants,
          Et sans talent juger tous les talents;
          Le lourd bouquin, cynique plagiaire,
          Vous décochait, mais toujours par derrière,
          Cent traits grossiers, pleins de rage et d'ennui,
          Attaquant tout, et ne blessant que lui;
          Il fut la fable et la honte d'Athène.
          Enfin un jour au bord de l'Hipocrène,
          Son dos connu, dignement flagellé,
          Par Apollon fut en public pelé,
          Tel fut le prix de sa lâche malice;
          Mais laissons là ce monstre et son supplice,
          Je veux prouver que tout auteur malin,
          Nuit à soi-même encor plus qu'au prochain.
             O dur Boyleau, dont la muse sévère,
          Au doux Quinaut envia l'art de plaire,
          Qu'arrive-t-il lorsque ses vers charmants,
          Par Géliot embellis sur la scène,

[8] Père Quesnel (1634-1719) was a fervent Jansenist who was well known through his skirmishes with the archbishop of Paris which ended with the Bull *Unigenitus* in 1713. Doucin, a staunch Molinist, was involved in the outcome.

Organe impur de tant de calomnies,   140
Cet ennemi du public outragé,
Puni sans cesse, et jamais corrigé:
Ce vil Rousseau, que jadis votre père
A par pitié tiré de la misère,
Et qui, bientôt, serpent envenimé   145
Piqua le sein qui l'avait ranimé:
Lui, qui mêlant la rage à l'impudence,

De leurs douceurs enivrent tous nos sens?
Chacun maudit ta satire inhumaine.
N'entends-tu pas par nos applaudissements,
Venger Quinaut quatre fois par semaine?
L'auteur malin, des plus malins couplets,
Le jaloux sombre armé toujours pour nuire,
Et le plaisant, qui rit, et qui fait rire,
Et la cabale et ses perçants sifflets;
L'hypocrisie, et sa damnable suite,
Ne peuvent rien contre le vrai mérite.
Son règne vient, le temps est son vengeur,
Son or noirci, que l'envie en fureur
Fond au creuset, et met à la torture,
Reprend bientôt sa couleur vive, et pure;
Son poids, son titre, et son prix et son cours,
Sont reconnus et fixés pour toujours.

143-146 MS1, absent
143   RP40-K84: Ce vil Rufus
      W51, avec note: Rousseau
      W52-K84, avec note: Rousseau avait été secrétaire du baron de Breteuil,
et avait fait contre lui une satire intitulée *la Baronade*. Il la lut à quelques personnes
qui vivent encore, entre autres à madame la duchesse de St Pierre. Madame [W52,
W56, W57P: Et Madame] la marquise du Châtelet, fille de M. de Breteuil, était
parfaitement instruite de ce fait [W52: fait.//]; et il [W57P: fait; il] y a encore des
papiers originaux de madame du Châtelet qui l'attestent. [W75G, K84: Le baron de
Breteuil lui pardonna généreusement.]
146   MS3: Pique le sein qui l'avait animé
147   MS1-MS3: Et qui mêlant
      MS4, RP40, W46, W48D, W51, W52, W56, W57P, W68, W75G: à l'imprudence

304

Devant Thémis, accusa (e) l'innocence:
L'affreux Rousseau! loin de cacher en paix,
Des jours tissus de honte et de forfaits,   150
Vient rallumer, aux marais de Bruxelles,
D'un feu mourant les pâles étincelles:
Et contre moi croit rejeter l'affront
De l'infamie, écrite sur son front.
Et que feront tous les traits satiriques,   155
Que d'un bras faible il décoche aujourd'hui?
Et ces ramas de larcins marotiques,
Ces vers nouveaux, ces adieux chimériques, [9]
Moitié français et moitié germaniques,

(e) Il accusa M. Saurin fameux géomètre, d'avoir fait des couplets infâmes, dont lui Rousseau était l'auteur, et fut condamné pour cette calomnie.

n.e   MSI–MS4, RP40–K84, note absent
      W38: calomnie au bannissement perpétuel.//
149   RP40, W41C, W46–K84:   L'affreux Rufus
150   Préface: d'opprobre
151   MSI, MS3:   au marais
155   MSI, W70L: Mais que feront
      MS2:   Eh! [MS5: Eh,] que feront
      Mariemont: <mais que feront> $^{V\uparrow}\beta$
      Préface: Eh! que pourront
      MSI: tous ses traits
157   Préface: Et ce ramas
      Mariemont: <et ces ramas> $^{V\uparrow}\beta$
      MS5, W51:   Et ces amas
158   MSI–MS4, W38–W41C, W46–K84, absent

[9] Rousseau's five-act comedy in verse *Les Aieux chimériques, ou la Comtesse de Critognac* (February 1732) was not accepted, it is presumed, by the Comedie-Française despite some of the dialogue and farce which still attracts some readers today.

Qui tous pétris de fureur et d'ennui,   160
Seront brûlés, s'il se peut, avant lui. (*f*)
Ne craignons rien de qui cherche à médire,
En vain Boileau, dans ses sévérités,
A de Quinaut dénigré les beautés.
L'heureux Quinaut, vainqueur de la satire,   165
Rit de sa haine et marche à ses côtés.

(*f*) Nouveaux ouvrages de Rousseau qui ont été sifflés en France.

160-161 RP40-K84:
        Pétris d'erreurs, et de haine et d'ennui?
        Quel est le but, l'effet, la récompense
        De ces recueils d'impure médisance?
        Le malheureux, délaissé des humains,
        Meurt des poisons qu'ont préparé ses mains.
n.*f* MS1-MS4, W38, note absent
162-178 MS1-MS3, MS5, K84 *var*. b:
        Et vous Launay, vous Zoïle moderne,
        D'écrits [MS3: De mots] rimés barbouilleur subalterne,
        Insecte vil qui rampez pour piquer,
        Et que nos yeux ne peuvent remarquer.
        Je n'entends pas le bruit de vos murmures,
        Je ne crains point [MS3, MS5: sens pas] vos frivoles morsures
            Car Emilie en ces mêmes moments
        Remplit mon cœur et tous mes sentiments;
        De son esprit mon âme pénétrée,
        D'autres objets à peine est [MS3: est à peine] effleurée.
        J'entends sa voix, je suis devant ses yeux,
        Que tous les sots me déclarent la guerre,
        Hors de leur monde, et porté [MS1, MS3: monde, élevé] dans les cieux,
        Je ne vois plus la fange de la terre.
166 RP40, W41C, W46-K84, after l.166:
        Moi-même enfin, qu'une cabale inique
        Voulut noircir de son souffle caustique,
        Je sais jouir, en depit des cagots,
        De quelque gloire, et même du repos.

De tout ceci que faudra-t-il conclure?

167-178   w56-k84:

Voici le point sur lequel je me fonde:
On entre en guerre, en entrant dans le monde.
Homme privé, vous avez vos jaloux,
Rampant dans l'ombre, inconnus comme vous,
Obscurément tourmentant votre vie.
Homme public, c'est la publique envie
Qui contre vous lève son front altier.
Le coq jaloux se bat sur son fumier,
L'aigle dans l'air, le taureau dans la plaine;
Tel est l'état de la nature humaine.
La jalousie, et tous ses noirs enfants,
Sont au théâtre, au conclave, aux couvents.
Montez au ciel, trois déesses rivales
Troublent le ciel, qui rit de leurs scandales.
Que faire donc? à quel saint recourir?
Je n'en sais point. Il faut savoir souffrir.//
[k84 *var.* c:
Montez au ciel, trois Déesses rivales
Y vont porter leur haine et leurs scandales,
Et le beau ciel de nous autres chrétiens
Tout comme l'autre eut aussi ses vauriens.
Ne voit-on pas chez cet atrabilaire*
Qui d'Olivier fut un temps secrétaire,
Ange contre ange, Uriel et Nisroc
Contre Ariac, Asmodée et Moloc,
Couvrant de sang les célestes campagnes,
Lançant des rocs, ébranlant des montagnes,
De purs esprits qu'un fendant coupe en deux,
Et du canon tiré de près sur eux,
Et le messie allant, dans une armoire,
Prendre sa lance, insturment de sa gloire?
Vous voyez bien que la guerre est par-tout.
Point de repos; cela me pousse à bout.
Hé quoi, toujours alerte, en sentinelle!
Que divient donc la paix universelle
Qu'un grand ministre en rêvant proposa,
Et qu'Irénée** aux sifflets exposa,
Et que Jean-Jacque orna de sa faconde,
Quand il fesait la guerre à tout le monde?***

O vous Français, nés tous pour la censure,
Doux et polis, mais malins et jaloux,
Peuple charmant, faut-il donc voir chez vous,   170
Tant d'agréments, et si peu d'indulgence?
Belle Emilie, ornement de la France,
Vous connaissez ce dangereux pays,
Nous y vivons parmi nos ennemis,
Au milieu d'eux, brillez en assurance,   175
A tous vos goûts prêtez-vous prudemment,
A vos vertus livrez-vous hautement,
Vous forcerez la censure au silence.

---

* Milton secrétaire d'Olivier Cromwell, et qui justifia le meurtre de Charles I dans le plus abominable et le plus plat libelle qu'on ait jamais écrit.

** Irénée Castel de Saint-Pierre. On prétend que Sulli avait eu le même projet.

*** J. J. Rousseau a fait aussi un livre sur la paix universelle. Cette tirade avait été ajoutée à l'épître, dans le temps des querelles de Rousseau avec les gens de lettres.

Moland (x.288) describes this addition as added by Voltaire 'après 1760', and adds the following lines:

    O Patouillet! ô Nonotte, et consorts!
    O mes amis, la paix est chez les morts!
    Chrétiennement mon cœur vous la souhaite.
    Chez les vivants où trouver sa retraite?
    Où fuire? que faire? à quel saint recourir?
    Je n'en sais point: il faut savoir souffrir.]

170   MS4: Peuples charmants
           W48D, W51, W52: Peuple indiscret
177   MS4: <Avec vertu>↑β

Lettre à un premier commis

édition critique

par

Pierre Rétat

INTRODUCTION

Aucun indice dans la correspondance ne permet de préciser la date de rédaction de ce texte, publié pour la première fois en 1746. René Pomeau, acceptant la datation qui figure en tête de la lettre, 1733, fait remarquer que Voltaire a des raisons immédiates et pressantes de souhaiter et de revendiquer alors la liberté de la presse: 'l'exemple anglais est invoqué avec insistance'; la lettre peut être placée 'en marge des *Lettres philosophiques*'. Voltaire n'a pas osé la publier dans les circonstances difficiles qu'il traverse: se reportant, en 1746, 'à l'époque des persécutions contre *Le Temple du goût* et les *Lettres anglaises*, il la datera du 20 juin 1733'.[1]

Les réflexions sur les bienfaits répandus par l'édition d'un 'roman médiocre' font penser déjà à la *Défense du Mondain* et à Mandeville. Mais rien n'impose avec évidence une rédaction plus tardive, et l'allusion au *Dictionnaire* de Bayle se comprend mieux en 1733: l'édition de Trévoux (sous la fausse adresse d'Amsterdam), qui a reçu une permission tacite probablement en 1731, sort au début de 1734, après diverses difficultés, notamment en 1732. Voltaire semble ajouter sa voix à la demande qui a permis cette seule édition française du *Dictionnaire* au dix-huitième siècle.[2]

La lettre a paru pour la première fois dans les *Mélanges de littérature et de philosophie* des *Œuvres diverses de M. de Voltaire* sous le titre 'Copie d'une lettre à un premier commis' (w46, iv.245-50). On la retrouve ensuite dans toutes les éditions collectives ou

---

[1] *Voltaire en son temps*, 2ᵉ éd. (Oxford, Paris 1995), i.238.

[2] Voir P. Rétat, *Le Dictionnaire de Bayle et la lutte philosophique au XVIIIᵉ siècle* (Paris 1971), p.479-88; F. Weil, *L'Interdiction du roman et la Librairie, 1728-1750* (Paris 1986), p.356-59, et, sur la politique de Chauvelin et Rouillé en matière de librairie, de 1728 à 1736, p.91-93. Diderot évoque cette édition de Bayle dans un passage bien connu de *Sur la liberté de la presse*, éd. J. Proust (Paris 1964), p.86-87.

'complètes' des œuvres, dans les volumes de 'mélanges', mais à des places diverses. Beuchot, le premier, l'a transférée dans la correspondance (1830, li.392-96); Moland a suivi son exemple. C'est une erreur d'appréciation sur la nature du texte que signale Besterman, qui l'exclut de son édition. [3]

Tout prouve en effet qu'il s'agit d'un 'factum en forme épistolaire, adressé à un correspondant fictif supposé être haut fonctionnaire au service ministériel de la librairie' (c'est le sens de 'premier commis'). [4] Il entre dans la longue lutte des philosophes pour la 'liberté de la presse'. Voltaire y avance deux arguments: le premier, d'ordre économique, et assez commun, considère la presse comme 'objet de commerce'; le second, plus typiquement voltairien, tente d'imposer la liberté comme l'achèvement nécessaire de la floraison artistique de la France classique. Homme de théâtre, Voltaire consacre une part importante de sa lettre aux 'spectacles', et dénonce, comme dans les *Lettres philosophiques*, XXIII, ceux qui les condamnent.

Éditions

w46

Œuvres diverses de M. de Voltaire. Londres [Trévoux], Nourse, 1746. 6 vol. 12°. Bengesco iv.24-28; Trapnell 46; BnC 25-26.

Tome 4: 245-250 Copie d'une lettre à un premier commis. 20 juin 1733.

Bn: Rés. Z Beuchot 8 (4).

w48D

Œuvres de M. de Voltaire. Dresde, Walther, 1748-1754. 10 vol. 8°. Bengesco iv.31-38; Trapnell 48D; BnC 28-35.

Tome 2: 180-183 Copie d'une lettre à un premier commis. 20 juin 1733.

---

[3] Voir D.app.27.
[4] *Voltaire en son temps*, i.237.

Bn: Rés. Z Beuchot 12 (2); ImV: A 1748/1 (2); – A 1748/2 (2); Taylor: V1 1748 (2).

w48R

[Page de titre inconnue]. Amsterdam, Compagnie [Rouen, Machuel?], 1748. 12 vol. 8°. Bengesco iv.28-31, 68-73; Trapnell 48R; BnC 27, 145-148.

Tome 6: 269-273 Copie d'une lettre à un premier commis. 20 juin 1733.

Bn: Rés. Z Beuchot 26 (6).

w50

La Henriade et autres ouvrages. Londres [Rouen], Société, 1750-1752. 10 vol. 12°. Bengesco iv.38-42; Trapnell 50R; BnC 39.

Tome 2: 285-289 Copie d'une lettre à un premier commis. 20 juin 1733.

ImV: A 1751/1 (2).

w51

Œuvres de M. de Voltaire. [Paris, Lambert], 1751. 11 vol. 12°. Bengesco iv.42-46; Trapnell 51P; BnC 40-41.

Tome 11: 123-127 Copie d'une lettre à un premier commis. 20 juin 1733.

Bn: Rés. Z Beuchot 13 (11); – Z 28793; ImV: A 1751/2 (11); Taylor: V1 1751 (11).

w52

Œuvres de M. de Voltaire. Dresde, Walther, 1752. 9 vol. 8°. Bengesco iv.46-50; Trapnell 52, 70X; BnC 36-38.

Tome 2: 305-308 Lettre à un premier commis. 20 juin 1733.

Bn: Rés. Z Beuchot 14 (2); ImV: A 1752/1 (2); Vienne: *38.L.i (2).

w56

Collection complette des œuvres de M. de Voltaire. [Genève, Cramer], 1756. 17 vol. 8°. Bengesco iv.50-63; Trapnell 56, 57G; BnC 55-66.

Tome 4: 353-357 Lettre à un premier commis. 20 juin 1733.

Bn: Z 24579; ImV: A 1756/1 (4); Taylor: VF.

W57G

Collection complette des œuvres de M. de Voltaire. [Genève, Cramer], 1757. 10 vol. 8°. Bengesco iv.63; Trapnell 56, 57G; BnC 67-69.

Tome 4: 353-357 Lettre à un premier commis. 20 juin 1733.

Bn: Z 26655 (4).

W57P

Œuvres de M. de Voltaire. [Paris, Lambert], 1757. 22 vol. 12°. Bengesco iv.63-68; Trapnell 57P; BnC 45-54.

Tome 7: 532-537 Lettre à un premier commis. 20 juin 1733.

Bn: Z 24648; Taylor: VF.

W64G

Collection complette des œuvres de M. de Voltaire. [Genève, Cramer], 1764. 10 vol. 8°. Bengesco iv.60-63; Trapnell 64, 70G; BnC 89.

Tome 4: 370-374 Lettre à un premier commis. 20 juin 1733.

Taylor: VF.

W68 (1771)

Collection complette des œuvres de M. de Voltaire. [Genève, Cramer; Paris, Panckoucke], 1768-1777. 30 vol. 4°. Bengesco iv.73-83; Trapnell 68; BnC 141-144.

Tome 15 (1771): 267-269 Lettre à un premier commis. 20 juin 1733.

Bn: Rés. m Zm 587 (15); ImV: A 1763/1 (15); Taylor: VF; Bl: 94.f.1.

W71P (1771, 1773)

Œuvres de M. de V... Neufchatel [Paris, Panckoucke], 1771-1777. 34 ou 40 vol. 8° et 12°. Bengesco iv.91-94; Trapnell 72P; BnC 152-157.

Tome 1 (1771): 423-428 Lettre à un premier commis. 20 juin 1733.

Tome 16 (1773): 401-406 Lettre à un premier commis. 20 juin 1733.

Bn: Z 24790, Z 24811.

W70L (1773)

Collection complette des œuvres de M. de Voltaire. Lausanne, Grasset, 1770-1781, 57 vol. 8°. Bengesco iv.83-89; Trapnell 70L; BnC 149-150.

Tome 31 (1773): 260-264 Lettre à un premier commis. 20 juin 1733.

Bn: 16° Z 14521 (31); ImV: A 1770/2 (31); – A 1770/3 (31); – A 1770/4 (31); Taylor: V1 1770L (31).

W71 (1773)

Collection complette des œuvres de M. de Voltaire. Genève [Liège, Plomteux], 1771-1777. 32 vol. 12°. Bengesco iv.89-91; Trapnell 71; BnC 151.

Tome 15: 292-295 Lettre à un premier commis. 20 juin 1733.

ImV: A 1771/1 (15); Taylor: VF.

W75G

La Henriade, divers autres poèmes et toutes les pièces relatives à l'épopée. [Genève, Cramer & Bardin], 1775. 37 vol. (40 vol. avec les *Pièces détachées*). 8°. Bengesco iv.94-105; Trapnell 75G; BnC 158-161.

Tome 33: 328-331 Lettre à un premier commis. 20 juin 1733.

L'édition dite 'encadrée' des œuvres de Voltaire et la dernière à laquelle il collabora. Elle constitue notre texte de base.

Bn: Z 24853; ImV: A 1775/2 (15); Taylor: VF.

K84

Œuvres complètes de Voltaire. [Kehl], Société littéraire-typographique, 1784-1789. 70 vol. 8°. Bengesco 2142; BnC 164-193.

Tome 49: 41-44 A un premier commis. 20 juin 1733.

Bn: Rés. p Z 2209 (49); ImV: A 1784/1 (49); Taylor: VF.

Traductions

Anglais

To a certain upper clerk, June 20, 1733, dans *The Works of M. de Voltaire. Translated from the French, with notes historical and critical, by Dr Smollet and others*, 23 vols. London, J. Newbery, R. Baldwin, W. Johnson, S. Crowder, T. Davies, J. Coote, G. Kearsley and B. Collins, 1761-1764, xxii.34-38 (ce texte se trouve vers la fin du volume dans une section d'ouvrages divers paginée séparément; selon la page de titre ce volume est le volume xvii des ouvrages en prose).

Principes de cette édition

L'édition encadrée (w75G), la dernière revue par Voltaire, a été retenue comme texte de base. Les variantes figurant dans l'apparat critique proviennent des éditions suivantes: w46, w48D, w51, w52, w56, w68, к.

Le texte de l'édition originale a subi peu de corrections. Elles consistent surtout dans une nouvelle distribution des alinéas, qui se fixent à leur état définitif à partir des éditions de w52 et de w56. Ces transformations semblent s'expliquer, soit par la volonté de mieux distinguer les idées (avec le 3ᵉ alinéa), soit de mieux équilibrer les parties. La ponctuation, sauf dans un cas que nous avons relevé (la correction y supprime une ambiguïté), subit des variations nombreuses, mais d'importance secondaire.

Traitement du texte de base

On a respecté l'orthographe des noms propres de personnes et de lieux, ainsi que celle des mots étrangers. Un compromis s'est imposé en ce qui concerne les accents. Nous écrivons ainsi: Cicéron pour Ciceron. Nous imprimons en romain les noms propres de personnes, composés en italique dans le texte de base.

On a respecté la ponctuation du texte de base.

Par ailleurs, le texte de w75G a fait l'objet d'une modernisation portant sur la graphie, l'accentuation et la grammaire. Les particularités du texte de base sont les suivantes:

I. *Graphie*

1. Consonnes
   - absence de la consonne *p* dans: tems
   - absence de la consonne *t* dans les finales en *-ens*: momens
   - présence d'une seule consonne dans: pouraient

2. Voyelles
   - emploi de *i* à la place de *y* dans: sibarites

3. Graphies particulières
   - nous rétablissons l'orthographe moderne dans: encor

4. Le trait d'union
   - est présent dans: grands-hommes, prévôt-des-marchands

5. Majuscules supprimées
   - nous mettons la minuscule au substantif suivant: Juin
   - nous mettons la minuscule aux adjectifs désignant des nations ou des peuples: Français, Hollandais

II. *Accentuation*

1. L'accent aigu
   - est employé au lieu du grave dans: centiéme, légéreté, sévérement

2. L'accent circonflexe
   - est présent dans: aîles, toûjours
   - est absent dans: ame, dues

3. Le tréma
   - est employé au lieu du grave dans: poëtes

LETTRE À UN PREMIER COMMIS

20 juin 1733.

Puisque vous êtes, Monsieur, à portée de rendre service aux belles-lettres, ne rognez pas de si près les ailes à nos écrivains, et ne faites pas des volailles de basse-cour de ceux qui en prenant l'essor pourraient devenir des aigles; une liberté honnête élève l'esprit, et l'esclavage le fait ramper. S'il y avait eu une inquisition littéraire 5 à Rome, nous n'aurions aujourd'hui ni Horace, ni Juvénal, ni les œuvres philosophiques de Cicéron. Si Milton, Dryden, Pope, et Locke n'avaient pas été libres, l'Angleterre n'aurait eu ni des poètes ni des philosophes; il y a je ne sais quoi de turc à proscrire l'imprimerie; et c'est la proscrire, que la trop gêner. Contentez- 10 vous de réprimer sévèrement les libelles diffamatoires, parce que ce sont des crimes: mais tandis qu'on débite hardiment des recueils de ces infâmes calottes,[1] et tant d'autres productions qui méritent l'horreur et le mépris, souffrez au moins, que Bayle entre en France,[2] et que celui qui fait tant d'honneur à sa patrie n'y soit 15 pas de contrebande.

a   w46-w51:   Copie d'une lettre à un premier commis
    k: A un premier commis

[1] Voir art. 'Calotte', *Trévoux* (1752): 'C'est le nom de la Confrérie des Fous, qu'on appelle le *Régiment de la Calotte* [...] c'est un régiment métaphysique, inventé par quelques esprits badins, qui s'en sont fait eux-mêmes les principaux officiers. Ils y enrôlent tous les particuliers, nobles et roturiers, qui se distinguent par quelque folie marquée, ou quelque trait ridicule. Cet enrôlement se fait par des brevets en prose ou en vers'. L'auteur de l'article rappelle la publication en 1725 des *Mémoires pour servir à l'histoire de la calotte*, recueil satirique qui fit du bruit, et auquel Voltaire peut faire allusion ici.

[2] Allusion probable à l'édition de Trévoux du *Dictionnaire historique et critique*; voir notre introduction.

Vous me dites, que les magistrats qui régissent la douane de la littérature se plaignent, qu'il y a trop de livres. C'est comme si le prévôt des marchands se plaignait, qu'il y eût à Paris trop de denrées. En achète qui veut. Une immense bibliothèque ressemble à la ville de Paris, dans laquelle il y a près de huit cent mille hommes: vous ne vivez pas avec tout ce chaos: vous y choisissez quelque société, et vous en changez. On traite les livres de même. On prend quelques amis dans la foule. Il y aura sept ou huit cent mille controversistes, [3] quinze ou seize mille romans, que vous ne lirez point, une foule de feuilles périodiques, que vous jetterez au feu après les avoir lues. L'homme de goût ne lit que le bon; mais l'homme d'Etat permet le bon et le mauvais.

Les pensées des hommes sont devenues un objet important du commerce. Les libraires hollandais gagnent un million par an, parce que les Français ont eu de l'esprit. Un roman médiocre est, je le sais bien, parmi les livres, ce qu'est dans le monde un sot, qui veut avoir de l'imagination. On s'en moque, mais on le souffre. Ce roman fait vivre, et l'auteur qui l'a composé, et le libraire qui le débite, et le fondeur, et l'imprimeur, et le papetier, et le relieur, et le colporteur, et le marchand de mauvais vin, à qui tous ceux-là portent leur argent. L'ouvrage amuse encore deux ou trois heures quelques femmes avec lesquelles il faut de la nouveauté en livres, comme en tout le reste. Ainsi tout méprisable qu'il est, il a produit deux choses importantes, du profit et du plaisir.

Les spectacles méritent encore plus d'attention; je ne les considère pas comme une occupation, qui retire les jeunes gens de la débauche; cette idée serait celle d'un curé ignorant. Il y a assez de

28-29   w46-w52:   mauvais, les pensées
31   w46-w51:   esprit.¶Un roman
34-35   w46-w52:   libraire qui l'a débité

[3] L'erreur de transcription de Beuchot, et après lui de Moland, qui supprime 'cent', fait disparaître l'énormité plaisante du nombre avancé par Voltaire.

temps avant et après les spectacles, pour faire usage de ce peu de moments qu'on donne à des plaisirs de passage, immédiatement 45 suivis du dégoût. D'ailleurs on ne va pas aux spectacles tous les jours. Et dans la multitude de nos citoyens il n'y a pas quatre mille hommes qui les fréquentent avec quelque assiduité.

Je regarde la tragédie et la comédie comme des leçons de vertu, de raison et de bienséance. Corneille, ancien Romain parmi les 50 Français, a établi une école de grandeur d'âme; et Molière a fondé celle de la vie civile. Les génies français formés par eux appellent du fond de l'Europe les étrangers, qui viennent s'instruire chez nous, et qui contribuent à l'abondance de Paris. Nos pauvres sont nourris du produit de ces ouvrages, qui nous soumettent jusqu'aux 55 nations qui nous haïssent. Tout bien pesé, il faut être ennemi de sa patrie pour condamner nos spectacles. Un magistrat, qui parce qu'il a acheté cher un office de judicature, ose penser qu'il ne lui convient pas de voir *Cinna*, montre beaucoup de gravité et bien peu de goût. 60

Il y aura toujours dans notre nation polie de ces âmes, qui tiendront du Goth et du Vandale; je ne connais pour vrais Français que ceux qui aiment les arts et les encouragent. Ce goût commence, il est vrai, à languir parmi nous; nous sommes des sybarites, lassés des faveurs de nos maîtresses. Nous jouissons des veilles des 65 grands hommes, qui ont travaillé pour nos plaisirs, et pour ceux des siècles à venir, comme nous recevons les productions de la nature; on dirait qu'elles nous sont dues; il n'y a que cent ans, que nous mangions du gland; les Triptolèmes qui nous ont donné le froment le plus pur, nous sont indifférents; rien ne réveille cet 70 esprit de nonchalance pour les grandes choses, qui se mêle toujours avec notre vivacité pour les petites.

Nous mettons tous les ans plus d'industrie et plus d'invention dans nos tabatières, et dans nos autres colifichets, que les Anglais

48-49   w46-w52:   assiduité; je regarde
63   w46-w51:   encouragent.¶Ce goût
67   w46-w52:   à venir. Comme

n'en ont mis à se rendre les maîtres des mers, à faire monter l'eau   75
par le moyen du feu, et à calculer l'aberration de la lumière. [4] Les
anciens Romains élevaient des prodiges d'architecture pour faire
combattre des bêtes; et nous n'avons pas su depuis un siècle bâtir
seulement une salle passable pour y faire représenter les chefs-
d'œuvre de l'esprit humain. Le centième de l'argent des cartes [5]   80
suffirait pour avoir des salles de spectacles plus belles que le théâtre
de Pompée: mais quel homme dans Paris est animé de l'amour du
public? On joue, on soupe, on médit, on fait de mauvaises
chansons, et on s'endort dans la stupidité, pour recommencer le
lendemain son cercle de légèreté et d'indifférence. Vous, Monsieur,   85
qui avez au moins une petite place dans laquelle vous êtes à portée
de donner de bons conseils, tâchez de réveiller cette léthargie
barbare, et faites, si vous pouvez, du bien aux lettres, qui en ont
tant fait à la France.

[4] Sur la 'pompe à feu', voir art. 'Feu' et 'Feu (*pompe à*)' de l'*Encyclopédie* (vi.602-
609). L'aberration, 'en Astronomie, est un mouvement apparent qu'on observe
dans les étoiles fixes, et dont la cause et les circonstances ont été découvertes par
M. Bradley [en 1725-1727], membre de la Société Royale de Londres' (*Encyclopédie*,
art. 'Aberration', i.23). Voir *Eléments de la philosophie de Newton*, ii.i (éd. R. L.
Walters et W. H. Barber, V 15, 1992, p.255-69).
    [5] L'édit de Fontainebleau d'octobre 1701 prévoit un droit de 18 deniers sur chaque
jeu de cartes et de tarots, réduit à 12 deniers par la déclaration du 17 mars 1703
(François-Jacques Chasles, *Dictionnaire universel, chronologique et historique, de
justice, police, et finances*, Paris 1725, art. 'Cartes et tarots', i.579). 'On a mis de
grands impôts sur les *cartes*, ainsi que sur le tabac [...] deux branches importantes
des fermes' (*Encyclopédie*, art. 'Cartes', ii.715).

Vie de Molière

---

critical edition

by

Samuel S. B. Taylor

ACKNOWLEDGEMENTS

In a critical edition linking literary figures from two centuries, the editor is heavily dependent on scholarship in fields other than his own. It is a pleasure for a Voltairean to acknowledge debts to the work on Molière of Georges Mongrédien, Madeleine Jurgens and her collaborator Elizabeth Maxfield-Miller, and Molière bibliographers Paul Lacroix and A.-J. Guibert.

In eighteenth-century studies the debt is more complex. I have benefited considerably from the bibliographical research of Jeroom Vercruysse, the staff of the Bibliothèque nationale and my good friends in the Saltykov Shchedrin State Public Library, St Petersburg.

I note here a debt shared by all Voltaire editors. When the *Complete works* were set in motion by William Barber and Owen Taylor, the establishment of the text could only be based on intelligent review of a welter of manuscripts and editions. Ironically but inevitably, the operation was to be conducted in ignorance of Voltaire's own instructions in the textual revision that he made for the Kehl editors. These were known of, but assumed to have been destroyed. In 1974, whilst carrying out research for this edition in Voltaire's personal library in St Petersburg, I had the good fortune to uncover the *encadrée* sets on which Voltaire worked for his definitive textual revision. As a result the present edition of the *Vie de Molière* has become the first since Voltaire's death to be based on scientific appraisal of his own precise instructions. Kehl, as we know, played fast and loose with these revisions, whilst continuing to claim their authority. We owe our present ready access to the St Petersburg text to the scholarship and integrity of the Director of the Saltykov Shchedrin State Public Library and of our friends and colleagues in the Voltaire team.

For the present study, the work of David Williams on Voltaire's literary criticism, and Pierre Conlon's on Voltaire's literary career (1728-1750) have been major stimuli. I have been guided on classical sources by my colleagues Elizabeth Craik and Adrian Gratwick. Theodore Besterman leans over all our shoulders, mine as I worked with him to complete the Voltaire correspondence and learned from him the proper use of the resource available to Voltaire scholars in Geneva.

S.S.B.T.

INTRODUCTION

The *Vie de Molière* passed almost unnoticed in Voltaire's day, a fact not unconnected with its suppression by the Molière editors for whom it was written. It has since been largely ignored by critics and biographers, not least the authors of the most recent biography.[1] Even Voltaire was dismissive of 'cette bagatelle'. It was hardly a pot-boiler, since the author stood to make no serious financial gain, and later handed over the rights in it to the young Degouve who seemed stirred to publish it. It still does not rank as one of Voltaire's major works.

The biography is neither conventional literature nor polemic, but a development of Voltaire's craft as literary critic and historian. It becomes a statement by a professional dramatist on the status of a fellow-writer and artist and on the ecclesiastical anathema of stage, dramatist and actor. Voltaire's aesthetic interests tended to oscillate between serious interest (*Essay upon the epick poetry*) and a more polemic interest (*Le Temple du goût*). This text marks the interest of Voltaire as literary historian and biographer.

Voltaire lacked modern bibliographical tools and information. He disappoints literary historians since he continued to see comedy through Aristotelian spectacles. An empirical review of classical aesthetics was – for him – never on the cards. Anecdotes, apocrypha and *petite histoire* passed down to early biographers were still to be sifted and challenged. We are dealing with a biography heavily conditioned by its place in the evolution of Molière scholarship, contemporary biography and classical aesthetics. Despite all this the encounter of minds between Voltaire and Molière, however one-sided, remains real and vital.

Editing Voltaire's text has taken account of all recent work on

[1] René Pomeau *et al.*, *Voltaire en son temps* (Oxford, Paris, 2nd ed. 1995).

the author's text, his biography and role as a literary critic. It places Voltaire more clearly in the development of early research on Molière in the period immediately after his death, but when new personal insights were drying up, with documentary information and chronology still confused. A serious attempt has been made to establish the facts behind complex commercial negotiations for the publication of Molière's works and the facts of complex negotiations with the official censorship. A fuller picture emerges of Voltaire's wish to present a more faithful portrait of Molière's problems with the Church. In this we have been considerably assisted by authoritative research on Molière in recent years. [2] This covers both Molière's life and the state of Molière studies in the early eighteenth century.

We make no attempt to present the *Vie de Molière* as other than it is: a work of literary biography which made no great impact in its day. We do not set it against the total biographical picture of Molière; we do not make a detailed comparison of Voltaire's account of Molière's life with those by his predecessors and successors, nor do we re-embark on the study of Enlightenment reaction to Molière. Each of these is a major topic in its own right and has been the subject of detailed research. [3]

---

[2] Standard authorities include A. J. Guibert, *Bibliographie des œuvres de Molière publiées au XVIIᵉ siècle* (Paris 1961, 2 vols); G. Mongrédien, *Recueil des textes et des documents au XVIIᵉ siècle relatifs à Molière* (Paris 1965, 2 vols); P. Lacroix, *Bibliographie moliéresque*, 2nd ed. (Paris 1875); W. D. Howarth, *Molière, a playwright and his audience* (Cambridge 1982).

[3] See Georges Mongrédien's edition of Jean-Léonor Le Gallois, sieur de Grimarest, *La Vie de M. de Molière* (Paris 1955); Mongrédien, 'Les biographes de Molière au XVIIIᵉ siècle', *Rhl* 56 (1956), p.342-54; M. Wagner, *Molière and the age of Enlightenment*, Studies 112 (1973), p.67-105.

1. *Molière in early eighteenth-century France*

Voltaire's *Vie de Molière* was prepared for use in a luxury edition of Molière's works, planned during the early 1730s in accord with the trend towards sumptuous re-editions of seventeenth-century authors for the collector's library. Whether demand by bibliophiles reflected a continuing taste for Molière in the theatre-going public is more debatable.

Paris performances of Molière plays in the eighteenth century exceeded those of all other playwrights, and those of Racine and Corneille combined. Available statistics give no clear measure of audience reaction. Attendance figures may ignore the attraction of the other play presented and season-ticket sales. Attendance was at times so poor that performances were cancelled.

The first twenty years of the century generally show a rise in the fortunes of Molière's comedies, continuing that of the closing decades of the seventeenth century. Then, from 1730, we witness a decline of public interest in 'character comedy', with performances of *Amphitryon*, *L'Avare*, *La Comtesse d'Escarbagnas*, *L'Ecole des femmes*, *Les Fâcheux*, *Les Femmes savantes*, *Le Médecin malgré lui*, *Le Misanthrope*, *Sganarelle* and *Tartuffe* dropping very heavily indeed. Other farce-based plays gained in appeal, notably *Le Bourgeois gentilhomme*, *L'Ecole des maris*, *George Dandin*, *Le Mariage forcé*.[4] In other words Molière's *bas comique* emerged as more popular at the box-office than the *haut comique*, in direct contrast to the opposite trend in contemporary literary criticism.

Various factors contributed to this decline of popular interest in the 'classical Molière'. After the death of Baron in 1729 there was a dearth of acting skills for Molière's major roles. The continued use of seventeenth-century costume gave the stage

---

[4] See A. Joannidès, *La Comédie française de 1680 à 1900* (Paris 1901), p.xiv-xv; also *Registres*, p.593-849; M. Wagner, *Molière and the age of Enlightenment*, p.21f.

décor a dated appearance. The return of a *Commedia dell'arte* troupe to Paris under Luigi Riccoboni in 1716, and its move 'up-market' with French-language performances scripted by Marivaux, created an alternative high comedy form. The tastes of the public seemed better satisfied by the *Italiens*, as Voltaire noted in a letter of 1716 (D42):

on me dit que vous ne fréquentez plus la comédie italienne [...] J'entends dire

> Que tout Paris est enchanté
> Des attraits de la nouveauté,
> Que son goût délicat préfère
> L'enjouement agréable et fin
> De Scaramouche et d'Arlequin
> Au pesant et fade Molière.

If we turn from audience reaction to that of writers and critics, we find opinion heavily influenced by the hesitations of Boileau, La Bruyère, Bayle and Rapin over a Molière who had 'quitté, pour le bouffon, l'agréable et le fin, / Et sans honte à Térence allié Tabarin'.[5] Critics proclaimed that Molière's plays had deficiences in structure and style. Current *sensibilité* was offended by the burlesqueing of a bourgeoisie that classical comedy continued to pillory as the source of comic vices. *Bienséance*, a certain genteel sophistication, and later the sentimental novel, *drame bourgeois* and *comédie larmoyante* set a high moral tone that found Molière's bouffonnerie increasingly alien.

The divorce between critical and audience reaction was growing. The theatre-going public at large favoured Molière's burlesque plays, not 'l'auteur du Misanthrope'.[6] Among literary commentators, however, there was general condemnation of Molière's

---

[5] Boileau, *L'Art poétique*, iii.397-398.

[6] See Nicolas Bricaire de La Dixmerie, 'Enfin le gros du public a déserté le théâtre de Molière pour courir à celui de Pantalon', quoted in J. Lough, *Paris theatre audiences in the seventeenth and eighteenth centuries* (London 1957), p.168.

rire grossier and his *bas comique*. Perhaps the obvious causes of declining interest in Molière were over-familiarity with a *comique de caractère* unenlivened by new comic playwrights or fresh acting and staging techniques.

Box-office appeal for Molière's high comedies declined, therefore, as critical esteem rose. Eighteenth-century critics, fronted by Voltaire, placed Racine, Corneille and Molière on pedestals that remained immune to mere audience disfavour. In terms of critical esteem, editions published and works translated, Molière's literary fame continued to grow. The Académie made an éloge of Molière the subject of its 1769 *concours*, the centenary of his death in 1773 was officially marked and d'Alembert gave a Houdon bust of Molière to the Académie in 1778.

The proposal in 1731 to publish a luxury edition of Molière's works, at a time of dwindling audience response, therefore contains no inherent contradiction. There were some seventy editions of Molière's *œuvres* over the eighteenth century, a fact that speaks for itself. A pre-requisite of such editions was a critical preface and an engraved portrait. The choice of Voltaire as author of such a preface was not, however, obvious.

The comprehensive account of Molière's life written by Grimarest (1659-1713) in 1705, *La Vie de M. de Molière*, was the first serious attempt at such an exercise since 1682. [7] It was still, in 1733, the most popular and reappeared in most Molière editions over the early eighteenth-century. Grimarest himself was something of

---

[7] Preface to *Les Œuvres de monsieur de Molière, revues, corrigées et augmentées* (Paris 1682). This edition was edited by Charles Varlet, sieur de La Grange and Marcel Vivot, using information from La Grange's manuscript *registre* (*Registre de La Grange (1659-1685)*, facsimile reprint, ed. B. E. Young and G. P. Young, Paris 1947). The author of the preface was identified as the actor Marcel by Bruzen de La Martinière ('Vie de monsieur de Molière', *Œuvres de monsieur de Molière*, Amsterdam 1725, p.8); A.-J. Guibert suggests that Marcel collaborated with La Grange and Vivot (*Bibliographie des œuvres de Molière publiées au XVIIe siècle*, Paris 1961, ii.612).

a polymath: a linguist, mathematician, minor dramatist and worse actor, a writer on matters as diverse as the military, grammar, architecture and drawing,[8] but it is mainly for his life of Molière that he is now known.

Despite its qualities, Grimarest's *Vie de M. de Molière* was faulted by Boileau (whom Grimarest failed to consult) for being based on inaccurate, third-hand reports. In a letter to Brossette he wrote: 'ce n'est pas un ouvrage qui mérite qu'on en parle; il est fait par un homme qui ne savait rien de la vie de Molière, et il se trompe sur tout, ne sachant pas même les faits que tout le monde sait'.[9] It was also accused of being as much the life of the actor Baron as of Molière.[10] There is no doubt that the standing of Grimarest's critics, and their closeness with Molière when alive, undermined the authority of his biography and rendered it unacceptable to critics as preface to a work with scholarly pretentions.

To Mongrédien, who has done much to rehabilitate the Grimarest biography, there was an element of sour grapes in such criticisms, as biographers continued to draw heavily on it.

As Boileau indicated, Grimarest's account does indeed contain errors, some serious. There are confusions over Molière's closest relations, his birthplace, the name of his mother, and the ages of Molière himself and his grandfather. Grimarest confused the record over Molière's supposed law studies, aspects of his marriage and delicate matters such as Armande's parentage, the dates when actors entered his troupe, his possible relationship with the duc de Conti and Conti's supposed influence on Molière's departure for the provinces, the royal role in the ban on *Tartuffe*, and the problems over Molière's burial. He mistook the site of a *jeu de paume* theatre, dates of performances, Molière's role in Racine's

---

[8] See Mongrédien's introduction to Grimarest, p.7-12.

[9] 12 March 1706, *Correspondance de Boileau-Despréaux et Brossette*, ed. A. Laverdet (Paris 1858), p.214.

[10] *Lettre critique à M. de *** sur le livre intitulé La Vie de M. de Molière*, in Mongrédien, p.134.

Thébaïde. Yet important as these errors are, archival research has shown Grimarest's account to be largely reliable in other respects and confirms Mongrédien's view that 'ses exactitudes l'emportent largement sur ses erreurs' (p.23).

Biographies of writers and artists were not frequent at the time. If we look elsewhere for information on Molière there are few full accounts, and rather more collections of uncorroborated anecdotes. Grimarest's account was the first to approach, however erratically and inadequately, the form of a 'biography'.

2. The *1734 Prault edition of Molière's 'Œuvres'*

A number of editions of Molière's works appeared in the 1720s and early 1730s, but the only major one was the 1725 Amsterdam edition where Grimarest's material was replaced by a preface by Bruzen de La Martinière. This largely re-used Grimarest's material, but added material from various sources including Marcel, a member of Molière's troupe, and Molière's widow, Mme Guérin. The plays too were augmented by minor textual *inédits*.

Prault himself printed a six-volume duodecimo edition in 1730 using the Grimarest introduction and copying the text of the 1682 *œuvres*.

In 1730, inspired by reports that the exiled J.-B. Rousseau (1671-1714) was compiling a major dissertation on Molière, Prault and his associates decided to publish a prestigious quarto library edition, incorporating Rousseau's material.[11] Claude Brossette

---

[11] *Œuvres de Molière, nouvelle édition, avec privilège du roi* (Paris, P. Prault [fils], 1734). The edition was undertaken by a group of *libraires associés* in collaboration with the *directeur de la Librairie* (Jacques-Bernard Chauvelin de Beauséjour and, from 1731-1732, Antoine-Louis de Rouillé, comte de Jouy). The associates are unnamed except for Michel-Etienne David, who is mentioned in the *privilège*. It was to be printed at the *imprimerie du roi* of the Louvre. There was to be a special run printed on *grand papier d'Hollande*. The text was headed by a Lépicié engraving of Coypel's portrait of Molière, with a further 32 engravings and 198 *vignettes* and

(1671-1743), renowned as the editor of a superlative 1716 edition of Boileau's works, [12] was known to have prepared extensive notes on Molière based on the oral testimony of Boileau, Baron, François de Neufville, duc de Villeroy and others close to the playwright. J. B. Chauvelin de Beauséjour, *maître de requêtes* and a cousin of the *garde des sceaux* Germain-Louis de Chauvelin, asked Brossette to submit his notes on Molière for use in the new edition. Brossette in turn discussed the matter with Rousseau. The two authors corresponded over practical details in early 1731. [13] Rousseau condemned Grimarest's over-reliance on Baron's tendentious over-coloured recollections, and made collaboration in a new Molière edition conditional on excluding 'cette misérable vie de Molière qu'on a mise à la tête des éditions précédentes et où on ne voit ni vérité, ni style, ni sens commun, ouvrage plus propre à rendre méprisable et ridicule cet illustre acteur qu'à donner la moindre lumière sur ses écrits ou sur sa personne'. [14] But by June a discouraged and embittered Rousseau found himself compelled to withdraw for private reasons, although he encouraged Brossette to continue. After pressures to reconsider, Rousseau wrote in August stating that Brossette and he could not continue and urging the editors to use the original 1682 preface and reject later accounts as unreliable. It was at this point, however, that Chauvelin de Beauséjour left Paris to become *intendant* of Picardie. He was replaced as *directeur de la Librairie* by Antoine-Louis de Rouillé, comte de Jouy (1662-1753), the brother-in-law of Voltaire's contact Pallu. Rouillé proceeded to decide in favour of Grimarest, against

---

culs de lampe by Laurent Cars and Joullain after Boucher, Oppenor and Blondel. For an account of the planning of this edition, see Mongrédien, 'Les biographes de Molière', p.345-49.

[12] *Œuvres de M. Boileau-Despréaux. Avec des éclaircissements historiques* (Genève 1716; BV440).

[13] See *Correspondance de J.-B. Rousseau et de Brossette*, ed. P. Bonnefon (Paris 1911).

[14] *Correspondance de J.-B. Rousseau et de Brossette*, p.39.

Rousseau's advice. This merely confirmed Rousseau and Brossette's break with the edition and with them disappeared all hope of
a collaboration that might have provided a more clinical review
of published evidence on Molière and supplemented this with a
major extension of live oral testimony by sources more reputable
than Grimarest's.

Voltaire's involvement in the 1734 edition followed the crisis
provoked by the withdrawal of Rousseau and Brossette (whose
intended collaboration may not have come to his ears) and the
publishers' prolonged indecision over how to proceed. Although
Rouillé's appointment initially led to the choice of Grimarest, by
no later than 1733 the publishers had reviewed their decision and
approached Voltaire for a new biographical introduction.

We now know that, without informing Voltaire, the publishers
also approached two other writers. One was Pierre Brumoy (1688-
1742); the other was Jean-Louis-Ignace de La Serre de Langlade
(1662-1756), by then aged over 70, a minor tragedian and royal
censor. This information is given in an unsigned review published
in *Le Pour et contre* of Voltaire's *Vie de Molière* as it appeared in
1739. [15] The review, later attributed to Lefebvre de Saint-Marc,
does not mention the abortive attempt to obtain material from
Rousseau and Brossette, saying simply that the publishers were
looking for an alternative to Grimarest.

Trois personnes se rendirent à leurs vœux. Le R. P. Brumoi si célèbre
par son *Théâtre des Grecs*, M. de la Serre connu par différentes pièces de
théâtre, et M. de Voltaire, firent chacun une *Vie de Molière* accompagnée
de *Jugements sur ses ouvrages*. Celle de M. de Voltaire fut refusée, et je
n'en ai pas pu savoir au vrai les raisons. Celles de M. de la Serre et du
P. Brumoi concoururent. Le style délicat et fleuri de ce dernier semblait
lui devoir faire obtenir la préférence, et des personnes d'esprit et de
goût, à qui dans le temps on communiqua son ouvrage, regrettent qu'on
ne l'ait pas donné tel qu'il l'avait fait. Mais M. de la Serre rapportait des

---

[15] *Le Pour et contre* (1739), xvii.251-56. On the Lefebvre attribution see Marie-
Rose de Labriolle, '*Le Pour et contre' et son temps*, Studies 34-35 (1965), p.261-64.

faits dont le P. Brumoi n'avait fait nulle mention. C'est pourquoi l'on prit le parti de refondre ces deux *Vies* pour en composer les *Mémoires sur la vie et les ouvrages de Molière*, qui se trouvent à la tête de l'édition de 1734.

The reviewer hints that La Serre's text was also touched up with material of Voltaire's, for he goes on to write of 'l'ouvrage de M. de Voltaire dont on ne voulut faire alors aucun usage, quoiqu'il me semble par quelques endroits des *Mémoires* qu'on n'a pas laissé d'en profiter'. [16] Although much of this is uncorroborated, and Brumoy is not listed as the author of any published study, the allegations are important and have to be taken seriously. To the twentieth-century observer the publishers' behaviour suggests professional malpractice; even by eighteenth-century standards it would have been unethical.

As we now know, the final choice fell on La Serre, with or without seasoning from Brumoy and Voltaire. Mongrédien ascribes the decision to Rouillé, on the advice of François-Antoine Jolly, a *censeur* colleague of La Serre's, who was to sign the *approbation* for the 1734 edition.

La Serre's 'Mémoires sur la vie et les ouvrages de Molière' are unsigned in the 1734 edition but are attributed to him in the *table générale*. The 'Avertissement' to volume 1 notes that:

L'auteur de ces mémoires, sans rien omettre des faits les plus constants concernant la vie privée de Molière, n'a point adopté ceux qui lui ont paru peu surs, peu importants, ou même étrangers au sujet. Il ne s'est pas borné seulement à nous peindre le comédien et le chef de troupe; il a cru que son ouvrage serait encore plus intéressant si quelques courtes réflexions, tant historiques que critiques, mettaient les lecteurs en état de connaître, dans chacune des comédies de Molière, le mérite particulier qui les distingue, et dans celui qui les a composés, le restaurateur de la comédie française.

---

[16] *Le Pour et contre* (1739), xvii.252. See also *Mémoires de Trévoux* (mars 1735, p.443) which notes 'certains bruits qui voulaient que ces *Mémoires* fussent de diverses mains'.

Despite these claims, La Serre borrowed heavily from Grimarest, even where the 1682 preface showed Grimarest to be wrong. Whole sections of his 'Mémoires' were, to quote Mongrédien, little more than 'une réédition très abrégée, cette fois, de l'ouvrage de Grimarest'.[17] La Serre did, however, add two previously unpublished anecdotes: a pen portrait of Molière by Mlle Poisson, and Charpentier's tale of the honest beggar.[18] These items apart, the entire preface derives from Grimarest. The La Serre account is more systematically presented and less anecdotal than Grimarest's. It is certainly more readable and better structured. Voltaire's revision of his original text appears to have been influenced by material he could only have found in La Serre, notably the Poisson portrait of Molière (p.401-402 below) and the Charpentier anecdote (p.406 below).

Since La Serre's introduction was published in the summer of 1734 he must have been approached at the same time as Voltaire or very shortly after. Voltaire remained blissfully unaware of any rival biographers and as late as February 1734 (D710) still believed his text to be the only one in preparation.[19]

3. Genesis and composition

For the theatre-goer of Voltaire's day, Molière was part of the literary furniture, so familiar as to be taken for granted. For the educated he was part of their *bagage intellectuel*. But familiarity with the stereotype does not imply knowledge of the man or his

[17] Mongrédien, 'Les biographes de Molière', p.350.
[18] See below, l.190-198, l.274-281.
[19] Voltaire was unaware of Brumoy's involvement before the appearance of the review in *Le Pour et contre* in 1739 and probably even afterwards. Even though *Le Pour et contre* was a journal of which he took some account at the time in question (see D1583, D1795) he never referred to Brumoy's text. He learned of La Serre's involvement only after submitting his own text.

work. For educated Frenchmen Molière had entered a group often quoted but less read. Even Voltaire's library had little in it by Molière when he died. [20]

In his correspondence, Voltaire trails allusions to the Bible, Horace, Virgil and Ovid, and to seventeenth century 'classics': Boileau, Corneille, Racine, La Fontaine, and Molière. [21] There is no incidental quotation from Molière in Voltaire's letters at the time when he is composing the *Vie de Molière* and an almost complete silence on Molière and his plays.

W. H. Barber and Monique Wagner have closely analysed evidence of Voltaire's interest in Molière throughout his life. [22] Apart from the *Vie de Molière* itself, the most significant for them are the references in *Le Temple du goût* and *Le Siècle de Louis XIV*. This last was being planned in outline in the early 1730s, prior to the publication of its early chapters in 1739 as the *Essai sur le siècle de Louis XIV*.

In many ways it is extraordinary that Voltaire took time to write the *Vie de Molière* at this time. This was the intellectual seedbed of his later career and a period of frenzied literary, scientific and philosophical writing. It saw a sustained assault on the Paris stage, with *Eriphyle*, *Brutus*, *La Mort de César*, *Zaïre*, *Adélaïde Du Guesclin*, *Alzire*. It was a time of major experiment in criticism, with the *Lettres philosophiques* and *Le Temple du goût*. This activity was to turn increasingly to the chronicling of France's

---

[20] The Paris 1739 *Œuvres* containing his own *Vie de Molière* (BV2473); a *Lettre sur la comédie de l'Imposteur* of 1667 (BV2474); and *Théâtre français* (Genève 1767-1768), viii-xiii, which contains Voltaire's *Vie de Molière* and his commentaries on the plays (BV3269). Whole sections of Voltaire's earlier library were, however, sold or dispersed when he went to Prussia in 1750, to be rebuilt after his return. The 1778 library catalogue is no clear guide to Voltaire's interest in Molière in the 1730s.

[21] See V135, p.1029-92: 'Index of quotations'.

[22] See W. H. Barber, 'Voltaire and Molière', in *Molière: stage and study. Essays in honour of W. G. Moore*, ed. W. D. Howarth and M. Thomas (Oxford 1973), p.201-17; Wagner, *Molière and the age of Enlightenment*, p.67-106.

cultural achievement, its traditions and prestige, its impact and civilising influence on society. Voltaire played a leading role in establishing the 'myth' of the extraordinary *pléiade* of Corneille, Molière and Racine, equal to any in Rome or Athens. Above all he made the French aware of the extraordinary conjunction of this literary constellation with a monarch who developed the arts as pillars of his prestige, created cultural harmony in a society riven with social distinctions, gave France intellectual and artistic leadership in Europe.

There are later periods of Voltaire's life, Barber shows, when Molière re-surfaces: the *Conseils à un journaliste* (1739), additions to a growing *Siècle de Louis XIV* and its 'Catalogue des écrivains' (1751-1778), the *Discours aux Welches* (1764), *Les Anciens et les Modernes* (1765), the *Défense de Louis XIV* (1769), then the *Questions sur l'Encyclopédie* ('Art dramatique', 'Goût'). There are echoes of Molière in *La Prude* (1747) and *Le Dépositaire* (1769), and Voltaire intervened over the Académie *concours* for an *éloge de Molière* in 1769. Yet as there is evidence of similar interest in Corneille,[23] all that may reasonably be concluded is that Voltaire would enter and re-enter the lists as occasion demanded. His interest reflects a growing sense of his role as mentor of France's cultural heritage, and arbiter of taste.

Voltaire's approach to his subject in the *Vie de Molière* naturally reflects references he made elsewhere. The same themes recur: Molière's isolation as a comic playwright and lack of a real successor, even allowing for Regnard (see D15488); his gifts as a creator of high-profile comic characters – miser, misanthropist, hypochondriac, and social climber – with 'ridicules plus forts' and 'traits plus marqués' where lesser playwrights portray 'ridicules fins et déliés' (D3062). Voltaire bemoans France's failure to honour her men of talent and the absurdity and insult of excommunicating

---

[23] See *Commentaires sur Corneille*, ed. D. Williams, V 53-55.

actors (D15921). He campaigns against the 'inconvénients attachés à la littérature' (D.app.57; c.1740), highlighting the squalid and humiliating role forced on French writers under political and ecclesiastical censorship.

For Voltaire Molière was a major factor in France's cultural transformation, and an artist caught in the mesh of state censorship. He was a seminal literary figure and professional man of the theatre ripe for evaluation by a fellow-dramatist. There is a degree of personal involvement and commitment in Voltaire's approach to his subject. There is a sense in which no one else could undertake the task and the aborting of his study by the state censor was an action to which Voltaire became increasingly sensitive.

As we have seen, there is no mention of the *Vie de Molière* in Voltaire's letters either at the time he was commissioned to write it, or as he wrote it. The first surviving reference comes when he sent the usual coded signals to friends who were to receive manuscript copies as the text was sent to the printer. Accordingly he wrote to Formont in Rouen on 14 February 1734: 'Annoncez encore à m. de Cideville que vous aurez la Vie d'un Molière et un abrégé historique et critique de ses pièces, le tout de ma façon, par ordre de m. le garde des sceaux, pour mettre à la tête de l'édition in-4° de Molière' (D710).

At the time Voltaire had no reason to believe that his text would not shortly appear in the new edition of Molière. The mention of the *garde des sceaux*, Germain-Louis de Chauvelin, suggests that Voltaire had interpreted preliminary soundings through Pallu (D2049) as indication that the censorship was favourably disposed. The publishers would have sought advance approval from the *garde des sceaux* before approaching Voltaire to fill the gap created by the withdrawal of Brossette and Rousseau. This would not replace the need for applying for formal *approbation et permission* of the actual text. It was simply reassurance that the involvement of an exiled *persona non grata* and a thorn in the flesh of the censors would not compromise the edition. We have no proof of this suggestion but it is the only explanation consistent with censorship practice. Given the close personal involvement of the *garde des sceaux* and the *Librairie* in the project, the precaution might have been unavoidable. At the time, Voltaire was getting more deeply into trouble with the authorities over publication of his *Lettres philosophiques*, and the early Cirey years turned into one long wrangle with the *Librairie* over this and other works. Publication had become a prolonged negotiation with the authorities. The Molière editors probably decided to test official reaction before finalising arrangements with Voltaire. Some of the effects of censorship procedures were touched on by Voltaire in his *Lettre sur les inconvénients attachés à la littérature* of c.1740 (D.app.57):

Je suppose que vous ayez fait un bon ouvrage. Imaginez vous qu'il vous faudra quitter le repos de votre cabinet, pour solliciter l'examinateur. Si votre manière de penser n'est pas la sienne; s'il n'est pas l'ami de vos amis; s'il est celui de votre rival; s'il est votre rival lui-même, il vous est plus difficile d'obtenir un privilège qu'à un homme qui n'a point la protection des femmes, d'avoir un emploi dans les finances.

When Voltaire wrote in February 1734 promising early despatch of a manuscript to Cideville, the text to be sent to the publishers was presumably also complete. It may already have been submitted. Voltaire had been kept unaware of La Serre's rival biography; he can have had no suspicion that his text might be rejected.

Voltaire did not, it seems, send the promised manuscript to Cideville in February 1734, so he must have learned soon afterwards that there were problems over his text and that it was not to be published. [24]

---

[24] Our MS2 eventually passed into Cideville's hands, but this cannot have been the 1734 text as it contains elements derived from La Serre (see below, p.349-50). We identify it as a copy of a later revision made some time between summer 1734 and February 1739. After sending a manuscript copy to Cideville in October 1738 (D1644) Voltaire appears to have made a final revision [?MS3] around the time of Mme de Graffigny's visit and before that by Degouve in February 1739. The text submitted by Voltaire for the 1734 edition and promised to Cideville in February 1734 (D710) has not survived.

The next reference to the *Vie de Molière* in Voltaire's correspondence comes in October 1738, when he agrees to send a copy to Thiriot (D1644). In December 1738 Mme de Graffigny, during a visit to Cirey, refers to: 'La vie de Moliere qu'il avoit écrite pour mettre à la tête de cette belle édition. Le garde des seaux qu'il dit estre son ennemi mortel, la fit écrire par m^r de Seré et la siene est restée. Je la lirai ce soir pour m'endormir' (D1677).

On 28 February 1739 Voltaire made over a revised manuscript (MS3) to a certain Degouve, 'un grand jeune homme bien fait qui idolâtre la comédie' (D1929), of whom very little is known. [25] Voltaire endorsed the manuscript with an authorisation to print: 'Si cet ouvrage que je composay il y a quelques années pouvoit etre de quelque utilité a M^r de gouve, je luy en donne toute la propriété. A cirey ce 28 février 1739'.

Degouve acted swiftly, signing over the manuscript to a certain Harduin. The final sheet of this text is still in existence (our MS3) and it bears signed and dated statements by Voltaire, Degouve and the two censors. From these we can fix the dates of transfer from Voltaire to Degouve (28 February 1739), Degouve to Harduin (28 February 1739), Degouve to Prault (20 March 1739) and approval by the censors Crébillon (28 March 1739) and Fontenelle (28 April [March] 1739). The *approbation* was signed by Fontenelle and dated 29 March 1739. As we know, the *approbation* was conditional on suppression of stipulated passages. Despite the date for Fontenelle's *approbation* printed in 39P (29 février 1739), MS3's 'ce 29 avril 1739' is more reliable as signed by Fontenelle. 'Avril' however could have been a slip of the pen for 'mars'. Prault's text appeared in May/June 1739 (D2049, 2054) and provoked angry accusations of bowdlerisation by Voltaire. Voltaire's contacts with Laurent-François Prault and his son Louis-François were not infrequent and the son was shortly to publish

---

[25] At this time Voltaire wrote letters of recommendation on his behalf to the marquis d'Argenson (D1924) and to Mlle Quinault (D1920, D1929).

Voltaire's *Recueil de pièces fugitives en prose et en vers*. Voltaire wrote on 26 March to Laurent-François Prault, in friendly terms, but expressing impatience over the impending publication of the *Vie de Molière*. Above all, he insists, it should not appear separately from Molière's works (D1956):

Est il vray que vous avez acheté du sʳ Degouve mon essay sur la vie de Moliere et un catalogue raisonné de ses ouvrages? Je suis fâché que vous ayez acheté cette bagatelle. Je vous l'aurois donnée; mais je ne vous en aurois fait présent que pour l'imprimer à la tête des œuvres de Moliere, seule place qui luy convienne, et je vous avoue que je serois bien mortifié qu'elle parût séparément. Comptez que cet ouvrage ne peut faire honneur ny à vous ny a moy.

On 21 July he wrote again (D2049):

Je ne crois pas que vous gagniez à débiter ce petit essay sur Moliere, qui n'a été fait que pour être inséré dans ses œuvres. Mʳ Palu m'avoit prié d'y travailler, mais quand l'ouvrage fut fait, on donna la préférence comme de raison à Mʳ de la Serre, qui avoit commencé avant moy, et qui d'ailleurs retiroit de son travail un profit que j'aurois été au désespoir de luy ôter.

A week later he wrote to d'Argenson (D2054) to note that:

On me mande que Praut vient d'imprimer une petite histoire de Moliere et de ses ouvrages de ma façon. Voicy le fait, mʳ Palu me pria d'y travailler lorsqu'on imprimoit le Moliere in 4°; j'y donnay mes petits soins; et quand j'eus fini, Mʳ Chauvelin donna la préférence à mʳ DELASERRE. Sic vos non vobis. Ce n'est pas d'aujourdhuy que Midas a des oreilles D'âne. Mon manuscript est enfin tombé à Praut qui l'a imprimé dit on, et défiguré.

Bertrand-René Pallu's role is unclear. He was known to Voltaire and later became *intendant* of Moulins and then Lyon. As brother-in-law of the head of the *Librairie*, Antoine-Louis de Rouillé, he served Voltaire as go-between (D762) and could have passed on a request from Germain-Louis Chauvelin, as *garde des sceaux* and Rouillé's superior.

More significant are Voltaire's repeated affirmations that Chauvelin, the chancellor and *garde des sceaux*, had been responsible for commissioning and rejecting his text. He claims that Chauvelin was also responsible for commissioning and then preferring La Serre's text (D2054). Whilst in his correspondence Voltaire attributes full responsibility to Chauvelin, in the 'Avertissement' to the 1764 Cramer edition he deemed it more circumspect to blame his subordinate Rouillé, the *directeur de la Librairie*.

The problems and inconsistencies in accounts of the publication of Voltaire's *Vie de Molière* are easily understandable in the context of the developing practice of censorship. [26]

As we have seen, in later attempts to justify his role in the affair, Voltaire dressed up the invitation as an 'ordre de m. le garde des sceaux' or as a request from Pallu; all his comments suggest the *Librairie*'s advance approval of the invitation. It would have been prudent for the publishers to take such advice, given Voltaire's current problems with the *Librairie*. The financial investment in a quarto edition was considerable and the consortium would normally cover itself against unnecessary risk. The consultation could merely have been an informal question to the *directeur de la Librairie*. It could have been a more formal matter discussed at a meeting over the crisis provoked by the withdrawal of Brossette and Rousseau. The project had been under way for two years and was suddenly threatened with being forced into using an outdated 1682 preface or a discredited Grimarest 1705 introduction. Either could damage the commercial success of the work. If Voltaire was the best way out for the publishers, they first had to clear their choice with the the the *garde des sceaux*.

Events proved them shrewd, as well as self-interested. We no longer have the text submitted by Voltaire in February 1734 but if it in any way resembled that in which the censors demanded

---

[26] See W. Hanley, 'The policing of thought: censorship in eighteenth-century France', *Studies* 183 (1980), p.265-95; J.-P. Belin, *Le Commerce des livres prohibés à Paris de 1750 à 1789* (Paris 1913); N. Hermann-Mascard, *La Censure des livres à Paris à la fin de l'ancien régime (1750-1789)* (Paris 1968).

deletions in 1739, it would certainly have created problems. For a prestigious edition of Molière's works tolerance would have been lower rather than greater. Voltaire was inviting church opposition in ventilating aspects of Molière's life which, even in his own day, aroused violent ecclesiastical hostility. Earlier biographers of course faced exactly the same problem, but simply blurred the issue or left controversial matters aside. In 1739 the problem was resolved by deletions agreed between censor and publisher without reference to Voltaire. In 1734 the censors may simply have refused approval. Whatever their recommendation, however, the final decision lay with Rouillé or Chauvelin and it is on them, personally, that Voltaire focused resentment in later years (D1677, D2054).

Since we no longer possess the 1734 manuscript, we cannot establish with absolute certainty the text intended for publication in the quarto Molière edition. However there are indications that the 1734 text corresponded closely to MS1-MS2, minus the two anecdotes drawn from La Serre's 'Mémoires'. [27] These were transplanted with little effort at disguise. In Voltaire's version, the pen portrait of Molière (l.190-198) begins: 'La femme d'un des meilleurs comédiens que nous ayons eus a donné ce portrait-ci de Molière'. In La Serre it reads: 'La femme d'un des meilleurs comiques que nous ayons eus, nous a donné ce portrait de Molière'. In the case of the tale of the honest beggar (l.276-281) Voltaire rehandles the episode and dialogue, removing La Serre's reference to Charpentier as a source.

Voltaire's 'jugements' pose a different problem since all the headings appear in MS2 and closely follow La Serre's marginal headings. Voltaire reviewed La Serre's information and dating, but followed him in inserting headings where Grimarest had none.

---

[27] Jean-Louis-Ignace de La Serre, *Mémoires sur la vie et les ouvrages de Molière*, in *Œuvres de Molière, nouvelle édition* (Paris 1734), i.XIX-LXIII. Cf. below, l.190-198 and 274-281. La Serre is identified by Mongrédien as the clear source for information not available to Voltaire in Grimarest (*Rhl* 56, 1956, p.351-53).

He imitated the form of La Serre's headings and their wording with minimal rewording.

We have to assume that the 1734 text lacked such systematic headings. Voltaire appears to have wasted little time on revision of the 1734 text in drafting MS2. Also, in February 1734 he wrote of 'la Vie d'un Molière et un abrégé historique et critique des ses pièces' (D710), confirming their separate existence in the 1734 text.

If so little attempt was made to assimilate La Serre's material, the rest of the text is hardly likely to have undergone serious revision. The text submitted to the censors in 1734 was in all probability substantially the same as the one they saw five years later,[28] plus the La Serre material. Given the deletions proposed by the 1739 censors, the publishers would inevitably have had censorship problems in 1734. This would have left them with no alternative to adopting La Serre's introduction unless they persuaded Voltaire to revise his text, or made deletions themselves, without consulting the author. Publishing deadlines probably left them with no practical alternative to La Serre's text.

In other words, the publishers' actions in commissioning La Serre's biography and selecting it in preference to Voltaire's are unrelated to the accuracy, originality or literary value of Voltaire's work. They arise from commercial constraints and all the textual evidence points to the publishers having made a series of commercial decisions, however unethical these may have been.

4. Publication of Voltaire's 'Vie de Molière'

The situation changed in 1739 when Prault was again presented with the opportunity to publish Voltaire's *Vie de Molière*. We

[28] MS1 also incorporates La Serre material, hence neither MS1 nor MS2 can be a copy of the 1734 text.

have seen how Degouve acquired the text from Voltaire and that it came into Prault's hands in March 1739. Prault was immediately faced with the problem of obtaining a *permission*. The new text was submitted to the appointed censors, Crébillon and Fontenelle, and approved by them on 28 and 29 March 1739. The evidence suggests that this was conditional on deletions which Prault proceeded to make without further consultation with Voltaire. The *privilège* of 39P was dated 9 June 1739.

The bowdlerised text omitted details of the archbishop of Paris's refusal of Christian burial (l.313-315*v*); it dropped examples of *préciosité*, including the censor Fontenelle (l.452-458*v*); and it deleted the account of the *scène du pauvre* in *Dom Juan* (III.ii) emphasising the 'caractère impie de Dom Juan' (l.685-700*v*). Gone too was the comment attributed to Condé over *Tartuffe*: 'Les comédiens italiens n'ont offensé que Dieu, mais les Français ont offensé les dévots' (l.956-957*v*).

Above all Voltaire was inflexibly and permanently opposed to the *Vie de Molière* appearing as a separate publication and repeatedly insisted in letters to Prault that it should appear 'à la tête des œuvres de Molière, seule place qui lui convienne' (D1956, D2049). Prault fils ignored this and published the work 'avec approbation et privilège du roi' in June 1739 (39P). It did, however, also appear in a Paris 1739 edition of Molière's works (39D); this is the edition found in Voltaire's library (BV2473). It was published 'chez David l'aîné'. Prault and David thus finally fell in with Voltaire's wishes and used his *Vie de Molière* for Molière's works.

Voltaire was angered by Prault's text and reacted speedily. He sent an authorised, unexpurgated text to the Amsterdam publisher Jean Catuffe for a correct edition to be published (39A). He had presumably made contact with Catuffe some time prior to 21 March 1739 (D1948). On deciding to publish the unexpurgated text out of reach of the French authorities, he recontacted him, sending a corrected copy of the 1739 MS3 text, with two additional minor modifications. The edition was advertised as revised and corrected. More importantly, the text was the one authorised by the author, was published over his name and was not subject to censorship in Amsterdam.

There are few further references to the *Vie de Molière* in the correspondence: one by Frederick who saw it in August 1739 (D2060); one in a letter of 1751 to Michel Lambert asking him not to include the text in his forthcoming collective edition of Voltaire's works (D4369). More interestingly, urging d'Olivet in 1761 to help the Corneille edition, Voltaire for the first time shows his anger at the humiliation suffered in 1734: 'pressez ces éditions de nos autheurs classiques. Un imbécille qui avait autrefois le département de la librairie fit faire par un malheureux Laserre les préfaces des pièces de Moliere; il faut effacer cette honte' (D9824).

Finally, when Cramer proposed printing the *Vie de Molière* in the *Contes de Guillaume Vadé* of 1764, Voltaire repeated that his text was only suited to publication in an edition of Molière's works, but stated an intention to revise the text (D11732, D11778). It was a friendly gesture, since an *édition revue et augmentée* would be worth more to the publisher. Tongue well in cheek, he notes (D11732):

il ne fut composé en éffet que pour l'édition in 4° que m^r de Chauvelin faisait faire, mais on préféra l'ouvrage de m^r de Laserre, si bien connu de vous et de toute la terre. Cependant, mon cher Caro, si vous avez la rage d'imprimer cette bagatelle pédantesque envoiez la moi, nous verrons si on peut la rendre intéressante; il faudra nécessairement une petite préface.

Voltaire was not misleading Cramer. He resented the *honte* of his work being rejected and a nonentity's preferred. He saw no reason to expose a *proxime accessit* to public view. This goes a long way to explain his refusal to countenance separate publication of the *Vie de Molière*.

5. *Voltaire's sources*

The sources of material on Molière published before Voltaire composed his *Vie de Molière* have been examined by Mongrédien and others; they are not re-assessed here.[29] By 1733 Molière had been dead for 60 years. The well of fresh oral evidence had run dry, and systematic investigation of archival sources (baptismal and marriage records, evidence of house ownership, legal and financial transactions and so forth) would not begin for another hundred years. Denied access to Brossette-Rousseau materials, publishers were left with no serious alternative to Grimarest. Only La Serre was marginally better placed as he possibly had access to Molière's daughter before she died in 1723.

'Voltaire avait, dans sa *Vie de Molière*, tout pris chez ses devanciers, Grimarest et La Serre. On chercherait en vain dans cette courte notice biographique un seul fait nouveau, aussi mince qu'il soit.' This was the considered opinion of Georges Mongrédien, but he also notes that all Molière biographers shared this debt:

les trois biographes de Molière au xviiie siècle [Bruzen de La Martinière, La Serre, Voltaire] sont presque exclusivement tributaires de Grimarest, qu'ils ont pillé ou même recopié, presque intégralement, après l'avoir jugé très sévèrement d'ailleurs. Leur apport personnel est extrêmement limité: La Martinière a mis le nom du maréchal de La Feuillade sur une anecdote anonyme de Grimarest; La Serre a apporté le portrait écrit de Molière par Mlle Poisson et une anecdote qu'il tenait du musicien

---

[29] The principal seventeenth-century sources include Donneau de Visé, Rapin, the 1682 La Grange-Vivot preface, the *Ménagiana* (1693), Perrault and Bayle. See Mongrédien, *Recueil des textes et des documents du XVIIᵉ siècle relatifs à Molière* (Paris 1965), i.26-49. For a discussion of these early sources see Mongrédien, 'Les biographes de Molière', and the introduction and notes to Mongrédien's edition of Grimarest; also Wagner, *Molière and the age of Enlightenment*; R. Lowenstein, *Voltaire as an historian of seventeenth-century French drama* (Baltimore 1935), p.103-15; Barber, 'Voltaire and Molière', *passim*.

Charpentier; Voltaire s'est contenté d'utiliser Grimarest et La Serre et n'a pas apporté le moindre élément nouveau à la biographie de Molière. [30]

Eighteenth-century biographers handled and rehandled a finite resource of biographical data. J.-B. Rousseau and Brossette apparently had access to further information, but once they withdrew from the edition of 1734 this was permanently lost to Molière biographers.

Voltaire had access to fresh data through La Serre, but only after he had completed and submitted his text. Maupoint's *Bibliothèque des théâtres* [31] may have been used though – Voltaire's first recorded reference to it comes in 1751 (D4419). The Parfaict brothers' *Histoire du théâtre français* began to appear in 1734 but was not complete before 1739, and Voltaire's edition was the 1745-1748 version. [32] It seems more likely that any corrections to dates and other information in Grimarest was through more scrupulous use of Grimarest's own sources, in particular the 1682 La Grange-Vivot preface. Voltaire made similar corrections to information he used from La Serre.

The official 'canon' of Molière's works still lacked works that he was known to have composed: *La Jalousie du barbouillé* and *Le Médecin volant*. These should have appeared in the 1734 Prault edition of Molière, which had announced 'deux ou trois pièces inédites' dating from Molière's provincial period. They were to have been provided by J.-B. Rousseau but his withdrawal meant that they were omitted. Voltaire merely mentions these texts (l.108-114).

The chronological order of the plays varies in early accounts and editions of Molière. There are separate problems for those

---

[30] 'Les biographes de Molière', p.352, 354.

[31] Maupoint, *Bibliothèque des théâtres, contenant le catalogue alphabétique des pièces dramatiques, opéras, parodies et opéras comiques, et le temps de leurs représentations* (Paris 1733; BV2730).

[32] François and Claude Parfaict, *Histoire du théâtre français, depuis son origine jusqu'à présent* (Paris 1734-1739; BV2645: Paris 1745-1748).

plays for which there was no text available, but these do not concern us here. In the 1682 edition, the editors in principal placed the plays in order of first performance before the Paris public, ignoring private and court performances, but this order was disturbed through the publication of some of the plays in two supplementary volumes. These plays were: *Dom Garcie*, *L'Impromptu de Versailles*, *Dom Juan*, *Mélicerte*, *Les Amants magnifiques*, *La Comtesse d'Escarbagnas* and *Le Malade imaginaire*. They were plays performed shortly before Molière's death, minor plays, plays which were essentially part of a larger court festivity or plays which encountered censorship problems. A further feature of the 1682 edition was the placing of *Tartuffe* under the date of the second Paris performance (5 February 1669), not its abortive first performance (5 August 1667).

Later editions copied the 1682 order, bringing the supplement texts into the chronological mainstream. The order of presentation in the 1734 Prault edition imitated that of 1682 in following the first Paris performance of each play, but with certain exceptions. These are: the inversion of chronological order for *Dom Juan* (15 February 1665) and *L'Amour médecin* (22 September 1665), and for *Mélicerte* (no public performance, but 2 December 1666 at court) and *Le Sicilien* (10 June 1667); the bringing forward of *Tartuffe* to its first performance date; and the dating of *Les Amants magnifiques* from its court performance (4 February 1670). Problems arose in assimilating the plays from the 1682 supplement, possibly because the editors no longer had the information available to La Grange.

Grimarest did not set the plays in strict chronological order and gave no equivalent to Voltaire's notices on individual plays. La Serre followed a broadly chronological narrative but the ordering of the texts was the responsibility of the publisher Prault.

The problem arises again with Voltaire. Our knowledge of the order he adopted is based on MS2 and on the text he published in 1739. Voltaire brings both *Mélicerte* and *Le Sicilien* forward ahead of *Le Misanthrope* (4 June 1666) and *Le Médecin malgré lui* (6

The sources of Voltaire's dates for performances of Molière's plays

DATES OF PERFORMANCE

	Actual dates*		1682 Œuvres		Grimarest		La Serre		Voltaire	
	Court	Paris	Court	Paris	Court	Paris	Court	Paris	Court	Paris
L'Etourdi	1653/55 (pr)	2.11.58		11.58		15.11.58		3.12.58	1653 (pr)	12.58
Le Dépit amoureux	1656? (pr)	12.58		12.58		12.58		12.58		1658
Précieuses ridicules		18.11.59		18.11.59	(pr)	1659		18.11.59	(pr)	11.59
Cocu imaginaire		28.5.60		28.5.60		28.3.60		18.3.60		28.5.60
Dom Garcie		4.2.61		4.2.61		4.2.61		4.2.61		4.2.61
Ecole des maris		24.6.61		24.6.61		24.6.61		24.6.61		24.6.61
Les Fâcheux	17.8.61	4.11.61	8.61	4.11.61	8.61	4.11.61	8.61	4.11.61	8.61	4.11.61
Ecole des femmes		26.12.62		26.12.62		1662		26.12.62		26.12.62
Critique		1.6.63		1.6.63		1663		1.6.63		1.6.63
Impromptu	19.10.63?	4.11.63	14.10.63	4.11.63	14.10.63	4.11.63	14.10.63	4.11.63	14.10.63	4.11.63
Mariage forcé	29.1.64	15.2.64	29.1.64	15.11.64		11.64	29.1.64	15.11.64	24.1.64	15.12.64
Princesse d'Elide	8.5.64?	9.11.64	8.5.64	9.11.64	5.64		8.5.64	9.11.64	7.5.64	
Dom Juan		15.2.65		15.2.65		15.2.65		15.2.65		15.2.65
Amour médecin	14.9.65	22.9.65	15.9.65	22.9.65	15.9.65	22.9.65	15.9.65	22.9.65	15.9.65	22.9.65
Misanthrope		4.6.66		4.6.66		n.d.		4.6.66		4.6.66
Médecin malgré lui		6.8.66		6.8.66		n.d.		6.8.66		9[6].8.66

	Actual dates		1682 Œuvres		Grimarest		La Serre		Voltaire	
	Court	Paris	Court	Paris	Court	Paris	Court	Paris	Court	Paris
Mélicerte	2.12.66		12.66		12.66		12.66		12.66	
Sicilien	1/2.67	10.6.67	1.67	10.6.67	1667	1667	1.67	10.6.67	1667	10.6.67
Amphitryon	16.1.68	13.1.68		13.1.68		1.68		13.6.68		13.1.68
L'Avare		9.9.68		9.9.68		9.9.68		9.9.68		9.9.68
George Dandin	18.7.68	9.11.68	15.7.68	9.11.68	7.68	11.68	15.7.68	9.11.68	15.7.68	9.11.68
Tartuffe	12.5.64	(1) 5.8.67 (2) 5.2.69	****	****		****		5.8.67 5.2.69		5.2.69
Pourceaugnac	6.10.69	15.11.69	9.69	15.11.69	9.69	10.69	10.69	15.11.69	9.69	15.11.69
Amants magnifiques	4.2.70		2.70		2.70		2.70		2.70	
Bourgeois gent.	14.10.70	23.11.70	10.70	23.11.70	10.70	11.70	10.70	29.11.70	10.70	23.11.70
Fourberies		24.5.71		24.5.71		24.5.71		24.5.71		24.5.71
Psyché	17.1.71	24.7.71	1.70	24.7.71	1.72	7.72	1670	24.7.71	1.71	1671
Femmes savantes		11.3.72		11.3.72		11.5.72		11.3.72		11.3.72
Escarbagnas	2.12.71	8.7.72	2.72	8.7.72	2.72	8.7.72	2.72	8.7.72	2.72	8.7.72
Malade imaginaire		10.2.73		10.2.73		10.2.73		10.2.73		10.2.73

* Source: Mongrédien, *Recueil des textes*.

(pr) = private performance

August 1666) in MS2, silently correcting this in 39P. Again, MS2 brought forward *Les Fourberies de Scapin* (24 May 1671) to c.1668, to be corrected in 39P. *Le Médecin malgré lui* is misdated in MS2 and 39P but correct in 39A. Finally *Les Amants magnifiques* (4 February 1670 at court) was placed between *Les Femmes savantes* (11 March 1672) and *La Comtesse d'Escarbagnas* (8 July 1672) and stubbornly left there in 39P. The problem probably arose from the problems of assimilating texts from the 1682 supplement. The table on p.352-53 shows the dates given by Voltaire's principal sources.

On the whole it seems unlikely that Prault would have made any corrections, without imposing the 1734 order throughout. What is interesting is that even where La Serre and Prault had established a reliable text order, Voltaire made no attempt to adopt it. Nor can MS3, which served as copy for 39P, have been much altered since the text inversions for *L'Amour médecin*, *Dom Juan*, *Le Sicilien* and *Mélicerte* remained. These details suggest that Voltaire released MS3 for publication without major revision. They suggest that the 1734 text may have been hastily drafted and included inaccurate datings of Molière's plays. The detailed dating of MS2 and 39P probably owes much to La Serre.

6. Critical reception and textual revision

The text Prault presented to the public in 1739 was a bowdlerised work and one that Voltaire would certainly not have authorised. It is this version (39P), and not the authorised Amsterdam edition published by Catuffe (39A), that is commented on by critics. With the exception of the informed comment in *Le Pour et contre* on the circumstances of the 1734 edition, none of the reviews adds significant comment on Voltaire's documentation or assessment of Molière's life.

The anonymously published *Lettre de M*** au sujet d'une*

brochure intitulée Vie de Molière[33] is a *critique* of Voltaire's biography and a defence of Grimarest, supposedly by provincial critics for whom 'un quart d'heure de lecture leur avait causé pour une semaine d'ennui' (p.2). It accuses Voltaire of plagiarism and inaccuracy whilst criticising his emphasis on Molière as 'auteur et comédien' ignoring the 'ami solide, homme compatissant et généreux à l'égard de tout le monde'. It accuses Voltaire of partiality ('L'envie de critiquer a dicté cet article ainsi que tous les autres', p.11) and suggests that where the work 'reste dans le raisonnable et dans le vrai sur le compte de Molière il est le simple écho de monsieur de Grimarest. Ce n'était donc pas la peine de nous donner une nouvelle Vie de Molière, puisqu'il n'avait rien à nous apprendre' (p.14-15). The author points out that permission to bury Molière could not have been refused since Voltaire himself describes the funeral procession (p.18). He also claims that Voltaire's account of Louis XIV's role in *Les Fâcheux* is incorrect.

Apart from exposing the initial commissioning of three rival texts, the review in *Le Pour et contre* takes up again Grimarest's eye-witness report of the 'aventure d'Auteuil' which Voltaire excluded as apocryphal (l.341-346). Yet, the journalist adds, Voltaire's work was 'écrite d'un style aussi léger que simple et parsemée de quelques réflexions ingénieuses et courtes. Mais comme l'auteur s'est peu soucié de lier les faits, c'est moins une *Vie* qu'un mémoire sur la *Vie de Molière*'.[34]

In the *Observations sur les écrits modernes*[35] Desfontaines, no friend of Voltaire, criticised Voltaire's 'mépris pour la source [Grimarest] où il a été obligé de puiser' (p.314). He notes Voltaire's

---

[33] S.l.n.d. (Bn, Z Beuchot 433 bis); listed by J. Vercruysse, 'Bibliographie des écrits français relatifs à Voltaire, 1719-1830', *Studies* 60 (1968), p.7-71, no.56; cf. *Lettre critique écrite à M. de *** sur le livre intitulé 'La Vie de Molière'* (Paris 1706) attributed to Donneau de Vizé.

[34] *Le Pour et contre* (1739), xvii.252-253. The author of this article was probably Charles-Hugues Lefebvre de Saint-Marc.

[35] *Observations sur les écrits modernes* (1739), xviii.313-23.

unwarranted suppression of 'une quantité de faits véritables et inté-
ressants, qu'on lit dans l'ouvrage de M. de Grimarest, et dont M. de
Voltaire ne fait aucune mention dans le sien' (p.314). Desfontaines
also notes, however, that Grimarest's reliance on anecdote could
appear 'fabuleux en quelques endroits' (p.313) and acknowledges
Voltaire's merit in providing 'de fort bonnes réflexions morales
et littéraires' (p.315). He approves of Voltaire's more controlled
comment on such details as Gassendi's role as guide rather than as
précepteur and Voltaire's view of the seventeenth century as 'l'époque du bon goût en France' (p.317). Like Voltaire (l.736-737)
Desfontaines considers that *Le Misanthrope* was 'plus fait pour les
gens d'esprit que pour la multitude, et qu'il est plus propre à être lu
qu'à être joué' (p.319). Both of them note the problem that 'ces
conversations même, qui sont des morceaux inimitables, n'étant pas
toujours nécessaires à la pièce, refroidissent l'action' (p.317).

These were the principal significant contemporary comments
on the 1739 edition of Voltaire's *Vie de Molière*. Subsequent
criticism includes Fréron's review article[36] of the *Contes de Guillaume Vadé*. Fréron, referred to by Voltaire as 'Wasp' (l.610),
passes off the *Vie de Molière* as a 'recueil bassement satirique, où
M. de Voltaire outrage le goût, l'honnêteté, sa nation, ses maîtres,
tous ses compatriotes, les Anglais, la terre entière'. As the extract
indicates, the review is purely *ad hominem* and Fréron seems
content to use it for yet another skirmish with his old enemy.

So far as we know, no review of the *Vie de Molière* raised a
response from Voltaire, either in correspondence or in subsequent
textual revision. Modifications to the text of the 1764 *Contes de
Guillaume Vadé* and 1775 *encadrée* editions were uninfluenced by
outside reaction. Voltaire made minor textual modifications for the
1764 edition, principally the provision of 'une petite préface' (see
D11732, D11778), in which he recounts the role of the *Librairie* in
giving advance approval to, and then suppressing his contribution.

---

[36] *L'Année littéraire* (14 July 1764), iv.289-314.

Eighteenth-century editions of Voltaire's *Vie de Molière* are listed below (p.377-85), including editions of Molière's works to which it was joined, in 1739, 1765, 1773, 1778, etc. To these we add here a little-known, uncompleted anthology of the French stage in which Voltaire collaborated in 1767 (TF67).[37] This collection published the plays of France's major dramatists in chronological order, 'Avec les vies des auteurs, des anecdotes sur celles des plus célèbres acteurs et actrices, et quelques dissertations historiques sur le théâtre'. The work reprinted the *Vie de Jean Racine* which had recently appeared in Luneau de Boisjermain's new edition of Racine.[38] It also included Voltaire's *préfaces* and *avertissements* from his *Commentaires sur Corneille* at the head of each play by Corneille. Voltaire's *Vie de Molière* is reprinted to preface the earliest plays by Molière (vol.viii, 1768), and the appropriate *jugement* appears with each play. The variants are minimal and stem from the editor rather than from Voltaire.

Voltaire's text by no means replaced that of La Serre, which was if anything more popular,[39] though this cannot have been uninfluenced by the limited circulation of 1739 editions of the *Vie de Molière*, and the possibility of further difficulties with the censorship.

7. *Voltaire the literary biographer and cultural historian*

Comment on Voltaire's contribution to Molière biography has been coloured by twentieth-century expectations. We take for granted a post-classical critical position. Literary biography is a

---

[37] See S. S. B. Taylor, 'La collaboration de Voltaire au *Théâtre français* (1767-1769)', *Studies* 18 (1961), p.57-75.
[38] Jean Racine, *Œuvres* (Paris 1768).
[39] See Mongrédien, 'Les biographes de Molière', p.351.

well established genre with advancing traditions. Biographical research has been professionalised. From our present vantage-point, therefore, the perspective distorts critical vision.[40] We must therefore consider conventions of biography as they were perceived in Voltaire's day. We have to re-establish a lost conceptual climate on taste, genre theory and the *vis comica*.[41]

For the modern stage historian Voltaire is a disappointment. He passed over Molière the actor-manager, and the actor who fused French and Italian acting traditions, as a result of his close rapport with the Fiorilli *Commedia dell'arte* troupe, with whom he shared premises.[42] He made no comment on differences in acting style between Hôtel de Bourgogne, Marais and *Comédiens du Roi*. He failed to evaluate Molière's role in establishing what became the Comédie-Française.

For the comparatist, Voltaire's open-mindedness to English culture still apparently left him unable to stand outside his times and make a fundamental re-evaluation of the norms of classical taste and criticism. His range of reference was firmly that of the French cultural tradition of 1660-1734. At no point did he cite Shakespearean comedy or contemporary English drama. He even seemed insensitive to trends in French theatrical taste in his day: different comic traditions, *sensibilité*. He dismissed comparisons of Molière with comic authors of the eighteenth century. For Voltaire, French comedy had ceased to evolve beyond 1673 and Molière's throne had been vacated. In 1769 he described him as: 'ce génie à la fois comique et philosophique, cet homme qui en

[40] See Jacques Chouillet, *L'Esthétique des Lumières* (Paris 1974), and S. S. B. Taylor, 'Le développement du genre comique en France de Molière à Beaumarchais', *Studies* 90 (1972), p.1545-66.

[41] See R. Naves, *Le Goût de Voltaire* (Paris 1938), and S. S. B. Taylor, '*Vis comica* and comic vices: catharsis and morality in comedy', *Forum for modern language studies* 24 (1988), p.321-31.

[42] See S. S. B. Taylor, 'Le geste chez les maîtres italiens de Molière', *XVIIe siècle* 132 (1981), p.285-301.

son genre est si au-dessus de toute l'antiquité, ce Molière, dont le trône est vacant'. [43]

Nonetheless, for the modern scholar the *Vie de Molière* is a significant literary event. It is a classic case of the constraints forced on scholarship and creative writing by commercial and state pressures. It is an intriguing example of commercial subterfuge and unethical publishing practice. It is a litmus-test of the willingness of writers to maintain or to suppress aspects of the truth in an environment of state censorship and repression. Above all it is a step towards maturity by the infant genre of biography.

Modern biography starts from an assumption of the availability of adequate documentary evidence. Whether sympathetic or hostile, it ideally strives for an objective recording of truth. All modern approaches, we believe, should start from a balanced, fair-minded recording of the facts. Whilst documentation is fundamental, however, recording that truth should yield a structured portrait, a central identity, a life with a governing purpose and a sense of its achievement. It shows men as products of their society or *Zeitgeist*. It reveals how lives are coloured and conditioned by their age and leave their imprint upon it.

However these objectives of modern biography were unformulated in Voltaire's day. The great models in France were still Plutarch's *Lives* and Suetonius' *Lives of the twelve Caesars*, neither being biography as we now understand it. More recent lives of navigators, statesmen, travellers, military leaders, churchmen and saints had not created a genre. Reference to biography in Voltaire's letters is limited to one isolated comment on a life of James II, a year after Voltaire completed his life of Molière: 'tout ce qui a été fait ne mérite pas d'être écrit; et si nous n'avions que ce qui en vaut la peine, nous serions moins assommés de livres' (D882).

Grimarest opened his *Vie de M. de Molière* with the comment

---

[43] *Défense de Louis XIV* (*OH*, p.1284).

that 'Il y a lieu de s'étonner que personne n'ait encore recherché la vie de Mr de Molière pour nous la donner' (p.35). He notes in his later *Addition* that he had not written his life for 'les gens de lettres [...] mais pour le public qui veut avoir tout ce qu'on peut lui donner', airily dismissing the scruples that 'le critique' urged on him (p.155). If Grimarest wrote the first comprehensive account of Molière's life, that does not make his account a biography. Voltaire's *Vie de Molière* has strong claims to being both the first literary biography of Molière and one of the very earliest true biographies in the French language.

Delays in Voltaire's work being published deterred comment, but such as there was concentrated on his failure to provide fresh oral evidence and on his dependence on Grimarest. For many his criticisms of Grimarest were a regrettable attempt to disguise the fact that he had done little but abridge that author. Yet reliance on published documents was inevitable sixty years after Molière's death. As for documentary sources, Grimarest himself recorded the tragic loss of La Grange's notes and with these the surviving manuscripts of Molière: La Grange's wife 'ne fut pas plus soigneuse de ces ouvrages que la Molière: Elle vendit toute la bibliothèque de son mari où apparemment se trouvèrent les manuscrits qui étaient restés après la mort de Molière' (p.127).

The importance of Voltaire's account as biography is not measured in terms of documentation and material. Samuel Johnson had little regard for mere research as a basis for a biographical account[44] and with both him and Voltaire it is to the emergence of a biographical method that we look, not at the material on which they worked and its originality.

Voltaire's contribution to biography lies in his application of the techniques of the historian and literary critic to an unschooled and unregulated artform. He stated his objectives in the *Vie de Molière*

[44] See W. J. Bate, *Samuel Johnson* (London 1978), p.531.

in terms of relevance, accuracy and good taste in the use of material. He rejects 'détails inutiles' and 'contes populaires aussi faux qu'insipides' together with all that he deemed 'contraire aux sentiments du public éclairé', accepting only 'ce qu'on a cru vrai et digne d'être rapporté' (l.4-9). He rounds off his account of Molière's life with the claim: 'j'ai omis dans cette vie de Molière les contes populaires touchant Chapelle et ses amis' on the grounds that they are 'très faux' and 'ne méritaient aucune créance' (l.341-346). In one fell swoop he restated contemporary criticism of Grimarest, identified the quality lacking in Molière biography and secured a foothold for a new genre of literary biography.

Voltaire set out rules of evidence, relevance and good taste in relation to use of documentary material. If, inevitably, he fell back on a common stock of biographical material on Molière, this merely reflects the disappearance of contemporary sources with the passage of time. His contribution to Molière biography was determined not by the material he presents but by the stringent criteria he applied to it and the integrity of the portrait that emerged.

It is important from the outset to acknowledge that Voltaire has adopted not merely Grimarest's material, but even at times his structures and wording. The degree of textual closeness between his account and Grimarest's has been analysed by Mongrédien.[45] There is naked textual borrowing with minimal, cosmetic rephrasing in so many parts of the work that Voltaire must have written his work with Grimarest's text at his elbow. Even where he departs from Grimarest, as in describing the events following Molière's death and the intervention of the archbishop of Paris, he often does so within a framework established by Grimarest. In dating, his indebtedness is less complete, since Grimarest had generally opted for imprecise dating. Here Voltaire drew more heavily on the 1682 La Grange-Vivot edition and later La Serre.

[45] 'Les biographes de Molière', p.351-52.

If, in spite of this, Voltaire was at pains to disclaim overt dependence (l.341-346, 494-495, 528-530 for instance) it was because informed opinion dismissed Grimarest as unreliable. Grimarest was criticised for over-reliance on sources which were apocryphal, tendentious or over-coloured. He had been seriously sidetracked into anecdote and *petite histoire* through the emphasis he gave to Baron, Chapelle, Mondorge, Cyrano and Bernier. The figure of Baron loomed too large and the biography of Molière was trivialised. Although Voltaire had little alternative to Grimarest as source material, he systematically excluded uncorroborated anecdote, irrelevant material and material which lowered the tone of the earlier narrative. Voltaire the historian constantly informed the biographer, purging the genre of factors inhibiting its development. For all its deficiencies in documentation the *Vie de Molière* marks a significant advance towards 'l'histoire de la vie' of its subject. Voltaire rejected popular demand for anecdote in favour of facts worthy of 'croyance', 'vrai et digne d'être rapporté'. In the process the genre was upgraded to suit the 'sentiments du public éclairé' (l.10-11). The twin objectives of responding to informed public taste and scholarly rigour inform the historian-critic-biographer.

One of Voltaire's greatest assets in turning biography towards its future purposes was his awareness of the social and cultural context in which Molière lived. By coincidence it was as he wrote the *Vie de Molière* that he was maturing his project for a socio-political history of 'the age of Lewis the 14th' (D488) describing: 'l'esprit des hommes dans le siècle le plus éclairé qui fut jamais'. [46] The project attracted him precisely because 'il s'est fait dans nos arts, dans nos esprits, dans nos mœurs, comme dans notre gouvernement, une révolution générale qui doit servir de marque éternelle à la véritable gloire de notre patrie'. Enlarging on his theme he also wrote:

---

[46] *Le Siècle de Louis XIV*, ch.1 (*OH*, 616).

C'était un temps digne de l'attention des temps à venir que celui où les héros de Corneille et de Racine, les personnages de Molière, les symphonies de Lulli, toutes nouvelles pour la nation, et (puisqu'il ne s'agit ici que des arts) les voix des Bossuet et des Bourdaloue, se faisaient entendre à Louis xiv, à Madame, si célèbre par son goût, à un Condé, à un Turenne, à un Colbert, et à cette foule d'hommes supérieurs qui parurent en tout genre. [47]

Through its monarch, Voltaire asserted, French society had recognised and stimulated a *pléiade* of literary and artistic talent unrivalled in any age. As a result the French monarchy gained in prestige and France assumed cultural and artistic leadership in Europe. Voltaire was clearly pointing a contrast with the present situation under which Louis xv drove writers into exile or reduced them to artistic sterility through state censorship and manipulation of the legal system (*Lettre sur les inconvénients*, D.app.57; D13605).

Voltaire was quite aware of parallels and contrasts between Molière and artists of his own generation, himself in particular. In Molière's case the performing arts made a great impact on court and received the clearest marks of personal protection from the monarch. The monarch actually intervened to protect the playwright against the ecclesiastical establishment and censorship. There is no doubt a halo-effect in Voltaire's evocation of this marriage of crown and the arts but what a difference there was between Molière's situation and that of Voltaire whose *Zadig* was a harrowing allegory of Versailles not a century later!

Voltaire repeatedly underlined the contrast between French power-structures in his own generation and those of the *Siècle de Louis XIV*. It emerges in many works of this time: the *Lettres philosophiques*, *Le Temple de la gloire* and the nascent *Siècle*. As critic and historian, Voltaire was the most powerful voice perpetuating the myth of the 'grand siècle' into the eighteenth century. It would be naive to see his portrait of Molière as having no eighteenth-century political reference.

[47] Ch.1 (*OH*, p.617); ch.32 (*OH*, p.1012).

Voltaire also used Molière's life to illustrate a particular view of France's cultural heritage, and of standards of taste that had created a 'polite society'. Against this the decadence of eighteenth-century French taste was a recurrent theme in Voltaire, as was the disappearance of talent in the major genres. If Voltaire stood out against the trend in tragedy, he saw no successor to Molière in comedy (D17900):

O Molière, Molière le bon temps est passé! Qui vous eût dit qu'on rirait un jour au théâtre de Racine, et qu'on pleurerait au vôtre, vous eût bien étonné.
Comment en un plomb lourd votre or s'est-il changé!

Voltaire was concerned at dwindling public response to Molière and at the corruption of standards of taste that the earlier century had developed. Later in his life he would oppose the extremes of *sensibilité* and the *genres mixtes* such as the *comédie larmoyante* (D15488, D15501). In 1734 he was preoccupied by the public's infatuation with the *Commedia dell'arte*. It had been a threat to Molière (l.562-570), and it was a renewed threat in Voltaire's day with the return of the *Théâtre Italien* to Paris in 1716 under Luigi Riccoboni (D42). The *Italiens* had subsequently moved into French-language productions with the assistance of Marivaux. It was the period of Watteau, Fragonard and the cult of the Italian actor in rococo art. If Voltaire played down the influence of the *Italiens* on Molière, it was perhaps because he saw them as symbols of a public taste for the *bas comique* in Molière's day, and of decadent public taste and the abandonment of France's cultural heritage in the 1730s. Voltaire presented the *Italiens* as exemplars of a 'mauvais théâtre italien' from which Molière drew material only until he outgrew pure farce and his genius had 'l'occasion de se développer tout entier' (l.104). They were also shown as *co-habitants* of Molière's Paris premises (l.162-164), but the influence that this exerted on Molière's acting style Voltaire ignored or passed over discreetly. They were left behind by Molière, Voltaire prefers to think, as soon as he turned to 'la bonne comédie', based on 'la société et la galanterie' (l.358-359). For Voltaire, as for Boileau, 'Dans ce sac ridicule où Scapin s'enveloppe, / Je ne reconnais plus l'auteur du Misanthrope' (see l.1075-1082, cp.1090).

It was through Molière that French comedy broke away from the grip of 'le faux, le bas, le gigantesque' (l.553) and '[le] bas comique' (l.1086). Molière's supreme achievement was to create the refined, if elitist comedy of elegant conversation: 'cette espèce de plaisanterie que les Romains nommaient *urbanité*' (l.816-817).[48] It is here, above all, that Voltaire sees Molière's superiority to Plautus and his claim to be the equal or superior of Terence (D415). Molière came to excel in the converse of 'la société et la galanterie, seules sources du bon comique' (l.359-360). *Le Misanthrope* was the play in which this gift achieved its highest expression with its interplay between 'conversations du monde' and 'portraits' (l.717-718). It was, however, inevitably destined to be 'plus fait pour les gens d'esprit que pour la multitude, et plus propre encore à être lu, qu'à être joué' (l.731-733).

In discussing plays such as *L'Ecole des femmes*, *Pourceaugnac*, *Les Fourberies de Scapin*, Voltaire showed greater realism, stressing the fact that Molière, as a stage professional, maintained his hold on the public through a careful blend of refinement and brilliant stage technique (see, for example, l.582-587, 1022-1024, 1083-1087).

Outside 'high' comedy, Molière impressed Voltaire as 'le premier qui fit sentir le vrai, et par conséquent le beau' (l.554), leaving behind 'le faux, le bas, le gigantesque'. The reference here is not necessarily to the *conversazione* humour referred to above. It may, like Boileau's 'Jamais de la nature il ne faut s'écarter',[49]

---

[48] Cf. 'nous avons appliqué mal à propos le mot d'urbanité à la politesse, & qu'*urbanitas* signifiait à Rome précisément ce qu'humour signifie chez les Anglais' which was 'ces saillies qui échappent à un homme sans qu'il s'en doute' (20 August 1761; D9959); see S. S. B. Taylor, 'Voltaire's humour', *Studies* 179 (1979), p.102-103.

[49] Boileau, *L'Art poétique*, 414.

refer to the use of characters who lack the distortion of the grotesque heroes of farce. Voltaire greatly admired Molière's comic lead characters: Harpagon, Orgon, Tartuffe, Arnolphe, etc. In these he had created larger than life, but lifelike characters. As stage archetypes with 'des ridicules forts [...] un joueur, un avare, un jaloux, etc.', they would never be surpassed. Writing to Vauvenargues, Voltaire dismissed Boileau's claim that Molière had chosen 'les sujets trop bas' since 'les ridicules fins et déliez' are never good theatre (7 January 1744; D3062). Nor had he 'allié Térence avec Tabarin dans ses vraies comédies, où il surpasse Térence' (l.1084-1085). For Voltaire comedy remains the ridicule of social vices, human idiosyncrasy, bold in outline and larger than life. It avoided 'le faux' through a particular form of naturalistic acting developed by Molière, and through avoidance of stage stereotyping of farce, divorced from real life.

Yet there is a tension in Voltaire between an elite comedy of *urbanité* and those better comedies of character which still retain strong audience appeal. It emerges in *Le Temple du goût* where he represents a deceased Molière admitting that: 'si je n'avais écrit que pour les connaisseurs, j'aurais moins donné dans le bas comique' (see above, p.204).

Molière's 'immorality' offended Voltaire less than many (l.920-922v). He finds it harder to stomach Molière's lapses into *ad hominem* satire. This occurred with Boursault in *L'Impromptu de Versailles* and Cotin in *Les Femmes savantes*. What is at stake here for Voltaire is a certain concept of *bienséance*, combining taste and decorum with verisimilitude. Art for Voltaire should be the classical *école de vertu*: a civilising influence. In all this Voltaire is profoundly out of sympathy with developments which compromise these aims. Hence his reponse to Molière is determined in large part by his endorsement of classical taste. Voltaire adopts the standards and models of a recent past, but this is not through mere nostalgia. The classical ideal evolved with artistic experience and expression.

It is in another spirit that Voltaire views Molière's occasional use of prose. His comments suggest that it is the natural medium for popular farce, but the public expects that the more refined comedy, and especially five-act comedy, should be in verse. Molière's education of the public to a more pragmatic approach Voltaire observes with clinical interest, only half persuaded (l.436-440, 676-684, 848-854).

The *Vie de Molière* is an encounter between France's major comic talent with her outstanding dramatist of a later century. What stands out is a real empathy and kinship between Voltaire and his forbear. Barber observes 'little awareness of any affinity with Molière', except for their mutual interest in court entertainment.[50] There are, however, other areas where Voltaire's dramatic experience intervenes. He comes down heavily on Molière's general structural deficiency, his feebleness in plots and dénouements. He also readily appreciates Molière's problems in maintaining literary standards and objectives given the more basic tastes of the theatre-going public.

Voltaire's major professional interest in Molière, however, was their common experience of censorship and ecclesiastical persecution. He portrays Molière's tenacious struggle to rehabilitate and stage those plays which were condemned by the church, though acceptable to private or court audiences. What Voltaire, lacked, however, was Molière's royal protection. It is fruitless, therefore, to divorce the response of Voltaire the dramatist from that of Voltaire the *philosophe* to a playwright whose career had points of similarity with his own. Voltaire's conflict with authority in church and state made him sensitive to aspects of Molière's career that earlier 'biographers' judiciously overlooked. It was Voltaire who first included in his portrait those areas of intellectual importance that set *Dom Juan* and *Tartuffe* apart from other seventeenth-century comedies, and Molière apart from other

---

[50] Barber, 'Voltaire and Molière', p.211-12.

dramatists of his day. He resisted the temptation to exploit them for personal advantage and kept scrupulously to a portrait of their place in Molière's career.

Voltaire and Molière faced similar intellectual choices. Voltaire pointed the parallel more than once, not least over the problems encountered with his own *Mahomet* in 1742: 'C'est l'avanture de Tartuffe. Les hipocrites persécutèrent Molière et les fanatiques se sont soulevez contre moy' (D2647; see also D15922).

Each could have enhanced his social and professional position by avoiding conflict with political and ecclesiastical authority. For both the only acceptable choice brought with it the risk of persecution, though Louis XIV protected Molière from increasing ecclesiastic intolerance of the stage. For Voltaire the consequence was a life punctuated by imprisonment or exile, incessant campaigns to save his works from bowdlerisation or suppression, the unrelenting hostility of the French court. For Voltaire the *philosophe*, Molière was a prototype of himself in so many ways and a prototype displaying the need for a monarch protective of intellectual and artistic influence. In some ways the court of Louis XIV had many of the advantages that Voltaire had only recently pointed out in eighteenth-century English society.

Whatever the temptation to do otherwise, Voltaire refrained from portraying Molière as a *libertin de l'esprit*,[51] though he refloats suggestions of an early contact with Gassendi (l.47). If he had been less scrupulous as a biographer, he might have sharpened his descriptions of *Dom Juan* and *Tartuffe*, and expanded the account of Molière's death and burial. If he refrained, this shows a new consciousness of his function as an objective biographer. None the less, even setting out the facts of Molière's stand in these areas was sufficient to arouse the hostility of the censors in 1734 and again in 1739.

---

[51] See, for example, Molière's poem 'A la Mothe le Vayer sur la mort de son fils' (Mongrédien, *Recueil*, i.225) and his translation of Lucretius (*Le Misanthrope*, act 2, scene iv).

Voltaire's parallel with Molière goes further. If he had been content, like others, to placate authority and suppress or downgrade Molière's problems with the church, his biography would have met with no obstacles to publication. Mongrédien notes that 'Grimarest passe rapidement sur ce sujet délicat' in discussing the burial.[52] Grimarest toned down the account of *Tartuffe's* suppression (p.89) and dismissed *Dom Juan* in 6 lines noting only that 'on en jugea dans ce temps-là, comme on en juge en celui-ci' (p.60-61). La Serre speaks only of 'quelques traits hazardés' in *Dom Juan* (p.XXXIV). However, for *Tartuffe* he noted that 'Molière eut à essuyer tout ce que la vengeance et le zèle peu éclairé ont de plus dangereux' (p.XL) and he concludes that 'ce fut sans fondement qu'on accusa Molière d'avoir attaqué la religion dans *Tartuffe*' (p.XLII). Over the question of Molière's burial, however, La Serre whitewashed the archbishop of Paris, saying that 'ce prélat, après des informations exactes sur la religion et sur la probité de Molière, permit qu'il fût enterré' (p.LIII).

Grimarest rewrote history to present a largely uncontroversial account of Molière and glossed over areas of difficulty. La Serre sailed closer to the wind on occasion, quoting one of Molière's 'traits hazardés' (p.xxxiv, note b), but was redeemed by his status as a censor and his general tact in skirting problems. Both of them, therefore, concealed essential areas of Molière's life. If Molière had been willing to make the same compromises he would not have written or staged *Dom Juan* and *Tartuffe*. In considering Grimarest and La Serre as biographers their justification in laundering or sanitising important episodes of Molière's life has to be questioned. The episodes were ones on which Molière and his family took a firm stand on grounds of intellectual and professional integrity. Unlike his predecessors, Voltaire refused to tone down the narrative to ease publication. His account is accurate and unforced. It was therefore the first objective account

---

[52] Grimarest, p.123, n.2.

by a biographer of Molière's conflict with ecclesiastical authority. It is an intellectual rehabilitation of Molière by his intellectual heir, but it also marks a watershed in French biography itself, in its scrupulous regard for truth and the integrity of the portrait presented.

The other major intellectual issue to arise in the *Vie de Molière* is the 'querelle du théâtre', the centuries-old proscription of the stage by the Christian church[53] in which Molière and Voltaire each had a vital interest. Here again Voltaire has muted the tone of his account, but without distorting the facts he relates.

In the area of comic theory Voltaire makes no statement which would allow us to present him as fully aware of aesthetic changes now visible in Molière. As Barber indicates, Voltaire makes little or no 'attempt to discuss the nature of Molière's conception of comedy' (p.204). In this respect, we should add, Voltaire is typical of his century, though England is a different story.[54] Classical theory derived ultimately from Aristotle and remained unquestioned in France before Diderot. Classical doctrine would not in any case suffer a serious dent. Even Bergson would do little more than amplify the same theoretical base.[55] The survival for so long in France of an impregnable Aristotelian doctrine contrasts strangely with the rise of other theoretical models in eighteenth-century England. In the circumstances, the classical certainties of both Molière and Voltaire are hardly surprising. Voltaire's interest in asserting the primacy of Molière's 'high' comedy highlights Voltaire's unawareness of the fundamental refinement of farce techniques to be perceived by Lanson.[56]

The grip of Aristotelian theory on the classical mind was,

[53] See M. M. Moffat, *Rousseau et la querelle du théâtre au XVIIIe siècle* (Paris 1930).

[54] See S. M. Tave, *The Amiable humorist* (Chicago, London 1960).

[55] See Taylor, 'Le développement du genre comique en France'.

[56] G. Lanson, 'Molière et la farce', *Revue de Paris* (May 1901).

however, intelligent not anaesthetising. The assumption has to be that classical theory was seen as able to assimilate developments in practice without damage to the theoretical model. There are, however, comments in the *Vie de Molière* that might have stirred an empirical review of theory if Voltaire had followed them through. For instance he raises the fact that it is 'les extrêmes disproportions des manières et du langage d'un homme, avec les airs et les discours qu'il veut affecter, qui font un ridicule plaisant' (l.1047-1049), anticipating later statements by Bergson.

Elsewhere Voltaire makes a behavioural assertion of the type that would later be built on by Freud: 'Il n'y a que ceux qui ne savent point combien les hommes agissent peu conséquemment, qui puissent être surpris qu'on se moquât publiquement au théâtre, des mêmes dieux qu'on adorait dans les temples' (l.795-798).

The two who approached closest to an empirical review of theory were Riccoboni[57] and Diderot.[58] Riccoboni could note that 'Molière excite le rire au dedans et au dehors' (p.214) and that he was 'le premier qui ait mis dans ses ouvrages de la bienséance et des mœurs' (p.114), but neither statement led to any challenge to the nature of 'le ridicule' (p.210f.). It was Diderot who was closest to a major review, noting that: 'C'est toujours l'idée du défaut qui excite en nous le rire; défaut ou dans les idées, ou dans l'expression, ou dans la personne qui agit, ou qui fait l'objet de l'entretien.' But he goes on to ask: 'tout défaut physique et moral devrait faire rire? Oui toutes les fois que l'idée du nuisible ne s'y trouve pas jointe; car elle arrête le rire de tous ceux qui ont atteint l'âge de raison. [...] les gens accoutumés à réfléchir doivent moins rire que d'autres [...] les mélancoliques et les amants ne rient pas non plus. Non mais ils sourient, ce qui vaut peut-être mieux.'[59]

---

[57] Luigi Riccoboni, *Observations sur les comédies de Molière et sur le génie de Molière* (Paris 1736).

[58] See A. Hytier, 'Diderot and Molière', *Diderot studies* 8 (1966), p.77-103.

[59] Diderot, *Cinqmars et Derville*, in *Œuvres complètes*, ed. J. Assézat and M. Tourneux (Paris 1875-1877), iv.468-70.

Elsewhere Diderot asks: 'le ridicule est-il le seul ton de la comédie?' [60] suggesting that *attendrissement* and *sentimentalité* can also arouse similar reactions, the more so as Molière had exhausted the possibilities of *comique du caractère*.

In other words, analysis of Molière stirred no eighteenth-century French critic into a fundamental review of Aristotelian comic theory. On the contrary, it was only alternative forms of comedy, and notably Shakespeare, followed by eighteenth-century bourgeois drama which stimulated extensions to theory. In practical terms, it was English analysis of the amiable rogue Falstaff, and Franco-German analysis of bourgeois sentimental drama which stimulated new theoretical models in Diderot and Lessing.

In purely documentary terms, Voltaire's life of Molière presents nothing original. Biographically it emerges as the only account to exclude the trivial, the anecdotal or apocryphal. His was the only biography of Molière not to suppress areas of his life vital to an understanding of his intellectual stand against bigotry, ignorance and institutionalised intolerance. Overall, Voltaire's *Vie de Molière* emerges as a serious work of biography, jettisoning trivia and uncorroborated evidence and setting new objectives for the infant genre. It survived repeated attempts by the authorities to emasculate it. If his work was not chosen in preference to La Serre's that should now be seen as to his credit. Moreover the case history of this reveals aspects of publishing and censorship practice that compromised not merely artistic integrity, but the ethics of publishing. The documentation of the biography was no doubt rushed. Voltaire leaned heavily on sources he professed to despise. Yet for all that it was not in any sense hackwork. It used borrowed clothes, but it used them with style, discrimination and integrity.

---

[60] Diderot, *Projet de préface*, in *Œuvres complètes*, viii.440.

372

8. *Manuscripts and editions*

Manuscripts

Voltaire's original 1734 text was rejected by the publishers and has not come down to us. All we have are three revised texts made after Voltaire read La Serre's *Mémoires sur la vie et les ouvrages de Molière*, which were published in the new quarto Molière edition *c.*July 1734.

Features Voltaire owed to La Serre are at l.190-198, 276-281 and the headings for his judgements on individual plays. MS1 must therefore date from 1734-1737. MS2 includes later textual revisions (l.5-6, 13, 73-75, 170-172, 179-180, 210-211, 307-308, 312-319, etc.) and is clearly later than MS1. MS2 itself is a copy sent to Cideville in 1738 at some point before Voltaire undertook a further, final revision of his text in MS3. Though only the last sheet of MS3 remains, holograph, dated endorsements by Voltaire, Degouve, Prault and the censors show this to have been the text sent for publication on 28 February 1739.

MS1

vie / De Moliere / par M. de Voltaire /

cc (Arsenal Rondel 180 (2), f.1-12 and (3), f.1-39). It passed at the Monmerqué sale by Techener (Paris 11 March 1861), p.436, no.4086. Above the title a later hand has inserted 'cette vie a été imprimée en-12'.

MS1 lacks the commentaries on the plays and ends at l.346. It includes stylistic variants not found in MS2 or the 1739 editions (l.73-75, 98, 115-116, 166-167, 170-172, 210-211, 243-245, 251-257, 278-279, 287, 307-308, 312-319). The date of 1653 at l.116 passed into GV64.

MS1 is probably an authorial presentation copy of 1734-1737 and incorporates alterations of which Voltaire took no copy. It has no significance in the transmission of the printed text.

373

MS2

La vie / De / moliere /

cc in 58 leaves (22 x 17 cms) bound in nineteenth-century French red morocco gilt. A later (nineteenth-century?) ms note on the flyleaf wrongly claims that the copy is in Voltaire's own hand. This misinterprets Voltaire's 'le tout de ma façon' which must refer to the projected Molière quarto edition (D710). The ms is probably a copy of the copy (see below, p.417, n.67) sent to Cideville in 1738 by Voltaire (D1644) and containing La Serre material unavailable to Voltaire prior to 1734. It passed to Noël and from him to a Rouen collector. It then passed at a Leavitt sale (NY 1888), ii.75, no.181. It was later acquired by Theodore Besterman, Sotheby's 3 July 1973, lot 372, and is now Taylor 183 CVM. The ms additions read:

cet ouvrage est de Mr de Voltaire

Une lettre De M. de Voltaire a M. De Cideville Cons^r / au Parl^t de Rouen prouve que M. De Voltaire a écrit / de sa main le manuscrit de La Vie de Molière. M. / De Cideville s'étonnait du soin qu'il y avait mis, et de la / beauté de la Copie. M. de Voltaire lui en fit Cadeau. ce /Manuscrit a la mort de M. De Cideville, a été recueilli par / M. Dorsini son Confrère, prêté par M. Dorsiny à M. Noel / qui m'en a fait <cadeau> l'hommage tandis que j'étais Préfet / de Rouen.

The heading and text are in different hands, the heading appearing to be by Cideville. The other hand is almost certainly that of Jacques-Claude Beugnot (1762-1827), who became Rouen's first prefect in year VIII. One of his associates was Simon-Barthélemy-Joseph Noël de La Morinière (1765-1822), sometime director of the *Journal de Rouen*. Both Beugnot and Noël were members of the Académie de Rouen, according to the printed list for the session of 22 Thermidor year IX, Beugnot being 'vice-directeur' while Noël was 'membre titulaire'. Dorsiny, a *conseiller* at the *parlement* of Rouen, was also a member of the Académie de Rouen, two reasons for him to be described as Cideville's 'confrère'. [Identifications by Catriona Seth.]

MS2 is complete to l.1203, omitting the note on *Le Malade imaginaire*. It appears to be a hastily prepared author's presentation copy.

The order of the commentaries on the plays differs from the base text in the following respects: *Le Sicilien* and *Mélicerte* precede *Le Misanthrope*; *Les Fourberies de Scapin* precedes *L'Avare*; *Le Malade imaginaire* is absent.

The following errors are not recorded in the variants: 'XIIII' for 'XIII', 59*v*; '3 actes' for 'un acte', 463b; 'l'appellent' for 'l'appelaient', 545; 'tout en' for 'toute en', 569; 'du du roi' for 'du roi', 940; 'jamais dans' for 'jamais que dans', 1055; 'le roi' for 'du roi', 1144.

Neither MS1 nor MS2 bear the distinctive features of 39A (e.g. l.246, 304-305).

MS3

CC 2 quarto pages (recto and verso). The text is signed 'Voltaire' and followed by an endorsement, signed and dated by Voltaire, authorising Degouve to publish.

The manuscript is bound into a first edition of 39P and was formerly in the libraries of Jean Rattier and Edgard Stern. It passed to D. H. Lowenherz, New York, in 1989. Previously it had passed at the comte d'Auffay sale (Paris 28 March 1863), p.20, no.176, and Blanchart (Paris 16 December 1867), p.35, no.330. It was also listed in the Seymour de Ricci file of sale catalogues, ii.167.

MS3 is limited to two sides of a single sheet, the text for the end of the *jugement* on *Le Malade imaginaire* (l.1219-1227; l.1227 concludes the work in editions earlier than GV64). The last side bears endorsements by Voltaire, Degouve and the two censors, identifying it beyond doubt as the text sold to Prault by Degouve in 1739 and used by Prault as printer's copy for 39P. A major unresolved question is whether the full text of MS3 contains material deleted by the censors themselves before approval, or whether passages had been deleted by Prault before submitting the text to the censors. Fontenelle's endorsement might suggest an earlier deletion, either by Prault or by the first censor Crébillon.

The h endorsements on MS3 read:

[below text]
Si cet ouvrage que je composay il y a quelques années pouvoit etre de quelque utilité a M^r de gouve, je luy en donne toute la propriété.

Voltaire, à cirey ce 28 février 1739.

375

je prie Monsieur Harduin de se charger de vendre ce manuscrit et d'avoir la bonté de m'en tenir compte.

De Gouve, a cirei ce 28e février 1739

je cede a Mr Prault fils ayant droit de M^r De Voltaire et selon les conventions faites entre nous, ce présent manuscrit.

De Gouve, à Paris ce 20 mars 1739

[in left margin]
j'ay lu par ordre de Monseigneur Le chancelier un Livre qui a pour titre *La vie de Molière* et je crois que l'on peut en permettre l'impression.

ce 28 mars 1739, Crébillon.

J'ai lu par ordre de M^r le Chancelier *La Vie de Molière* et n'y ai rien trouvé qui en doit empêcher l'impression.
fait à Paris ce 29 avril [mars] 1739, Fontenelle.

As Voltaire signed over MS3 to Degouve on 28 February 1739, and Fontenelle dates his signed *approbation* 29 April 1739, the date 29 February given in 39P appears inaccurate.

Editions

The text was not published until May/June 1739 when Degouve obtained Voltaire's authorisation to publish (MS3). Degouve rapidly concluded an agreement with Prault fils who published an anonymous edition, in a bowdlerised form acceptable to the censors (39P). It is not certain whether the deletions were made by the censors, or by Prault anticipating their reactions (see MS3: Fontenelle's endorsement). Possibly in response to Voltaire's protests to Prault over his printing a separate edition (D1956, D2049), the Paris publisher David published a duodecimo Molière edition in 1739 incorporating the Voltaire text, again anonymously (39D). Angered by Prault's alterations to his text, Voltaire sent the complete, unexpurgated text of MS3 to an Amsterdam publisher, Jean Catuffe, with some minor modifications. This appeared in 1739, over Voltaire's name but once more as a separate edition

(39A). This, therefore, represents the first authorised text of the *Vie de Molière*.

Following its publication in 1739, Voltaire's *Vie de Molière* appeared in various separate editions (1764, 1772, 1774, 1785), and in an increasing number of editions of Molière's works (Amsterdam 1765, Paris 1773, Paris 1778, Londres 1784, Paris 1785, Paris 1786-1788, Paris 1787-88, Paris 1791- , Paris an VII), where it alternated with La Serre's introduction (1734, 1739, 1739, 1749, 1751, 1753, 1756, 1758, 1760, 1760, 1765, 1770, 1772, 1780) as the selected preface. It was also translated into German (1754, 1759).

The 1764 edition of the *Vie de Molière* (GV64) carries the last substantive revision of the text. The changes were proposed by Voltaire for Cramer's *Contes de Guillaume Vadé* anthology. The revised text was then reprinted in the first edition of Voltaire's Works to contain the *Vie de Molière*: the Cramer *Collection complette* of 1764 (w64G). It was in these editions that he added the prefatory note ('Cet ouvrage était destiné', *Vie de Molière* variant (p.70) and GV64 below). In Kehl and later editions it was titled *Avertissement*. The *Vie de Molière* text also appeared in the incomplete 1767 edition of *Le Théâtre français* by Henri Rieu (TF67). This text was carried, unmodified, into w75G (but not the Lyon *contrefaçon*) and it remained unchanged in Voltaire's final revision of his works (w75G*) in 1777-1778.[61]

39P

VIE / DE / MOLIERE, / AVEC / DES JUGEMENS / SUR / SES OUVRAGES. / [*device*] / A PARIS, / Chez PRAULT Fils, Quay de Conty, / à la defcente du Pont-neuf, / à la Charité. / [*rule*] / MDCCXXXIX. / *Avec Approbation & Privilege du Roi.* /

12° (8s + 4s). sig. π^2 A-K^{8,4} [L]^2; pag. [*4*] 120 [4]; $4,2 signed, roman (-C4; +D3); sheet catchwords.

---

[61] See S. S. B. Taylor, 'The definitive text of Voltaire's works: the Leningrad *encadrée*', *Studies* 124 (1974), p.128-32.

[*1*] title; [2] blank; [1]-120 Vie de Molière; [121] Approbation; [121-124] Privilège.

Approbation dated '29 février 1739 [?]' for Laurent-François Prault and signed 'Fontenelle'. For the chancellor Daguesseau, signed 'Sainson', dated 9 June 1739. Registered no.247 fol.224, Paris 12 June 1739.

Published anonymously. The edition was printed from MS3, with deletions made by Prault or by the censors without Voltaire's agreement. Passages present in MS2 and 39A but absent from 39P occur at l.452-458, 685-700, 947-949.

Bn: Ln^{27} 14358; – Rés. Z Bengesco 261; – Rés. Z Beuchot 871; ImV: D Vie 2/1739/1 (1); Taylor: V8 MM2 1739 (2).

39A

VIE / DE / MOLIERE, / AVEC / DES JUGEMENS / SUR SES / OUVRAGES. / *Par Mr. DE VOLTAIRE.* / NOUVELLE EDITION, / *Où l'on a rétabli, ſur le Manuſcrit de l'Auteur, / les endroits qui ont été retranchés dans / l'Edition de Paris.* / [*device, woodcut, 23 x 33 mm*] / A AMSTERDAM, / *Cheʒ JEAN CATUFFE.* / MDCCXXXIX. /

8°. sig. A-E^8 F^6; pag. 92; $5 signed, arabic (-A1); page catchwords.

[1] title; [2] blank; [3]-92 Vie de Molière.

In addition to the restoration of passages deleted in 39P (see above), other changes (notably l.246, 304-305, 527, 1087) suggest that 39A is a further, authorial revision of the 39P text.

Bn: Ln^{27} 14358A; – Rés. Z Beuchot 872; Bodleian: G. Pamph. 57 (2); Trinity: E. I. 30.

39D

Œuvres de Molière. Nouvelle édition. Paris, David l'aîné, 1739. 8 vol. 12°.

Volume 8: 239-275 Extraits de divers auteurs, contenant plusieurs particularités de la vie de Molière; & des jugemens sur quelques-unes de ses pièces.

VIE
DE
MOLIERE,
AVEC
DES JUGEMENS
SUR
SES·OUVRAGES.

A PARIS,
Chez PRAULT Fils, Quay de Conty,
à la defcente du Pont - neuf,
à la Charité.

MDCCXXXIX.
Avec Approbation & Privilege du Roi.

3. *Vie de Molière*: title page of 39P. Taylor Institution, Oxford.

This is therefore the first Molière works edition to print Voltaire's *Vie de Molière* (cf. Bengesco ii.36-37).

Bn: Yf 2723; – Yn 2738 (2).

GV64

CONTES / DE / *GUILLAUME VADÉ.* / [*woodcut, 73 x 82 mm*] / [*thick-thin rule, 65 mm*] /

M. DCC. LXIV. /

8°. sig. *⁸ A-Z⁸ Aa⁸ Bb²; pag. xvi 386 [387-388]; $4 signed, roman (-*1-2, Bb2; P4 signed 'Piij'); sheet catchwords (18, 27, 386).

[i] half-title; [ii] blank; [iii] title; [iv] blank; [v]-xvi Préface de Catherine Vadé; 1-304 other texts; 305 V1*r* 'VIE DE MOLIERE, / Avec de petits Sommaires de ses Piéces.' [heading followed by a prefatory note]; 306-86 Vie de Molière; [387-88] Table des pièces contenues dans ce volume.

GV64 represents the final significant revision of the *Vie de Molière*. It was published in Geneva by Cramer (D11732, 11778) with modifications including the prefatory note (below, p.390) and a new ending, commenting on Molière's declining audience figures (l.1228-1243). There are various reprints or piracies of GV64, among others: 1764 and 1770 (p.325-90, two editions assimilated into w64G and w70G as vol.5, part 3, of *Collection complette*), 1764 (p.212-69), Genève 1764 (p.248-314), Genève 1765 (p.248-314), Genève 1772 (p.325-90), Genève 1775 (p.164-200).

Bn: Rés. Z Bengesco 173; – Rés. Z Beuchot 25 (2); ImV: D Contes 2/1764/1.

w64G

Collection complette des œuvres de M. de Voltaire. [Genève, Cramer], 1764. 10 vol. 8°. Bengesco iv.60-63; Trapnell 64, 70G; BnC 89.

Volume 5, part 3: CONTES / DE / *GUILLAUME VADÉ.* [*beaded letters in some copies*] / [*woodcut, 61 x 75 mm*] / [*thick-thin rule, 71 mm*] / M. DCC. LXIV. /

8°. sig. A-Z⁸ Aa⁸ Bb⁴; pag. 390 [391-392] (p.356 numbered '35'); $4 signed, roman (-A1-2, Bb3-4); sheet catchwords (+44, 390).

[1] half-title; [2] blank; [3] title; [4] blank; [5]-17 Préface de Catherine

Vadé; 18-324 other texts; 325 X3r 'VIE DE MOLIERE, / avec de petits Sommaires de ses Piéces.' [heading followed by a prefatory note]; 326-90 Vie de Molière; [391-92] Table des pièces contenues dans ce volume.

Copies vary, for example: ImV copies have beaded letters on the third line of the title, VF copy has plain letters; p.325 misnumbered 253 in VF copy, p.356 misnumbered 35 in ImV copies; minor variations in setting, such as roman initial instead of italic p.325 and p.[391] in VF copy.

w64G was the first appearance of *La Vie de Molière* in Voltaire's complete works, inserting texts of GV64 with minimum external adaptation.

The w64G text was utilised by Henri Rieu for TF67, below.

ImV: A 1757/1 (5,3); – A 1764/1 (5); – D Contes 2/1764/2; Taylor: VF.

w64R

Collection complette des œuvres de Monsieur de Voltaire. Amsterdam, Compagnie [Rouen, Machuel?], 1764. 22 tomes in 18 vol. 12°. Bengesco iv.28-31; Trapnell 64R; BnC 145-148.

Volume 13 contains the *Vie de Molière*.

Bn: Rés. Z Beuchot 26.

MOL65

OEUVRES / DE / MOLIERE. / NOUVELLE EDITION, / Augmentée de la Vie de l'Auteur & des / Remarques Historiques & Critiques, / Par M. DE VOLTAIRE. / Avec de très-belles Figures en Tailles douces. / TOME PREMIER. / [*engraving signed*] N.v.Frankendaal Sc / A AMSTERDAM ET A LEIPZIG / *Chez* ARKSTE'E & MERKUS, / MDCCLXV. / Avec Priv. de S.M. le Roi de Polog. Elect. de Saxe. /

xix-lxxvii Vie de Molière, par M. de Voltaire, with La Serre's 'Mémoires sur la vie et les ouvrages de Molière'.

The La Serre *Mémoires* and Voltaire *Vie de Molière* are both reproduced in vol. 1.

Bn: 8° Yf 575; Taylor: Vet. Fr. II.A.1832.

TF67

Théâtre français, ou recueil de toutes les pièces françaises restées au théâtre. Avec les Vies des Auteurs, des Anecdotes sur celles des plus célèbres Acteurs & Actrices, & quelques Dissertations Historiques sur le Théâtre. Genève, P. Pellet & Fils, 1767-1769. 8°.

Vol. 8 1768 contains Voltaire's *Vie de Molière*. The *jugements* are included in vols. 8-14 for plays performed between 1658 (*L'Etourdi ou les contre-tems*) and 1667 (*Le Sicilien, ou l'amour peintre*). At this point the project fell through. The *Avis des éditeurs* reprint Voltaire's *jugements* on individual plays, but conflated with material from other sources including 'la belle édition de Paris' (La Serre's 'Mémoires'). There are frequent conflicts in detail which the editors failed to identify or resolve. Minor differences in the headings for individual plays stem from Henri Rieu, who edited this collection, and from a further transfusion of La Serre material. They have been ignored.

Bibiothèque publique et universitaire, Genève: Hf 675.

w68

Collection complette des œuvres de M. de Voltaire. [Genève, Cramer; Paris, Panckoucke], 1768-1777. 30 vol. 4°. Bengesco iv.73-83; Trapnell 68; BnC 141-144.

Volume 14 (1771): 494-538 Vie de Molière.

Half-title: [*double rule*] / VIE DE MOLIERE, / AVEC DE PETITS SOMMAIRES DE SES PIECES. / [*followed by* 'Cet ouvrage était destiné', *etc.*] /

On facing page: [*double rule*] / *VIE DE MOLIERE* /

The quarto edition of which the first 24 volumes were produced by Cramer under Voltaire's supervision. Volume 14 is volume 1 of the section *Mélanges philosophiques &c.*.

Bn: Rés. m. Z 587; ImV: A 1768/1 (14); Taylor: VF; BL: 94.f.1.

w70G

Collection complette des œuvres de M. de [Voltaire]. Dernière édition.

[Genève, Cramer], 1770. 10 vol. 8°. Bengesco iv.60-63; Trapnell 64, 70G; BnC 90-91.

Volume 5, part 3: [*half-title*] CONTES / DE / *GUILLAUME VADE*. / [*vignette*] / [*double rule, thick-thin*] / M. DCC. LXX. /

Pag. 325 Vie de Molière, avec de petits sommaires de ses pièces (introductory note). p.326-90 Vie de Molière.

Taylor: V1 1770G/2 (5iii).

W70L

Collection complette des œuvres de M. de Voltaire. Lausanne, Grasset, 1770-1781. 57 vol. 8°. Bengesco iv.83-89; Trapnell 70L; BnC 149-150.

Volume 21: 283-345 Vie de Molière.

Bn: Rés. Z Bengesco 124; Taylor: V1 1770L.

72L

Vie de Molière. Lausanne, Grasset, 1772. Pag. 65. 8°?

The *Vie de Molière* is bound with the following works, with their own title-pages: *Les Lettres d'Amabed*, Londres, 1772; *La Méprise d'Arras*, Lausanne, 1771; *Les Systèmes et les cabales*, Londres, 1772.

University of Chicago Library.

W72X

Collection complette des œuvres de M. de Voltaire. [Genève, Cramer?], 1772. 10 vol. 8°. Bengesco iv.60-63; Trapnell 72X; BnC 92-110.

Volume 5, part 3: 326-90 Vie de Molière, reprinting w70G, which reprints GV64.

Bn: 16° Z 15081.

W71 (1773)

Collection complette des œuvres de M. de Voltaire. Genève [Liège, Plomteux], 1771-1777. 32 vol. 12°. Bengesco iv.89-91; Trapnell 71; BnC 151.

Volume 13 (1773): 525-73 Vie de Moliere.

Reprints the text of w68 or w75G; no evidence of Voltaire's participation.

ImV: A 1771/1 (13); Taylor: VF.

MOL73

Œuvres de Molière, avec des avertissements et des observations sur chaque pièce, ed. Bret. Paris, Compagnie des libraires associés, 1773. 6 vol. 8°.

Volume 1 contains the *Vie de Molière*.

Bn: Yf 2783-2788; Taylor: Vet. Fr. II.B.666-669.

W75G

La Henriade, divers autres poèmes et toutes les pièces relatives à l'épopée. [Genève, Cramer & Bardin], 1775. 37 vol. (40 vol. with the *Pièces détachées*). 8°. Bengesco iv.94-105; Trapnell 75G; BnC 158-161.

Volume 10: 256 [half-title] Vie de Molière, avec de petits sommaires de ses pièces, followed by 'Cet ouvrage était destiné ...'; 257-318 Vie de Molière.

Bn: Z 24848; ImV: A 1775/2 (10); Taylor: VF.

W75X

Œuvres de M. de Voltaire. [Lyon?], 1775. 37 vol. (40 vol. with the *Pièces détachées*). 8°. Bengesco iv.94-105; BnC 162-163.

Volume 9: 256 [half-title] Vie de Molière, avec de petits sommaires de ses pièces, followed by 'Cet ouvrage était destiné ...'; 257-318 Vie de Molière.

The *contrefaçon* version of the *encadrée* has been authoritatively described by Jeroom Vercrusse. [62] Research by Andrew Brown and Ulla Kölving has since revealed the complexity of the textual problem in the Lyon

[62] See Jeroom Vercruysse, *Les editions encadrées des œuvres de Voltaire de 1775*, Studies 168 (1977).

imitation of w75G. [63] Comparison of the Lyon and Cramer versions of the *Vie de Molière* reveals a scattering of minor textual differences.

Taylor: VF.

MOL78

Œuvres de Molière, avec des avertissements et des observations sur chaque pièce, ed. Bret. Paris, Compagnie des libraires associés, 1778. 6 vols. 8°.

Volume 1 contains the *Vie de Molière*.

Arsenal 8 B.L. 12822.

K84

Œuvres complètes de Voltaire. [Kehl], Société littéraire-typographique, 1784-1789. 70 vol. 8°. Bengesco 2142; BnC 164-169.

Volume 47: 117-179 Vie de Moliere.

Bn: Rés. p. Z 2209 (47); ImV: A 1784/1 (47); Taylor: VF.

9. *Translations*

Only one translation has been traced: *Leben des Moliere* (Leipzig 1754). [64]

10. *Editorial principles*

The base text is w75G, the last to be revised by Voltaire. Variants are drawn from: MS1, MS2, MS3, 39P, 39A, GV64, W64G, K.

---

[63] See Andrew Brown and Ulla Kölving, 'Voltaire and Cramer', *Le Siècle de Voltaire: hommage à René Pomeau* (Oxford 1987), i.149-83.

[64] Hans Fromm, *Bibliographie deutscher Übersetzungen aus dem Französischen 1700-1948* (Baden-Baden 1950-1953), p.282.

The following error in the base text has not been recorded in the variants: l.543, dâns

Modernisation of the base text

The spelling of the names of persons and places has been respected and the original punctuation retained.

The italic of the base text has been respected with the exception of: proper names, including eponymous characters from plays; the intermittent italicisation of the definite article in play titles.

The following aspects of orthography and grammar in the base text have been modified to conform to modern usage:

1. Consonants

   - the consonant *p* was not used in: exemts, tems
   - the consonant *t* was not used in syllable endings *–ans* and *–ens*: brillans, extravagans; différens, divertissemens, excellens, indulgens, ornemens, présens, talens
   - double consonants were used in: appellaient, apperçoivent, jetter
   - a single consonant was used in: falait, falut, pourait
   - archaic forms were used, as in: bienfaicteur

2. Vowels

   - *y* was used in place of *i* in: ayent, gayes (*but also* gaie), hyver, satyre
   - *i* was used in place of *y* in: rithme

3. Accents

The acute accent

   - was used in place of the grave in: cinquiéme, grossiéretés, particuliérement, piéce, sévérement, siécle, troisiéme

The grave accent

   - was not used in: déja

The circumflex accent

   - was not used in: disgrace, grace, parait-il (*but also* paraît), théatre
   - was used in: chûte, toûjours
   - was used instead of the acute in: mélange

The dieresis
- was used in: poëte, réjouïssant

4. Capitalisation
- initial capitals were intermittently attributed to: nouns in play titles other than the first
- to adjectives denoting nationality: Français, Italiens
- and to months of the year
- were not attributed to: adjectives preceding the first noun in play titles

5. Points of grammar
- the final —s was not used in the second person singular of the imperative: tien

6. Various
- the ampersand was used
- the hyphen was widely used, as in: au-lieu, aussi-bien, bel-esprit, dès-lors, genre-humain, lieux-communs, mal-sain, non-seulement
- monsieur was abbreviated: Mr.
- Mlle was abbreviated Mlle.
- Saint was abbreviated St.

Modernisation of quotations

The spelling, but not the punctuation, of quotations from printed sources has been modernised, except where a specific critical edition is used, in which case the spelling of the edition is followed.

Presentation of the variants

Discrepancies in punctuation and italicisation are not recorded; words underlined in MS1 and MS2 are printed in italic. Where two or more versions of the text share the same variant the punctuation is that of the earliest version.

Insignificant copyist's errors from MS2 are listed in the bibliography (p.375) but not recorded in the variants. Printers' errors and insignificant variants from W75X are not recorded.

VIE DE MOLIÈRE,

Avec de petits sommaires de ses pièces.

a-b MS1: Vie De Moliere / par M. de Voltaire.
     MS2: La Vie de Moliere
b 39P, 39A: avec des jugements sur ses ouvrages [39A: par Mr. de Voltaire]

Cet ouvrage était destiné à être imprimé à la tête du MOLIÈRE in-4° édition de Paris. On pria un homme très connu, de faire cette vie et ces courtes analyses, destinées à être placées au-devant de chaque pièce. M. Rouillé chargé alors du département de la librairie, donna la préférence à un nommé la Serre. C'est de quoi on a plus d'un exemple. L'ouvrage de l'infortuné rival de la Serre fut imprimé très mal à propos, puisqu'il ne convenait qu'à l'édition du Molière. On nous a dit que quelques curieux désiraient une nouvelle édition de cette bagatelle. Nous la donnons malgré la répugnance de l'auteur écrasé par la Serre.

1-10 MS1, MS2, 39P, 39A, absent
6 W75G: infortuné de la Serre

VIE DE MOLIÈRE

Le goût de bien des lecteurs pour les choses frivoles, et l'envie de faire un volume de ce qui ne devrait remplir que peu de pages, sont cause que l'histoire des hommes célèbres est presque toujours gâtée par des détails inutiles, et des contes populaires aussi faux qu'insipides. On y ajoute souvent des critiques injustes de leurs ouvrages. C'est ce qui est arrivé dans l'édition de Racine faite à Paris en 1728.[1] On tâchera d'éviter cet écueil dans cette courte histoire de la vie de Molière; on ne dira de sa propre personne, que ce qu'on a cru vrai et digne d'être rapporté; et on ne hasardera sur ses ouvrages rien qui soit contraire aux sentiments du public éclairé.

Jean-Baptiste Poquelin naquit à Paris en 1620 dans une maison qui subsiste encore sous les piliers des halles.[2] Son père Jean-Baptiste Poquelin, valet de chambre tapissier chez le roi, marchand

5

10

2   MS1:   devrait composer que
3   MS1:   sont causes que la vie des
3-4   MS1, MS2:   toujours remplie de détails inutiles et de contes
5-6   MS1:   insipides; souvent meme des critiques injustes de leurs ouvrages ont accompagné l'histoire de leur vie. C'est
6   MS1, MS2:   la mauvaise édition
7   W75G: 1628
8   MS1, MS2:   sa personne
13   MS1:   Halles; Pierre Marcassus qui est mort en 1709, agé de 80 ans, fils de Pierre Marcassus connu par son histoire grecque et par quelques ouvrages de Theatre, et grand ami de Moliere, disoit que cette maison étoit la troisieme en entrant par la rüe St Honoré. Son [See p.432, n.109.]
14   MS1:   roy, et marchand

[1] Jean Racine, *Œuvres* (Paris 1728), with 'remarques curieuses et critiques'.
[2] Molière was born on 15 January 1622, not 1620, and in the rue Saint-Honoré, not 'sous les piliers des Halles' (Mongrédien, *Recueil*, i.54, 58).

fripier, et Anne Boutet sa mère, [3] lui donnèrent une éducation trop   15
conforme à leur état, auquel ils le destinaient: il resta jusqu'à
quatorze ans dans leur boutique, n'ayant rien appris outre son
métier, qu'un peu à lire et à écrire. Ses parents obtinrent pour lui
la survivance de leur charge chez le roi; [4] mais son génie l'appelait
ailleurs. On a remarqué que presque tous ceux qui se sont fait un   20
nom dans les beaux-arts, les ont cultivés malgré leurs parents, et
que la nature a toujours été en eux plus forte que l'éducation.

Poquelin avait un grand-père qui aimait la comédie, et qui le
menait quelquefois à l'hôtel de Bourgogne. [5] Le jeune homme
sentit bientôt une aversion invincible pour sa profession. Son goût   25
pour l'étude se développa; il pressa son grand-père d'obtenir qu'on
le mît au collège, et il arracha enfin le consentement de son père,
qui le mit dans une pension, et l'envoya externe aux jésuites, [6] avec
la répugnance d'un bourgeois, qui croyait la fortune de son fils
perdue, s'il étudiait.   30

Le jeune Poquelin fit au collège les progrès qu'on devait attendre
de son empressement à y entrer. Il y étudia cinq années; il y suivit
le cours des classes d'Armand de Bourbon premier prince de
Conti, qui depuis fut le protecteur des lettres et de Molière. [7]

15   MS2:   Anne Boulot sa
20   MS1:   a souvent remarqué que la plupart de ceux

[3] Molière's parents were Jean Poquelin (1595?-1669) and Marie Cressé (1601-
1632); it was Molière's sister Madeleine (1625-1665) who was the wife of André
Boudet (Mongrédien, i.54, 185); MS2 Boulot is a copyist's error. Voltaire's error
comes from Grimarest (p.36) and was repeated in La Serre.

[4] The *lettres de provision* and oath of office were dated 14 and 18 December 1637
respectively (Mongrédien, i.60).

[5] His maternal grandfather, Louis Cressé.

[6] At the collège de Clermont (later called Louis-le-Grand and Voltaire's own
school), largely for the children of the wealthy and the nobility. Molière studied
there from *c*.1631 to *c*.1639. Voltaire repeats current errors linking Molière's formal
schooling with his theatrical ambitions. He also ignores Molière's later legal studies.

[7] Armand de Bourbon left the collège de Clermont in 1647, which would seem
to exclude any encounter with Molière.

Il y avait alors dans ce collège deux enfants, qui eurent depuis   35
beaucoup de réputation dans le monde. C'était Chapelle et Bernier:[8]
celui-ci, connu par ses voyages aux Indes; et l'autre, célèbre par
quelques vers naturels et aisés, qui lui ont fait d'autant plus de
réputation, qu'il ne rechercha pas celle d'auteur.

L'Huillier, homme de fortune,[9] prenait un soin singulier de   40
l'éducation du jeune Chapelle son fils naturel; et pour lui donner
de l'émulation, il faisait étudier avec lui le jeune Bernier, dont les
parents étaient mal à leur aise. Au lieu même de donner à son fils
naturel un précepteur ordinaire et pris au hasard, comme tant de
pères en usent avec un fils légitime qui doit porter leur nom, il   45
engagea le célèbre Gassendi à se charger de l'instruire.

Gassendi ayant démêlé de bonne heure le génie de Poquelin,
l'associa aux études de Chapelle et de Bernier.[10] Jamais plus illustre
maître n'eut de plus dignes disciples. Il leur enseigna sa philosophie
d'Epicure, qui, quoique aussi fausse que les autres, avait au moins   50

35-36   MS1:   eurent beaucoup
39   MS2:   ne chercha pas
40   MS1:   L'Huillier maitre des comptes prenoit
41   MS1:   éducation de Chapelle
43   MS1, MS2:   étoient mal aisés. Au
45   MS1:   usent pour un fils
46   MS1, MS2:   engagea par des bienfaits le
49-51   MS1:   philosophie, qui avoit plus de methode

[8] Claude-Emmanuel Lhuillier, known as Chapelle (1626-1686), illegitimate son
of the 'libertin érudit' Lhuillier, poet and friend of Gassendi; François Bernier
(1620-1688), physician and orientalist; also Cyrano de Bergerac, according to
Grimarest (p.39).

[9] In MS2 a note in Cideville's hand states: 'L'autheur se trompe: les L'huillier
étoient une ancienne famille de Robe de Paris.'

[10] Pierre Gassend, known as Gassendi (1592-1655) of the collège de France taught
Chapelle and Bernier, but his connection with Molière is less clear. Molière, it is
believed, went on to study law (?c.1639-1642).

plus de méthode et plus de vraisemblance que celle de l'école, et n'en avait pas la barbarie.

Poquelin continua de s'instruire sous Gassendi. Au sortir du collège, il reçut de ce philosophe les principes d'une morale plus utile que sa physique, et il s'écarta rarement de ces principes dans le cours de sa vie.

Son père étant devenu infirme et incapable de servir, il fut obligé d'exercer les fonctions de son emploi auprès du roi. Il suivit Louis XIII dans Paris.[11] Sa passion pour la comédie, qui l'avait déterminé à faire ses études, se réveilla avec force.

Le théâtre commençait à fleurir alors: cette partie des belles-lettres, si méprisée quand elle est médiocre, contribue à la gloire d'un Etat, quand elle est perfectionnée.

Avant l'année 1625, il n'y avait point de comédiens fixes à Paris. Quelques farceurs allaient, comme en Italie, de ville en ville. Ils jouaient les pièces de Hardy, de Moncrétien, ou de Baltazar Baro.[12] Ces auteurs leur vendaient leurs ouvrages, dix écus pièce.

Pierre Corneille tira le théâtre de la barbarie et de l'avilissement,

55

60

65

51   MS2:   methode et de vraisemblance
51-52   MS1:   et qui n'en avoit
53-54   MS1:   Poquelin sorti du college continua de s'instruire sous Gassendi; il reçut
59   MS1, MS2:   Louis XIII dans son voyage de Narbone en 1641. A son retour à Paris sa passion
61-62   39P: partie de belles-lettres
64   MS1:   fixés pour toute l'année à
65   MS1, MS2:   Italie representer de ville
66   MS2:   Hardi, de Montoulion, ou de
66-67   MS1, MS2, 39P, 39A: Baro (qui fut depuis de l'Académie françoise). Ces

[11] Voltaire substitutes infirmity for Grimarest's 'grand âge' as the reason why Poquelin père relinquished his duties: Jean Poquelin (1595-1669) was 47 at the time. The expedition to Narbonne (59v) in fact took place in 1642. Grimarest places the incident after Molière had finished his studies, without specifying a date (p.40).

[12] Alexandre Hardy (c.1572-c.1632); Antoine de Montchrestien (c.1575-1621); Balthasar Baro (1600-1650).

394

vers l'année 1630. Ses premières comédies, qui étaient aussi bonnes
pour son siècle, qu'elles sont mauvaises pour le nôtre, furent cause 70
qu'une troupe de comédiens s'établit à Paris. Bientôt après, la
passion du cardinal de Richelieu [13] pour les spectacles mit le goût
de la comédie à la mode; et il y avait plus de sociétés particulières
qui représentaient alors, que nous n'en voyons aujourd'hui.

Poquelin s'associa avec quelques jeunes gens qui avaient du 75
talent pour la déclamation; ils jouaient au faubourg St Germain et
au quartier St Paul. Cette société éclipsa bientôt toutes les autres;
on l'appela *l'illustre théâtre*. [14] On voit par une tragédie de ce temps-
là, intitulée *Artaxerce*, d'un nommé Magnon, et imprimée en 1645, [15]
qu'elle fut représentée sur *l'illustre théâtre*. 80

Ce fut alors que Poquelin sentant son génie, se résolut de s'y
livrer tout entier, d'être à la fois comédien et auteur, et de tirer de
ses talents de l'utilité et de la gloire.

On sait que chez les Athéniens, les auteurs jouaient souvent
dans leurs pièces, et qu'ils n'étaient point déshonorés pour parler 85
avec grâce en public devant leurs concitoyens. Il fut plus encouragé
par cette idée, que retenu par les préjugés de son siècle. Il prit le

71   MS1:   qu'une nouvelle troupe [MS2: qu'une troupe]
     MS1, MS2:   s'établit et se fixa à Paris.
     39P, 39A: comédiens s'établirent à
73-75   MS1:   comedie si fort à la mode, que l'on vit s'élever plusieurs sociétés
particulières qui representoient dans leurs maisons. Poquelin
76   MS1, MS2:   joüoient dans le faubourg
79   MS2:   nommé du Magnon
80   MS1:   representée par l'illustre
81   MS1:   génie, résolut de

[13] Armand-Jean Du Plessis, cardinal de Richelieu (1585-1642).

[14] The *contrat de société* of the Illustre Théâtre was dated 30 June 1643 (Mongrédien,
i.64-66). It opened on 1 January 1644 at the Jeu de paume des métayers, rue de la
Seine, and moved a year later to the Croix noire, quartier Saint-Paul.

[15] Jean Magnon, *Artaxène* (Paris 1645), first performed on 20 July 1645. Much of
this is derived from La Serre.

nom de Molière,[16] et il ne fit en changeant de nom que suivre l'exemple des comédiens d'Italie, et de ceux de l'hôtel de Bourgogne. L'un, dont le nom de famille était le Grand, s'appelait Belleville dans la tragédie, et Turlupin dans la farce; d'où vient le mot de *turlupinage*.[17] Hugues Gueret était connu dans les pièces sérieuses sous le nom de Fléchelles; dans la farce il jouait toujours un certain rôle qu'on appelait Gautier-Garguille.[18] De même, Arlequin et Scaramouche n'étaient connus que sous ce nom de théâtre.[19] Il y avait déjà eu un comédien appelé Molière, auteur de la tragédie de *Polixène*.[20]

Le nouveau Molière fut ignoré pendant tout le temps que durèrent les guerres civiles en France: il employa ces années à cultiver son talent, et à préparer quelques pièces. Il avait fait un recueil de scènes italiennes, dont il faisait de petites comédies pour les provinces. Ces premiers essais très informes tenaient plus du mauvais théâtre italien où il les avait pris, que de son génie, qui

90

95

100

91   MS1, MS2:   dans le Tragique
92   MS1:   de turlupinades. Hugues
     MS2:   turlupinade
95   MS1, MS2:   sous ces noms de
96-97   MS1, MS2:   d'une tragédie
98   MS1:   ignoré durant tout
99   MS1, MS2:   civiles de France.
101   MS1, MS2:   recüeil de beaucoup de scénes
102   MS2:   provinces. Ses premiers

[16] The first recorded use of the name is on 28 June 1644 (Mongrédien, i.70).
[17] Henri Legrand, known as Belleville (hôtel de Bourgogne 1615-1637).
[18] Hugues Guéru (*c.*1573-1634). These facts (l.90-94) follow La Serre (p.xxi, n.e).
[19] For Molière Scaramouche was Tiberio Fiorillo (1604/1608-1694). In *Elomire hypocondre ou les médecins vengés* (Paris 1670) Molière was shown imitating the Italian actor, the frontispiece is inscribed 'Scaramouche enseignant, Elomire étudiant'. See also *Recueil de Tralage*: 'Molière aimait fort Scaramouche pour ses manières naturelles; il le voyait jouer fort souvent et il lui a servi à former les meilleurs acteurs de sa troupe' (MS Arsenal 6544, iv.182; Mongrédien, i.262).
[20] François Forget de Molière, sieur d'Essertines, author of *La Polixène* (1632).

n'avait pas eu encore l'occasion de se développer tout entier. Le
génie s'étend et se resserre par tout ce qui nous environne. Il fit   105
donc pour la province le *Docteur amoureux*, les *Trois docteurs
rivaux*, le *Maître d'école*: ouvrages dont il ne reste que le titre. [21]
Quelques curieux ont conservé deux pièces de Molière dans ce
genre; l'une est le *Médecin volant*, et l'autre, la *Jalousie de
Barbouille*. [22] Elles sont en prose et écrites en entier. Il y a quelques   110
phrases et quelques incidents de la première, qui nous sont
conservés dans le *Médecin malgré lui*; et on trouve dans la *Jalousie
de Barbouille* un canevas, quoique informe, du troisième acte de
George Dandin.

 La première pièce régulière en cinq actes qu'il composa, fut   115
l'*Etourdi*. Il représenta cette comédie à Lyon en 1653. [22bis] Il y avait
dans cette ville une troupe de comédiens de campagne, qui fut
abandonnée dès que celle de Molière parut.

 Quelques acteurs de cette ancienne troupe se joignirent à
Molière, et il partit de Lyon pour les états de Languedoc, avec une   120
troupe assez complète, composée principalement de deux frères
nommés Gros-René, de Duparc, d'un pâtissier de la rue St Honoré,
de la Duparc, de la Béjart et de la De Brie. [23]

105 MS1, MS2: s'étend, ou se retressit par
106-110 MS1 numbers the plays 1-5 in the margin
109-110 39P, 39A: *La Jalousie débarbouillée* [*passim*]
115-116 MS1: reguliere, qu'il composa fut l'Etourdi en cinq actes. Il
116 MS2, 39P, 39A, W64G, TF: en 1658.
117 MS1, MS2: troupe de campagne
122 MS1: Gros René de Diopare
   MS2: Gros René et Dionpar

[21] Performances by the Commedia dell'arte were unscripted and based on *canevas*
which normally remained unpublished.
[22] See William D. Howarth, *Molière: a playwright and his audience* (Cambridge
1982), p.15. After La Serre, p.xxiii, n.h.
[22bis] Voltaire restores 1653, after Lagrange, Grimarest and La Serre. He had no
doubt been confused by the first Paris performance in 1658.
[23] Voltaire's list of the 1658 troupe, which entered Paris as Comédiens de

Le prince de Conti, qui tenait les états de Languedoc à Béziers, se souvint de Molière qu'il avait vu au collège;[24] il lui donna une protection distinguée. Il joua devant lui l'*Etourdi*, le *Dépit amoureux*, et les *Précieuses ridicules*. 125

Cette petite pièce des précieuses faite en province,[25] prouve assez que son auteur n'avait eu en vue que les ridicules des provinciales. Mais il se trouva depuis, que l'ouvrage pouvait corriger et la cour et la ville. 130

Molière avait alors trente-quatre ans; c'est l'âge où Corneille fit le *Cid*. Il est bien difficile de réussir avant cet âge dans le genre dramatique, qui exige la connaissance du monde et du cœur humain.

On prétend que le prince de Conti voulut alors faire Molière 135

---

124 MS1, with marginal note [in Voltaire's hand?]: Armand de Bourbon ci devant

125 MS1, MS2: collège, et lui donna

126 MS1, MS2: distinguée. On joua [MS1: ioüa]
K errata: Molière joua.

128 MS2: Pretieuses Ridicules faite

129 MS2: n'avoit en vüe

Monseigneur le prince de Conti, c.1653, compounds errors in Grimarest, and appears to have yielded an illegible manuscript draft which led to misreadings in MS1 and MS2. Molière's original Illustre Théâtre had merged (c.1646) with Du Fresne's Comédiens du seigneur duc d'Epernon and now included: Molière, Du Fresne (retired 1659), René Berthelot Du Parc (Gros René) and his wife Marquise Thérèse Du Parc (left 1659), Edme Villequin de Brie and his wife Catherine de Brie, the brothers Joseph and Louis Béjart and their sisters Madeleine and Geneviève (known as Hervé). In 1658 the troupe acquired Charles Varlet (La Grange), Philibert Gassaud (Du Croisy) and his wife Marie Claveau, Julien Bedeau (Jodelet) and his brother L'Espy. They were joined in 1662 by François Le Noir (La Thorillière) and Guillaume Marcoureau (Brécourt), in 1664 by André Hubert, and in 1670 by Michel Baron. Voltaire telescopes thirteen provincial years.

[24] See above, n.7. Voltaire avoids Grimarest's error (p.41-42) in crediting Conti with an invitation to the Illustre Théâtre to leave Paris for the provinces.

[25] Voltaire and Grimarest both misdate *Les Précieuses ridicules*, *L'Etourdi* and *Le Dépit amoureux* as products of the provincial period.

son secrétaire, [25bis] et que heureusement pour la gloire du théâtre français, Molière eut le courage de préférer son talent à un poste honorable. Si ce fait est vrai, il fait également honneur au prince et au comédien. 140

Après avoir couru quelque temps toutes les provinces, et avoir joué à Grenoble, à Lyon, à Rouen, il vint enfin à Paris en 1658. Le prince de Conti lui donna accès auprès de Monsieur frère unique du roi Louis xiv; Monsieur le présenta au roi et à la reine mère. Sa troupe et lui représentèrent la même année devant leurs 145 majestés la tragédie de *Nicomède*, sur un théâtre élevé par ordre du roi dans la salle des gardes du vieux Louvre.

Il y avait depuis quelque temps des comédiens établis à l'hôtel de Bourgogne. Ces comédiens assistèrent au début de la nouvelle troupe. Molière, après la représentation de *Nicomède*, s'avança sur 150 le bord du théâtre, et prit la liberté de faire au roi un discours, par lequel il remerciait sa majesté de son indulgence, et louait adroitement les comédiens de l'hôtel de Bourgogne, dont il devait craindre la jalousie: il finit en demandant la permission de donner une pièce d'un acte, qu'il avait jouée en province. 155

La mode de représenter ces petites farces après de grandes pièces était perdue à l'hôtel de Bourgogne. Le roi agréa l'offre de Molière; et l'on joua dans l'instant le *Docteur amoureux*. [26] Depuis

141 MS1, MS2: tems les provinces
144 MS1, M32: unique de Louis 14
145 MS1, MS2: representérent le 28 octobre de la [MS2: 28 de la]
155 MS1, MS2: une de ces petites pieces d'un acte, qu'il avoit joüées en
156 MS1, MS2: ces especes de farces
158 MS1, MS2: et on joüa

[25bis] Noted only by Grimarest, p.43.
[26] On 24 October 1658; public performances began on 2 November (Mongrédien, i.102, 104). Voltaire rectifies Grimarest (p.46) who confused *Le Docteur amoureux* with *Trois docteurs rivaux*. See *Le Docteur amoureux*, éd. A.-J. Guibert (Genève, Paris 1960).

399

ce temps l'usage a toujours continué de donner de ces pièces d'un
acte, ou de trois, après les pièces de cinq.   160

On permit à la troupe de Molière de s'établir à Paris; ils s'y
fixèrent, et partagèrent le théâtre du petit Bourbon avec les
comédiens italiens, qui en étaient en possession depuis quelques
années.

La troupe de Molière jouait sur le théâtre les mardis, les jeudis   165
et les samedis, et les Italiens les autres jours. [27]

La troupe de l'hôtel de Bourgogne ne jouait aussi que trois fois
la semaine, excepté lorsqu'il y avait des pièces nouvelles.

Dès lors la troupe de Molière prit le titre de *la troupe de
Monsieur*, qui était son protecteur. [28] Deux ans après, en 1660, il   170
leur accorda la salle du Palais royal. Le cardinal de Richelieu
l'avait fait bâtir pour la représentation de *Mirame* tragédie, dans

160   MS1, MS2:   pieces en cinq actes.

165   MS1, K: sur ce Théatre

165-166   MS1:   jeudis et les <vendredis> samedis

166-167   MS1:   jours. ¶Celle de l'hotel

169   MS1:   Dès lors les Comédiens associez avec Moliere prirent le titre

170   MS1:   était leur protecteur.

170-172   MS1:   1660, ce Prince leur accorda la salle du Palais Royal, que le
Cardinal de Richelieu avait
             MS2:   1660 il lui accorda

[27] La Grange's *registre* (1658) shows that Molière first leased the *jours extraordi-
naires* – Monday, Wednesday, Thursday, Saturday – from the Italians; in 1662 this
was reversed, Molière taking the *jours ordinaires* – Tuesday, Friday, Sunday
(Mongrédien, i.102, 157-58).

[28] Philippe, duc d'Orléans (1640-1701), gave permission for use of the Petit
Bourbon theatre and the title 'Troupe de Monsieur' in 1658. On the demolition of
the building in 1660 Louis XIV granted Molière use of the Palais-Royal and later
(14 August 1665) the title 'Troupe du roi au Palais-Royal', see below, p.429, n.99
(La Grange, *registre*; Mongrédien, i.134-35, 242). Voltaire corrects Grimarest (p.46)
on both date and title.

laquelle ce ministre avait composé plus de cinq cents vers. [29] Cette
salle est aussi mal construite que la pièce pour laquelle elle fut
bâtie; et je suis obligé de remarquer à cette occasion, que nous   175
n'avons aujourd'hui aucun théâtre supportable; c'est une barbarie
gothique, que les Italiens nous reprochent avec raison. Les bonnes
pièces sont en France, et les belles salles en Italie.

La troupe de Molière eut la jouissance de cette salle jusqu'à la
mort de son chef. Elle fut alors accordée à ceux qui eurent le   180
privilège de l'opéra, quoique ce vaisseau soit moins propre encore
pour le chant, que pour la déclamation.

Depuis l'an 1658, jusqu'à 1673, c'est-à-dire en quinze années de
temps, il donna toutes ses pièces, qui sont au nombre de trente. Il
voulut jouer dans le tragique, mais il n'y réussit pas; il avait une   185
volubilité dans la voix, et une espèce de hoquet, qui ne pouvait
convenir au genre sérieux, mais qui rendait son jeu comique plus
plaisant. La femme d'un des meilleurs comédiens que nous ayons
eus, a donné ce portrait-ci de Molière. [30]

'Il n'était ni trop gras, ni trop maigre; il avait la taille plus   190
grande que petite, le port noble, la jambe belle; il marchait
gravement; avait l'air très sérieux, le nez gros, la bouche grande,

173-178   MS1, MS2:   avait lui-même composé plus de cinq cents vers. //
179-180   MS1:   Moliere eut la joüissance de cette salle jusqu'à sa mort, et elle
passa ensuite à ceux
181-183   MS1, MS2:   L'opera. ¶Depuis
186   MS1:   dans la langue, et un espèce de hoquet
186-187   MS1, MS2:   qui ne pouvoient convenir
187   MS1, MS2:   serieux et qui rendoient son
190   MS2, with marginal note: Portrait de Molière

[29] Desmarets de Saint-Sorlin's *Mirame* (1641) had inaugurated the opening of
the theatre in Richelieu's palace, then the Palais-Cardinal.
[30] Angélique Du Croisy (who married Paul Poisson), 'Lettre sur la vie et les
ouvrages de Molière et sur les comédiens de son temps', *Mercure de France* (May
1740). Voltaire followed La Serre, *Œuvres de Molière* (Paris 1734), i.liii, not the ms.
version in his own library (BV5-240, vol.ii, f.11) which has many variants.

les lèvres épaisses, le teint brun, les sourcils noirs et forts, et les divers mouvements qu'il leur donnait lui rendaient la physionomie extrêmement comique. A l'égard de son caractère, il était doux, 195 complaisant, généreux; il aimait fort à haranguer; et quand il lisait ses pièces aux comédiens, il voulait qu'ils y amenassent leurs enfants, pour tirer des conjectures de leur mouvement naturel.'

Molière se fit dans Paris un très grand nombre de partisans, et presque autant d'ennemis. Il accoutuma le public, en lui faisant 200 connaître la bonne comédie, à le juger lui-même très sévèrement. Les mêmes spectateurs qui applaudissaient aux pièces médiocres des autres auteurs, relevaient les moindres défauts de Molière avec aigreur. Les hommes jugent de nous par l'attente qu'ils en ont conçue; et le moindre défaut d'un auteur célèbre, joint avec les 205 malignités du public, suffit pour faire tomber un bon ouvrage. Voilà pourquoi *Britannicus* et les *Plaideurs* de M. Racine furent si mal reçus; voilà pourquoi l'*Avare*, le *Misanthrope*, les *Femmes savantes*, l'*Ecole des femmes* n'eurent d'abord aucun succès.

Louis XIV, qui avait un goût naturel et l'esprit très juste, sans 210 l'avoir cultivé, ramena souvent par son approbation la cour et la ville aux pièces de Molière. Il eût été plus honorable pour la nation, de n'avoir pas besoin des décisions de son maître pour bien juger. Molière eut des ennemis cruels, surtout les mauvais auteurs du temps, leurs protecteurs, et leurs cabales: ils suscitèrent contre lui 215 les dévots; on lui imputa des livres scandaleux; on l'accusa d'avoir

198   MS1, MS2: leurs mouvements naturels [as in La Serre].
201   MS2: la belle comédie
205-206   MS1, MS2: avec la malignité du
208   MS2: pourquoi le Misanthrope
209   MS1: *savantes* n'eurent
210-211   MS1: Louis XIV dont le gout naturel, et L'esprit juste n'avoient pas eu besoin de culture ramena
213   K: son prince pour
214   MS1, MS2: cruels à la téte desquels etoient les mauvais

joué des hommes puissants, tandis qu'il n'avait joué que les vices
en général; et il eût succombé sous ces accusations, si ce même
roi, qui encouragea et qui soutint Racine et Despréaux, n'eût pas
aussi protégé Molière.

Il n'eut à la vérité qu'une pension de mille livres, et sa troupe
n'en eut qu'une de sept. La fortune qu'il fit par le succès de ses
ouvrages, le mit en état de n'avoir rien de plus à souhaiter: ce qu'il
retirait du théâtre, avec ce qu'il avait placé, allait à trente mille
livres de rente; somme qui, en ce temps-là, faisait presque le double
de la valeur réelle de pareille somme d'aujourd'hui.

Le crédit qu'il avait auprès du roi, paraît assez par le canonicat
qu'il obtint pour le fils de son médecin. Ce médecin s'appelait
Mauvilain. Tout le monde sait qu'étant un jour au dîner du roi:
Vous avez un médecin, dit le roi à Molière; *que vous fait-il? Sire*,
répondit Molière, *nous causons ensemble, il m'ordonne des remèdes,
je ne les fais point, et je guéris.* [32]

Il faisait de son bien un usage noble et sage: il recevait chez lui
des hommes de la meilleure compagnie, les Chapelles, les Jonsacs,

220

225

230

---

217   MS1, MS2:   tandis qu'il ne joüoit que
        39P: joué [with note: Voyez n.6. les Remarques sur ses pièces.]
219   MS1:   Despreaux, n'avoit pas
222   MS1, MS2:   sept, mais la
223   MS1:   ouvrages, et les frequentes recompenses, qu'il obtint le mirent en
etat de se passer de plus grandes graces. Ce
        MS2:   mit hors d'etat de souhaiter de plus grandes graces, ce
224   MS1:   avait acquis alloit
225   MS2:   faisait plus que le double
227   MS2:   roi paraissait assez
229   MS1, MS2:   jour avec lui au dîner
233-234   MS1, MS2:   lui les hommes de

---

[32] Jean-Armand (?) Mauvillain; Molière's request to the king for the canonry of
the chapel royal at Vincennes on his behalf appears as the 'Troisième placet' in the
preface to *Tartuffe*. Voltaire quotes Grimarest, p.63, and *Ménagiana* (Paris 1694),
p.220.

les Des-Barreaux, [33] etc. qui joignaient la volupté et la philosophie.   235
Il avait une maison de campagne à Auteuil, où il se délassait
souvent avec eux des fatigues de sa profession, qui sont bien plus
grandes qu'on ne pense. Le maréchal de Vivonne, [34] connu par son
esprit, et par son amitié pour Despréaux, allait souvent chez
Molière, et vivait avec lui comme Lélius avec Térence. Le grand   240
Condé [35] exigeait de lui qu'il le vînt voir souvent, et disait qu'il
trouvait toujours à apprendre dans sa conversation.

Molière employait une partie de son revenu en libéralités, qui
allaient beaucoup plus loin que ce qu'on appelle dans d'autres
hommes, *des charités*. Il encourageait souvent par des présents   245
considérables de jeunes auteurs qui marquaient du talent: c'est
peut-être à Molière que la France doit Racine. Il engagea le jeune
Racine, qui sortait du Port-Royal, à travailler pour le théâtre dès
l'âge de dix-neuf ans. Il lui fit composer la tragédie de *Théagène
et Cariclée*; et quoique cette pièce fût trop faible pour être jouée, il   250
fit présent au jeune auteur de cent louis, et lui donna le plan des
Frères ennemis.

Il n'est peut-être pas inutile de dire, qu'environ dans le même
temps, c'est-à-dire en 1661, Racine ayant fait une ode sur le

---

235-236   MS1, MS2:   volupté à la Philosophie, et à qui le plaisir même a donné
de la reputation. Il
238   MS1, MS2:   Maréchal duc de Vivonne
243-245   MS1:   liberalités. Il encourageoit
246   MS1, MS2, 39P: auteurs sans fortune, dans lesquels il remarquoit du talent,
c'est
250   MS1, MS2:   *et de Cariclée*
251-257   MS1:   donna le sujet des frères Ennemis. Il est triste pour

---

[33] Léon de Sainte-Maure, comte de Jonzac; Jacques La Vallée Des Barreaux. See
Grimarest, p.83.
[34] Louis-Victor de Rochechouart, duc de Mortemart et de Vivonne, premier
gentilhomme de la chambre (1678-?).
[35] Louis II de Bourbon, prince de Condé (1621-1686).

mariage de Louis XIV, M. Colbert lui envoya cent louis au nom   255
du roi. [37]

Il est très triste pour l'honneur des lettres, que Molière et Racine
aient été brouillés depuis; de si grands génies, dont l'un avait été
le bienfaiteur de l'autre, devaient être toujours amis.

Il éleva et il forma un autre homme, qui par la supériorité de   260
ses talents, et par les dons singuliers qu'il avait reçus de la nature,
mérite d'être connu de la postérité. C'était le comédien Baron, qui
a été unique dans la tragédie et dans la comédie. Molière en prit
soin comme de son propre fils. [38]

Un jour Baron vint lui annoncer qu'un comédien de campagne,   265
que la pauvreté empêchait de se présenter, lui demandait quelque
léger secours pour aller joindre sa troupe. Molière ayant su que
c'était un nommé Mondorge, [39] qui avait été son camarade, demanda
à Baron combien il croyait qu'il fallait lui donner? Celui-ci répondit
au hasard: *Quatre pistoles. Donnez-lui quatre pistoles pour moi,* lui   270

257   MS1, MS2:   est triste pour
258   MS1, MS2:   grands hommes dont
260   MS2:   eleva et forma
262   MS1, MS2:   Baron, acteur, qui
263   39P, 39A: eté l'unique
          MS2:   tragedie et la comedie.
267   MS1, MS2:   aller rejoindre sa
269-270   MS1, MS2:   celui-ci ayant répondû au

[37] Jean-Baptiste Colbert (1619-1683) ordered *pensions* on behalf of Louis XIV for
writers enhancing royal and national prestige.
[38] See above, p.398, n.23. Voltaire's account of Baron is purged of the anecdotal
detail characterising Grimarest at this point. Baron left the troupe in 1666, returning
in 1670 to leave again in November 1673, after Molière's death. His and other
defections forced the remaining actors to merge with the Théâtre du Marais and
move soon afterwards to the Théâtre de l'hôtel Guénégaud (La Grange, *registre*;
Mongrédien, ii.481, 483). The Palais-Royal was ceded to Lully by Louis XIV, see
below, p.450, n.149.
[39] Jean Mignot, known as Mondorge. The incident is described by Grimarest,
p.74-75.

dit Molière; *en voilà vingt qu'il faut que vous lui donniez pour vous*; et il joignit à ce présent, celui d'un habit magnifique. Ce sont de petits faits, mais ils peignent le caractère.

Un autre trait mérite plus d'être rapporté. Il venait de donner l'aumône à un pauvre. Un instant après, le pauvre court après lui, 275 et lui dit: *Monsieur, vous n'aviez peut-être pas dessein de me donner un louis d'or, je viens vous le rendre. Tiens, mon ami*, dit Molière, *en voilà un autre*; et il s'écria: *Où la vertu va-t-elle se nicher!* Exclamation qui peut faire voir qu'il réfléchissait sur tout ce qui se présentait à lui, et qu'il étudiait partout la nature en homme qui la voulait 280 peindre.

Molière, heureux par ses succès et par ses protecteurs, par ses amis et par sa fortune, ne le fut pas dans sa maison. Il avait épousé en 1661 une jeune fille, née de la Béjart et d'un gentilhomme nommé Modène.⁴⁰ On disait que Molière en était le père: le soin 285 avec lequel on avait répandu cette calomnie, fit que plusieurs personnes prirent celui de la réfuter.⁴¹ On prouva, que Molière

272-274   MSI, MS2, 39P, 39A: habit de Théatre magnifique. ¶Un autre trait de sa vie merite encore plus
278-279   MSI: Exclamation naturelle d'un homme, qui refléchissoit
          MS2:   qui fait assés voir
282   MSI, MS2:   succès, par ses
283-284   MSI: épousé une
287   MSI: refuter; et on

[40] Armande-Grésinde-Claire-Elisabeth Béjart (1642/3-1700) is now recognised as the daughter of Joseph Béjart and Marie Hervé (1593-). There is a remote possibility that she was the product of an illicit union between her godparents – her sister Madeleine Béjart and Esprit-Raymond de Mourmoiron, comte de Modène – whose illegitimate daughter Françoise was born on 3 July 1638 (Madeleine Jurgens and Elizabeth Maxfield-Miller, *Cent ans de recherches sur Molière, sur sa famille et sur les comédiens de sa troupe*, Paris 1963, p.130-31). Molière married Armande on 20 February 1662; the contract is dated 23 January (Mongrédien, i.158, 160).

[41] Antoine-Jacob Montfleury, *L'Impromptu de l'hôtel de Condé* (January 1664), reported as early as November 1663 by Jean Racine, 'Montfleury [...] l'accuse d'avoir épousé la fille et d'avoir autrefois couché avec la mère. Mais Montfleury n'est point écouté à la cour' (Mongrédien, i.195).

n'avait connu la mère qu'après la naissance de cette fille. [42] La disproportion d'âge, et les dangers auxquels une comédienne jeune et belle est exposée, rendirent ce mariage malheureux; et Molière, tout philosophe qu'il était d'ailleurs, essuya dans son domestique les dégoûts, les amertumes, et quelquefois les ridicules, qu'il avait si souvent joués sur le théâtre. Tant il est vrai que les hommes qui sont au-dessus des autres par les talents, s'en rapprochent presque toujours par les faiblesses. Car pourquoi les talents nous mettraient-ils au-dessus de l'humanité?

La dernière pièce qu'il composa fut le *Malade imaginaire*. Il y avait quelque temps que sa poitrine était attaquée, et qu'il crachait quelquefois du sang. Le jour de la troisième représentation, [43] il se sentit plus incommodé qu'auparavant: on lui conseilla de ne point jouer; mais il voulut faire un effort sur lui-même, et cet effort lui coûta la vie.

Il lui prit une convulsion en prononçant *juro*, dans le divertissement de la réception du *Malade imaginaire*. [44] On le rapporta mourant chez lui, rue de Richelieu. Il fut assisté quelques moments par deux de ces sœurs religieuses qui viennent quêter à Paris pendant le carême, et qu'il logeait chez lui. Il mourut entre leurs bras, étouffé par le sang qui lui sortait par la bouche, le 17 février

290

295

300

305

288-289   MS2:   fille; quoiqu'il en soit la disproportion
295-297   MS1, MS2:   foiblesses. ¶La derniere
304-305   MS1, MS2, 39P: imaginaire. Il acheva la representation. On le reporta
[39P: rapporta] mourant
307-308   MS1:   lui. Le sang qui lui sortoit par la bouche l'étouffa. Il mourut le

[42] The *contrat de société* of the Illustre Théâtre was dated 30 June 1643 (Mongrédien, i.64). The birth of Armande cannot be more narrowly dated than 1642/1643, though Jurgens and Maxfield Miller note a connection between Molière's family and the Béjarts before 1643 (p.92).
[43] In fact the fourth performance (Mongrédien, ii.435).
[44] Troisième intermède.

1673, âgé de cinquante-trois ans. [45] Il ne laissa qu'une fille, qui avait beaucoup d'esprit. [46] Sa veuve épousa un comédien nommé Guérin. [47]

Le malheur qu'il avait eu de ne pouvoir mourir avec les secours de la religion, et la prévention contre la comédie, déterminèrent Harlay de Chanvalon archevêque de Paris, si connu par ses intrigues galantes, à refuser la sépulture à Molière. [48] Le roi le

310

315

310-311 MS1, MS2, 39P, 39A: epousa le comedien Guerin [MS1: Gueren].

312 MS2: de ne point mourir

312-319 MS1: secours ordinaires de la Religion, joint à ce que l'on pense contre la comedie, toute epurée qu'elle etoit par luy, fût cause, que *le curé de S.t Eustache sa Parroisse refusa de l'enterrer.* ¶Le roi qui le regrettoit, et dont il avoit eté Le domestique, et le pensionaire, en parla à l'archevêque de Paris, et on porta le corps à Saint Joseph, qui est une aide de Saint Eustache. ¶La Populace

313-315 MS2, 39P, 39A: prévention que l'on a contre la comedie toute epurée qu'elle étoit par lui furent cause qu'on refusa de l'enterrer, comme les autres chretiens de notre religion; le Roi [39P, 39A: l'enterrer. Le roi]

[45] In fact he was 51. La Grange (1682 *Préface*) and Grimarest (p.122) both err on Molière's age.

[46] Esprit-Madeleine Poquelin. Her godparents were Esprit de Rémond, marquis de Modène, and Madeleine Béjart; she was baptised on 4 August 1665 and died on 23 May 1723 (Mongrédien, i.239, ii.793).

[47] The actor Isaac-François Guérin d'Estriché. The marriage took place on 31 May 1677 (Mongrédien, ii.525).

[48] See Brossette's note to Boileau's *Epître vii*, repeated by Bruzen de La Martinière: 'Molière étant mort, les comédiens se disposaient à lui faire un convoi magnifique, mais M. Harlay, archevêque, ne voulut pas permettre qu'on l'inhumât. La femme de Molière alla sur le champ à Versailles se jeter aux pieds du roi [...]. Mais le roi la renvoya en lui disant que cette affaire dépendait du ministère de M. l'archevêque et que c'était à lui qu'il fallait s'adresser. Cependant Sa Majesté fit dire à ce prélat qu'il fît en sorte d'éviter l'éclat et la scandale. M. l'archevêque révoqua donc sa défense' (Boileau, *Œuvres*, 1716, i.236-37, BV440; Mongrédien, ii.443). For Armande's letter to the archbishop, see Mongrédien, ii.440-41. The accounts given in MS2, 39P and 39A identify no one as responsible for the initial refusal of burial ('on refusa'): the archbishop responds to the royal wish for Molière to be granted Christian burial; the *curé* refuses his archbishop's order. But although MS1 identifies the *curé* as the responsible authority, w64G places the initial responsibility on the archbishop, again accusing the *curé* of insubordination. The interment took place

regrettait; et ce monarque, dont il avait été le domestique et le pensionnaire, eut la bonté de prier l'archevêque de Paris de le faire inhumer dans une église. Le curé de St Eustache, sa paroisse, ne voulut pas s'en charger. [49] La populace, qui ne connaissait dans Molière que le comédien, et qui ignorait qu'il avait été un excellent auteur, un philosophe, un grand homme en son genre, s'attroupa en foule à la porte de sa maison le jour du convoi: sa veuve fut obligée de jeter de l'argent par les fenêtres; et ces misérables, qui auraient, sans savoir pourquoi, troublé l'enterrement, accompagnèrent le corps avec respect.

La difficulté qu'on fit de lui donner la sépulture, et les injustices qu'il avait essuyées pendant sa vie, engagèrent le fameux père Bouhours [50] à composer cette espèce d'épitaphe, qui de toutes celles qu'on fit pour Molière est la seule qui mérite d'être rapportée, et la seule qui ne soit pas dans cette fausse et mauvaise histoire qu'on a mise jusqu'ici au-devant de ses ouvrages.

320

325

330

317-318   MS2, 39P, 39A: faire enterrer dans

319   MS2: s'en charger, et par accommodement on porta le corps à la chapelle de St Joseph qui est une aide de St Eustache. La populace

321   MS1: genre, et qui méme ne l'en eût pas pour cela respecté davantage, s'atroupa

322   MS1: jour de l'enterrement. Sa veuve

324-325   MS1: pourquoi insulté au corps de Moliere, l'accompagnérent avec respect.

327   MS1: le célébre Pere

329-331   MS1: rapportée. //

330   MS2: ne le soit

---

at the église Saint-Joseph, rue Montmartre, at 9.00 p.m. on 21 February 1673 (Mongrédien, ii.435, 442).

[49] Fathers Lenfant and Lechant having refused Molière the sacraments, father Paysant agreed but Molière died before receiving absolution (Mongrédien, ii.440).

[50] Dominique Bouhours's (1628-1702) epitaph of Molière was printed by Gilles Ménage, *Observations sur la langue française* (1676), ii.15. It was a French imitation of François Vavasseur's, 'Molierus poeta comicus, idemque comœudus, elatus nullo funere' (*Multiplex et varia poesis*, 1683, p.121-22; Mongrédien, ii.472).

Tu réformas et la ville et la cour;
Mais quelle en fut la récompense?
Les Français rougiront un jour
De leur peu de reconnaissance.   335
Il leur fallut un comédien
Qui mît à les polir sa gloire et son étude;
Mais, Molière, à ta gloire il ne manquerait rien,
Si parmi les défauts que tu peignis si bien,
Tu les avais repris de leur ingratitude. [51]   340

Non seulement j'ai omis dans cette vie de Molière les contes populaires touchant Chapelle et ses amis; mais je suis obligé de dire, que ces contes adoptés par Grimarest sont très faux. Le feu duc de Sulli, le dernier prince de Vendôme, l'abbé de Chaulieu, qui avaient beaucoup vécu avec Chapelle, m'ont assuré que toutes   345
ces historiettes ne méritaient aucune créance. [52]

339   MS1:   parmi leurs défauts
341-342   MS1, MS2:   Non seulement on a omis […] mais on est obligé
343   MS1, MS2:   ces traditions adoptées par Grimarest, sont tres fausses. Le
345   MS1, MS2:   Chapelle ont
346   MS1:   aucune croyance.

[51] Lines 339-341 are quoted somewhat loosely; see Mongrédien, ii.466.
[52] Maximilien-Henri de Béthune, duc de Sully (1669-1729); Philippe, prince de Vendôme, grand prieur de France (1655-1727); Guillaume Amfrye de Chaulieu (1636-1720).

L'ÉTOURDI, OU LES CONTRE-TEMPS,

*Comédie en vers et en cinq actes, jouée d'abord à Lyon
en 1653, et à Paris au mois de décembre 1658,
sur le théâtre du petit Bourbon.* [53]

Cette pièce est la première comédie que Molière ait donnée à
Paris: [54] elle est composée de plusieurs petites intrigues assez
indépendantes les unes des autres; c'était le goût du théâtre italien
et espagnol, qui s'était introduit à Paris. Les comédies n'étaient   350
alors que des tissus d'aventures singulières, où l'on n'avait guère
songé à peindre les mœurs. Le théâtre n'était point, comme il le
doit être, la représentation de la vie humaine. La coutume humi-
liante pour l'humanité, que les hommes puissants avaient pour
lors, de tenir des fous auprès d'eux, avait infecté le théâtre; on n'y   355
voyait que de vils bouffons, qui étaient les modèles de nos Jodelets;
et on ne représentait que le ridicule de ces misérables, au lieu de
jouer celui de leurs maîtres. La bonne comédie ne pouvait être
connue en France, puisque la société et la galanterie, seules sources
du bon comique, ne faisaient que d'y naître. Ce loisir dans lequel   360
les hommes rendus à eux-mêmes se livrent à leur caractère et à

347-348   MS2, 39P, 39A: donnée au public, elle
351   39P: d'aventure singulière
354-355   MS2:   avaient alors, de
360-361   MS2, 39P, 39A: loisir où les

[53] *L'Etourdi ou les contre-temps. Comédie* [...] *représentée sur le théâtre du Palais-
Royal* (Paris 1663); Guibert, i.94. The La Grange *registre* prefers 1655 for the
Lyon performance; the first Paris performance took place on 2 November 1658
(Mongrédien, i.91, 104).
[54] Voltaire means performed publicly, as opposed to the Louvre performance of
Le Docteur amoureux to a royal audience (see above, l.157-158).

leur ridicule, est le seul temps propre pour la comédie; car c'est le seul où ceux qui ont le talent de peindre les hommes aient l'occasion de les bien voir, et le seul pendant lequel les spectacles puissent être fréquentés assidûment. Aussi ce ne fut qu'après avoir bien vu 365 la cour et Paris, et bien connu les hommes, que Molière les représenta avec des couleurs si vraies et si durables.

Les connaisseurs ont dit, que l'*Etourdi* devrait seulement être intitulé, les *Contre-temps*. Lélie, en rendant une bourse qu'il a trouvée, en secourant un homme qu'on attaque, fait des actions 370 de générosité, plutôt que d'étourderie. Son valet paraît plus étourdi que lui, puisqu'il n'a presque jamais l'attention de l'avertir de ce qu'il veut faire. Le dénouement qui a trop souvent été l'écueil de Molière, n'est pas meilleur ici que dans ses autres pièces: cette faute est plus inexcusable dans une pièce d'intrigue, que dans une 375 comédie de caractère.

On est obligé de dire (et c'est principalement aux étrangers qu'on le dit) que le style de cette pièce est faible et négligé, et que surtout il y a beaucoup de fautes contre la langue. Non seulement il se trouve dans les ouvrages de cet admirable auteur, des vices 380 de construction, mais aussi plusieurs mots impropres et surannés. Trois des plus grands auteurs du siècle de Louis XIV, Molière, la Fontaine, et Corneille, ne doivent être lus qu'avec précaution par rapport au langage. Il faut que ceux qui apprennent notre langue dans les écrits des auteurs célèbres, y discernent ces petites fautes, 385 et qu'ils ne les prennent pas pour des autorités.

Au reste, l'*Etourdi* eut plus de succès, que le *Misanthrope*, l'*Avare* et les *Femmes savantes* n'en eurent depuis. C'est qu'avant l'*Etourdi* on ne connaissait pas mieux, et que la réputation de Molière ne faisait pas encore d'ombrage. Il n'y avait alors de bonne comédie au théâtre français, que le *Menteur*. [55] 390

382-383   MS2:   Molière et la Fontaine et surtout Corneille
385   MS2, 39P, 39A: ecrits de ces grands hommes y

[55] Pierre Corneille, *Le Menteur* (1643).

LE DÉPIT AMOUREUX,

Comédie en vers et en cinq actes, représentée au théâtre du petit Bourbon en 1658. [56]

Le *Dépit amoureux* fut joué à Paris, immédiatement après l'*Etourdi*. C'est encore une pièce d'intrigue, mais d'un autre genre que la précédente. Il n'y a qu'un seul nœud dans le *Dépit amoureux*. Il est vrai qu'on a trouvé le déguisement d'une fille en garçon peu vraisemblable. Cette intrigue a le défaut d'un roman, sans en avoir l'intérêt; et le cinquième acte employé à débrouiller ce roman, n'a paru ni vif, ni comique. On a admiré dans le *Dépit amoureux* la scène de la brouillerie et du raccommodement d'Eraste et de Lucile. Le succès est toujours assuré, soit en tragique, soit en comique, à ces sortes de scènes qui représentent la passion la plus chère aux hommes dans la circonstance la plus vive. La petite ode d'Horace, *Donec gratus eram tibi*, [57] a été regardée comme le modèle de ces scènes, qui sont enfin devenues des lieux communs.

395

400

391a-c   MS2:   Le Dépit amoureux / Representé au Theatre du petit Bourbon //
403   MS2:   Horace en dialogue, / Donec

[56] *Le Dépit amoureux. Comédie représentée sur le théâtre du Palais-Royal* (Paris 1663); Guibert, i.109. Grimarest suggests December 1658, and says that the play was first performed at Béziers in 1656 (Grimarest, p.47, 43; Mongrédien, i.94).
[57] Horace, *Carmina*, III.ix.

LES PRÉCIEUSES RIDICULES,

*Comédie en un acte et en prose, jouée d'abord en province, et
représentée pour la première fois à Paris sur le théâtre du
petit Bourbon, au mois de novembre 1659.* [58]

Lorsque Molière donna cette comédie, la fureur du bel esprit était
plus que jamais à la mode. Voiture [59] avait été le premier en France   405
qui avait écrit avec cette galanterie ingénieuse, dans laquelle il est
si difficile d'éviter la fadeur et l'affectation. Ses ouvrages, où il se
trouve quelques vraies beautés avec trop de faux brillants, étaient
les seuls modèles; et presque tous ceux qui se piquaient d'esprit,
n'imitaient que ses défauts. Les romans de Mlle Scudéri avaient   410
achevé de gâter le goût: il régnait dans la plupart des conversations
un mélange de galanterie guindée, de sentiments romanesques
et d'expressions bizarres, qui composaient un jargon nouveau,
inintelligible et admiré. Les provinces, qui outrent toutes les
modes, avaient encore renchéri sur ce ridicule: les femmes qui se   415
piquaient de cette espèce de bel esprit, s'appelaient *précieuses*; ce
nom, si décrié depuis par la pièce de Molière, était alors honorable;
et Molière même dit dans sa préface, qu'il a beaucoup de respect

407-408   MS2:   est difficile
416   39P: encore enrichi

[58] *Les Précieuses ridicules. Comédie représentée au Petit Bourbon* (Paris 1660);
Guibert, i.19. If there was a provincial performance (Grimarest, p.43) it must have
been a crude prototype (Guibert, i.16). The first Paris performance took place on
18 November 1659 (Mongrédien, i.111).
[59] Vincent Voiture, whose *fauteuil* at the Académie française Voltaire occupied
in 1746.

pour *les véritables précieuses*,[60] et qu'il n'a voulu jouer que les fausses.

Cette petite pièce, faite d'abord pour la province, fut applaudie à Paris, et jouée quatre mois de suite. La troupe de Molière fit doubler pour la première fois le prix ordinaire,[61] qui n'était alors que dix sols au parterre.

Dès la première représentation, Ménage, homme célèbre dans ce temps-là, dit au fameux Chapelain: *Nous adorions vous et moi toutes les sottises qui viennent d'être si bien critiquées; croyez-moi, il nous faudra brûler ce que nous avons adoré.* Du moins c'est ce que l'on trouve dans le *Ménagiana*;[62] et il est assez vraisemblable que Chapelain, homme alors très estimé, et cependant le plus mauvais poète qui ait jamais été, parlait lui-même le jargon des *Précieuses ridicules* chez madame de Longueville,[63] qui présidait, à ce que dit le cardinal de Retz, à ces combats spirituels dans lesquels on était parvenu à ne se point entendre.

La pièce est sans intrigue et toute de caractère. Il y a très peu de défauts contre la langue, parce que lorsqu'on écrit en prose, on est bien plus maître de son style; et parce que Molière ayant à critiquer le langage des beaux esprits du temps, châtia le sien davantage. Le grand succès de ce petit ouvrage lui attira des critiques, que l'*Étourdi* et le *Dépit amoureux* n'avaient pas essuyées.

420

425

430

435

440

---

427 MS2: nous adorons vous
430 MS2: qu'on trouve dans Menagiana
434 MS2: ces conversations spirituelles dans lesquelles
437 MS2: de fautes contre la langue, parce que ⌐quand⌐ l'on
438 MS2: plus le maitre

---

[60] 'Les véritables précieuses auraient tort de se piquer, lorsqu'on joue les ridicules qui les imitent mal' (*Les Précieuses ridicules*, preface).

[61] From 15 sols to 30; cp. La Serre, p.xxvi, n.

[62] Voltaire paraphrases *Ménagiana* (1693), p.278-79 (Mongrédien, i.112).

[63] Anne Geneviève de Bourbon-Condé, duchesse de Longueville (1619-1679), sister of Armand de Bourbon, prince de Conti (1629-1666), who was a friend and protector of Molière.

Un certain Antoine Bodeau fit les *Véritables précieuses*; [64] on parodia la pièce de Molière: mais toutes ces critiques et ces parodies sont tombées dans l'oubli qu'elles méritaient.

On sait qu'à une représentation des *Précieuses ridicules*, un vieillard s'écria du milieu du parterre: *Courage, Molière voilà la bonne comédie.* [65] On eut honte de ce style affecté, contre lequel Molière et Despréaux se sont toujours élevés. On commença à ne plus estimer que le naturel; et c'est peut-être l'époque du bon goût en France.

L'envie de se distinguer a ramené depuis le style des *Précieuses*; on le retrouve encore dans plusieurs livres modernes. L'un, (*a*) en traitant sérieusement de nos lois, appelle un exploit, *un compliment timbré*. L'autre, (*b*) écrivant à une maîtresse en l'air, lui dit: *Votre nom est écrit en grosses lettres sur mon cœur... Je veux vous faire peindre en Iroquoise, mangeant une demi-douzaine de cœurs par amusement.* Un troisième (*c*) appelle un cadran au soleil, *un greffier solaire*; une grosse rave, *un phénomène potager.* [66] Ce style a reparu sur le théâtre même, où Molière l'avait si bien tourné en ridicule.

(*a*) Toureil.
(*b*) Fontenelle.
(*c*) La Motte.

445

450

455

448-449   MS2:   à ne faire plus estimer
452   MS2:   retrouve dans
452-458   39P: plusieurs auteurs célèbres. Ce style

[64] Antoine Baudeau de Somaise, *Les Véritables précieuses* (Paris 1660) (Mongrédien, i.117-18). Somaise later published *Le Grand dictionnaire des précieuses, ou la Clef de la langue des ruelles* (Paris 1660).

[65] Grimarest, p.48.

[66] 39P discreetly omits the examples, one of whom, Fontenelle, was appointed to censor the work. The passage was restored in 39A. The three names are written in the margin in MS2.

Mais la nation entière a marqué son bon goût, en méprisant cette affectation dans des auteurs que d'ailleurs elle estimait. 460

LE COCU IMAGINAIRE,

Comédie en un acte et en vers, représentée à Paris le 28 mai 1660. [67]

Le *Cocu imaginaire* fut joué quarante fois de suite, quoique dans l'été, et pendant que le mariage du roi retenait toute la cour hors de Paris. [68] C'est une pièce en un acte, où il entre un peu de caractère, et dont l'intrigue est comique par elle-même. On voit que Molière perfectionna sa manière d'écrire, par son séjour à 465 Paris. Le style du *Cocu imaginaire* l'emporte beaucoup sur celui de ses premières pièces en vers; on y trouve bien moins de fautes de langage. Il est vrai qu'il y a quelques grossièretés:

La bière est un séjour par trop mélancolique,
Et trop malsain pour ceux qui craignent la colique. [69] 470

461b   MS2:   en 3 actes et
463   MS2:   l'Eté et que le
464   MS2:   en trois actes
466   MS2:   perfectionna bientôt sa
       39P, 39A: perfectionna beaucoup sa

[67] *Sganarelle ou le cocu imaginaire. Comédie. Avec les arguments de chaque scène* (Paris 1660); Guibert, i.37. Grimarest gives the incorrect date of 28 March from the 1682 préface. The error 'en 3 actes' (see variants) suggests that Voltaire neither dictated nor corrected MS2. La Serre makes the same error (p.xxvi).

[68] Louis XIV married the infanta Maria Theresa of Austria, eldest daughter of Philip IV of Spain, on 9 June 1660 at Saint-Jean-de-Luz. The preceding diplomatic negotiations and formal arrangements had been lengthy.

[69] Scene xvii.

Il y a des expressions qui ont vieilli. Il y a aussi des termes que la politesse a bannis aujourd'hui du théâtre, comme, *carogne, cocu,* etc.

Le dénouement que fait Villebrequin, est un des moins bien ménagés et des moins heureux de Molière. Cette pièce eut le sort   475
des bons ouvrages, qui ont et de mauvais censeurs et de mauvais copistes. Un nommé Donneau fit jouer à l'hôtel de Bourgogne la *Cocue imaginaire,* à la fin de 1661. [70]

DOM GARCIE DE NAVARRE, OU LE PRINCE JALOUX,

Comédie héroïque en vers et en cinq actes, représentée pour la première fois le 4 février 1661. [71]

Molière joua le rôle de Dom Garcie, [72] et ce fut par cette pièce qu'il apprit qu'il n'avait point de talent pour le sérieux, comme   480
acteur. La pièce et le jeu de Molière furent très mal reçus. Cette pièce, imitée de l'espagnol, n'a jamais été rejouée depuis sa chute. [73]

472-473   MS2, 39P, 39A: qu'une delicatesse peut-etre outrée a banni [39P, 39A: bannis]
473   MS2:   théâtre Carogne
477   MS2:   ont de
482-483   MS2:   cette comedie imitée

---

[70] François Donneau's *Les Amours d'Alcipe et Céphise* (*La Cocue imaginaire*), was licensed on 25 July 1660 (Mongrédien, i.128, 132).

[71] *Dom Garcie de Navarre, ou le prince jaloux, comédie,* in *Œuvres posthumes de monsieur de Molière* (Paris 1684), vi; Guibert, i.396.

[72] Roger W. Herzel, *The Original castings of Molière's plays* (Ann Arbor 1981); Mongrédien, i.141. Molière gave up the role before the play was taken off.

[73] Howarth (p.134) hears echoes of Pierre Corneille's *Don Sanche d'Aragon*; the play was given 7 performances in 1661, 1 in 1662, 3 in 1663, including court performances. Molière did not publish the text.

La réputation naissante de Molière souffrit beaucoup de cette disgrâce, et ses ennemis triomphèrent quelque temps. *Dom Garcie* ne fut imprimé qu'après la mort de l'auteur. 485

L'ÉCOLE DES MARIS,

Comédie en vers et en trois actes, représentée à Paris le 24 juin 1661. [74]

Il y a grande apparence que Molière avait au moins les canevas de ces premières pièces déjà préparés, puisqu'elles se succédèrent en si peu de temps.

L'*Ecole des maris* affermit pour jamais la réputation de Molière. C'est une pièce de caractère et d'intrigue. Quand il n'aurait fait 490 que ce seul ouvrage, il eût pu passer pour un excellent auteur comique.

On a dit que l'*Ecole des maris* était une copie des *Adelphes* de Térence: [75] si cela était, Molière eût plus mérité l'éloge d'avoir fait passer en France le bon goût de l'ancienne Rome, que le reproche 495 d'avoir dérobé sa pièce. Mais les *Adelphes* ont fourni tout au plus l'idée de l'*Ecole des maris*. Il y a dans les *Adelphes* deux vieillards de différente humeur, qui donnent chacun une éducation différente aux enfants qu'ils élèvent; il y a de même dans l'*Ecole des maris* deux tuteurs, dont l'un est sévère, et l'autre indulgent: voilà toute 500

---

485   39P: Don de Garcie
487-488   MS2:   de ses premières
493-494   MS2:   comique. Dire que l'Ecole
499   39P, 39A: de différentes humeurs

---

[74] *L'Ecole des maris, comédie* [...] *représentée sur le théâtre du Palais-Royal* (Paris 1661); Guibert, i.61.
[75] Where Grimarest rejects allegations of excessive reliance on Terence (p.50), Voltaire makes detailed comparisons of textual and dramatic technique.

la ressemblance. Il n'y a presque point d'intrigue dans les *Adelphes*; celle de l'*Ecole des maris* est fine, intéressante et comique. Une des femmes de la pièce de Térence, qui devrait faire le personnage le plus intéressant, ne paraît sur le théâtre que pour accoucher. L'Isabelle de Molière occupe presque toujours la scène avec esprit 505 et avec grâce, et mêle quelquefois de la bienséance, même dans les tours qu'elle joue à son tuteur. Le dénouement des *Adelphes* n'a nulle vraisemblance; il n'est point dans la nature, qu'un vieillard qui a été soixante ans chagrin, sévère et avare, devienne tout à coup gai, complaisant et libéral. Le dénouement de l'*Ecole des* 510 *maris* est le meilleur de toutes les pièces de Molière. Il est vraisemblable, naturel, tiré du fond de l'intrigue; et, ce qui vaut bien autant, il est extrêmement comique. Le style de Térence est pur, sentencieux, mais un peu froid; comme César, qui excellait en tout, le lui a reproché. Celui de Molière dans cette pièce est 515 plus châtié que dans les autres. L'auteur français égale presque la pureté de la diction de Térence, et le passe de bien loin dans l'intrigue, dans le caractère, dans le dénouement, dans la plaisanterie.

LES FÂCHEUX,

Comédie en vers et en trois actes, représentée à Vaux devant le roi, au mois d'août, et à Paris sur le théâtre du Palais royal, le 4 novembre de la même année 1661. [76]

510-511 MS2: tout d'un coup
516 MS2: tout lui a
519 MS2: dénouement et dans
520c MS2: d'août 1661 et

[76] *Les Fâcheux, comédie* [...] *représentée sur le théâtre du Palais-Royal* (Paris 1662); Guibert, i.76. Previously performed at Vaux on 17 August 1661 and at Fontainebleau on 25 August 1661 (Mongrédien, i.148, 152).

Nicolas Fouquet,[77] dernier surintendant des finances, engagea   520
Molière à composer cette comédie pour la fameuse fête qu'il donna
au roi et à la reine mère dans sa maison de Vaux, aujourd'hui
appelée Villars.[78] Molière n'eut que quinze jours pour se préparer.
Il avait déjà quelques scènes détachées toutes prêtes, il y en ajouta
de nouvelles, et en composa cette comédie, qui fut, comme il le   525
dit dans la préface, faite, apprise et représentée en moins de quinze
jours. Il n'est pas vrai, comme le prétend Grimarest, auteur d'une
vie de Molière, que le roi lui eût alors fourni lui-même le caractère
du chasseur.[79] Molière n'avait point encore auprès du roi un accès
assez libre: de plus, ce n'était pas ce prince qui donnait la fête,   530
c'était Fouquet; et il fallait ménager au roi le plaisir de la surprise.
    Cette pièce fit au roi un plaisir extrême,[80] quoique les ballets
des intermèdes fussent mal inventés et mal exécutés. Paul Pélisson,

527   MS2:   dans sa préface faite à diverses reprises et representée
       39P: dans sa préface
528-529   MS2:   comme on l'a toujours pretendu, que le Roi
528   39P, 39A: prétend un certain Grimarest
532   MS2:   c'était M. Fouquet

[77] After Mazarin died in March 1661 Louis assumed personal power, Fouquet (1615-1680?) was brought under Colbert's control and plans were laid to disgrace him. The Vaux festivities failed either to win back royal favour for him or to prevent his later arrest.
[78] After purchase by the duc de Villars in 1705.
[79] Voltaire has confused Grimarest's statement (p.51-52) with that in *Ménagiana* (1694, ii.13; Mongrédien, i.149). The letter to the king with which Molière prefaced the text of the play in fact acknowledged Louis XIV's suggestion, noting: 'un caractère de fâcheux dont elle [Sa Majesté] eut la bonté de m'ouvrir les idées elle-même'.
[80] It established Molière as a court entertainer and writer of *comédie-ballet*, Louis's preferred form. 'On y représenta pour la première fois les *Fâcheux* de Molière, avec des ballets et des récits en musique dans les intermèdes. Le théâtre était dressé dans le jardin, et la décoration était ornée de fontaines véritables et de véritables orangers; et il y eut ensuite un feu d'artifice et un bal' (François Timoléon, abbé de Choisy, *Mémoires*; Mongrédien, i.148-49).

homme célèbre dans les lettres, composa le prologue en vers à la
louange du roi.[81] Ce prologue fut très applaudi de toute la cour,   535
et plut beaucoup à Louis XIV. Mais celui qui donna la fête, et
l'auteur du prologue, furent tous deux mis en prison peu de temps
après. On les voulait même arrêter au milieu de la fête. Triste
exemple de l'instabilité des fortunes de cour.

Les *Fâcheux* ne sont pas le premier ouvrage en scènes absolument   540
détachées,[82] qu'on ait vu sur notre théâtre. Les *Visionnaires* de
Desmarêts[83] étaient dans ce goût, et avaient eu un succès si
prodigieux, que tous les beaux esprits du temps de Desmarêts
l'appelaient l'*inimitable comédie*. Le goût du public s'est tellement
perfectionné depuis, que cette comédie ne paraît aujourd'hui   545
inimitable que par son extrême impertinence. Sa vieille réputation
fit que les comédiens osèrent la jouer en 1719, mais ils ne purent
jamais l'achever. Il ne faut pas craindre que les *Fâcheux* tombent
dans le même décri. On ignorait le théâtre du temps de Desmarêts.
Les auteurs étaient outrés en tout, parce qu'ils ne connaissaient   550
point la nature. Ils peignaient au hasard des caractères chimériques.
Le faux, le bas, le gigantesque, dominaient partout. Molière fut le
premier qui fit sentir le vrai,[84] et par conséquent le beau. Cette

---

537   MS2:   Mais et celui
545   MS2:   l'appellent l'*inimitable*
550-555   MS2:   Desmarets et on cherchoit le bon que Moliere apprit aux françois
à connoitre; cette piece

---

[81] Paul Pellisson Fontanier, lawyer, writer and defender of Fouquet. Voltaire
refers to the 'flatteries de Pellison' in a letter to the abbé Dubos of 1738 outlining
the projected *Siècle de Louis XIV* (D1642).

[82] A review style of satirical portraits suited to the new *comédie-ballet* form.

[83] Jean Desmarets de Saint-Sorlin's *Les Visionnaires* (1637) contains a gallery of
eccentrics.

[84] For example, Saint-Evremond (1613-1703) considered Caritidès to be 'fait tout
juste' (*Véritables œuvres*, 1706; Mongrédien, i.149); see also La Fontaine's description
of the Vaux performance in a letter to Maucroix of 22 August 1661 (Mongrédien,
i.151-52):

Nous avons changé de méthode;

pièce le fit connaître plus particulièrement de la cour et du maître;
et lorsque, quelque temps après, Molière donna cette pièce à   555
St Germain, le roi lui ordonna d'y ajouter la scène du chasseur.
On prétend que ce chasseur était le comte de Soyecourt.[84bis]
Molière, qui n'entendait rien au jargon de la chasse, pria le comte
de Soyecourt lui-même, de lui indiquer les termes dont il devait
se servir.   560

L'ÉCOLE DES FEMMES,

*Comédie en vers et en cinq actes, représentée à Paris sur le
théâtre du Palais royal, le 26 décembre 1662.* [85]

Le théâtre de Molière, qui avait donné naissance à la bonne
comédie, fut abandonné la moitié de l'année 1661, et toute l'année
1662, pour certaines farces moitié italiennes, moitié françaises, qui
furent alors accréditées par le retour d'un fameux pantomime
italien, connu sous le nom de Scaramouche. [86] Les mêmes specta-   565
teurs qui applaudissaient sans réserve à ces farces monstrueuses,
se rendirent difficiles pour l'*Ecole des femmes*, pièce d'un genre

555-556   K: et du roi; et lorsque
558-559   MS2:   était M^r $^\uparrow$De$^+$ Saucourt; Moliere
. 559-560   MS2:   pria M. de Saucourt lui-même
565   MS2, 39P: alors fort accreditées

       Jodelet n'est plus à la mode,
       Et maintenant il ne faut pas
       Quitter la nature d'un pas.

[84bis] *Ménagiana* (1694) named Maximilien de Belleforière marquis de Soyecourt
as the person involved.

[85] *L'Ecole des femmes. Comédie* (Paris 1663); Guibert, i.122.

[86] See above, p.396, n.19.

tout nouveau, laquelle, quoique toute en récits, est ménagée avec tant d'art, que tout paraît être en action.

Elle fut très suivie et très critiquée, comme le dit la gazette de Loret:

> Pièce qu'en plusieurs lieux on fronde,
> Mais où pourtant va tant de monde,
> Que jamais sujet important
> Pour le voir n'en attira tant. [87]

Elle passe pour être inférieure en tout à l'*Ecole des maris*, et surtout dans le dénouement, qui est aussi *postiche* dans l'*Ecole des femmes*, qu'il est bien amené dans l'*Ecole des maris*. On se révolta générale-ment contre quelques expressions qui paraissent indignes de Molière; on désapprouva *le corbillon, la tarte à la crème, les enfants faits par l'oreille*. [88] Mais aussi les connaisseurs admirèrent avec quelle adresse Molière avait su attacher et plaire pendant cinq actes, par la seule confidence d'Horace au vieillard, et par de simples récits. Il semblait qu'un sujet ainsi traité ne dût fournir qu'un acte. Mais c'est le caractère du vrai génie, de répandre sa fécondité sur un sujet stérile, et de varier ce qui semble uniforme. On peut dire en passant, que c'est là le grand art des tragédies de l'admirable Racine.

570

575

580

585

---

583   MS2:   avait pu attacher
584-585   MS2:   de seuls recits
588-589   MS2:   peut dire que c'est l'art des Tragedies de Racine.
          39P, 39A: de Racine.

[87] Jean Loret, *Muse historique ou recueil des lettres en vers contenant les nouvelles du temps* (1650-1665); Mongrédien, i.170.
[88] *L'Ecole des femmes*, I.i.

LA CRITIQUE DE L'ÉCOLE DES FEMMES, [89]

Petite pièce en un acte et en prose, représentée à Paris sur
le théâtre du Palais royal, le premier juin 1663.

C'est le premier ouvrage de ce genre qu'on connaisse au théâtre.
C'est proprement un dialogue, et non une comédie. Molière y fait   590
plus la satire de ses censeurs, [90] qu'il ne défend les endroits faibles
de l'*Ecole des femmes*. On convient qu'il avait tort de vouloir
justifier *la tarte à la crème*, et quelques autres bassesses de style qui
lui étaient échappées; mais ses ennemis avaient plus grand tort de
saisir ces petits défauts pour condamner un bon ouvrage.   595

Boursault crut se reconnaître dans le portrait de Lisidas. Pour
s'en venger, il fit jouer à l'hôtel de Bourgogne une petite pièce
dans le goût de la *Critique de l'Ecole des femmes*, intitulée: *Le*
Portrait du peintre, ou la *Contre-critique*.

593   MS2:   on connoit que
595   MS2:   mais que ses
596-597   MS2:   ouvrage. ¶On pretend que Moliere avoit en vuë le sublime
quelquefois faux et empoulé de Corneille, et en faisant dire à Dorante dans la
tragedie, on n'a qu'à suivre les traits d'une imagination qui se donne l'essor; et qui
souvent laisse le vrai pour attraper le merveilleux. ¶Boursaut
597   MS2:   portrait de Lydas pour

[89] *La Critique de l'Ecole des femmes, comédie* (Paris 1663); Guibert, i.144.
[90] Jean Donneau de Vizé (1638-1710); *Nouvelles nouvelles* [...] *Par Monsieur de*
..., 3 vols (Paris 1663); Edme Boursault, *Portrait du peintre, ou la Contre critique de*
l'Ecole des femmes (Paris 1663); Antoine-Jacob Montfleury, *L'Impromptu de l'hôtel*
de Condé (1664).

L'IMPROMPTU DE VERSAILLES,

Petite pièce en un acte et en prose, représentée à Versailles le 14 octobre 1663, et à Paris le 4 novembre de la même année. [91]

Molière fit ce petit ouvrage en partie pour se justifier devant le roi   600
de plusieurs calomnies, et en partie pour répondre à la pièce de
Boursault. C'est une satire cruelle et outrée, Boursault y est nommé
par son nom. La licence de l'ancienne comédie grecque n'allait
pas plus loin. Il eût été de la bienséance et de l'honnêteté publique,
de supprimer la satire de Boursault et celle de Molière. Il est   605
honteux que les hommes de génie et de talent s'exposent par cette
petite guerre à être la risée des sots. Il n'est permis de s'adresser
aux personnes que quand ce sont des hommes publiquement
déshonorés, comme Rolet et Wasp. [92] Molière sentit d'ailleurs la
faiblesse de cette petite comédie, et ne la fit point imprimer.   610

604   MS2:   nom, et la
607-608   MS2:   par ces petites guerres à
608-610   MS2, 39P, 39A: sots. Moliere

[91] *L'Impromptu de Versailles. Comédie*, in *Œuvres posthumes*, vi; Guibert, i.404.
Grimarest (p.53) bases the date of the first performance on the 1682 preface;
Mongrédien (i.191) suggests a date between 16 and 21 October.
[92] Charles Rolet, butt of Boileau's *Satire* 1 ('J'appelle un chat un chat, et Rolet
un fripon'), and an allusion to Voltaire's *bête noire* Elie Fréron, whom he nicknamed
Frelon (hornet), hence Wasp, the name Voltaire also used to mock him in
L'Ecossaise.

LA PRINCESSE D'ÉLIDE, OU LES PLAISIRS DE L'ÎLE ENCHANTÉE,

Représentée le 7 mai 1664, à Versailles,
à la grande fête que le roi donna aux reines. [93]

Les fêtes que Louis XIV donna dans sa jeunesse, méritent d'entrer dans l'histoire de ce monarque, non seulement par les magnificences singulières, mais encore par le bonheur qu'il eut d'avoir des hommes célèbres [94] en tous genres, qui contribuaient en même temps à ses plaisirs, à la politesse, et à la gloire de la nation. Ce fut à cette fête, connue sous le nom de l'*Ile enchantée*, que Molière fit jouer la *Princesse d'Elide*, comédie-ballet en cinq actes. Il n'y a que le premier acte et la première scène du second, qui soient en vers: Molière, pressé par le temps, écrivit le reste en prose. Cette pièce réussit beaucoup dans une cour qui ne respirait que la joie, et qui au milieu de tant de plaisirs, ne pouvait critiquer avec sévérité un ouvrage fait à la hâte pour embellir la fête.

On a depuis représenté la *Princesse d'Elide* à Paris; [95] mais elle

615

620

---

614 MS2: mais par
615 MS2: en tout genre

---

[93] *Les Plaisirs de l'île enchantée.* […] *autres fêtes* […] *faites par le roi à Versailles, le 7 mai 1664 et continuées plusieurs autres jours* (Paris 1664); Guibert, ii.451. The first performance was probably on 8 May, sources vary between the 6th and the 8th, the *Princesse* being on the second day of the festivities (Guibert, ii.450; Mongrédien, i.214-15). Molière also gave a performance of three acts of *Tartuffe* at the festivities, see *Le Siècle de Louis XIV*, ch.25.

[94] Voltaire fails to mention the collaboration of Lully (1632-1687) (Mongrédien, i.221), but see below, line 644.

[95] On 9 November 1664.

ne put avoir le même succès, dépouillée de tous ses ornements et
des circonstances heureuses qui l'avaient soutenue. On joua la   625
même année la comédie de la *Mère coquette*, du célèbre Quinault; [96]
c'était presque la seule bonne comédie qu'on eût vue en France,
hors les pièces de Molière, et elle dut lui donner de l'émulation.
Rarement les ouvrages faits pour des fêtes réussissent-ils au théâtre
de Paris. Ceux à qui la fête est donnée, sont toujours indulgents: 630
mais le public libre est toujours sévère. Le genre sérieux et galant
n'était pas le génie de Molière; et cette espèce de poème n'ayant
ni le plaisant de la comédie, ni les grandes passions de la tragédie,
tombe presque toujours dans l'insipidité.

LE MARIAGE FORCÉ,

*Petite pièce en prose et en un acte, représentée au Louvre
le 24 janvier 1664, et au théâtre du Palais royal
le 15 décembre de la même année.* [97]

C'est une de ces petites farces de Molière, qu'il prit l'habitude de   635
faire jouer après les pièces en cinq actes. Il y a dans celle-ci
quelques scènes tirées du théâtre italien. On y remarque plus de
bouffonnerie, que d'art et d'agrément. Elle fut accompagnée au
Louvre d'un petit ballet, où Louis XIV dansa. [98]

625   MS2: tous les ornemens
635c   MS2: le 29 janvier
635d   MS2: le 15 novembre
638   MS2: tirées de l'Italien, et on

[96] Philippe Quinault, *La Mère coquette* (1665).
[97] *Le Mariage forcé. Comédie* (Paris 1668); Guibert, i.231. First performed at the
Louvre on 29 January 1664 and at the Palais-Royal on 15 February 1664 (Mongrédien,
i.204, 211). Grimarest (p.60) and Voltaire are both inaccurate.
[98] The present one-act play was originally a three-act ballet subtitled *Ballet du
roi* (Guibert, ii.445).

L'AMOUR MÉDECIN,

Petite comédie en un acte et en prose, représentée à Versailles le 15 septembre 1665, et sur le théâtre du Palais royal le 22 du même mois. [99]

L'*Amour médecin* est un impromptu, fait pour le roi en cinq jours   640
de temps: cependant cette petite pièce est d'un meilleur comique
que le *Mariage forcé*. Elle fut accompagnée d'un prologue en
musique, qui est l'une des premières compositions de Lulli. [100]

C'est le premier ouvrage dans lequel Molière ait joué les
médecins. [101] Ils étaient fort différents de ceux d'aujourd'hui; ils   645
allaient presque toujours en robe et en rabat, et consultaient en
latin.

Si les médecins de notre temps ne connaissent pas mieux la
nature, ils connaissent mieux le monde, et savent que le grand art
d'un médecin est l'art de plaire. Molière peut avoir contribué à   650
leur ôter leur pédanterie; mais les mœurs du siècle, qui ont changé

---

642   MS2:   cette piece
645   39P: C'est ce premier

---

[99] *L'Amour médecin. Comédie* (Paris 1666); Guibert, i.157. In the 1682 edition of Molière's *Œuvres* this is the first play in which the words 'par la troupe de Monsieur frère unique du roi' are replaced by 'par la troupe du roi'; see above, p.400, n.28. The first performance was on 14 September; Voltaire adopts the date given by Grimarest, p.61.

[100] Jean-Baptiste Lully, 'surintendant de la musique du roi', described the play as 'une comédie entremêlée d'entrées de ballet' (*Gazette de France*, 19 September 1664; Mongrédien, i.244).

[101] Specifically the court doctors: Fougerais, Esprit, Guénaut and d'Acquin (Mongrédien, i.246).

en tout, y ont contribué davantage. L'esprit de raison s'est introduit dans toutes les sciences, et la politesse dans toutes les conditions.

DOM JUAN, OU LE FESTIN DE PIERRE,

Comédie en prose et en cinq actes, représentée sur le théâtre du Palais royal le 15 février 1665. [102]

L'original de la comédie bizarre du *Festin de pierre*, est de Triso de Molina, auteur espagnol. Il est intitulé: *El Combidado de piedra, Le Convié de pierre.* [103] Il fut joué ensuite en Italie, sous le titre de *Convitato di pietra.* La troupe des comédiens italiens le joua à Paris, et on l'appela le *Festin de pierre.* Il eut un grand succès sur le théâtre irrégulier; on ne se révolta point contre le monstrueux assemblage de bouffonnerie et de religion, de plaisanterie et d'horreur, ni contre les prodiges extravagants qui font le sujet de cette pièce: une statue qui marche et qui parle, et les flammes de l'enfer qui engloutissent un débauché sur le théâtre d'Arlequin, ne soulevèrent point les esprits: soit qu'en effet il y ait dans cette

655

660

---

656   MS2, 39P, 39A: intitulé les Combidado di piedra
659-660   MS2, 39P, 39A, W64G: sur ce Theatre
660   MS2, 39P, 39A: irrégulier, l'on
662   39P: contre des prodiges
664   MS2, 39P, 39A: engloutissent un Impie sur

---

[102] *Le Festin de pierre, comédie* [...] *Edition nouvelle et toute différente de celle qui a paru jusqu'à présent* (Amsterdam 1683): the full authentic text; Guibert, i.413. The play was suspended after the fifteenth performance, on 20 March 1665, and not produced again in correct text within Molière's lifetime. After his death, and until 1847, Thomas Corneille's verse adaptation was the sole version seen by theatre audiences.

[103] Gabriel Téllez, known as Tirso de Molina, *El Burlador de Sevilla y convidado de piedra* (c.1649). Voltaire consistently misspells his name as Triso.

pièce quelque intérêt, soit que le jeu des comédiens l'embellît; soit   665
plutôt que le peuple, à qui le *Festin de pierre* plaît beaucoup plus
qu'aux honnêtes gens, aime cette espèce de merveilleux.

Villiers, comédien de l'hôtel de Bourgogne, mit le *Festin de
pierre* en vers,[104] et il eut quelque succès à ce théâtre. Molière
voulut aussi traiter ce bizarre sujet. L'empressement d'enlever des   670
spectateurs à l'hôtel de Bourgogne, fit qu'il se contenta de donner
en prose sa comédie: c'était une nouveauté inouïe alors, qu'une
pièce de cinq actes en prose. On voit par là combien l'habitude a
de puissance sur les hommes, et comme elle forme les différents
goûts des nations. Il y a des pays où l'on n'a pas l'idée qu'une   675
comédie puisse réussir en vers; les Français au contraire ne
croyaient pas qu'on pût supporter une longue comédie qui ne fût
pas rimée. Ce préjugé fit donner la préférence à la pièce de Villiers
sur celle de Molière;[105] et ce préjugé a duré si longtemps, que
Thomas Corneille en 1673, immédiatement après la mort de   680
Molière, mit son *Festin de pierre* en vers:[106] il eut alors un grand
succès sur le théâtre de la rue Guénegaud, et c'est de cette seule
manière qu'on le représente aujourd'hui.

A la première représentation du *Festin de pierre* de Molière, il y
avait une scène entre Dom Juan et un pauvre. Dom Juan demandait   685
à ce pauvre, à quoi il passait sa vie dans la forêt? *A prier Dieu*,

---

667   MS2:   plutôt parceque le
683   MS2:   ruë de Guenegaud
685-700   39P, absent

---

[104] Claude Deschamps (de Villiers), *Le Festin de pierre ou le fils criminel*,
tragicomédie, performed in 1659 and published in 1660, based on an Italian source.

[105] Guibert (i.413) suggests that *Dom Juan* was deliberately withdrawn by
Molière, who was anxious not to aggravate hostile opinion towards *Tartuffe*.

[106] Thomas Corneille (1625-1709), *Le Festin de pierre, comédie mise en vers sur la
prose de feu M. de Molière* (Paris 1683), an expurgated version, first performed on
12 February 1677.

répondait le pauvre, *pour les honnêtes gens qui me donnent l'aumône. Tu passes ta vie à prier Dieu?* disait Dom Juan: *Si cela est, tu dois donc être fort à ton aise. Hélas! monsieur, je n'ai pas souvent de quoi manger. Cela ne se peut pas*, répliquait Dom Juan: *Dieu ne saurait* 690 *laisser mourir de faim ceux qui le prient du soir au matin. Tiens, voilà un louis d'or; mais je te le donne pour l'amour de l'humanité.* [107]

Cette scène, convenable au caractère impie de Dom Juan, mais dont les esprits faibles pouvaient faire un mauvais usage, [108] fut supprimée à la seconde représentation; et ce retranchement fut 695 peut-être cause du peu de succès de la pièce.

Celui qui écrit ceci, a vu la scène écrite de la main de Molière, entre les mains du fils de Pierre Marcassus, [109] ami de l'auteur.

Cette scène a été imprimée depuis.

687-688 MS2: Dieu répondit le
           MS2, 39A: pour des honnêtes
689   W75G: disant
691   MS2: pas, Dieu
696-698 MS2, 39A: représentation, et fut peut-etre cause de la chutte, celui [39A: de sa chute. ¶Celui]
698-699 MS2: a lu la scene entre
700   MS2, 39P, 39A, absent

[107] The paraphrase is of *Dom Juan* III.ii, omitting the don's attempt to bribe the beggar to blaspheme. Voltaire probably saw the expurgated 1682 version, not the Amsterdam text (see above, n.102), but he did base his version on a (lost) holograph manuscript by Molière (see below, lines 698-699).

[108] A Voltaire *naiveté*, as the *scène du pauvre* was far from the only cause of pious anger. The play was referred to by the prince de Conti as 'une école d'athéisme' (*Traité de la comédie*, 1666, p.24); in *Ménagiana* as 'une pièce pleine d'impiété' (1694, ii.308-309); and by Barbier d'Aucour as an 'école du libertinage' (*Observations sur une comédie de Molière intitulée Le festin de pierre*, 1665); Mongrédien, i.232-33, 234, 236. Private court performances of *Tartuffe* from 1664 onwards had already aroused opposition and provoked a ban on performance which was not lifted until 1669.

[109] Son of the classical scholar Pierre Marcassus and a lawyer, dramatist and friend of Corneille and Molière. He was an acquaintance of Arouet père (D9981). The manuscript is unknown.

432

LE MISANTHROPE,

Comédie en vers et en cinq actes, représentée sur le théâtre du Palais royal le 4 juin 1666. [110]

L'Europe regarde cet ouvrage comme le chef-d'œuvre du haut   700
comique. Le sujet du *Misanthrope* a réussi chez toutes les nations
longtemps avant Molière, et après lui. En effet, il y a peu de choses
plus attachantes qu'un homme qui hait le genre humain dont il a
éprouvé les noirceurs, et qui est entouré de flatteurs dont la
complaisance servile fait un contraste avec son inflexibilité. Cette   705
façon de traiter le misanthrope est la plus commune, la plus
naturelle et la plus susceptible du genre comique. Celle dont
Molière l'a traité est bien plus délicate, et fournissant bien moins,
exigeait beaucoup d'art. Il s'est fait à lui-même un sujet stérile,
privé d'action, dénué d'intérêt. Son misanthrope hait les hommes,   710
encore plus par humeur que par raison. Il n'y a d'intrigue dans la
pièce, que ce qu'il en faut pour faire sortir les caractères, mais peut-
être pas assez pour attacher; en récompense, tous ces caractères ont
une force, une vérité et une finesse, que jamais auteur comique n'a
connues comme lui.   715

Molière est le premier qui ait su tourner en scènes ces conversations du monde, et y mêler des portraits. Le *Misanthrope* en est

---

700a-790   MS2, places *Le Sicilien*, *Mélicerte*, *Le Misanthrope* and *Le Médecin malgré lui* in that order
709   MS2:   Moliere la traite est
711   MS2, 39P, 39A: action et vuide d'interest
712   MS2:   d'intrigues dans
713   MS2:   faire sentir les

---

[110] *Le Misanthrope, comédie* (Paris 1667); Guibert, i.187.

plein; c'est une peinture continuelle, mais une peinture de ces ridicules que les yeux vulgaires n'aperçoivent pas. Il est inutile d'examiner ici en détail les beautés de ce chef-d'œuvre de l'esprit, 720 et de montrer avec quel art Molière a peint un homme qui pousse la vertu jusqu'au ridicule, rempli de faiblesses pour une coquette, de remarquer la conversation et le contraste charmant d'une prude avec cette coquette outrée. [111] Quiconque lit, doit sentir ces beautés, lesquelles même, toutes grandes qu'elles sont, ne seraient rien sans 725 le style. La pièce est d'un bout à l'autre à peu près dans le style des satires de Despréaux, et c'est de toutes les pièces de Molière la plus fortement écrite.

Elle eut à la première représentation les applaudissements qu'elle méritait. Mais c'était un ouvrage plus fait pour les gens d'esprit 730 que pour la multitude, et plus propre encore à être lu, qu'à être joué. Le théâtre fut désert dès le troisième jour. [112] Depuis, lorsque le fameux acteur Baron étant remonté sur le théâtre, après trente ans d'absence, joua le Misanthrope, la pièce n'attira pas un grand concours; [113] ce qui confirma l'opinion où l'on était, que cette pièce 735 serait plus admirée que suivie. Ce peu d'empressement qu'on a d'un côté pour le *Misanthrope*, et de l'autre la juste admiration

---

721-722   K: esprit, de montrer
722-723   MS2, 39P, 39A: art un homme qui […] ridicule, est si rempli

---

[111] Voltaire rejects Grimarest's anecdotal personalia (p.92-94), and his suggested models for Alceste (Molière and Montausier), Philinte (Chapelle) and Célimène (Armande herself).

[112] Voltaire's account of the play's success is little more reliable than Grimarest's (p.92). Receipts and performances from 4 July to 1 August 1666 were fair. Furthermore it was 6 August before *Le Médecin malgré lui* was presented, and 3 September before it was coupled with *Le Misanthrope* (Mongrédien, i.260-68, 269, 271).

[113] 'In October 1672 the play was presented for 3 performances with Baron in the title role, and this substitution attracted large audiences' (Herzel, *Casting*, p.58; see also Mongrédien, ii.424).

qu'on a pour lui, prouve peut-être plus qu'on ne pense, que le public n'est point injuste. Il court en foule à des comédies gaies et amusantes, mais qu'il n'estime guère; et ce qu'il admire n'est pas toujours réjouissant. Il en est des comédies comme des jeux: il y en a que tout le monde joue; il y en a qui ne sont faits que pour les esprits plus fins et plus appliqués. [114]

Si on osait encore chercher dans le cœur humain la raison de cette tiédeur du public aux représentations du *Misanthrope*, peut-être les trouverait-on dans l'intrigue de la pièce, dont les beautés ingénieuses et fines ne sont pas également vives et intéressantes; dans ces conversations même, qui sont des morceaux inimitables, mais qui n'étant pas toujours nécessaires à la pièce, peut-être refroidissent un peu l'action, pendant qu'elles font admirer l'auteur; enfin dans le dénouement, qui, tout bien amené et tout sage qu'il est, semble être attendu du public sans inquiétude, et qui venant après une intrigue peu attachante, ne peut avoir rien de piquant. En effet, le spectateur ne souhaite point que le Misanthrope épouse la coquette Célimène, et ne s'inquiète pas beaucoup s'il se détachera d'elle. Enfin on prendrait la liberté de dire, que le *Misanthrope* est une satire plus sage et plus fine que celle d'Horace et de Boileau, et pour le moins aussi bien écrite: mais qu'il y a des comédies plus intéressantes; et que le *Tartuffe*, par exemple, réunit les beautés du style du *Misanthrope*, avec un intérêt plus marqué.

On sait que les ennemis de Molière voulurent persuader au duc de Montausier, [115] fameux par sa vertu sauvage, que c'était lui que

740
745
750
755
760

---

739   MS2, K: lui prouvent peut-etre
743   MS2:   jouë, il y en a d'autres qui
746-747   MS2:   peut-être la trouveroit-on
758   MS2, W75G: celle

---

[114] Voltaire echoes the comment attributed to Donneau de Vizé in *La Lettre écrite sur la comédie du Misanthrope*, printed in the first edition of *Le Misanthrope*.

[115] Charles de Sainte-Maure, duc de Montausier (1610-1690), the dauphin's tutor and creator of the Delphin Classics series, see below, p.442, n.131, also Bruzen de La Martinière, 'Vie de monsieur de Molière', p.45. Voltaire has departed, though

Molière jouait dans le *Misanthrope*. Le duc de Montausier alla voir la pièce, et dit en sortant, qu'il aurait bien voulu ressembler au Misanthrope de Molière.

765

LE MÉDECIN MALGRÉ LUI,

Comédie en trois actes et en prose, représentée sur le théâtre du Palais royal, le 9 août 1666. [116]

Molière ayant suspendu son chef-d'œuvre du *Misanthrope*, le rendit quelque temps après au public, accompagné du *Médecin malgré lui*, farce très gaie et très bouffonne, et dont le peuple grossier avait besoin; à peu près comme à l'opéra, après une musique noble et savante, on entend avec plaisir ces petits airs qui ont par eux-mêmes peu de mérite, mais que tout le monde retient aisément. Ces gentillesses frivoles servent à faire goûter les beautés sérieuses.

770

Le *Médecin malgré lui* soutint le *Misanthrope*: [117] c'est peut-être à la honte de la nature humaine, mais c'est ainsi qu'elle est faite; on va plus à la comédie pour rire, que pour être instruit. Le *Misanthrope* était l'ouvrage d'un sage qui écrivait pour les hommes éclairés; et il fallut que le sage se déguisât en farceur pour plaire à la multitude.

775

766c   MS2, 39P: le 6 août 1666

selectively, from his rejection of anecdote on the authority of such as Dangeau and d'Olivet, both of whom he knew personally. See Mongrédien, i.260-65.

[116] *Le Médecin malgré lui. Comédie* (Paris 1667); Guibert, i.173. First performed on 6 August 1666 (Mongrédien, i.268). It was reputedly a revamp of provincial Italian-style medical farces such as *Le Fagotier* and *Le Médecin par force* (1661), see Howarth, p.15.

[117] See above, p.434, n.112.

LE SICILIEN, OU L'AMOUR PEINTRE,

*Comédie en prose et en un acte, représentée à St Germain
en Laye en 1667, et sur le théâtre du Palais royal
le 10 juin de la même année.* [118]

C'est la seule petite pièce en un acte, où il y ait de la grâce et de   780
la galanterie. Les autres petites pièces que Molière ne donnait que
comme des farces, ont d'ordinaire un fond plus bouffon et moins
agréable.

MÉLICERTE, PASTORALE HÉROÏQUE,

*Représentée à St Germain en Laye pour le roi au Ballet des
muses, en décembre 1666.* [119]

Molière n'a jamais fait que deux actes de cette comédie; le roi se
contenta de ces deux actes dans la fête du Ballet des muses. [120] Le   785
public n'a point regretté que l'auteur ait négligé de finir cet

---

[118] *Le Sicilien, ou l'amour peintre, comédie* (Paris 1668); Guibert, i.203. Authorities
differ on the date of the Saint-Germain-en-Laye performance. Early sources suggest
January 1667 (1682 *Œuvres* and La Grange's *registre*; Mongrédien, i.274). Others,
including the *Gazette de France* (Mongrédien, i.281), suggest 9-10 February;
Grimarest gives 1667 (p.94).

[119] *Mélicerte, comédie pastorale héroïque*, in *Œuvres posthumes*, vi; Guibert, i.423.
Voltaire's chronological order has slipped here since all evidence places *Mélicerte*
in December 1666, before *Le Sicilien* in January/February 1667.

[120] *Mélicerte* was Molière's first contribution to the royal *Ballet des muses* of
December 1666, but the two acts were never completed and he substituted the
Pastorale comique, for which the text is lost, for *Mélicerte* on 5 January 1667
(Mongrédien, i.280).

ouvrage: il est dans un genre qui n'était point celui de Molière. Quelque peine qu'il y eût prise, les plus grands efforts d'un homme d'esprit ne remplacent jamais le génie.

AMPHITRION,

Comédie en vers et en trois actes, représentée sur le théâtre du Palais royal le 13 janvier 1668. [121]

Euripide et Archippus avaient traité ce sujet de tragi-comédie chez les Grecs; [122] c'est une des pièces de Plaute [123] qui a eu le plus de succès; on la jouait encore à Rome cinq cents ans après lui; et, ce qui peut paraître singulier, c'est qu'on la jouait toujours dans des fêtes consacrées à Jupiter. Il n'y a que ceux qui ne savent point combien les hommes agissent peu conséquemment, qui puissent être surpris qu'on se moquât publiquement au théâtre, des mêmes dieux qu'on adorait dans les temples.

    Molière a tout pris de Plaute, hors les scènes de Sosie et de Cleantis. Ceux qui ont dit qu'il a imité son prologue de Lucien, [124]

790

795

788-789   39P, 39A: Molière, quelque peine qu'il y eut prise; les plus
790a-b   MS2: Amphitrion / Représenté sur
792   K errata: qui ont eu
794-795   MS2: dans les pieces consacrées
799-800   MS2: de Cleantes et de Sosie.
800-801   MS2: Lucien, ou ne

---

[121] *Amphitryon, comédie* (Paris 1668); Guibert, i.215. Also performed at the Tuileries on 16 January 1668.

[122] The theme of cuckoldry in relation to the birth of Herakles has antecedents in Greek drama; see Euripides' *Hercules furens*, the fragmentary *Alkmene* and also Archippos' *Amphitryon*.

[123] Plautus, *Amphitruo*.

[124] For example, *Dialogi deorum*.

438

ne savent pas la différence qui est entre une imitation, et la   800
ressemblance très éloignée de l'excellent dialogue de la Nuit et de
Mercure dans Molière, avec le petit dialogue de Mercure et
d'Apollon dans Lucien: il n'y a pas une plaisanterie, pas un seul
mot, que Molière doive à cet auteur grec.

Tous les lecteurs exempts de préjugés savent combien l'*Amphi-*   805
trion français est au-dessus de l'*Amphitrion* latin. On ne peut pas
dire des plaisanteries de Molière, ce qu'Horace dit de celles de
Plaute:

> *Nostri proavi Plautinos et numeros et*
> *Laudavere sales, nimium patienter utrumque.*[125]   810

Dans Plaute, Mercure dit à Sosie: *Tu viens avec des fourberies*
cousues. Sosie répond: *Je viens avec des habits cousus. Tu as menti,*
réplique le dieu, *tu viens avec tes pieds, et non avec tes habits.* Ce
n'est pas là le comique de notre théâtre. Autant Molière paraît
surpasser Plaute dans cette espèce de plaisanterie que les Romains   815
nommaient *urbanité*, autant paraît-il aussi l'emporter dans l'écono-
mie de sa pièce. Quand il fallait chez les anciens apprendre au
spectateur quelque événement, un acteur venait sans façon le
conter dans un monologue; ainsi Amphitrion et Mercure viennent
seuls sur la scène dire tout ce qu'ils ont fait, pendant les entractes.   820
Il n'y avait pas plus d'art dans les tragédies. Cela seul fait peut-
être voir que le théâtre des anciens, (d'ailleurs à jamais respectable)
est par rapport au nôtre, ce que l'enfance est à l'âge mûr.

Madame Dacier,[126] qui a fait honneur à son sexe par son
érudition, et qui lui en eût fait davantage, si avec la science des   825

---

810   39P: Nostri pro aevi
818-819   MS2:   aux spectateurs

---

[125] Horace, *Ars poetica*, 270-71, depreciating both the wit and the versification of
Plautus. The first line should read 'Vestri proavi'.
[126] Anne Lefèvre Dacier (1654-1720), translator of Terence (*Les Comédies de*
Térence, Amsterdam 1691; BV3257, 3258, 3259).

commentateurs elle n'en eût pas eu l'esprit, fit une dissertation pour prouver que l'*Amphitrion* de Plaute était fort au-dessus du moderne; mais ayant ouï dire que Molière voulait faire une comédie des *Femmes savantes*, elle supprima sa dissertation.

L'*Amphitrion* de Molière réussit pleinement et sans contra-   830
diction; aussi est-ce une pièce pour plaire aux plus simples et aux plus grossiers, comme aux plus délicats. C'est la première comédie que Molière ait écrite en vers libres. On prétendit alors que ce genre de versification était plus propre à la comédie que les rimes plates, en ce qu'il y a plus de liberté et plus de variété. Cependant   835
les rimes plates en vers alexandrins ont prévalu. Les vers libres sont d'autant plus malaisés à faire, qu'ils semblent plus faciles. Il y a un rythme très peu connu qu'il y faut observer, sans quoi cette poésie rebute. Corneille ne connut pas ce rythme dans son *Agésilas*. [127]
                                                                   840

L'AVARE,

Comédie en prose et en cinq actes, représentée à Paris sur le théâtre du Palais royal le 9 septembre 1668. [128]

Cette excellente comédie avait été donnée au public en 1667: [129] mais le même préjugé qui fit tomber le *Festin de pierre*, parce qu'il était en prose, avait fait tomber l'*Avare*. Molière pour ne point

---

827   MS2:   en avait pas
832   MS2, K: piece faite pour
836   MS2:   liberté et de
841-841a   MS2 places *Les Fourberies de Scapin* between *Amphitryon* and *L'Avare*

---

[127] Pierre Corneille, *Agésilas* (1666).
[128] *L'Avare, comédie* (Paris 1669); Guibert, i.243.
[129] Grimarest claims, though without evidence, that an earlier performance (c.1667?) had failed because of the use of prose (p.70-71).

heurter de front le sentiment des critiques, et sachant qu'il faut
ménager les hommes quand ils ont tort, donna au public le temps   845
de revenir, et ne rejoua l'*Avare* qu'un an après: le public, qui à
la longue se rend toujours au bon, donna à cet ouvrage les
applaudissements qu'il mérite. On comprit alors qu'il peut y avoir
de fort bonnes comédies en prose, et qu'il y a peut-être plus de
difficulté à réussir dans ce style ordinaire où l'esprit seul soutient   850
l'auteur, que dans la versification, qui par la rime, la cadence et la
mesure, prête des ornements à des idées simples, que la prose
n'embellirait pas.

Il y a dans l'*Avare* quelques idées prises de Plaute, et embellies
par Molière. Plaute avait imaginé le premier, de faire en même   855
temps voler la cassette de l'Avare et séduire sa fille; c'est de lui
qu'est toute l'invention de la scène du jeune homme qui vient
avouer le rapt, et que l'Avare prend pour le voleur. Mais on ose
dire que Plaute n'a point assez profité de cette situation, il ne l'a
inventée que pour la manquer; que l'on en juge par ce trait seul: 860
l'amant de la fille ne paraît que dans cette scène, il vient sans être
annoncé ni préparé, et la fille elle-même n'y paraît point du tout.

Tout le reste de la pièce est de Molière, caractères, intrigues,
plaisanteries; il n'a imité que quelques lignes, comme cet endroit
où l'Avare parlant (peut-être mal à propos) aux spectateurs, dit: 865
Mon voleur n'est-il point parmi vous? Ils me regardent tous, et se
mettent à rire. (Quid est quod ridetis? Novi omnes, scio fures hic esse
complures.) [130] Et cet autre endroit encore, où ayant examiné les

---

850   MS2:   de très bonnes
863   MS2:   fille ne paroit point
864   MS2:   est à Moliere
865   MS2, 39P, 39A: plaisanterie; il n'en a
867   MS2:   *point caché parmi*
868   MS2, 39P: *Quid est, quid ridetis?*

---

[130] *Aulularia*, I.iii. The paraphrase is *L'Avare*, IV.vii.

mains du valet qu'il soupçonne, il demande à voir la troisième, *Ostende tertiam.* 870

Mais si l'on veut connaître la différence du style de Plaute et du style de Molière, qu'on voie les portraits que chacun fait dans son *Avare*. Plaute dit:

> *Clamat suam rem periisse, seque,*
> *De suo tigillo fumus si qua exit foras.* 875
> *Quin, cum it dormitum, follem obstringit ob gulam.*
> *Ne quid animae forte amittat dormiens;*
> *Etiamne obturat inferiorem gutturem?* etc. [131]

Il crie qu'il est perdu, qu'il est abîmé, si la fumée de son feu va hors de sa maison. Il se met une vessie à la bouche pendant la nuit, 880 *de peur de perdre son souffle. Se bouche-t-il aussi la bouche d'en bas?*

Cependant ces comparaisons de Plaute avec Molière, toutes à l'avantage du dernier, n'empêchent pas qu'on ne doive estimer ce comique latin, qui n'ayant pas la pureté de Térence, avait d'ailleurs tant d'autres talents, et qui, quoique inférieur à Molière, a été pour 885 la variété de ses caractères et de ses intrigues, ce que Rome a eu de meilleur. On trouve aussi à la vérité dans l'*Avare* de Molière quelques expressions grossières, comme, *Je sais l'art de traire les hommes*; et quelques mauvaises plaisanteries, comme, *Je marierais, si je l'avais entrepris, le Grand Turc et la république de Venise.* [132] 890

873-874   K errata: fait de son
875   MS2:   seque eradicaries /
877   39P: cum id dormitum
884   39P: n'empêche pas
885-886   K: Térence et fort inférieur à Molière

---

[131] The standard source for Plautus in Voltaire's day was in the Delphin Classics series ('in usum serenissimi delphini'), ed. P. D. Huet (1630-1721). BV2757 is a Leiden 1719 edition in Gueudeville's translation. Cf. *Aulularia*, ed. W. Stockert (Stuttgart 1983), l.299-304): [line supposed missing] / suam rem perisse seque eradicarier / Quin divum atque hominum clamat continuo fidem, / de suo tigillo fumus si qua exit foras. / Quin cum it dormitum, follem obstringit ob gulam. &c.

[132] *L'Avare*, II.iv and v.

442

Cette comédie a été traduite en plusieurs langues, et jouée sur plus d'un théâtre d'Italie et d'Angleterre, de même que les autres pièces de Molière; mais les pièces traduites ne peuvent réussir que par l'habileté du traducteur. Un poète anglais nommé Shadwell,[133] aussi vain que mauvais poète, la donna en anglais du vivant de 895 Molière. Cet homme dit dans sa préface: *Je crois pouvoir dire sans vanité, que Molière n'a rien perdu entre mes mains. Jamais pièce française n'a été maniée par un de nos poètes, quelque méchant qu'il fût, qu'elle n'ait été rendue meilleure. Ce n'est ni faute d'invention, ni faute d'esprit, que nous empruntons des Français; mais c'est par* 900 *paresse: c'est aussi par paresse que je me suis servi de l'*Avare *de* Molière.

On peut juger qu'un homme qui n'a pas assez d'esprit pour mieux cacher sa vanité, n'en a pas assez pour faire mieux que Molière. La pièce de Shadwell est généralement méprisée. M. Fiel- 905 ding,[134] meilleur poète et plus modeste, a traduit l'*Avare*, et l'a fait jouer à Londres en 1733. Il y a ajouté réellement quelques beautés de dialogue particulières à sa nation, et sa pièce a eu près de trente représentations; succès très rare à Londres, où les pièces qui ont le plus de cours, ne sont jouées tout au plus que quinze fois. 910

895, 906 MS2, 39P: Shadivell
906 MS2, 39P: Filding

[133] Thomas Shadwell's translation (*The Miser*, London 1672) was performed in 1671. His adaptation had earlier been criticised by Béat de Muralt, *Lettres sur les Anglois et les François et sur les voyages* (1725), and by Voltaire, *Lettres philosophiques*, XIX, 'Sur la comédie'.
[134] Henry Fielding's translation (*The Miser*, London 1733), was performed in 1734.

GEORGE DANDIN, OU LE MARI CONFONDU,

Comédie en prose, et en trois actes, représentée à Versailles le 15 de juillet 1668, et à Paris le 9 de novembre 1668. [135]

On ne connaît, et on ne joue cette pièce que sous le nom de *George Dandin*; et au contraire, le *Cocu imaginaire* qu'on avait intitulé et affiché *Sganarelle*, n'est connu que sous le nom du *Cocu imaginaire*, peut-être parce que ce dernier titre est plus plaisant que celui du *Mari confondu*. *George Dandin* réussit pleinement. Mais si on ne reprocha rien à la conduite et au style, on se souleva un peu contre le sujet même de la pièce; quelques personnes se révoltèrent contre une comédie, dans laquelle une femme mariée donne rendez-vous à son amant. Elles pouvaient considérer que la coquetterie de cette

915

911a-922   39P, Georges [*passim*]
911b-c   MS2, absent
911c   K: novembre suivant.
914   K: n'est plus connu
918   MS2: pièce, il falloit bien que l'envie eut de quoi s'exercer; on se revolta contre
            39P, 39A: pièce; on se révolta contre
920   39P, 39A: amant. //
920-922   MS2: amant; on ne fit pas reflexion qu'il n'y avoit rien d'indecent dans ce rendésvous, et que la piece est une excellente ecole du monde; on cria contre la pretenduë licence de Moliere; les mêmes personnes qui ecoutoient sans rougir les obscenités de la scene Italienne, et qui n'ont jamais condamné les scenes si tendres et si dangereuses de l'opera se souleverent contre le George Dandin, l'idée seule de femme mariée excitoit le murmure. Cependant il est très vrai que la peinture de cette insolente hardiesse d'une femme qui ose tromper et mepriser son mari parce qu'elle est de condition: l'impatience d'un gentilhomme de campagne, la sotte hauteur et la pruderie de sa femme et la sottise d'un bourgeois de s'être allié

[135] *George Dandin, ou le mari confondu. Comédie* (Paris 1669); Guibert, i.284. First performed in Paris on 18 July 1668 and at Saint-Germain on 2 November 1668 (Mongrédien, i.311, 320).

femme n'est que la punition de la sottise que fait George Dandin   920
d'épouser la fille d'un gentilhomme ridicule.

L'IMPOSTEUR, OU LE TARTUFFE,

Joué sans interruption en public le 5 février 1669. [136]

On sait toutes les traverses que cet admirable ouvrage essuya. On
en voit le détail dans la préface de l'auteur au-devant du *Tartuffe*.

Les trois premiers actes avaient été représentés à Versailles,
devant le roi le 12 mai 1664. Ce n'était pas la première fois que   925
Louis XIV, qui sentait le prix des ouvrages de Molière, avait voulu
les voir avant qu'ils fussent achevés: il fut fort content de ce
commencement, et par conséquent la cour le fut aussi.

---

dans une telle famille n'ont nulle indecence et peuvent servir à corriger les mœurs.

> L'amour le moins honnête exprimé chastement
> N'excite point en nous de honteux mouvement

On soufre sur le Theatre les discours les plus emportés d'une amante sous pretexte
qu'elle est fille, sans considerer que ce n'est ni le nom de femme, ni le nom de fille
qui sont dangereux, mais les discours qu'on met dans leur bouche, toutes les autres
nations sans exception chés lesquelles la plus libre de nos comedies passe pour
modeste trouvent qu'il y a beaucoup de caracteres et d'intrigues qui manquent au
Theatre françois et qui en sont exclus par cette bienseance qui leur paroit trop
rigoureuse et qu'ils sont forcés d'estimer. //

922b   MS2:   Jouée sans

---

[136] *Le Tartuffe, ou l'imposteur, comédie* (Paris 1669); Guibert, i.261. First public
performance at the Palais-Royal on 5 August 1667; second on 5 February 1669.
Between these dates all public performances were banned, though there were private
readings both before and after the ban: at Versailles on 12 May 1664, for Louis XIV;
at Villers-Cotteret on 25 September 1664 for Louis's sister, Henriette d'Angleterre;
at Raincy on 29 November 1664 for Princesse Palatine and Grand Condé, and 8
November 1665; at Chantilly on 4 March and 20 September 1668. The ban was
imposed by Lamoignon during Louis's absence in Flanders (Mongrédien, i.215-97,
307, 319, 335).

Il fut joué le 29 novembre de la même année à Rainsy, devant le grand Condé. Dès lors les rivaux se réveillèrent; les dévots 930 commencèrent à faire du bruit; [137] les faux zélés, (l'espèce d'homme la plus dangereuse) crièrent contre Molière, et séduisirent même quelques gens de bien. Molière voyant tant d'ennemis qui allaient attaquer sa personne encore plus que sa pièce, voulut laisser ces premières fureurs se calmer: il fut un an sans donner le *Tartuffe*; 935 il le lisait seulement dans quelques maisons choisies, où la superstition ne dominait pas.

Molière ayant opposé la protection et le zèle de ses amis aux cabales naissantes de ses ennemis, obtint du roi une permission verbale de jouer le *Tartuffe*. La première représentation en fut 940 donc faite à Paris le 5 août 1667. Le lendemain on allait la rejouer; l'assemblée était la plus nombreuse qu'on eût jamais vue; il y avait des dames de la première distinction aux troisièmes loges; les acteurs allaient commencer, lorsqu'il arriva un ordre du premier président du parlement, portant défense de jouer la pièce. 945

C'est à cette occasion, qu'on prétend que Molière dit à l'assemblée: *Messieurs, nous allions vous donner le* Tartuffe, *mais monsieur le premier président ne veut pas qu'on le joue*. [138]

Pendant qu'on supprimait cet ouvrage, qui était l'éloge de la vertu et la satire de la seule hypocrisie, on permit qu'on jouât sur 950

947-949   39P, absent

---

[137] The mood of the opposition is exemplified by Pierre Roullé's comments (see n.146 below) of 1 August 1664, and by the *placard* mounted by the archbishop of Paris on 11 August 1667 attacking *Tartuffe* as 'd'autant plus capable de nuire à la religion, que, sous prétexte de condamner l'hypocrisie ou la fausse dévotion, elle donne lieu d'en accuser indifféremment tous ceux qui font profession de la plus solide piété et les expose par ce moyen aux railleries et aux calomnies continuelles des libertins' (Mongrédien, i.292-93). Parishioners were forbidden to read or hear the play.

[138] According to Brossette, writing in 1702, Boileau rejected this anecdote as apocryphal (*Correspondance entre Boileau-Despréaux et Brossette*, p.564).

le théâtre italien *Scaramouche ermite*, pièce très froide si elle n'eût été licencieuse, dans laquelle un ermite vêtu en moine monte la nuit par une échelle à la fenêtre d'une femme mariée, et y reparaît de temps en temps, en disant, *Questo è per mortificar la carne*. On sait sur cela le mot du grand Condé:[139] *Les comédiens italiens n'ont* 955 *offensé que Dieu, mais les Français ont offensé les dévots*. Au bout de quelque temps, Molière fut délivré de la persécution; il obtint un ordre du roi[140] par écrit de représenter le *Tartuffe*. Les comédiens, ses camarades, voulurent que Molière eût toute sa vie deux parts dans le gain de la troupe, toutes les fois qu'on jouerait 960 cette pièce; elle fut représentée trois mois de suite, et durera autant qu'il y aura en France du goût et des hypocrites.

Aujourd'hui bien des gens regardent comme une leçon de morale cette même pièce, qu'on trouvait autrefois si scandaleuse. On peut hardiment avancer, que les discours de Cléante, dans 965 lesquels la vertu vraie et éclairée est opposée à la dévotion imbécile d'Orgon, sont, à quelques expressions près, le plus fort et le plus élégant sermon que nous ayons en notre langue; et c'est peut-être ce qui révolta davantage ceux qui parlaient moins bien dans la chaire, que Molière au théâtre. 970

Voyez surtout cet endroit:

> Allez, tous vos discours ne me font point de peur;
> Je sais comme je parle, et le ciel voit mon cœur:
> Il est de faux dévots, ainsi que de faux braves, etc.[141]

Presque tous les caractères de cette pièce sont originaux: il n'y 975

---

954   MS2:   mariée, y reparoit
956-957   MS2, 39P, 39A: Condé. Au bout
968-969   MS2:   près les plus forts et les plus elegants sermons que

---

[139] Molière cites Condé's comment in the preface to the 1669 edition of the play.
[140] See the La Grange *Registre* (1947, 91) account of Louis XIV's authorisation from the siege of Lille.
[141] I.v, omitting one line.

en a aucun qui ne soit bon, et celui du Tartuffe est parfait. On admire la conduite de la pièce jusqu'au dénouement; on sent combien il est forcé, et combien les louanges du roi, quoique mal amenées, étaient nécessaires pour soutenir Molière contre ses ennemis. 980

Dans les premières représentations, l'imposteur se nommait Panulphe,[142] et ce n'était qu'à la dernière scène qu'on apprenait son véritable nom de Tartuffe, sous lequel ses impostures étaient supposées être connues du roi. A cela près, la pièce était comme elle est aujourd'hui. Le changement le plus marqué qu'on y ait 985 fait, est à ce vers:

O ciel, pardonne-moi la douleur qu'il me donne.[143]

Il y avait:

O ciel, pardonne-moi comme je lui pardonne.

Qui croirait que le succès de cette admirable pièce eût été 990 balancé par celui d'une comédie qu'on appelle la *Femme juge et partie*,[144] qui fut jouée à l'hôtel de Bourgogne aussi longtemps que le *Tartuffe* au Palais royal? Montfleuri, comédien de l'hôtel de Bourgogne, auteur de la *Femme juge et partie*, se croyait égal à Molière; et la préface qu'on a mise au-devant du recueil de ce 995 Montfleuri, avertit que M. de Monfleuri était un grand homme. Le succès de la *Femme juge et partie*, et de tant d'autres pièces médiocres, dépend uniquement d'une situation que le jeu d'un acteur fait valoir. On sait qu'au théâtre il faut peu de chose pour faire réussir ce qu'on méprise à la lecture. On représenta sur le 1000 théâtre de l'hôtel de Bourgogne, à la suite de la *Femme juge et partie*, la *Critique du Tartuffe*. Voici ce qu'on trouve dans le prologue de cette critique:

---

[142] Possibly for the performance on 5 August 1667 only, see Desfontaines's account, Mongrédien, i.287.

[143] III.vii. 'Pardonne-moi' in Voltaire's text is an error for 'pardonne-lui'.

[144] Antoine-Jacob, known as Montfleury, *La Femme juge et partie*.

Molière plaît assez, c'est un bouffon plaisant,
Qui divertit le monde en le contrefaisant;   1005
Ses grimaces souvent causent quelques surprises;
Toutes ses pièces sont d'agréables sottises:
Il est mauvais poète, et bon comédien;
Il fait rire, et de vrai, c'est tout ce qu'il fait bien. [145]

On imprima contre lui vingt libelles; un curé de Paris s'avilit   1010
jusqu'à composer une de ces brochures, dans laquelle il débutait
par dire qu'il fallait brûler Molière. [146] Voilà comme ce grand
homme fut traité de son vivant; l'approbation du public éclairé lui
donnait une gloire qui le vengeait assez: mais qu'il est humiliant
pour une nation, et triste pour les hommes de génie, que le petit   1015
nombre leur rende justice, tandis que le grand nombre les néglige
ou les persécute!

1014   MS2, 39P, 39A: vivant, mais l'approbation
1015-1018   MS2, 39P, 39A: assez. //

[145] Voltaire paraphrases *La Critique de Tartuffe*, 19 December 1669 (Mongrédien, i.352-53):

> Molière plaît assez, son génie est folâtre,
> Il a quelque talent pour le jeu du théâtre,
> Et, pour en bien parler, c'est un bouffon plaisant
> Qui divertit [...]

[146] 'Un homme, ou plutôt un démon vêtu de chair et habillé en homme et le plus signalé impie et libertin qui fût jamais dans les siècles passés, avait eu assez d'impiété et d'abomination pour faire sortir de son esprit diabolique une pièce toute prête d'être rendu publique en la faisant monter sur le théâtre à la dérision de toute l'Eglise [...]. Il méritait par cet attentat sacrilège et impie un dernier supplice exemplaire et public et le feu même avant-coureur de celui de l'enfer, pour expier un crime si grief de lèse-majesté divine' ([Pierre Roullé], *L'Homme glorieux ou la dernière perfection de l'homme achevée par la gloire éternelle*, Paris 1664; Mongrédien, i.220-21).

449

MONSIEUR DE POURCEAUGNAC,

Comédie-ballet en prose et en trois actes, faite et jouée à
Chambord pour le roi au mois de septembre 1669,
et représentée sur le théâtre du Palais royal
le 15 novembre de la même année. [147]

Ce fut à la représentation de cette comédie, que la troupe de
Molière prit pour la première fois le titre de *la troupe du roi.* [148]
Pourceaugnac est une farce; mais il y a dans toutes les farces de   1020
Molière des scènes dignes de la haute comédie. Un homme
supérieur, quand il badine, ne peut s'empêcher de badiner avec
esprit. Lulli, qui n'avait point encore le privilège de l'opéra, [149] fit
la musique du ballet de *Pourceaugnac*; il y dansa, il y chanta, il y
joua du violon. Tous les grands talents étaient employés au   1025

1018b   MS2:   prose en trois
1020-1021   MS2:   Roi; le Pourceaugnac
1026-1027   K errata: aux divertissements

---

[147] *Monsieur de Pourceaugnac, comédie. Faite à Chambord pour le divertissement du*
roi (Paris 1670); Guibert, i.297. First performed at Chambord on 6 October 1669
(Mongrédien, i.348).

[148] The title was conferred on 14 August 1665 (Mongrédien, i.242) with a pension
of 6000 livres.

[149] Lully assumed the *privilège* as director of the Académie de musique on 13
March 1672 (Mongrédien, ii.415, 480). This was in breach of his understanding with
Molière over collaboration, on which plans for refurbishing the Palais-Royal had
been based. Lully's *privilège* was confirmed by *lettres patentes* forbidding the use of
more than two singers and two instruments. The order was relaxed slightly by
Louis XIV after Molière's appeal, but was reapplied in Lully's favour after Molière's
death, when a new limit of 2 singers and 6 violins in productions outside the Opéra
was imposed (Jurgens and Maxfield Miller, p.510, n.3). This sounded the knell of
Molière's *comédie ballet*.

divertissement du roi, et tout ce qui avait rapport aux beaux-arts était honorable.

On n'écrivit point contre *Pourceaugnac*: on ne cherche à rabaisser les grands hommes, que quand ils veulent s'élever. Loin d'examiner sévèrement cette farce, les gens de bon goût reprochèrent à l'auteur   1030 d'avilir trop souvent son génie à des ouvrages frivoles qui ne méritaient pas d'examen; mais Molière leur répondait, qu'il était comédien aussi bien qu'auteur, qu'il fallait réjouir la cour et attirer le peuple, et qu'il était réduit à consulter l'intérêt de ses acteurs aussi bien que sa propre gloire.   1035

LE BOURGEOIS GENTILHOMME,

*Comédie-ballet en prose et en cinq actes, faite et jouée
à Chambord au mois d'octobre 1670, et représentée à Paris
le 23 novembre de la même année.* [150]

Le *Bourgeois gentilhomme* est un des plus heureux sujets de comédie, que le ridicule des hommes ait jamais pu fournir. La vanité, attribut de l'espèce humaine, fait que des princes prennent le titre de *rois*, que les grands seigneurs veulent être princes; et, comme dit la Fontaine: 1040

1029   MS2: Pourceaugnac, l'on
1030   MS2: d'y examiner
1036d MS2: le 23 de
1038   MS2: que les ridicules des

[150] *Le Bourgeois gentilhomme, comédie-ballet faite à Chambort, pour le divertissement du roi* (Paris 1671); Guibert, i.311, ii.468. First performed at Chambord on 14 October 1670 (Mongrédien, i.375).

Tout prince a des ambassadeurs,
Tout marquis veut avoir des pages. [151]

Cette faiblesse est précisément la même que celle d'un bourgeois qui veut être homme de qualité. Mais la folie du bourgeois est la seule qui soit comique, et qui puisse faire rire au théâtre: ce sont 1045 les extrêmes disproportions des manières et du langage d'un homme, avec les airs et les discours qu'il veut affecter, qui font un ridicule plaisant; cette espèce de ridicule ne se trouve point dans des princes ou dans des hommes élevés à la cour, qui couvrent toutes leurs sottises du même air et du même langage; mais ce 1050 ridicule se montre tout entier dans un bourgeois élevé grossièrement, et dont le naturel fait à tout moment un contraste avec l'art dont il veut se parer. C'est ce naturel grossier qui fait le plaisant de la comédie; et voilà pourquoi ce n'est jamais que dans la vie commune qu'on prend les personnages comiques. Le *Misanthrope* 1055 est admirable, le *Bourgeois gentilhomme* est plaisant.

Les quatre premiers actes de cette pièce peuvent passer pour une comédie; le cinquième est une farce qui est réjouissante, mais trop peu vraisemblable. Molière aurait pu donner moins de prise à la critique, en supposant quelque autre homme que le fils du 1060 Grand Turc. Mais il cherchait par ce divertissement plutôt à réjouir qu'à faire un ouvrage régulier.

Lulli fit aussi la musique du ballet, et il y joua comme dans *Pourceaugnac*. [152]

1047-1048 MS2: langage des hommes avec
1056-1058 MS2: comiques. ¶Les

[151] *Fables*, I.iii: 'La Grenouille qui se veut faire aussi grande que le bœuf'. The first line should begin 'Tout petit prince'.

[152] Lully played the role of a musician in *Pourceaugnac* at Chambord, but not at the Palais-Royal. He also played the Muphti in court productions of *Le Bourgeois gentilhomme* (Herzel, p.70-71, 74).

LES FOURBERIES DE SCAPIN,[153]

Comédie en prose et en trois actes, représentée sur le théâtre du Palais royal le 24 mai 1671.

Les *Fourberies de Scapin* sont une de ces farces, que Molière avait 1065
préparées en province. Il n'avait pas fait scrupule d'y insérer deux
scènes entières du *Pédant joué*, mauvaise pièce de Cyrano de
Bergerac. On prétend que quand on lui reprochait ce plagiarisme,
il répondait: *Ces deux scènes sont assez bonnes; cela m'appartenait de
droit: il est permis de reprendre son bien partout où on le trouve.*[154] 1070

Si Molière avait donné la farce des *Fourberies de Scapin* pour
une vraie comédie, Despréaux aurait eu raison de dire dans son
Art poétique:

> C'est par là que Molière illustrant ses écrits,
> Peut-être de son art eût remporté le prix, 1075
> Si moins ami du peuple en ses doctes peintures,
> Il n'eût point fait souvent grimacer ses figures,
> Quitté pour le bouffon l'agréable et le fin,
> Et sans honte à Térence allié Tabarin.
> Dans ce sac ridicule où Scapin s'enveloppe, 1080
> Je ne reconnais plus l'auteur du Misanthrope.[155]

1065a-c MS2: Les Fourberies de Scapin / Jouées en //
1068 MS2: mauvaise comedie de
1069 K: ce plagiat
1071 MS2: de prendre son bien où on le retrouve.

---

[153] *Les Fourberies de Scapin. Comédie* (Paris 1671); Guibert, i.325.

[154] Parts of the Turkish galley and Zerbinette-Géronte scenes (II.xi and III.iii) are adapted from *Le Pédant joué* (1645). Grimarest (p.39) claims that Molière was simply repossessing ideas gleaned from him by Cyrano, while at school.

[155] *Art poétique*, III, l.393-400. Scapin (l.1081) is an error, by Boileau, for Géronte.

On pourrait répondre à ce grand critique, que Molière n'a point allié Térence avec Tabarin dans ses vraies comédies, où il surpasse Térence: que s'il a déféré au goût du peuple, c'est dans ses farces, dont le seul titre annonce du bas comique; et que ce bas comique 1085
était nécessaire pour soutenir sa troupe.

Molière ne pensait pas que les *Fourberies de Scapin* et le *Mariage forcé* valussent l'*Avare*, le *Tartuffe*, le *Misanthrope*, les *Femmes savantes*, ou fussent même du même genre. De plus, comment Despréaux peut-il dire, que *Molière peut-être de son art eût emporté* 1090
le prix? Qui aura donc ce prix, si Molière ne l'a pas?

PSICHÉ,

Tragédie-ballet en vers libres et en cinq actes, représentée devant le roi, dans la salle des machines du palais des Tuileries, en janvier et durant le carnaval de l'année 1670, et donnée au public sur le théâtre du Palais royal en 1671. [156]

1087   39P: soutenir son théâtre.
1087-1088   MS2:   soutenir son Theatre. On auroit raison d'avouer qu'on ne reconnoit pas Pierre Corneille dans ses derniers ouvrages parceque ses derniers ouvrages etant du même genre que les premiers devoient être du même ton. Corneille avoit perdu son genie et ne le sentoit pas; il dit au Roi dans une epitre:
            Othon et Surena
      Ne sont point des cadets indignes de Cinna
au lieu que Moliere ne
1089-1090   MS2, 39P, 39A: le Tartufe et le Misantrope, ou fussent
1091   K: *remporté*
1092   MS2:   donc le prix

[156] *Psyché, tragédie-ballet* (Paris 1671); Guibert, i.337, ii.476. First performed at the Tuileries on 17 January 1671 for the inauguration of the *grande salle des machines* (Mongrédien, i.385; Grimarest, p.118, gives 'janvier 1672'). First performed at the Palais-Royal on 24 July 1671.

Le spectacle de l'opéra, [157] connu en France sous le ministère du cardinal Mazarin, était tombé par sa mort. Il commençait à se relever. Perrin introducteur des ambassadeurs chez Monsieur, frère de Louis XIV; Cambert intendant de la musique de la reine   1095 mère, et le marquis de Sourdiac homme de goût, qui avait du génie pour les machines, avaient obtenu en 1669 le privilège de l'opéra; mais ils ne donnèrent rien au public qu'en 1671. [158] On ne croyait pas alors que les Français pussent jamais soutenir trois heures de musique, et qu'une tragédie toute chantée pût réussir.   1100 On pensait que le comble de la perfection est une tragédie déclamée, avec des chants et des danses dans les intermèdes. On ne songeait pas que si une tragédie est belle et intéressante, les entractes de musique doivent en devenir froids; et que si les intermèdes sont brillants, l'oreille a peine à revenir tout d'un coup   1105 du charme de la musique à la simple déclamation. Un ballet peut délasser dans les entractes d'une pièce ennuyeuse; mais une bonne pièce n'en a pas besoin, et l'on joue *Athalie* sans les chœurs et sans la musique. Ce ne fut que quelques années après, que Lulli et Quinault nous apprirent qu'on pouvait chanter toute une tragédie,   1110

1095-1096   MS2:   chez Monsieur, Cambert
            39P, 39A: chez M. Cambert
1099   MS2:   qu'en 1661, on

[157] Composed in collaboration with Pierre Corneille (1606-1684) and Quinault (1635-1688) for the 1671 Tuileries carnival, *Psyché* was a milestone in the evolution of opera. In order to accommodate its *décor* the Palais-Royal was refurbished as an operatic stage in 1672; see above, p.130, n.149.   999

[158] The abbé Pierre Perrin (1620-1675) was director of the Académie nationale de musique (1669-1672) when his imprisonment led to Lully purchasing the *privilège*. In addition to being 'intendant de la musique de la reine mère' (Anne d'Autriche) Robert Cambert (c.1628-1677) was also co-founder with Perrin of the Académie de musique. Alexandre de Rieux, marquis de Sourdéac was extensively involved in the engineering of major stage-sets for the *ballets de cour* and for the *décor* for *Dom Juan* in 1664, later he was involved in modification of the hôtel de la rue Mazarine for the Opéra (Jurgens and Maxfield Miller, p.156, 199, 399-404, 510n, 678).

comme on faisait en Italie, et qu'on la pouvait même rendre intéressante: perfection que l'Italie ne connaissait pas.

Depuis la mort du cardinal Mazarin, on n'avait donc donné que des pièces à machines avec des divertissements en musique, telles qu'*Andromède* et la *Toison d'or*.[159] On voulut donner au roi et à la cour pour l'hiver de 1670, un divertissement dans ce goût, et y ajouter des danses. Molière fut chargé du sujet de la fable le plus ingénieux et le plus galant, et qui était alors en vogue par le roman beaucoup trop allongé, que la Fontaine[160] venait de donner en 1669.

Il ne put faire que le premier acte, la première scène du second, et la première du troisième; le temps pressait: Pierre Corneille se chargea du reste de la pièce; il voulut bien s'assujettir au plan d'un autre; et ce génie mâle, que l'âge rendait sec et sévère, s'amollit pour plaire à Louis XIV. L'auteur de *Cinna* fit à l'âge de 67 ans cette déclaration de Psiché à l'Amour[161] qui passe encore pour un des morceaux les plus tendres et les plus naturels qui soient au théâtre.

Toutes les paroles qui se chantent sont de Quinault; Lulli composa les airs. Il ne manquait à cette société de grands hommes que le seul Racine, afin que tout ce qu'il y eut jamais de plus excellent au théâtre se fût réuni pour servir un roi, qui méritait d'être servi par de tels hommes.

Psiché n'est pas une excellente pièce, et les derniers actes en

1115 MS2: pièces en machines
1118 MS2: chargé du choix du sujet il prit celui de *Psiché*, le sujet de
1119-1120 MS2, 39P, 39A: roman aimable quoique beaucoup

---

[159] Pierre Corneille, *Andromède* (1650), *La Toison d'or* (1661).
[160] La Fontaine, *Les Amours de Psyché et de Cupidon* (1669).
[161] *Psyché*, III.iii.

sont très languissants; mais la beauté du sujet, les ornements[162]   1135
dont elle fut embellie, et la dépense royale[163] qu'on fit pour ce
spectacle, firent pardonner ses défauts.

LES FEMMES SAVANTES,

*Comédie en vers et en cinq actes, représentée sur le théâtre du
Palais royal le 11 mars 1672.*[164]

Cette comédie, qui est mise par les connaisseurs dans le rang du
Tartuffe et du *Misanthrope*, attaquait un ridicule qui ne semblait
propre à réjouir ni le peuple, ni la cour, à qui ce ridicule paraissait   1140

---

[162] Thomas-François Chabod, marquis de Saint-Maurice noted: 'je n'ai encore
rien vu ici de mieux exécuté ni de plus magnifique et ce sont des choses qui ne se
peuvent pas faire ailleurs à cause de la quantité des maîtres à danser, y en ayant
soixante-dix qui dansaient ensemble en la dernière entrée. Ce qui est aussi
merveilleux est la quantité des violons, des joueurs d'instrument et des musiciens,
qui sont plus de trois cents, tous magnifiquement habillés. La salle est superbe,
faite exprès; le théâtre spacieux, merveilleusement bien décoré; les machines et
changements de scène magnifiques et qui ont bien joué, Vigarini s'étant fait honneur
en cette rencontre; mais pour la dernière scène, c'est bien la chose la plus étonnante
qui se puisse voir, car l'on voit tout en un instant paraître plus de trois cents
personnes suspendues ou dans les nuages ou dans une gloire, et cela fait la plus
belle symphonie du monde en violons, théorbes, luths, clavecins, hautbois, flûtes,
trompettes et cymbales' (*Lettres sur la cour de Louis XIV*, 1912, ii.14-15; Mongrédien,
i.386-87).

[163] Tuileries production costs were an astonishing 128,172 livres 4 sols, on top
of the cost of refurbishing the Palais-Royal (4359 livres 1 sol) – compare these with
the total cost of *Le Bourgeois gentilhomme* productions at Chambord and Saint-
Germain (49,404 livres 18 sols) and the average Palais-Royal takings on a good
night of 500-1000 livres (Mongrédien, i.397, 388).

[164] *Les Femmes savantes. Comédie* (Paris 1672); Guibert, i.351. No court première.
The play was completed in whole or in outline by 31 December 1670, the date of
the *privilège*.

être également étranger. Elle fut reçue d'abord assez froidement; mais les connaisseurs rendirent bientôt à Molière les suffrages de la ville; et un mot du roi, lui donna ceux de la cour. L'intrigue, qui en effet a quelque chose de plus plaisant que celle du *Misanthrope*, soutint la pièce longtemps. 1145

Plus on la vit, et plus on admira comment Molière avait pu jeter tant de comique sur un sujet qui paraissait fournir plus de pédanterie que d'agrément. Tous ceux qui sont au fait de l'histoire littéraire de ce temps-là, savent que Ménage y est joué sous le nom de Vadius, et que Trissotin est le fameux abbé Cottin, [165] si connu par 1150 les satires de Despréaux. Ces deux hommes étaient pour leur malheur ennemis de Molière; ils avaient voulu persuader au duc de Montausier, [166] que le *Misanthrope* était fait contre lui; quelque temps après ils avaient eu chez Mademoiselle, [167] fille de Gaston de France, la scène que Molière a si bien rendue dans les *Femmes* 1155 *savantes*. Le malheureux Cottin écrivait également contre Ménage, contre Molière et contre Despréaux; les satires de Despréaux l'avaient déjà couvert de honte, mais Molière l'accabla. Trissotin était appelé aux premières représentations Tricottin. L'acteur[168] qui le représentait avait affecté, autant qu'il avait pu, de ressembler 1160 à l'original par la voix et par le geste. Enfin, pour comble de ridicule, les vers de Trissotin, sacrifiés sur le théâtre à la risée

---

1142   MS2:   egalement etrange; elle
1150-1151   MS2:   nom de Ladris, et
1155   MS2:   eu l'un et l'autre chés
1159-1160   MS2:   Trisotin aux premieres representations etoit apellé Tricotin

---

[165] Charles Cotin (1604-1681), *Despréaux ou la satire des satires* (s.l.n.d. 1666).
[166] See above, p.115, n.115.   999
[167] Anne-Marie d'Orléans, duchesse de Montpensier (1627-1693). Pierre-Joseph Thoulier d'Olivet, recounts the incident in his *Histoire de l'Académie* (1729), ii.158-59 (Mongrédien, ii.412-13).
[168] La Thorillière.

publique, étaient de l'abbé Cottin même. [169] S'ils avaient été bons, et si leur auteur avait valu quelque chose, la critique sanglante de Molière et celle de Despréaux ne lui eussent pas ôté sa réputation. 1165 Molière lui-même avait été joué aussi cruellement sur le théâtre de l'hôtel de Bourgogne, et n'en fut pas moins estimé: le vrai mérite résiste à la satire. Mais Cottin était bien loin de pouvoir se soutenir contre de telles attaques: on dit qu'il fut si accablé de ce dernier coup, qu'il tomba dans une mélancolie qui le conduisit au 1170 tombeau. [170] Les satires de Despréaux coûtèrent aussi la vie à l'abbé Cassaigne: [171] triste effet d'une liberté plus dangereuse qu'utile, et qui flatte plus la malignité humaine, qu'elle n'inspire le bon goût.

La meilleure satire qu'on puisse faire des mauvais poètes, c'est de donner d'excellents ouvrages; Molière et Despréaux n'avaient 1175 pas besoin d'y ajouter des injures.

LES AMANTS MAGNIFIQUES,

Comédie-ballet en prose et en cinq actes, représentée devant le roi à St Germain, au mois de février 1670. [172]

1175   MS2:   Poëtes est
1177c   K: janvier 1670

[169] 'Molière était en peine de trouver un mauvais ouvrage pour exercer sa critique, et M. Despréaux [Boileau] lui apporta le propre sonnet de l'abbé Cotin avec un madrigal du même auteur, dont Molière sut si bien faire un profit dans sa scène incomparable' (part of literary folklore, cited by Monchesnay, *Bolaeana*, 1742, p.34; Mongrédien, ii.413).

[170] He died in December 1681.

[171] The abbé Jacques Cassagnes.

[172] *Les Amants magnifiques. Comédie mêlée de musique et d'entrées de ballet*, in *Œuvres posthumes*, vi; Guibert, i.430. First performed on 4 February 1670, so Voltaire's notice is out of sequence, perhaps because of publication in Molière's *Œuvres posthumes*.

Louis XIV lui-même donna le sujet de cette pièce à Molière. Il voulut qu'on représentât deux princes qui se disputeraient une maîtresse, en lui donnant des fêtes magnifiques et galantes. Molière servit le roi avec précipitation. Il mit dans cet ouvrage deux 1180 personnages qu'il n'avait point encore fait paraître sur son théâtre, un astrologue, et un fou de cour. Le monde n'était point alors désabusé de l'astrologie judiciaire; on y croyait d'autant plus, qu'on connaissait moins la véritable astronomie. Il est rapporté dans Vittorio Siri,[173] qu'on n'avait pas manqué, à la naissance de 1185 Louis XIV, de faire tenir un astrologue dans un cabinet voisin de celui où la reine accouchait. C'est dans les cours que cette superstition règne davantage, parce que c'est là qu'on a plus d'inquiétude sur l'avenir.

Les fous y étaient aussi à la mode; chaque prince et chaque 1190 grand seigneur même avait son fou; et les hommes n'ont quitté ce reste de barbarie, qu'à mesure qu'ils ont plus connu les plaisirs de la société et ceux que donnent les beaux-arts. Le fou[174] qui est représenté dans Molière, n'est point un fou ridicule, tel que le Moron de la *Princesse d'Elide*; mais un homme adroit, et qui ayant 1195 la liberté de tout dire, s'en sert avec habileté et avec finesse. La musique est de Lulli. Cette pièce ne fut jouée qu'à la cour, et ne pouvait guère réussir que par le mérite du divertissement et par celui de l'à-propos.

On ne doit pas omettre, que dans les divertissements des *Amants* 1200 *magnifiques*, il se trouve une traduction de l'ode d'Horace:

Donec gratus eram tibi.[175]

1197   MS2:   sert avec finesse

---

[173] Vittorio Siri (1610-1685) was 'historiographe du roi' under Mazarin.
[174] Clitidas, a 'plaisant de cour', played by Molière.
[175] *Carmina*, III.ix; the third *intermède*.

LA COMTESSE D'ESCARBAGNAS,

Petite comédie en un acte, et en prose, représentée devant le roi
à St Germain, en février 1672, et à Paris sur le théâtre du
Palais royal le 8 juillet de la même année. [176]

C'est une farce, mais toute de caractères, qui est une peinture
naïve, peut-être en quelques endroits trop simple, des ridicules de
la province; ridicules dont on s'est beaucoup corrigé à mesure que   1205
le goût de la société, et la politesse aisée qui règne en France, se
sont répandus de proche en proche.

LE MALADE IMAGINAIRE, [177]

En trois actes, avec des intermèdes, fut représenté sur le théâtre
du Palais royal le 10 février 1673.

C'est une de ces farces de Molière dans laquelle on trouve beaucoup
de scènes dignes de la haute comédie. La naïveté, peut-être poussée
trop loin, en fait le principal caractère. Ses farces ont le défaut   1210
d'être quelquefois un peu trop basses, et ses comédies de n'être

1205-1206   MS2:   simple, pleine des ridicules dont
1208   MS2:   proche. // [MS2 ends here]

---

[176] *La Comtesse d'Escarbagnas, comédie,* in *Œuvres posthumes,* vi; Guibert, i.438.
First performed at Saint-Germain on 10 February 1672 before Louis XIV, but earlier
at Saint-Germain-en-Laye, on 2 December 1671 (Mongrédien, ii.405, i.398).

[177] *Le Malade imaginaire. Comédie mêlée de musique et de danses,* in *Œuvres de*
monsieur de Molière (Paris 1675), vii; Guibert, i.364, ii.484. The music was composed
by Marc-Antoine Charpentier (1636-1704) as Lully was now inaccessible to Molière.

pas toujours assez intéressantes. Mais avec tous ces défauts-là, il sera toujours le premier de tous les poètes comiques. Depuis lui, le théâtre français s'est soutenu, et même a été asservi à des lois de décence plus rigoureuses que du temps de Molière. On n'oserait 1215 aujourd'hui hasarder la scène où le Tartuffe presse la femme de son hôte; [178] on n'oserait se servir des termes de *fils de putain*, de *carogne*, et même de *cocu*; la plus exacte bienséance règne dans les pièces modernes. Il est étrange que tant de régularité n'ait pu lever encore cette tache, qu'un préjugé très injuste attache à la profession 1220 de comédien. [179] Ils étaient honorés dans Athènes, où ils représentaient de moins bons ouvrages. Il y a de la cruauté à vouloir avilir des hommes nécessaires à un Etat bien policé, qui exercent, sous les yeux des magistrats, un talent très difficile et très estimable. Mais c'est le sort de tous ceux qui n'ont que leur talent pour appui, 1225 de travailler pour un public ingrat.

On demande pourquoi Molière ayant autant de réputation que Racine, le spectacle cependant est désert quand on joue ses comédies, et qu'il ne va presque plus personne à ce même *Tartuffe* qui attirait autrefois tout Paris, tandis qu'on court encore avec 1230 empressement aux tragédies de Racine lorsqu'elles sont bien représentées? C'est que la peinture de nos passions nous touche encore davantage que le portrait de nos ridicules, c'est que l'esprit se lasse des plaisanteries, et que le cœur est inépuisable. L'oreille

1220-1221   39A: pu laver cette
1226-1227   MS3, 39P, 39A: sort de tous les gens à talents qui sont sans pouvoir, de travailler [MS3: <de plaire> ↑de travailler pour+] un public ingrat. //
1228-1243   39P, 39A, absent

[178] *Tartuffe*, III.iii.
[179] The Catholic church rigorously followed the practice of excommunicating actors with the result that they were normally denied legalised marriage and all sacraments including absolution and Christian burial. The initial refusal of burial for Molière was for this reason, no doubt strengthened by clerical reaction to *Dom Juan* and *Tartuffe*. See above, p.408, n.48, p.446, n.137.

est aussi plus flattée de l'harmonie des beaux vers tragiques, et de 1235
la magie étonnante du style de Racine, qu'elle ne peut l'être du
langage propre à la comédie; ce langage peut plaire, mais il ne
peut jamais émouvoir, et l'on ne vient au spectacle que pour être
ému.

Il faut encore convenir que Molière, tout admirable qu'il est 1240
dans son genre, n'a ni des intrigues assez attachantes, ni des
dénouements assez heureux, tant l'art dramatique est difficile.

Poésies
1732-1733

édition critique par

Nicole Masson
et
Sylvain Menant

La responsabilité de l'annotation des poèmes a été répartie comme suit:

Nicole Masson: *A M. Grégoire, député du commerce de Marseille; Madrigal; Vers pour Mlle Sallé; Epître à Mlle de Lubert; Epître à Mlle de Lubert, qu'on appelait Muse et Grâce. 1732; Réponse à Mlle de Malcrais de la Vigne par M. de Voltaire, en lui envoyant la Henriade et l'Histoire de Charles XII; A Mlle Aïssé en lui envoyant du ratafia pour l'estomac; A Mme de Fontaine-Martel en 1732; A Mme de Fontaine-Martel en lui envoyant le Temple de l'amitié; A madame la marquise Du Châtelet sur le Temple du goût; A Mlle de Rochebrune, en lui envoyant le Temple du goût; A M. L......; Réponse de M. de Voltaire à M. Lefebvre; A M. de Forcalquier, qui avait eu ses cheveux coupés par un boulet de canon au siège de Kehl. 1733; Vers sur l'élection du roi Stanislas.*

Sylvain Menant: *A Mlle de Guise, depuis duchesse de Richelieu, sœur de Mme de Bouillon; A Mme la duchesse de Bouillon, qui vantait son portrait, fait par Clinchetet; Quatrain pour le portrait de feue Mme la duchesse de Bouillon; A Mme la comtesse de La Neuville en lui envoyant l'Epître sur la calomnie; A Mme Du Châtelet, en lui envoyant l'Histoire de Charles XII; A M. **, qui était à l'armée d'Italie. 1735.*

Le texte a fait l'objet d'une modernisation portant sur la graphie, l'accentuation et la grammaire, suivant les principes de la présente édition.

TABLE DES ÉDITIONS DE VOLTAIRE
CITÉES DANS LES NOTES

ES71 *Epîtres, satires, contes, odes et pièces fugitives du poète philosophe.* Londres [Lausanne, Grasset], 1771.

K *Œuvres complètes de Voltaire.* [Kehl], Société littéraire-typographique, 1784-1789.

MP61 *Mélanges de poésies, de littérature, d'histoire et de philosophie.* [Paris, Prault], 1761.

NM *Nouveaux mélanges philosophiques, historiques, critiques, &c.* [Genève, Cramer], 1765-1776.

OC61 *Œuvres choisies de M. de Voltaire.* Avignon, Giroud, 1761.

RP40 *Recueil de pièces fugitives en prose et en vers.* [Paris, Prault], 1740.

TS61 *Troisième suite des mélanges de poésie, de littérature, d'histoire et de philosophie.* [Paris, Prault], 1761.

W38 *Œuvres de M. de Voltaire.* Amsterdam, Ledet [ou] Desbordes, 1738-1756.

W40 *Œuvres de M. de Voltaire.* Amsterdam [Rouen?], Compagnie, 1740.

W41C *Œuvres de M. de Voltaire.* Amsterdam [Paris, Didot, Barrois], Compagnie, 1741-1742.

W41R *Œuvres de M. de Voltaire.* Amsterdam [Rouen?], Compagnie, 1741.

W42 *Œuvres mêlées de M. de Voltaire.* Genève, Bousquet, 1742.

W46 *Œuvres diverses de M. de Voltaire.* Londres [Trévoux], Nourse, 1746.

W48D *Œuvres de M. de Voltaire.* Dresde, Walther, 1748-1754.

W50 *La Henriade et autres ouvrages.* Londres [Rouen], Société, 1750-1752.

W51 *Œuvres de M. de Voltaire.* [Paris, Lambert], 1751.

W52 *Œuvres de M. de Voltaire.* Dresde, Walther, 1752.

w56   *Collection complette des œuvres de M. de Voltaire.* [Genève, Cramer], 1756.

w57G   *Collection complette des œuvres de M. de Voltaire.* [Genève, Cramer], 1757.

w57P   *Œuvres de M. de Voltaire.* [Paris, Lambert], 1757.

w64R   *Collection complette des œuvres de M. de Voltaire.* Amsterdam, Compagnie [Rouen, Machuel?], 1764.

w68   *Collection complette des œuvres de M. de Voltaire.* [Genève, Cramer; Paris, Panckoucke], 1768-1777.

w70G   *Collection complette des œuvres de M. de Voltaire.* [Genève, Cramer], 1770.

w70L   *Collection complette des œuvres de M. de Voltaire.* Lausanne, Grasset, 1770-1781.

w72P   *Œuvres de M. de V...* Neufchatel [Paris, Panckoucke], 1771-1777.

w75G   *La Henriade, divers autres poèmes et toutes les pièces relatives à l'épopée.* [Genève, Cramer & Bardin], 1775.

A M. Grégoire,
député du commerce de Marseille [1]

Voyageur fortuné, dont les soins curieux
Ont emporté les pas aux confins de la terre,
Vous avez vu Paphos, Amathonte et Cythère: [2]
    Et vous pouvez voir en ces lieux,
Hébé, Mars et Vénus, [3] réunis sous vos yeux.   5

[1] Edition: к, xiv.290. Texte de base: к.
Ce poème est adressé à Alexandre Grégoire. Après un fructueux négoce au Levant, ce riche marchand a occupé d'abord les fonctions de trésorier au sein de la municipalité de Marseille, puis, d'avril 1717 à janvier 1746, a exercé la charge de député du commerce en poste à Paris. En 1717, l'élection du député à Marseille n'alla pas sans difficultés: après l'annulation de deux nominations, le choix se porta sur Grégoire, alors âgé de 47 ans. Or, le maréchal de Villars est gouverneur de Provence de 1712 à 1734, date de sa mort. A Paris, il est en rapports constants avec Grégoire, et le soutient en particulier contre le maréchal de Villeroy et les députés languedociens pour maintenir les privilèges commerciaux du port de Marseille. C'est certainement par l'intermédiaire des Villars, chez qui Voltaire a souvent séjourné au château de Vaux, que l'homme de lettres et le négociant ont pu faire connaissance. Les circonstances qui entourent ce poème sont obscures. Puisqu'il y est fait allusion à la belle-fille du maréchal de Villars, on peut penser qu'il fut écrit entre 1721, date du mariage d'Honoré-Armand de Villars, et 1734, date de la mort du maréchal. On imagine fort bien que Voltaire ait composé ces vers chez les Villars, pour rendre hommage à ses hôtes et saluer du même coup la présence du négociant. Sur Grégoire, voir Joseph Fournier, *La Chambre de commerce de Marseille et ses représentants permanents à Paris (1599-1875)* (Marseille 1920).
[2] En février 1694, Grégoire obtient le droit de se rendre en Syrie pour y faire du négoce. Puis, de 1699 à 1709, il se fixe à Chypre, où il dirige avec des associés un important établissement. Paphos et Amathonte sont deux anciennes villes de Chypre, célèbres pour leur culte à Aphrodite.
[3] Voltaire, épris de la maréchale de Villars, lui adressait en 1719 une épître où on pouvait lire: 'Vous que l'Amour prend toujours pour sa mère, / Quoiqu'il sait bien que Mars est votre époux'. Les allusions mythologiques sont claires: Vénus, c'est Jeanne-Angélique de Villars, la maréchale; Mars, c'est Louis-Hector de Villars, le maréchal; quant à Hébé, déesse de la jeunesse, c'est probablement la jeune épouse de leur fils, Amable-Gabrielle de Noailles.

469

A mademoiselle de Guise,
depuis duchesse de Richelieu,
sœur de madame de Bouillon [1]

Vous possédez fort inutilement,
Esprit, beauté, grâce, vertu, franchise:
Qu'y manque-t-il? Quelqu'un qui vous le dise,
Et quelque ami dont on en dise autant.

[1] Edition: κ, xiv.279. Texte de base: κ.

On peut voir dans ce quatrain l'une des interventions de Voltaire pour décider Elisabeth de Guise à épouser le duc de Richelieu. Le mariage eut lieu le 7 avril 1734 (voir V 14, p.507). La duchesse de Bouillon, épouse d'Emmanuel-Théodore de La Tour, duc de Bouillon, était la sœur aînée de Mlle de Guise. Ce poème, ainsi que le suivant, figure dans les carnets (V 81, p.89) avec, sur le même feuillet, un texte d'*Eriphyle*, qui date de toute probabilité de 1731, et certainement pas de plus tard que juillet 1733, quand Voltaire semble avoir terminé tout travail sur cette pièce. Sur ce même feuillet on peut lire des vers adressés au comte de Clermont, dont une version antérieure, rayée dans les carnets (V 81, p.88), fut envoyée à la princesse de Guise dans une lettre que Besterman date d'août 1731 (D425). Ce quatrain et le poème suivant ont donc pu être composés en 1731-1732.

A madame la duchesse de Bouillon,
qui vantait son portrait, fait par Clinchetet[1]

Cesse, Bouillon, de vanter davantage
Ce Clinchetet[2] qui peignit tes attraits:
Un meilleur peintre,[3] avec de plus beaux traits,
Dans tous nos cœurs a tracé ton image,
Et cependant tu n'en parles jamais.   5

[1] Edition: κ, xiv.288. Texte de base: κ.
Ces vers sont adressés à la sœur aînée de la nouvelle duchesse de Richelieu, Louise-Henriette-Françoise de Lorraine, épouse du duc de Bouillon. Elle devait séjourner au château de Montjeu en 1734 pour le mariage de sa sœur en même temps que Voltaire. Elle avait alors vingt-sept ans, et devait mourir trois ans plus tard. Ce poème fut sans doute composé avant 1734: Voltaire fréquentait la famille de la duchesse depuis 1731, et le peintre dont il est question devait mourir en 1734.

[2] Karl Gustav Klingstedt ou Clinchetet (1657-1734) était un spécialiste de la miniature, surnommé le 'Raphaël des tabatières'. Parmi les portraits de sa main conservés dans les musées et les collections particulières, aucun ne paraît identifié avec celui de Mme de Bouillon.

[3] L'Amour.

Quatrain pour le portrait
de feue madame la duchesse de Bouillon[1]

Deux Bouillon tour à tour ont brillé dans le monde
Par la beauté, le caprice et l'esprit:
Mais la première eût crevé de dépit,
Si, par malheur, elle eût vu la seconde.

a-b   MSI: Pour le portrait de madame la duchesse de Bouillon

[1] Manuscrits: MSI, copie envoyée à Cideville par Voltaire (Cideville, Poésies de Voltaire, f.64*v*); copie secondaire, Bh Rés. 2025, f.127*v*. Editions: NM (1774), xiv.51; K, xiv.288; il figure aussi dans l'*Almanach des muses* (1774), p.152. Texte de base: NM.

Il s'agit sans doute de vers composés pour accompagner le portrait de la duchesse de Bouillon par Klingstedt. Ils datent donc peut-être du séjour à Montjeu (avril 1734), mais plus probablement des trois années antérieures (voir ci-dessus, p.470-71). La première Bouillon est Marie-Anne Mancini, duchesse de Bouillon de 1662 à 1714. La formule du titre des premières éditions s'explique par leur date tardive.

472

Madrigal[1]

Ah! Camargo, que vous êtes brillante!
Mais que Sallé, grands dieux, est ravissante!
Que vos pas sont légers et que les siens sont doux!
Elle est inimitable, et vous êtes nouvelle;
   Les Nymphes sautent comme vous,   5
   Et les Grâces dansent comme elle.

a   ES71:   Madrigal sur deux célèbres danseuses
3   EP70:   légers, que
6   TT45:   Mais les Grâces

[1] Manuscrits: copie envoyée à Cideville par Voltaire (Cideville, Poésies de Voltaire, f.123*r*); copie secondaire, Bh Rés. 2025, f.126*r*. Editions: *Les Talents du théâtre célébrés par les muses* (Paris 1745), p.13 (TT45); *Le Portefeuille trouvé ou les tablettes d'un curieux* (Genève [Paris, Duchesne] 1757), i.26 (PT); w64R, xvii (2).587-88; MP61, p.189; TS61, p.387-88; *Pièces fugitives* (Genève, Lyon 1761), p.5; *Nouvelle anthologie française* (Paris 1769), i.200; *Elite de poésies fugitives* (1770), v.39 (EP70); ES71, p.406; *Etrennes aux belles* (Paris 1783), p.36; K, xiv.285. Texte de base: PT.
Ce madrigal célèbre les deux 'vedettes' de la danse que sont Marie-Anne Cupis de Camargo, dite La Camargo, et Marie Sallé. Du début de l'année 1732 le *Mercure de France* regorge de pièces consacrées aux deux danseuses et opposant toujours leurs styles. Ces deux jeunes femmes – elles ont une vingtaine d'années – sont alors au sommet de leur gloire et de leur rivalité. Toutes deux sont des innovatrices: la Camargo est surtout réputée pour ses sauts et ses prouesses techniques, tandis que Mlle Sallé privilégie l'expression artistique; elle est aussi la première à danser en habit de ville et sans masque. Mlle Sallé semble avoir eu la préférence de Voltaire. Il composa un quatrain pour inscrire au bas de son portrait (voir ci-dessous, p.474). On précisera cependant que Thiriot en était fortement épris et influençait sans doute son protecteur. De plus, la double carrière de Mlle Sallé, en Angleterre et en France, où Voltaire la voyait beaucoup au printemps 1732, ne pouvait que la rendre sympathique à l'anglophile qu'il était.

Vers pour Mlle Sallé[1]

De tous les cœurs et du sien la maîtresse,
Elle allume des feux qui lui sont inconnus:
De Diane c'est la prêtresse,
Dansant sous les traits de Vénus.

a   EP64, EB83: Vers pour mettre au bas du portrait de Mlle Sallé
    NA69: Inscription pour mettre au bas du portrait de Mlle Sallé
1-3 D488:
        Les feux du dieu que sa vertu condamne
        Sont dans ses yeux, à son cœur inconnus,
        En soupirant on la prend pour Diane
4   D488, D502: Qui vient danser sous

[1] Manuscrit: copie secondaire, Bh Rés. 2025, f.126r. Editions: MP61, p.243; TS61, p.425; W64R, iii (2).105; *Elite de poésies fugitives* (1764), i.25 (EP64); *Nouvelle anthologie française* (Paris 1769), i.164 (NA69); *Etrennes aux belles* (Paris 1783), p.40 (EB83); K, xiv.280. Texte de base: TS61.

Sur Marie Sallé, voir ci-dessus, p.473. Depuis avril 1732, Thiriot est à Londres. Ami attentif, Voltaire se préoccupe des soucis amoureux de Thiriot, qui s'est épris de Mlle Sallé. Voltaire est chargé de lui rendre souvent visite et de lui faire la cour en son nom. Or, dans une lettre du 14 avril 1732, Voltaire lui raconte que M. Ballot lui a apporté un tableau de Lancret représentant Mlle Sallé en 'nonne de Diane'. Une estampe doit être gravée à partir du tableau, en bas de laquelle des vers seraient les bienvenus, mais il ne veut pas rivaliser sur ce terrain avec un jeune soupirant nommé Bernard (D478). Celui-ci avoue pourtant qu'il n'a rien pu écrire; libéré de ses scrupules, Voltaire improvise alors quatre vers, première ébauche du poème, qui est assez différent de la version définitive (13 mai; D488). Le 26 mai (D492), Voltaire explique à Thiriot pourquoi il est si difficile de faire de bons vers pour le portrait de Mlle Sallé: le tableau est lui-même une allusion à la modestie de la danseuse qu'il ne faut pas surcharger. Enfin, le 9 juillet (D502), il soumet à son jugement un quatrain proche de la version définitive. On voit bien, à travers cet exemple, toute l'attention qu'accorde Voltaire à ces petits vers de poésie fugitive. Il veut tout rendre à la fois en quatre vers: les talents de la danseuse, son caractère modeste, et l'intention du peintre.

474

Epître à mademoiselle de Lubert [1]

Charmante Iris, qui, sans chercher à plaire,
Savez si bien le secret de charmer;
Vous dont le cœur généreux et sincère
Pour son repos sut trop bien l'art d'aimer;
Vous dont l'esprit formé par la lecture   5
Ne parle pas toujours mode et coiffure;
Souffrez, Iris, que ma muse aujourd'hui
Cherche à tromper un moment votre ennui.
Auprès de vous on voit toujours les Grâces:
Pourquoi bannir les Plaisirs et les Jeux? [2]   10
L'Amour les veut rassembler sur vos traces:
Pourquoi chercher à vous éloigner d'eux?
Du noir chagrin volontaire victime,
Vous seule, Iris, faites votre tourment,
Et votre cœur croirait commettre un crime,   15
S'il se prêtait à la joie un moment.
De vos malheurs je sais toute l'histoire;
L'Amour, l'Hymen ont trahi vos désirs. [3]

[1] Edition: k, xiii.89-90. Texte de base: k.

On sait peu de choses sur Marie-Madeleine de Lubert. Née en 1702, à Paris, fille d'un président au parlement très mélomane (Marais, iii.12), elle avait quelque talent pour la littérature: c'est pour mieux se consacrer aux lettres, dit-on, qu'elle ne se maria pas. Elle mourut à Argentan en 1785. Si on en croit une lettre de Voltaire à Thiriot (D502), le poème 'Muse et Grâce' (voir ci-dessous, p.477-79), date du début de juillet 1732. Voltaire semble avoir alors définitivement attribué ce double surnom à la jeune femme: il l'emploie quand il lui écrit à Tours en octobre (D532). Cette épître-ci, où le surnom n'apparaît pas, semble donc un peu antérieure.

[2] L'image qu'emploie Voltaire est un lieu commun poétique. Le *Grand vocabulaire français* (Paris 1767-1774) de Panckoucke note: 'on dit poétiquement les Jeux et les Plaisirs et on comprend sous ses termes tous les divertissements de la vie'.

[3] Selon les éditeurs de Kehl et Clogenson, qui donnent des versions différentes des faits, Mlle de Lubert aurait dû épouser Nicolas-Etienne Rougeault, président au parlement (D738). Leurs parents s'y seraient opposés.

Oubliez-les; ce n'est que des plaisirs
Dont nous devons conserver la mémoire.   20
Les maux passés ne sont plus de vrais maux;
Le présent seul est de notre apanage,
Et l'avenir peut consoler le sage,
Mais ne saurait altérer son repos.
Du cher objet que votre cœur adore   25
Ne craignez rien; comptez sur vos attraits:
Il vous aima; son cœur vous aime encore,
Et son amour ne finira jamais.
Pour son bonheur, bien moins que pour le vôtre,
De la Fortune il brigue les faveurs.   30
Elle vous doit, après tant de rigueurs,
Pour son honneur, rendre heureux l'un et l'autre.
D'un tendre ami qui jamais ne rendit
A la Fortune un criminel hommage,
Ce sont les vœux. Goûtez, sur son présage,   35
Dès ce moment le sort qu'il vous prédit.

Epître à mademoiselle de Lubert,
qu'on appelait Muse et Grâce. 1732[1]

Le curé qui vous baptisa
Du beau surnom de Muse et Grâce,
Sur vous un peu prophétisa;
Il prévit que sur votre trace
Croîtrait le laurier du Parnasse   5
Dont La Suze se couronna,
Et le myrte qu'elle porta,
Quand, d'amour suivant la déesse,
Les tendres feux elle mêla
Aux froides ondes du Permesse.[2]   10
Mais en un point il se trompa:
Car jamais il ne devina
Qu'étant si belle, elle sera[3]
Ce que les sots appellent sage,
Et qu'à vingt ans, et par delà,   15
Muse et Grâce conservera
La tendre fleur du pucelage,
Fleur délicate qui tomba
Toujours au printemps du bel âge,

5 MSI: Croîtraient les lauriers

[1] Manuscrit: MSI, copie envoyée à Cideville par Voltaire (Cideville, Poésies de Voltaire, f.117*v*-118*v*). Editions: K, xiii.62-63; *Les Bijoux des neuf sœurs* (Paris 1790), ii.295-97. Texte de base: K.
Sur Mlle Lubert, voir ci-dessus, p.475, n.1.
[2] Les poésies d'Henriette de Coligny, comtesse de La Suze, parues en 1666, trouvaient leur inspiration dans le sentiment amoureux. Rappelons que le Permesse et le laurier évoquent Apollon, dieu des vers, et le myrte, Vénus.
[3] Le futur est encore au dix-huitième siècle ressenti comme un temps absolu, et, en tant que tel, il n'est pas exclu d'un contexte passé.

Et que le ciel fit pour cela.   20
Quoi! vous en êtes encor là!
Muse et Grâce, que c'est dommage!
Vous me répondez doucement
Que les neufs bégueules savantes,
Toujours chantant, toujours rimant,   25
Toujours les yeux au firmament,
Avec leurs têtes de pédantes,
Avaient peu de tempérament,
Et que leurs bouches éloquentes
S'ouvraient pour brailler seulement,   30
Et non pour mettre tendrement
Deux lèvres fraîches et charmantes
Sur les lèvres appétissantes
De quelque vigoureux amant.
Je veux croire chrétiennement[4]   35
Ces histoires impertinentes.
Mais, ma chère Lubert, en cas
Que ces filles sempiternelles[5]
Conservent pour ces doux ébats
Des aversions si fidèles,   40
Si ces déesses sont cruelles,
Si jamais amant dans ses bras

23   MSI: me répondrez doucement
41   MSI: ces carognes sont
43-44   MSI, entre 43-44:
            Si les lauriers, qui sous leurs pas
            Sont souvent écrasés par elles,
            Couvrent de feuilles immortelles

[4] On notera avec un sourire l'irrévérence discrète de Voltaire. 'Chrétiennement' signifie ici 'les yeux fermés, sans esprit critique' et met sur le même plan les fables mythologiques et les mystères de la foi chrétienne.
[5] Dans le *Nouveau dictionnaire français* de Pierre Richelet (Amsterdam 1732), il est précisé que 'sempiternel' est un mot burlesque et satirique.

N'a froissé leurs gauches appas,
Si les neuf Muses sont pucelles,
Les trois Grâces ne le sont pas.   45

Quittez donc votre faible excuse;
Vos jours languissent consumés
Dans l'abstinence qui les use:
Un faux préjugé vous abuse.
Chantez, et, s'il le faut, rimez;   50
Ayez tout l'esprit d'une Muse:
Mais si vous êtes Grâce, aimez.

La grimace que ces donzelles
Portent dit-on un peu trop bas,
43   MSI: Ne froissa leurs
46   MSI: votre froide excuse

Réponse à Mlle de Malcrais de la Vigne par M. de Voltaire,
en lui envoyant la Henriade et
l'Histoire de Charles XII[1]

Toi, dont la voix brillante a volé sur nos rives,
Toi, qui tiens dans Paris nos Muses attentives,[2]

a-c MSI: Réponse à Mlle de ...//

    W41C: Epître de M. de Voltaire à Mlle de Malcrais de la Vigne en lui
envoyant la *Henriade* et l'*Histoire de Charles XII*, roi de Suède.

    w38(iv), w40, w64R(iv): A Madlle de ***//

    w38(vi), w42-w57P, w64R(iii), w68-w75G: Réponse à une dame ou soi-
disant telle

        OC61, K: Epître à une dame ou soi-disant telle//

    w64R(xvii): Epître à Mlle Malcrais de La Vigne//

1-11 MSI, PM35, w38(iv)-K, vers omis

2 MSI: Paris les Muses

[1] Manuscrits: MSI, copie envoyée à Cideville par Voltaire (Cideville, Poésies de
Voltaire, f.37r-41r); copies secondaires, Fitzwilliam, collection Clarke, album Boissy
d'Anglas, f.269-70; – Bn N24342, f.399v-400 (de la collection de lord Vernon,
vendue par Maggs en 1933). Editions: *Mercure de France* (septembre 1732), p.1887-
92 (MF); *Poésies de Mlle de Malcrais de La Vigne* (Paris 1735), p.213-16 (PM35);
w38, iv.75-78, vi.164-66; w40, iv.73-76; RP40, p.207; w41R, iv.73-76; w41C, iii.15-
18, v.146-49; w42, iii.15-18, v.146-49; w46, v.155-57; w48D, iii.230-32; w51, iii.187-
89; w52, iii.117-19; w56, ii.151-53; w57G, ii.151-53; w57P, vi.139-41; OC61, p.132-34;
w64R, iii.18-19; iv.70-74, xvii.585; w68, xviii.308-10; w70G, ii.166-68; w72P (1771),
iii.190-91; (1773), xiv.215-17; w75G, xii.306-308; K, xiii.64-67. Texte de base: MF.

[2] Ce poème, portant la date du 15 août 1732, parut pour la première fois dans le
Mercure de France, qui publia entre 1730 et 1734 une longue série de poèmes
d'origines diverses suscités par Paul Desforges-Maillard. Ce poète breton, vexé de
s'être vu refuser le prix du concours de l'Académie en 1730, voulut faire imprimer
son poème dans le *Mercure*. Son rédacteur, La Roque, refusa. Le poète, prenant le
pseudonyme de 'Mlle de Malcrais de la Vigne', se fit passer alors pour une jeune
poétesse du Croisic et fit publier dès mai 1730 quelques pièces légères. Les réactions
ne se firent pas attendre: tout Paris parla de cette Muse bretonne, et le *Mercure* s'en
fit largement l'écho. Des poèmes en son honneur parurent, dont un quatrain de La
Motte (janvier 1732, p.75). Ayant adressé une quarantaine de vers en style marotique
à Voltaire sur *La Henriade* et l'*Histoire de Charles XII* (juillet 1732, p.1511), 'Mlle
de Malcrais' se vit répondre par l'épître dont il est question. Voltaire joignit à cette

Qui sais si bien associer,
Et la science et l'art de plaire,
Et les talents de Deshoulière,   5
Et les études de Dacier. [3]

J'ose envoyer aux pieds de ta Muse divine,
Quelques faibles écrits, enfants de mon repos;
Charles fut seulement l'objet de mes travaux.
Henri Quatre fut mon héros, [4]   10
Et tu seras mon héroïne.

En te donnant mes vers, je te veux avouer,
Ce que je suis, ce que je voudrais être,
Te peindre ici mon âme et te faire connaître,

---

4   MS1: La science avec l'art
6   MS1: Avec l'étude de
12-15 MS1, PM35, W38(iv)-K:
        Tu commences par me louer,
        Tu veux finir par me connaître,
        Tu me loueras bien moins, mais il faut t'avouer
        Ce que je suis, ce que je voudrais être.

---

réponse les livres concernés, ainsi que *Œdipe*, *Mariamne* et *Brutus*. 'Mlle de Malcrais' l'en remercia dans le *Mercure*. Lorsqu'en 1734 Desforges reprit son identité, tout le monde s'empressa de déprécier ses vers, et Voltaire supprima les allusions galantes de son poème pour faire oublier le ridicule général auquel il n'avait pas échappé. Piron tira de cette aventure sa *Métromanie* en 1738. Plus tard, Desforges connut de graves difficultés financières, et demanda à Voltaire de lui trouver des appuis. L'écrivain s'y prêta de bonne grâce, mais n'obtint pas de résultat concret.

[3] Antoinette Deshoulières (1637-1694) connut la célébrité par ses poésies légères. Elle fut surnommée la 'Dixième Muse'. 'Mlle de Malcrais' avait obtenu le même surnom (*Mercure*, janvier 1731) et s'était elle-même mise sous le patronage de cette femme de lettres en lui dédiant une idylle (*Mercure*, mai 1731). Sur Anne Dacier, voir ci-dessus, p.213, n.12, 16.

[4] Dans le poème auquel Voltaire répond ici, les deux rois étaient mis en absolu parallèle, l'un nommé 'le César de la France', et l'autre 'l'Alexandre du Nord'. C'est sans doute ce qui provoque le léger rectificatif de Voltaire.

Celui que tu daignas louer.   15

Apollon présida au jour qui m'a vu naître;
J'aurai vu dans trois ans passer quarante hivers.
Au sortir du berceau j'ai bégayé des vers.

Bientôt ce dieu puissant m'ouvrit son sanctuaire;
Mon cœur vaincu par lui fut soumis à sa loi.   20
D'autres ont fait des vers par le désir d'en faire;
        Je fus poète malgré moi.

Tous les goûts à la fois sont entrés dans mon âme;
Tout art a mon hommage, et tout plaisir m'enflamme;
La peinture me charme; on me voit quelquefois   25
Au palais de Philippe, ou dans celui des rois,
Sous les efforts de l'art admirer la nature,
Du brillant Cagliari [5] saisir l'esprit divin,
Et dévorer des yeux la touche noble et sûre,
        De Raphaël et du Poussin.   30

De ces appartements qu'anime la peinture,
Sur les pas du plaisir je vole à l'Opéra;
        J'applaudis tout ce qui me touche,
        La fertilité de Campra,

16-17   MS1, PM35, W38(iv)-K, vers intervertis
20   MS1, PM35, W38(iv)-K: lui se rangea sous sa
31   W41C: anime la nature

[5] Dans MS1, comme dans le *Mercure*, et d'autres éditions, une note précise qu'il s'agit de Paul Véronèse. Voltaire possédait à Cirey quelques tableaux de ce peintre italien.

La gaieté de Mouret, les grâces de Destouche,[6]   35
Pelissier par son art, Le Maure par sa voix.[7]

L'agile Camargo, Sallé l'enchanteresse,[8]
Cette austère Sallé faite pour la tendresse,
Tour à tour ont mes vœux, et suspendent mon choix.

Quelquefois embrassant la science hardie,   40
    Que la curiosité,
    Honora par vanité,
    Du nom de philosophie,
Je cours après Newton dans l'abîme des cieux.[9]

37-38   w38(iv):   agile Camargé, Sallé
         w38(vi), RP40-K, vers omis

[6] Il s'agit de trois musiciens célèbres de cette époque. Sur André Campra, voir ci-dessus, p.236, n.136. Jean-Joseph Mouret (1682-1738) était le surintendant de la musique de la duchesse Du Maine et organisait en 1715 les fameuses 'nuits blanches' auxquelles Voltaire participa; en 1732, il donna *Le Triomphe des sens*. Quant à André Cardinal Destouches (1672-1749), protégé de Louis XIV, il se fit surtout connaître par l'opéra d'*Issé* qu'il écrivit sans connaître les règles de la composition.

[7] La cantatrice Marie Pélissier (1707-1749), fit ses débuts à l'Opéra en 1722; en 1732, elle joua Laodamie dans *Le Triomphe des sens* de Mouret. Catherine-Nicole Le Maure débuta en 1724 et connut la consécration en chantant au mariage du dauphin, fils de Louis XV. Du temps de leur splendeur, ces deux cantatrices rivales firent se partager les amateurs d'opéras en 'mauriens' et 'pélissiens'.

[8] Sur Marie-Anne Cupis de Camargo et Marie Sallé, voir ci-dessus, p.473.

[9] Ces références à Newton et Pascal (l.57) prouvent que dès septembre 1732, Voltaire préparait les *Lettres philosophiques*. Par ailleurs, c'est à cette époque que remonte le début des relations épistolaires entre Voltaire et Maupertuis, qui vient de publier un *Discours sur les différentes figures des astres, d'où l'on tire des conjectures sur les étoiles* [...] *avec une exposition abrégée des systèmes de M. Descartes et de M. Newton* (Paris 1732).

Je veux voir si des nuits la courrière[10] inégale,   45
Par le pouvoir changeant d'une force centrale,
En gravitant vers nous s'approche de nos yeux,
Et pèse d'autant plus qu'elle est près de ces lieux
    Dans les limites d'une ovale. [11]

J'en entends raisonner les plus profonds esprits;   50
Je les vois qui des cieux franchissent l'intervalle,
Et je vois avec eux que je n'ai rien compris.

De ces obscurités je passe à la morale;
Je lis au cœur de l'homme, et souvent j'en rougis;
J'examine avec soin les informes écrits,   55
Les monuments épars et le style énergique,

---

45   w41c: la carrière inégale
49   pm35, w38(iv)-k: limites d'un ovale
50   ms1, w38(iv), w40, w64r(iv), entre 50 et 51: Maupertuis et Mairan,[12] calculante cabale;
        pm35, w38(vi), rp40, w41r, w42-w64r(iii), w64r(xvii)-k, entre 50 et 51: Maupertuis et Clairaut,[13] calculante cabale;
52   w41c: vois trop souvent que
        ms1, pm35, w38(iv)-k: vois trop souvent que j'ai très peu compris

[10] La variante 'carrière' est fautive. D'après *Le Grand vocabulaire français*, le mot 'courière' ou 'courrière' n'a guère d'usage qu'en poésie en parlant de l'aurore qui annonce le jour et de la lune qu'on appelle 'l'inégale courrière des mois ou des nuits'. L'exemple que donne ce dictionnaire est d'ailleurs tiré de *La Henriade*.

[11] Le *Grand vocabulaire français* donne le mot 'ovale' comme substantif masculin. Il se peut que son genre soit encore flottant en 1732.

[12] Jean-Jacques Dortous de Mairan obtint un prix en 1715 pour un mémoire sur les variations du baromètre; personnage éclectique, il devint membre de l'Académie des sciences et remplaça Fontenelle au secrétariat de l'Académie.

[13] Alexis-Claude Clairaut, très précoce, rédigea son premier traité à seize ans et entra avec dérogation à l'Académie des sciences à dix-huit! Il se retira quelque temps avec Maupertuis au Mont Valérien pour étudier; Mme Du Châtelet leur y rendit de nombreuses visites.

De ce fameux Pascal, ce dévot satirique.
Je vois ce rare esprit trop prompt à s'enflammer.
      Je combats ses rigeurs extrêmes,
Il enseigne aux humains à se haïr eux-mêmes;   60
Je voudrais, s'il se peut, leur apprendre à s'aimer.

Ainsi mes jours égaux, que les Muses remplissent,
Sans soins, sans passions, sans préjugés fâcheux,
Commencent avec joie, et vivement finissent,
      Par des soupers délicieux.   65
L'amour dans mes plaisirs ne mêle plus ses peines;
J'ai quitté prudemment ce dieu qui m'a quitté.
J'ai passé l'heureux temps fait pour la volupté.

Il est donc vrai, grands Dieux, il ne faut plus que j'aime!
La foule des beaux-arts dont je veux tour à tour,   70
      Remplir le vide de moi-même,
N'est point encor assez pour remplacer l'amour.

Je fais ce que je puis, hélas! pour être sage,
      Pour amuser ma liberté;

61   MS1, PM35, W38(iv)-K: voudrais, malgré lui, leur
63   W51, W64R(iv): soins, sans passion, sans
        W38(vi), W41R: Sans soin, sans passions, sans préjugé fâcheux,
        W57G, W64R(iii), W64R(xvii), W68-W75G: sans préjugé fâcheux,
66-78   OC61: vers omis
66   MS1, W38(iv), W40, W64R(iv), entre 66 et 67: Adieu Philis, adieu Climènes.
        PM35, W38(vi), RP40, W41R-W64R(iii), W64R(xvii)-K, entre 66 et 67: La tardive raison vient de briser mes chaînes
69   PM35, W38(iv)-K: Est-il donc vrai
        MS1: vrai, grand Dieu, il
        W38(iv), W40, W64R(iv): Dieux, ne faut-il plus
70   MS1, W38(iv), W40, W64R(iv): beaux-arts qui viennent tour
72   K: N'est pas encore assez
73-78   MS1, PM35, W38(iv)-K, vers omis
73   MS1: je peux, hélas!
74   W41C: Pour assurer ma

Mais si quelque jeune beauté
Empruntant ta vivacité,
Me parlait ton charmant langage,
Je rentrerais bientôt dans ma captivité.

POÉSIES

A mademoiselle Aïssé[1]
en lui envoyant du ratafia[2] *pour l'estomac*

Va, porte dans son sang la plus subtile flamme;
Change en désirs ardents la glace de son cœur;
Et qu'elle sente la chaleur
Du feu qui brûle dans mon âme.

---

[1] Manuscrit: copie envoyée à Cideville par Voltaire (Cideville, Poésies de Voltaire, f.119v). Edition: *Œuvres complètes*, éd. Clogenson *et al.* (Paris 1824-1832), xviii.249. Texte de base: Clogenson

Ce quatrain s'adresse à l'une des figures féminines les plus étonnantes du dix-huitième siècle. L'aventure de Mlle Aïssé a inspiré Prévost pour son *Histoire d'une Grecque moderne* (1740). Le comte Charles de Feriol fut envoyé à Constantinople par Louis XIV pour négocier avec les Turcs les préliminaires d'une paix. C'était un amateur passionné d'objets orientaux, passablement débauché, qui, par ailleurs, s'était formé un sérail de jeunes esclaves. C'est ainsi qu'il acheta en 1698 une fillette de quatre ans, Haydée, qu'il ramena en France et fit baptiser Charlotte-Elisabeth Aïssé. Il la plaça chez son frère Augustin de Feriol. Elle fut élevée avec les deux enfants de la maison, à peine plus jeunes qu'elle, connus plus tard sous les noms de Pont de Veyle et d'Argental. Ce dernier fut un ami de collège du jeune Arouet. Celle que toute la bonne société appellera 'la Belle Circassienne' reçut une parfaite éducation. En 1720, elle rencontra le chevalier d'Aydie. Très vite une grande passion les unit, mais un mariage était impossible. Une fille naquit de cette liaison. Cependant, en 1726, Mlle Aïssé fit la connaissance d'une Genevoise austère, Mme Calandrini. Celle-ci prit un certain ascendant sur elle et lui fit valoir qu'elle vivait dans le péché et devait se repentir. C'est alors que la santé de Mlle Aïssé se dégrada: prise entre l'amour et le remords, elle chercha à se séparer du chevalier, au prix de grandes souffrances. Elle n'affichait qu'à grand-peine une froideur qui allait contre son tempérament. Les allusions du quatrain permettent de le dater. Pendant toute l'année 1732, Mlle Aïssé fut très malade, très agitée aussi. Voltaire prenait sans doute en pitié les tourments du chevalier qui fréquentait lui aussi la Société du Temple. Le quatrain invite donc la demoiselle à écouter la voix de l'amour, ce qu'elle ne fera pas: elle mourra le 13 mars 1733.

[2] D'après *Trévoux*, le ratafia est une 'liqueur forte, composée avec de l'eau de vie, du sucre; et quelque autre chose que l'on met dedans, comme cerises, groseilles, fleur d'orange, noyaux de pêches, d'abricots'.

A Mme de Fontaine-Martel (*a*)

en 1732 [1]

O très singulière Martel,
J'ai pour vous estime profonde:

(*a*) La comtesse de Fontaine-Martel, fille du président Desbordeaux;
elle était telle qu'elle est peinte ici. Sa maison était très libre et très
aimable.

a   w70L: Lettre à madame de Fontaine-Martel (a)
a-b   MS1, w38, w64R: Lettre à madame la comtesse de Fontaine-Martel
       MS2:   Lettre de M. de Voltaire à Mad.ᵉ de Fontaine-Martel
b   w41C-w46, absent
    K: 1732
b-1   K *var*, entre b et 1:
        D'un recoin de votre grenier,
        Je vous adresse cette lettre,
        Que Beaugency doit vous remettre
        Ce soir au bas de l'escalier.
n.*a*   MS1, MS2, w38-w50, w64R, w72P, note absente

[1] Manuscrits: MS1, copie envoyée par Voltaire à Cideville (Cideville, Poésies de
Voltaire, f.41*v*-44*v*); MS2, Bn N24342, f.265-67; copie secondaire, Bh Rés. 2025,
f.36*r*. Editions: w38, iv.79-82; w40, iv.77-80; w41C, v.140-42; w42, v.140-42; w46,
v.149-51; w48D, iii.81-83; w50, iii.105-107; w51, iii.88-90; w52, iii.215-17; w56, ii.261-
63; w57G, ii.261-63; w57P, vi.241-43; w64R, iv.74-76; w68, xviii.355-57; w70L,
xxv.175-77; w75G, xii.357-59; K, xiii.68-70. Texte de base: w75G.

Voltaire a vécu chez Antoinette Madeleine de Fontaine-Martel (1661-1733), fille
du président de Bordeaux, de décembre 1731 à janvier 1733. Veuve depuis 1708,
elle avait atteint sa soixante-dixième année lorsque Voltaire séjourna dans son hôtel,
situé dans la rue des Bons-Enfants et donnant sur le Palais-Royal. C'est donc à
l'hospitalité d'une vieille dame qu'il rend hommage dans la première épître. La
baronne avait en effet hébergé Thiriot avant Voltaire, et c'est peut-être par
l'intermédiaire de Thiriot que Voltaire fut admis dans sa maison (voir D444, D449).
Vers la fin de 1732, Voltaire a composé *Le Temple de l'amitié*, qu'il a dédié à
son hôtesse (voir ci-dessus, p.3). La seconde épître (voir ci-dessous, p.493) est
vraisemblablement la dédicace que Voltaire lui adressa avec le poème. La comtesse
mourut le 22 janvier 1733. Voltaire l'assista dans ses derniers instants, mais après

C'est dans votre petit hôtel,
C'est sur vos soupers[2] que je fonde
Mon plaisir, le seul bien réel   5
Qu'un honnête homme ait en ce monde.
Il est vrai, qu'un peu je vous gronde;
Mais malgré cette liberté,
Mon cœur vous trouve, en vérité,
Femme à peu de femmes seconde;   10
Car sous vos cornettes de nuit,
Sans préjugés et sans faiblesse,
Vous logez esprit qui séduit,
Et qui tient fort à la sagesse.
Or votre sagesse n'est pas   15
Cette pointilleuse harpie,
Qui raisonne sur tous les cas,
Et qui, triste sœur de l'Envie,
Ouvrant un gosier édenté,

4   MS1, MS2, W38, W40, W64R: vos bontés que
8-9 MS2, W38, W40, W64R:
            Et que vous l'avez mérité,
            Mais je vous trouve
12   MS2: Sans préjugé et
14   W41C-W46: Ce qui
15   MS1: Or cette sagesse
17   MS2: Qui, raisonnant sur
18   MS1, MS2, W38, W40, W64R: qui, suivante de l'Envie

son décès, il avoua cyniquement qu'il regrettait surtout le toit et la table qu'il perdait (voir D563, D564). Sur Mme de Fontaine-Martel, voir O. R. Taylor, 'Voltaire iconoclast, an introduction to *Le Temple du goût*', *Studies* 212 (1982), p.11-16; ci-dessus, p.30-31.

[2] Dans une lettre adressée à Cideville le 27 janvier 1733, Voltaire évoque 'cette maison où tous les jours étaient des amusements ou des fêtes' (D564).

Contre la tendre Volupté 20
Toujours prêche, argumente et crie;
Mais celle, qui si doucement,
Sans effort et sans industrie,
Se bornant toute au sentiment,
Sait jusques au dernier moment 25
Répandre un charme sur la vie.
Voyez-vous pas de tous côtés
De très décrépites beautés,
Pleurant de n'être plus aimables,
Dans leur besoin de passion, 30
S'affoler de dévotion,
Et rechercher l'ambition
D'être bégueules respectables?
Bien loin de cette triste erreur,
Vous avez, au lieu des vigiles, 35
Des soupers longs, gais et tranquilles;
Des vers aimables et faciles,
Au lieu des fatras inutiles

20   MS1, W38, W40, W64R: la douce Volupté
      MS2, vers omis
23   K: Sans efforts et
25   W38-W46, W64R: Sait jusqu'au
26   W38, W64R: sur sa vie
27   MS1:   Vous voyez de tous les côtés
28   MS1:   Tant de décrépites
      MS2, W38, W40, W64R: Force décrépites
30   MS1, W38, W40, W64R: Dans leurs besoins de
      MS2, vers omis
30-31   W57P, K, entre 30 et 31:   Ne pouvant rester raisonnables,
34   MS1, W38, W40, W64R: cette sotte erreur
      MS2:   Loin, Martel, de cette erreur
35   MS2, W38, W40, W64R: avez, pour toutes vigiles
      MS1, W51, W72P: lieu de vigiles
38   MS2, W48D, W57P: lieu de fatras

490

De Quesnel et de Le Tourneur; [3]
Voltaire, au lieu d'un directeur; [5]   40
Et pour mieux chasser toute angoisse,
Au curé préférant Campra, [6]
Vous avez loge à l'Opéra,
Au lieu de banc dans la paroisse:
Et ce qui rend mon sort plus doux,   45
C'est que ma maîtresse chez vous,
La Liberté, se voit logée:
Cette Liberté mitigée,
A l'œil ouvert, au front serein,
A la démarche dégagée,   50

39   w38, w40, w64R: De Grenade [4] et de
40   MS2:   lieu de directeur
42   MS2:   Qui jamais ne s'y trouvera
     w50, w51, avec note: Musicien qui a fait de jolis opéras
45   w70L, vers omis
47   MS2:   Liberté, s'y voit manquant
49   w51:   A l'œil ouvert

[3] Pasquier Quesnel (1634-1719) était un théologien, fameux pour ses écrits et pour la longue lutte qu'il soutint pendant les querelles du jansénisme. Il fut l'auteur des *Réflexions morales sur le Nouveau Testament* (1671), condamnées par le pape Clément XI. Nicolas Le Tourneur ou Le Tourneux (1640-1686), forme normande du nom, était un prêtre janséniste de Rouen. Ses homélies et ses guides du chrétien rencontrèrent un vif succès. Il prêcha le carême de 1682 en remplacement du père Quesnel, ce qui le rendit célèbre. Il fut tout comme lui sérieusement inquiété vers la fin de sa vie. Dans les *Nouvelles ecclésiastiques* on peut lire: 'la doctrine de Le Tourneux est la même que celle de Quesnel' (décembre 1747, p.200).

[4] Louis de Grenade (1505-1588) était un dominicain espagnol, célèbre pour ses prédications. Son *Guia de Peccadores* (Salamanca 1567) fut souvent traduit (cf. *Le Guide des Pecheurs*, trad. Girard, 1663).

[5] Au moment où elle allait mourir, Voltaire demanda à la comtesse de recevoir les sacrements pour qu'on ne l'accusât pas de l'avoir moralement endoctrinée et pervertie; voir D563, D564; Pomeau, *Voltaire en son temps*, i.234.

[6] André Campra (1660-1744) était un auteur d'opéras très célèbres et à la mode, comme les *Fêtes vénitiennes*.

N'étant ni prude, ni catin,
Décente, et jamais arrangée,
Souriant d'un souris badin
A ces paroles chatouilleuses,
Qui font baisser un œil malin   55
A mesdames les Précieuses.
C'est là qu'on trouve la Gaieté,
Cette sœur de la Liberté,
Jamais aigre dans la satire,
Toujours vive dans les bons mots,   60
Se moquant quelquefois des sots,
Et très souvent, mais à propos,
Permettant au sage de rire.
Que le ciel bénisse le cours
D'un sort aussi doux que le vôtre!   65
Martel, l'automne de vos jours
Vaut mieux que le printemps d'une autre.

53   w38, w40, w64r: souris humain
57   msi, ms2, w38, w40, w64r: Chez nous habite la Gaieté
62-63   msi, ms2, w38, w40, w64r:
        Et rarement, mais à propos
        Permettant les éclats de rire
63   ms2:   Se tenant les côtés de rire
67   msi, ms2, w38, w40, w48d, w52, w57p: printemps d'un autre

A madame de Fontaine-Martel
en lui envoyant Le Temple de l'amitié[1]

Pour vous, vive et douce Martel,
Pour vous, solide et tendre amie,
J'ai bâti ce temple immortel
Où rarement on sacrifie.
C'est vous que j'y veux encenser,   5
Et c'est là que je veux passer
Les jours les plus beaux de ma vie.

[1] Manuscrit: copie secondaire, Bh Rés. 2025, f.130r. Edition: κ, xiv.301. Texte de base: κ.
Sur Mme de Fontaine-Martel, voir ci-dessus, p.30-31 et p.488, n.1.

A madame la marquise Du Châtelet
sur le Temple du goût[1]

Je vous envoyai l'autre jour
Le récit d'un pèlerinage[2]
Que je fis devers un séjour
Où souvent vous faites voyage
Ainsi qu'au temple de l'Amour:
Pour celui-là n'y veux paraître
J'y suis hélas, trop oublié;
Mais pour celui de l'Amitié[3]
C'est avec vous que j'y veux être.

5

a-b   CL, absent
    EJ: A Mad. la marquise du C**, en lui envoyant *Le Temple du Goût*.
2   D544: L'abrégé d'un
3   D544: fis en certain séjour
4   D544: Où vous faites souvent voyage
6   D544: Pour ce dernier, n'y veux
7   D544: suis dès longtemps oublié

[1] Manuscrits: CL: G1 D, f.341*v*; Sm 3, p.234 (voir ICL 62:185); copie secondaire, Bn N14292, f.116. Editions: *Opuscules poétiques, ou le plus charmant des recueils* (Paris 1773), p.111; *Correspondance littéraire*, 1er février 1777 (ICL 77:037); *L'Evangile du jour* (Amsterdam 1778), p.174 (EJ). Texte de base: CL.
    Une première version de ce poème fut adressée à Cideville en décembre 1732 (D544). Ce n'est que le 19 août 1762 que ces vers apparurent dans la *Correspondance littéraire* de Grimm. Mais ils avaient changé de destinataire: ils étaient adressés à Mme Du Châtelet.
    [2] Allusion au *Temple du goût*, où l'on peut lire: 'Sur ce petit pèlerinage / Aussitôt on demandera / Que je compose un gros ouvrage' (voir ci-dessus, p.120).
    [3] Voltaire fait ici allusion à son poème *Le Temple de l'amitié* (voir D544, n.2).

A Mlle de Rochebrune, en lui envoyant le Temple du goût[1]

Le nouveau temple où le bon Goût réside
De votre esprit est un digne séjour,
Un autre temple où le Plaisir préside
Fut fait pour vous, c'est celui de l'Amour;
De l'Amitié le temple plus solide   5
Doit posséder Rochebrune à son tour;[2]
Heureux, hélas! qui serait votre guide
Chez l'Amitié, chez le Goût, chez l'Amour.
D'un tel emploi que je serais avide!

[1] Manuscrit: copie secondaire, Bn N14292, f.14. Edition: *Pièces inédites* (Paris 1820), p.81-82. Texte de base: *Pièces inédites*.

Ces quelques vers devaient accompagner l'envoi d'un exemplaire du *Temple du goût*. Les termes de 'nouveau temple' du premier vers permettent de penser que le poème a été composé peu de temps après l'impression de l'ouvrage, c'est-à-dire vers avril 1733, car il est peu probable que Voltaire ait envoyé à Mlle de Rochebrune une version manuscrite, comme il l'a fait à Cideville en décembre 1732 (voir D544). En effet, on ne trouve pas trace de cette demoiselle parmi les intimes de Voltaire: nulle autre mention dans l'œuvre du poète ni dans sa correspondance. Il est du reste très difficile d'identifier cette personne. Une piste possible: dans le *Mercure de France* (novembre 1730), p.2533, figure un article nécrologique à propos d'une certaine Elizabeth Mignot, âgée de quatre-vingt-douze ans, veuve de Louis Gosseau de Rochebrune, capitaine au régiment des gardes françaises. Si on se souvient que Mignot est le nom du beau-frère de Voltaire, époux de Marie-Marguerite Arouet, on peut supposer que c'est par l'intermédiaire de sa belle-famille que Voltaire a connu la mystérieuse Mlle de Rochebrune. Reconnaissons cependant qu'il s'agit d'un nom très banal au dix-huitième siècle.

[2] Allusion au *Temple de l'amitié*; voir ci-dessus, p.17-24.

A madame la comtesse de La Neuville
en lui envoyant l'Epître sur la calomnie [1]

Parcourez donc de vos yeux pleins d'attraits
    Ces vers contre la calomnie.
Ce monstre dangereux ne vous blessa jamais;
Vous êtes cependant sa plus grande ennemie.
    Votre esprit sage et mesuré,   5
    Non moins indulgent qu'éclairé,
    Excuse, quand il peut médire;
    Et des vices de l'univers,
    Votre vertu mieux que mes vers,
    Fait à tout moment la satire.   10

a   w68:   comtesse D. L. N.
    EP70:   de **
b   EP70:   envoyant une épître
3   D781, entre 6 et 7:   Plaint nos travers au lieu d'en rire,

[1] Editions: *Mercure de France* (septembre 1749), p.83; *Petit réservoir* (Berlin 1750), iii.95; *Le Portefeuille trouvé ou les tablettes d'un curieux* (Genève [Paris, Duchesne] 1757), i.29; MP61, p.190-91; OC61, p.192; TS61, p.388; NM (1768), v.322-23; W68, xxvii.295; *Nouvelle anthologie française* (Paris 1769), i.103; *Elite de poésies fugitives* (1770), iv.262 (EP70); *Mon petit portefeuille* (Londres 1774), i.26; *Etrennes aux belles* (Paris 1783), p.19. Texte de base: NM.
   Sur Mme de La Neuville, dont le titre de départ ne mentionne que les initiales (*D. L. N.*), voir V 14 (1989), p.538, n.13. Ces vers sont insérés dans une lettre de Voltaire (D781) qui n'est pas datée: K, xv.58 la place en août/septembre 1733, alors que Besterman, suivant Beuchot li.299, la situe en août 1734 (voir D781). Voltaire et Mme Du Châtelet ont pu faire la connaissance de Mme de La Neuville lors d'une visite à Cirey entre le 9 et le 24 juillet 1733 (voir *Voltaire en son temps*, éd. R. Pomeau, Oxford 1995, i.248), et Voltaire envoie avec cette lettre un exemplaire de l'*Epître sur la calomnie*, qui fut composée en juillet 1733 (voir ci-dessus, p.273). Dans la même lettre pourtant, Voltaire appelle Mme Du Châtelet 'ma femme', ce qu'il n'avait l'habitude de faire qu'en 1734 (voir *Voltaire en son temps*, i.247), et fait allusion à l'infidélité qu'elle aurait commise avec Maupertuis à partir de janvier 1734.

496

A monsieur L......[1]

Connaissez mieux l'oisiveté,
Elle est ou folie, ou sagesse;
Elle est vertu dans la richesse,
Et vice dans la pauvreté.
On peut jouir en paix, dans l'hiver de la vie, 5
De ces fruits qu'au printemps sema notre industrie:
Courtisans de la gloire, écrivains, ou guerriers,
Le sommeil est permis; mais c'est sur des lauriers.

5 K: de sa vie
7 OC61: vers omis
   JCP: écrivains et guerriers
8 JCP: sur les lauriers

[1] Manuscrits: BV, annexes manuscrites 49 (écriture de Rieu); GpbVM, ix.65; copie envoyée à Cideville par Voltaire (Cideville, Poésies de Voltaire, f.113*v*). Editions: *Le Journal de la cour et de Paris* (3 octobre 1733), p.158-59 (JCP); W52, ix.476; *Le Portefeuille trouvé ou les tablettes d'un curieux* (Genève [Paris, Duchesne] 1757), i.3; OC61, p.188; MP61, p.183; NM, v.307; W68, xviii.479; W72P, iv.151; W75G, xiii.328; *Poèmes, épîtres et autres poésies* (Genève 1777), p.188 (PP); K, xiv.287. Texte de base: W75G.
  Michel Linant (1708-1749) est un des protégés de Voltaire. Originaire de la région rouennaise, il a dix-neuf ans lorsque Voltaire l'introduit chez Pierre-Robert Le Cornier de Cideville, par une lettre du 17 mars 1732 (D471). C'est dans une lettre à Cideville fin 1732 qu'on trouve les premiers reproches de paresse à l'égard de Linant: 'j'ay bien peur qu'il n'ait la vertu aimable de la paresse, qui devient un grand vice dans un homme qui a sa fortune à faire' (D548). Le poème daterait de l'année 1733: Cideville avait noté ce poème à la fin du recueil manuscrit que lui avait envoyé Voltaire en 1735, le datant de '8bre 1733'. Rappelons que Linant, qui fut le précepteur du fils de Mme Du Châtelet de 1735-1737, remporta, malgré son indolence, trois prix de l'Académie française (voir D2016n, D2069, D2558). Il mourut en 1749, encore jeune. Sur Linant, voir aussi V 14, p.538, n.13.

Réponse de M. de Voltaire[1]

N'attends de moi ton immortalité.
Tu l'obtiendras un jour de ton génie:
N'attends de moi ta première santé;
Ton protecteur, le dieu de l'harmonie,
Te la rendra par son art enchanté: 5
De tes beaux jours la fleur n'est point flétrie.
Mais je voudrais, de tes destins pervers
En corrigeant l'influence ennemie,

a   PT: Réponse de M. de V***.
    K: A M. Lefebvre, en réponse à des vers qu'il avait envoyés à l'auteur
2   K: un jour par ton

[1] Editions: *Journal de la cour et de Paris* (15 juin 1733); *Les Amusemens du cœur et de l'esprit*, t.xiv (La Haye 1742), p.71-72 (AC); *Mercure de France* (février 1743), p.341-42; w64R, v.389; *Le Portefeuille trouvé ou les tablettes d'un curieux* (Genève [Paris, Duchesne] 1757), i.8 (PT); K, xiv.285. Texte de base: AC.
Voltaire accueillit simultanément chez lui, à l'automne 1733, Linant et Lefebvre, deux jeunes gens, 'nés poètes et pauvres', comme il le raconte dans une lettre à Cideville de cette époque (D661).
Linant, par sa paresse, déçoit Voltaire. Lefebvre promet beaucoup, fait 'des vers harmonieux'. Mais le jeune homme n'aura pas le temps de développer ses talents: il va mourir très jeune, sans doute en 1734.
Traditionnellement, on identifie ce Lefebvre au destinataire de la *Lettre sur les inconvénients attachés à la littérature* (M.xxxii.292-96). Notons que Besterman conteste ce texte dans son édition de la correspondance de Voltaire (D.app.57).
Lefebvre avait adressé des vers marotiques à Voltaire, peu de temps avant que le poète ne l'héberge. Voltaire y répondit dans le même style. La datation de l'échange de ces pièces peut être assez précise: en effet, le *Journal de la cour et de Paris*, édité par Henri Duranton (Saint-Etienne 1981), d'après le manuscrit conservé à la Bibliothèque nationale sous la cote fonds fr. 25000, reproduit les deux poèmes à la date du 15 juin 1733.

Contribuer au bonheur d'une vie
Que tu rendras célèbre par tes vers. [2]   10

---

[2] Voici le poème de Lefebvre, tel qu'il se présente dans *Les Amusemens du cœur et de l'esprit*, t.xiv (La Haye 1742), p.71-72:

> Je n'étais plus et ma foi, dans sa barque
> Nocher d'Enfer me juchait tout de bon,
> Quand, ne sais comme, advint que gente Parque
> A de mes jours renoué le cordon.
> Divin harpeur, est-ce par la donzelle,
> Ou bien par toi que je suis ravigoré?
> Le veux savoir, présent d'une chandelle
> Destine à qui plus mieux l'a mérité.
> Dame Atropos aux humains si farouche,
> Onc ne trahit ce qu'elle a projeté,
> Ains on m'a dit qu'un seul mot de ta bouche
> Peut donner mort, ou l'immortalité.

*A madame Du Châtelet, en lui
envoyant l'Histoire de Charles XII* [1]

Le voici ce héros si fameux tour à tour
    Par sa défaite et sa victoire:
S'il eût pu vous entendre et vous voir à sa cour,
Il n'aurait jamais joint (et vous pouvez m'en croire)
A toutes les vertus qui l'ont comblé de gloire   5
    Le défaut d'ignorer l'amour.

1   CL: Le voilà ce

[1] Manuscrits: copie envoyée à Cideville par Voltaire (Cideville, Poésies de Voltaire, f.35*r*); CL: G1 D, f.162-63; Sm 2, p.297-300; Fi, f.24*v*-25 (voir ICL 61:225). Editions: *Opuscules poétiques* (Paris 1773), p.15 (OP); K, iv.297. Texte de base: OP.
   On peut dater avec vraisemblance ces vers de l'automne 1733. Voltaire n'a pas dû rester longtemps sans offrir à Mme Du Châtelet une de ses principales œuvres. Leur liaison date de l'été 1733. Or à l'automne paraît une nouvelle édition de l'*Histoire de Charles XII* 'dans la quelle on a corrigé baucoup d'erreurs' (D654) et qu'il envoie aussi à la duchesse d'Aiguillon, vraisemblablement au mois d'octobre (D664). Voltaire oppose sa propre sensibilité à l'indifférence de Charles XII, dont il dit au début du livre II qu''il renonça [...] aux femmes pour jamais' (V 4, p.197).

A M. de Forcalquier, qui avait eu ses cheveux coupés
par un boulet de canon au siège de Kehl.
1733 [1]

Des boulets allemands la pesante tempête
    A, dit-on, coupé vos cheveux:
    Les gens d'esprit sont fort heureux
    Qu'elle ait respecté votre tête.
On prétend que César, le phénix des guerriers,   5
N'ayant plus de cheveux, se coiffa de lauriers.
Cet ornement est beau, mais n'est plus de ce monde.
    Si César nous était rendu,
Et qu'en servant Louis il eût été tondu,
Il n'y gagnerait rien qu'une perruque blonde.   10

---

[1] Manuscrit: CL: Sm 3, p.79 (voir ICL 62:068). Edition: K, xiv.297. Texte de base: K.

   Le Journal de la cour et de Paris (9 novembre 1733) signale que, lors du siège du fort de Kehl, 'M. le comte de Forcalquier, fils unique de M. le marquis de Brancas, a eu la moitié de ses cheveux et sa bourse emportés d'un coup de feu.' Cependant les exploits militaires n'étaient pas l'atout majeur de Louis-Bufile de Brancas, comte de Forcalquier, qui préférait la vie mondaine. Il laissa d'ailleurs quelques comédies manuscrites qui ne furent jouées qu'en société. Juste après avoir rencontré M. de Forcalquier, Voltaire raconte à la duchesse de Saint-Pierre: 'le dieu de l'amour n'avait point besoin d'une perruque blonde, ses cheveux n'étaient pas si dérangés que les boulets du fort de Kehl le laissèrent craindre et il avait beaucoup d'esprit' (15 novembre 1733; D676). Le poème est donc antérieur à la lettre, et peut-être de peu, car on retrouve dans ces deux écrits les mêmes expressions. Sur M. de Forcalquier, voir aussi V 14, p.531-33.

Vers sur l'élection du roi Stanislas [1]

Il fallait un monarque aux fiers enfants du Nord:
Un peuple de héros s'assemblait pour l'élire;
Mais l'aigle de Russie et l'aigle de l'Empire
Menaçaient la Pologne, et maîtrisaient le sort.
De la France aussitôt, son trône et sa patrie,
La Vertu descendit aux champs de Varsovie.

5

a W64R(i): Au roi Stanislas, lorsqu'il traversa l'Empire, pour remonter sur le trône de Pologne, après la mort du roi Auguste.

NA69: Sur l'élection du roi Stanislas

EP70: Au roi Stanislas

K: Au roi Stanislas, sur sa seconde élection au trône de Pologne

2 W64R(i): héros se pressait pour

3 MS1: L'aigle de Moscovie et

4 W64R(i): maîtrisaient son sort

[1] Manuscrit: MS1, copie envoyée à Cideville par Voltaire (Cideville, Poésies de Voltaire, f.113v). Editions: PT, i.270; TS61, p.416; W64R, i(2).671, iii(2).99; *Nouvelle anthologie française* (Paris 1769), ii.236 (NA69); *Elite de poésies fugitives* (1770), iv.206 (EP70); K, xiv.303. Texte de base: PT.

Voltaire, depuis le mariage de Louis XV en 1725, a cherché à se ménager les bonnes grâces de Marie Leszczynska et de son père Stanislas. En 1731, dans l'*Histoire de Charles XII*, il le flatte et ne présente pas sous un jour favorable le roi Auguste II qui l'a détrôné. L'attitude de Voltaire repose certes sur la sympathie que lui inspire la reine, mais surtout sur un sens de l'ambition personnelle assez aiguisé (voir D249, D252). Ce poème concerne la seconde élection de Stanislas au trône de Pologne. Rappelons brièvement les faits. Stanislas avait été chassé du trône par le tsar Pierre le Grand et s'était retiré à Wissembourg. Auguste II avait pris sa place; or, à sa mort, en février 1733, plusieurs candidats furent proposés. Les puissances voisines, Autriche et Russie, soutenaient l'électeur de Saxe. La France poussait Stanislas à rentrer en Pologne. Un voyage rocambolesque fut entrepris pour déjouer les plans de la flotte russe, prête à intervenir. Finalement, le 11 septembre 1733, Stanislas, avec l'appui du primat, fut élu à l'unanimité. Le poème date des quelques mois qui ont suivi. La Russie et l'Autriche n'en restèrent pas là: ce fut la guerre de Succession de Pologne qui aboutit à la fuite de Stanislas, puis au traité de Vienne, en 1738, lui donnant la Lorraine et installant Auguste III de Saxe sur le trône de Pologne.

Mars conduisait ses pas; Vienne en frémit d'effroi:
La Pologne à genoux courut la reconnaître.
Peuples nés, leur dit-elle, et pour Mars et pour moi,
De nos mains à jamais recevez votre maître: 10
Stanislas à l'instant vint, parut, et fut roi.

8   K: La Pologne respire en la voyant paraître
9   w64R(i):   Peuple né, lui dit-elle,
     NA69, EP70, K: Peuples nés, lui dit-elle,
10   MS1:   De mes mains en ce jour recevez

A M. **, qui était à l'armée d'Italie.
1735[1]

Ainsi le bal et la tranchée,[2]
Les boulets, le vin et l'amour
Savent occuper tour à tour
Votre vie, aux devoirs, aux plaisirs attachée.
Vous suivez de Villars[3] les glorieux travaux,   5
A de pénibles jours joignant des nuits passables.
Eh bien, vous serez donc le second des héros,[4]
Et le premier des gens aimables.

---

[1] Edition: K, xiv.305. Texte de base: K.

Selon Beuchot, ces vers seraient adressés au comte de Sade, frère de l'abbé de Sade avec qui Emilie Du Châtelet correspond régulièrement, et aide de camp du maréchal de Villars. Indices concordants: en mai 1733 (D672 et n.1) Voltaire et le comte de Sade échangent des vers sur la même campagne d'Italie, où Villars et l'amour sont également mis en parallèle. L'édition de Kehl propose la date de 1735. Mais Villars est encore ici le premier des héros, or il est mort en décembre 1734; et le premier vers paraît faire allusion au siège de Milan (1733), que Pierre-Joseph Bernard, dit Gentil-Bernard, après y avoir participé, a chanté dans son poème des *Campagnes d'Italie* (*Œuvres de Bernard*, Paris an XI-1803, i.9-10): le siège y voisine avec des bals et des conquêtes galantes, 'Et les amants, et les beautés sensibles / Dansent au bruit des tonnerres de Mars' (p.9). Le siège ayant pris fin le 30 décembre 1733, Voltaire a pu écrire ces vers en décembre 1733 ou aux premiers jours de 1734.

[2] L'un des moyens d'approcher une ville assiégée.

[3] Le maréchal de Villars avait été chargé de commander, à plus de quatre-vingt ans, l'armée d'Italie pendant la guerre de succession de Pologne (sur cette guerre, voir ci-dessus, p.502). Après avoir franchi les Alpes, il conquit le Milanais.

[4] Après Villars, dont la gloire est inégalable – mais que l'âge excluait des amours.

Académie royale des inscriptions et belles-lettres, *Histoire et mémoires de littérature tirés des registres de l'Académie* (Paris 1717-1809).

Addison, Joseph, *The Spectator*, ed. D. F. Bond (Oxford 1965).

The Age of the Enlightenment: studies presented to Theodore Besterman, ed. W. H. Barber *et al.* (Edinburgh, London 1967).

Aïssé, Charlotte-Elisabeth Aïcha, known as Mlle, *Lettres de Mlle Aïssé à Mme Calendrini* (Paris 1873).

Alembert, Jean Le Rond d', *Histoire des membres de l'Académie française morts depuis 1700 jusqu'en 1771* (Paris 1785-1787).

Allainval, Léonor-Jean-Christine Soulas d', *Le Temple du goût, comédie* (La Haye [Mantes] 1733).

Argens, Jean-Baptiste de Boyer, marquis d', *Mémoires secrets* (Amsterdam [La Haye] 1737-1748).

– *Réflexions historiques et critiques sur le goût et sur les ouvrages des principaux auteurs anciens et modernes* (Amsterdam 1743).

Argenson, René-Louis de Voyer de Paulmy, marquis d', *Journal et mémoires*, ed. E. J. B. Rathery (Paris 1859-1867).

– *Les Loisirs d'un ministre, ou essais dans le goût de ceux de Montaigne, composés en 1736* (Liège 1787).

– *Notices sur les œuvres de théâtre*, ed. Henri Lagrave, Studies 42-43 (1966).

Aristote, *La Poétique d'Aristote*, trans. André Dacier (Paris 1692).

Auvigny, Jean Du Castre d', *Observations critiques sur le Temple du goût* (s.l. 1733).

Bachaumont, Louis Petit de, *Mémoires secrets pour servir à l'histoire de la république des lettres en France depuis 1762 jusqu'à nos jours* (Londres 1777-1789).

Barber, W. H., *Leibniz in France from Arnauld to Voltaire* (Oxford 1955).

– 'Voltaire and Molière', *Molière: stage and study: essays in honour of W. G. Moore*, ed. W. D. Howarth and Merlin Thomas (Oxford 1973), p.201-17.

Bate, Walter Jackson, *Samuel Johnson* (London 1978).

Bayle, Pierre, *Dictionnaire historique et critique* (Rotterdam 1720).

Beauvais, Guillaume, 'Lettre de M. Beauvais à M. l'abbé de Maligney [...] sur la mort de M. l'abbé de Rothelin', *Mercure de France* (September 1744), p.2032-41.

Belin, J.-P., *Le Commerce des livres prohibés à Paris de 1750 à 1789* (Paris 1913).

Bengesco, Georges, *Voltaire: bibliographie de ses œuvres* (Paris 1882-1890).

Bernard, Pierre-Joseph, *Œuvres de Bernard* (Paris an XI-1803).

Bernis, François-Joachim de Pierres de, *Mémoires et lettres*, ed. Frédéric Masson (Paris 1878).

Bertaut, Jules, *La Vie littéraire en France au XVIIIe siècle* (Paris 1954).

Besterman, Theodore, 'A provisional bibliography of Italian editions and translations of Voltaire', *Studies* 18 (1961), p.263-306.

– 'A provisional bibliography of Scandinavian and Finnish editions and translations of Voltaire', *Studies* 47 (1966), p.53-92.

– *Voltaire* (London 1969).

– *Voltaire on the arts: unity and paradox* (Oxford 1974).

Bibliothèque de Voltaire: catalogue des livres (Moscou, Leningrad 1961).

Bibliothèque française (1723-1746).

Bibliothèque nationale de France, *Catalogue général des livres imprimés de la Bibliothèque nationale: auteurs*, tome 214, Voltaire (Paris 1978).

Bibliothèque raisonnée des ouvrages des savants de l'Europe (1728-1753).

Bibliothèque universelle des romans (1775-1789).

Bluche, J.-F., *Les Magistrats du Parlement de Paris au XVIIIᵉ siècle: 1715-1771* (Paris 1960).

Boileau-Despréaux, Nicolas, *Correspondance entre Boileau-Despréaux et Brossette*, ed. Auguste Laverdet (Paris 1858).

– *Œuvres [...] avec des éclaircissements historiques*, ed. Claude Brossette (Genève 1716).

Boindin, Nicolas, *Mémoire pour servir à l'histoire des couplets de 1710 attribués faussement à M. Rousseau* (Bruxelles 1752).

Boissier, Gaston, 'Un savant d'autrefois', *Revue des deux mondes* 92 (1871).

Bonnafé, Edmond, *Recherches sur les collections des Richelieu* (Paris 1883).

Bonnet, Jacques, and Pierre Michon Bourdelot, *Histoire générale de la danse sacrée et prophane* (Paris 1724).

– *Histoire de la musique* (Amsterdam 1725).

Bossuet, Jacques Bénigne de, *Discours sur l'histoire universelle* (Paris 1732).

Bouchet, Emile, 'Guillaume Beauvais, notice biographique', *Mémoires de la Société dunkerquoise pour l'encouragement des sciences, des lettres et des arts* (1871-1872), xvii.253-58.

Bougainville, Jean-Pierre de, *L'Anti-Lucrèce, poème sur la religion naturelle* (Paris 1749).

Bouhier, Jean, *Correspondance littéraire du président Bouhier*, ed. Henri Duranton (Saint-Etienne 1976-1988).

Bouhours, Dominique, *Pensées ingénieuses des anciens et des modernes* (Paris 1722).

Brenner, Clarence D., *A bibliographical list of plays in the French language 1700-1789* (Berkeley 1947).

Brice, Germain, *Description nouvelle de ce qu'il y a de plus remarquable dans la ville de Paris* (Paris 1752).

– *Nouvelle description de la ville de Paris*, 8th ed. (Paris 1725).

Brossette, Claude, *Correspondance de J.-B. Rousseau et de Brossette*, ed. Paul Bonnefon (Paris 1910).

Brown, Andrew, 'Calendar of Voltaire manuscripts other than correspondence', *Studies* 77 (1970), p.11-101.

– and Ulla Kölving, 'Voltaire and Cramer', *Le Siècle de Voltaire: hommage à René Pomeau* (Oxford 1987), i.149-83.

Brumfitt, J. H., *Voltaire historian* (Oxford 1958).

Bruzen de La Martinière, Antoine-Augustin, *Nouveau receuil des épigrammatistes français anciens et modernes* (Amsterdam 1720).

– *Vie de monsieur de Molière*, in *Les Œuvres de monsieur de Molière. Nouvelle édition, revue, corrigée et augmen-*

tée d'une nouvelle vie de l'auteur (Amsterdam 1725), i.8-16.

Bussy-Rabutin, Roger Rabutin, comte de Bussy, known as, *Lettres de messire Roger de Rabutin, comte de Bussy* (Amsterdam 1731).

Calmet, Augustin, *Histoire universelle sacrée et profane* (Paris 1735-1747).

Carriera, Rosalba, *Journal [...] pendant son séjour à Paris en 1720 et 1721*, trad. A. Sousier (Paris 1865).

Cartaud de La Villatte, François, *Essai historique et philosophique sur le goût* (Amsterdam 1736).

Castel, Louis-Bertrand, *Mathématique universelle abrégée, à l'usage et à la portée de tout le monde* (Paris 1728).

Catalogue des tableaux flamands du cabinet de feu S. A. R. monseigneur le duc d'Orléans (Paris 1727).

Chapelle, Claude-Emmanuel Lhuilier, known as, *Voyage de messieurs F. Le Coigneux de Bachaumont et C.E.L.C.* (Paris 1732).

Chasles, François-Jacques, *Dictionnaire universel, chronologique et historique, de justice, police, et finances* (Paris 1725).

Chateauneuf, François de, *Dialogue sur la musique des anciens* (Paris 1725).

Châtellier, Louis, 'Voltaire, Colmar, les Jésuites et l'histoire', *Revue d'Alsace* 106 (1980), p.69-82.

Chaulieu, Guillaume Amfrye de, *Œuvres*, ed. Toussaint Rémond de Saint-Mard (Amsterdam 1757).

–, and Charles-Auguste, marquis de La Fare, *Poésies de monsieur l'abbé de Chaulieu et de monsieur le marquis de la Fare* (Amsterdam 1724).

Chouillet, Jacques, *L'Esthétique des Lumières* (Paris 1974).

Cioranescu, Alexandre, *L'Arioste en France des origines à la fin du XVIIIᵉ siècle* (Paris 1939).

Clément, Jean-Marie-Benoît, *Première (-Neuvième) lettre à M. de Voltaire* (La Haye, Paris 1773-1776).

Clément de Ris, Louis Torterat, comte, *Les Amateurs d'autrefois* (Paris 1877).

Colton, Judith, *The 'Parnasse françois': Titon Du Tillet and the origins of the monument to genius* (New Haven, London 1979).

Courville, Xavier de, *Un apôtre de l'art du théâtre au XVIIIᵉ siècle: Luigi Riccoboni dit Lélio (1716-1731)* (Paris 1943-1945).

Cousin, Jules, *Le Comte de Clermont, sa cour et ses maîtresses* (Paris 1867).

Cronk, Nicholas, 'The epicurean spirit: champagne and the defence of poetry in Voltaire's *Le Mondain*', *Studies 371 (1999)*, p.53-80.

Crozat, Pierre, *Recueil d'estampes d'après les plus beaux tableaux et d'après les plus beaux dessins qui sont en France* (Paris 1729).

Curtis, Judith, 'Voltaire, d'Allainval and *Le Temple du goût*', *Romance notes* 15 (1974), p.439-44.

Dacier, Emile, *Mademoiselle Sallé (1707-1756)* (Paris 1909).

–, J. Hérold and A. Vuaflart, *Jean de Jullienne et les graveurs de Watteau au XVIIIᵉ siècle* (Paris 1921-1929).

Dangeau, Philippe de Courcillon, marquis de, *Journal*, ed. Soulié *et al.* (Paris 1854-1860).

Desfontaines, Pierre-François Guyot, *Dictionnaire néologique*, 3rd ed. (Amsterdam 1728).

– *Observations sur les écrits modernes* (1735-1743).

La Voltairomanie, ou lettre d'un jeune avocat en forme de mémoire, en réponse au libelle du sieur de Voltaire, intitulé 'Le Préservatif' (s.l. [1738]).

Desmolets, Pierre-Nicolas, and Claude-Pierre Goujet, *Continuation des Mémoires de littérature et d'histoire* (Paris 1726-1731).

Dictionnaire universel français et latin [*Dictionnaire de Trévoux*] (Paris 1752).

Diderot, Denis, *Sur la liberté de la presse*, ed. Jacques Proust (Paris 1964).

– *Œuvres complètes*, ed. J. Assézat and M. Tourneux (Paris 1875-1877).

Dromgold, Jean, *Réflexions sur un imprimé intitulé 'La Bataille de Fontenoy, poème'* (s.l. 1745).

Dubos, Jean-Baptiste, *Réflexions critiques sur la poésie et sur la peinture* (Paris 1719).

– – (Utrecht 1732).

Encyclopédie, ou dictionnaire raisonné des sciences, des arts et des métiers (Paris, Neuchâtel 1751-1772).

Fauchon, A., 'Sociétés savantes orléanaises du XVIIIe siècle', *Mémoires de la Société d'agriculture, sciences, belles-lettres et arts d'Orléans* (1924), xix.1-127.

Félibien, André, sieur Des Avaux et de Javercy, *Entretiens sur les vies et sur les ouvrages des plus excellents peintres anciens et modernes; avec la Vie des architectes* [by J.-F. Félibien] (Trévoux 1725).

Fenger, Henning, 'Voltaire et le théâtre anglais', *Orbis litterarum* 7 (1949), fasc. 3-4.

Fontenelle, Bernard Le Bovier de, *Œuvres* (Paris 1766).

– *Œuvres diverses* (Paris 1724).

– *Discours prononcés dans l'Académie française le jeudy 6 mars MDCCXXXII à la réception de M. l'évêque de Luçon* (Paris 1732).

– *Entretiens sur la pluralité des mondes*, ed. Robert Shackleton (Oxford 1955).

Fournier, Joseph, *La Chambre de commerce de Marseille et ses représentants permanents à Paris (1599-1875)* (Marseille 1920).

Fraguier, Claude-François, 'Qu'il ne peut y avoir de poèmes en prose' (11 août 1719), in *Histoire et mémoires de littérature tirés des registres de l'Académie royale des inscriptions et belles-lettres* (Paris 1717-1809), vi.265-77.

Fréron, Elie-Catherine, *L'Année littéraire* (Paris 1754-1776).

Fromm, Hans, *Bibliographie deutscher Übersetzungen aus dem Französischen 1700-1948* (Baden-Baden 1950-1953).

Gachet d'Artigny, Antoine, *Relation de ce qui s'est passé dans une assemblée tenue au bas du Parnasse pour la réforme des belles-lettres* (La Haye 1739).

Gacon, François, *Anti-Rousseau, par le poète sans fard* (Rotterdam 1712).

Gayot de Pitaval, François, *Causes célèbres et intéressantes, avec les jugements qui les ont décidées* (Paris 1739-1754).

Gazette de France (1631-1792).

Giraud, Claude-Marie, *Vision de Sylvius Graphalètes, ou le Temple de Mémoire* (Londres 1767).

Girdlestone, Cuthbert, *La Tragédie en musique (1673-1750), considérée comme genre littéraire* (Genève 1972).

Goujet, Claude-Pierre, *Lettre de M*** à un ami, au sujet du Temple du goût de M. de V**** (s.l. 1733).

Grimarest, Jean-Léonor Le Gallois, sieur de, *La Vie de M. de Molière*, ed. Georges Mongrédien (Paris 1955).

Grimm, Friedrich Melchior, *Correspondance littéraire, philosophique et critique*, ed. Maurice Tourneux (Paris 1877-1882).

Griselle, E., 'Lettres du cardinal de Polignac à l'abbé de Rothelin (1725-1732)', *Documents d'histoire*, 2ᵉ année (1911), p.89-112, 254-311.

Grubbs, Henry A., *J. B. Rousseau, his life and works* (Princeton 1941).

Guéret, Gabriel, *Le Parnasse réformé* (Paris 1671).

Guibert, Albert-Jean, *Bibliographie des œuvres de Molière publiées au XVIIᵉ siècle* (Paris 1961).

Gunny, Ahmad, *Voltaire and English literature*, Studies 177 (1979).

Hanley, William, 'The policing of thought: censorship in eighteenth-century France', *Studies* 183 (1980), p.265-95.

Hattori, C., *Pierre Crozat (1665-1740), un financier, collectionneur et mécène*, thèse, Université de Paris-IV (1998).

Hénault, Charles-Jean-François, *Mémoires*, ed. F. Rousseau (Paris 1911).

Hermann-Mascard, Nicole, *La Censure des livres à la fin de l'ancien régime (1750-1789)* (Paris 1968).

Herzel, Roger W., *The Original castings of Molière's plays* (Ann Arbor 1981).

Hierarchia catholica medii et recentioris aevi (Patavii 1958).

Hillairet, Jacques, *Evocation du vieux Paris* (Paris 1953-1958).

Homer, *L'Iliade d'Homère, traduite en français avec des remarques*, trans. Anne Lefebvre Dacier (Paris 1719).

Horace, *Œuvres d'Horace en latin et en français, avec des remarques critiques et historiques*, trans. André Dacier, 4th ed. (Amsterdam 1727).

Houtteville, Claude-François, *La Religion chrétienne prouvée par les faits* (Paris 1722).

Howarth, William D., *Molière: a playwright and his audience* (Cambridge 1982).

Huet, Pierre-Daniel, *Commentarius de rebus ad eum pertinentibus* (Amstelodami 1718).

Hytier, A., 'Diderot and Molière', *Diderot studies* 8 (1966), p.77-103.

Jacotin, Antoine, *Preuves de la maison de Polignac* (Paris 1898-1906).

Joannidès, A., *La Comédie française de 1680 à 1900: dictionnaire général des pièces et des auteurs* (Paris 1901).

Journal de la cour et de Paris, ed. Henri Duranton (Saint-Etienne 1981).

Journal littéraire (1715-1739).

Jurgens, Madeleine, and Elizabeth Maxfield-Miller, *Cent ans de recherches sur Molière, sur sa famille et sur les comédiens de sa troupe* (Paris 1963).

Labriolle, Marie-Rose de, *'Le Pour et contre' et son temps*, Studies 34-35 (1965).

Lacroix, P., *Bibliographie moliéresque*, 2nd ed. (Paris 1875).

La Fare, Charles-Auguste, marquis de, *Mémoires et réflexions sur les principaux événements du règne de Louis XIV et sur le caractère de ceux qui y ont eu la principale part* (Rotterdam [Rouen] 1716).

Lagrave, Henri, *Le Théâtre et le public à Paris de 1715 à 1750* (Paris 1972).

La Motte, Antoine Houdar de, *Fables nouvelles* (Paris 1719).

– *Odes*, 5th ed. (Amsterdam 1719).

– *Œuvres* (Paris 1753-1754).

– *Les Œuvres de théâtre* (Paris 1730).

Lancaster, Henry Carrington, 'The Comédie française 1701-1774: plays, actors, spectators, finances', *Transactions of the American philosophical society* n.s. 41 (1951), p.593-849.

Languet de Gergy, Jean-Joseph, *La Vie*

de la vénérable mère Marguerite Marie [...] *morte en odeur de sainteté en 1690* (Paris 1729).

Lanson, G., 'Molière et la farce', *Revue de Paris* (May 1901).

La Porte, Joseph de, *Histoire littéraire des femmes françaises* (Paris 1769).

La Serre, Jean-Louis-Ignace de, *Mémoires sur la vie et les ouvrages de Molière*, in *Œuvres de Molière, nouvelle édition* (Paris 1734), i.XIX-LXIV.

Lecerf de La Viéville, Jean-Laurent, *Comparaison de la musique italienne et de la musique française* (Bruxelles 1704).

Lecouvreur, Adrienne, *Lettres*, ed. Georges Monval (Paris 1892).

Lenglet Du Fresnoy, Pierre-Nicolas, *Méthode pour étudier la géographie*, 3rd ed. (Paris 1742).

Lenient, C., *La Satire en France ou la littérature militante au XVIème siècle* (Paris 1866).

Lettre de monsieur l'abbé Carbasus à monsieur de *** auteur du Temple du goût sur la mode des instruments de musique (Paris 1739).

Limojon de Saint-Didier, Ignace-François de, *Le Voyage du Parnasse* (Rotterdam 1716).

Lough, John, *Paris theatre audiences in the seventeenth and eighteenth centuries* (London 1957).

Lowenstein, Robert, *Voltaire as an historian of seventeenth-century French drama*, Johns Hopkins studies in Romance literature and languages 25 (Baltimore 1935).

Luchet, Jean-Pierre-Louis de La Roche Du Maine, marquis de, *Histoire littéraire de M. de Voltaire* (Cassel 1780).

Luynes, Charles-Philippe d'Albert, duc de, *Mémoires du duc de Luynes sur la cour de Louis XV (1735-1758)*, ed. L. Dussieux and E. Soulié (Paris 1860-1865).

Mannory, Louis, and Louis Travenol, *Voltariana, ou éloges amphigouriques de Fr.-Marie Arrouet, sieur de Voltaire* (Paris 1748)

Marais, Mathieu, *Journal et mémoires sur la Régence et le règne de Louis XV (1715-1737)*, ed. M. de Lescure (Paris 1863-1868).

Mariette, Pierre-Jean, *L'Architecture française*, ed. L. Hautecœur (Paris 1927).

Martin, Gabriel, *Catalogue des livres de feu M. l'abbé d'Orléans de Rothelin* (Paris 1746).

– *Catalogue des livres de feue madame la comtesse de Verrue* (Paris 1737).

Maupoint, *Bibliothèque des théâtres, contenant le catalogue alphabétique des pièces dramatiques, opéras, parodies et opéras comiques, et le temps de leurs représentations* (Paris 1733).

Maurepas, Jean-Frédéric Phélypeaux, comte de, *Recueil dit de Maurepas* (Leyde 1865).

Mayer, Charles-Joseph de, *Le Cabinet des fées* (Amsterdam, Paris 1785-1789).

Mémoires pour l'histoire des sciences et des beaux-arts [Mémoires de Trévoux] (1701-1767).

Ménage, Gilles, *Observations sur la langue française* (Paris 1676).

Menant, Sylvain, *La Chute d'Icare: la crise de la poésie française (1700-1750)* (Genève 1981).

Mercure de France (1724-1728).

Mervaud, Christiane, 'Voltaire et Fontenelle', in *Fontenelle: actes du colloque tenu à Rouen du 6 au 10 octobre 1987*, ed. A. Niderst (Paris 1989), p.317-28.

Miller, John Richardson, *Boileau en*

France au dix-huitième siècle (Baltimore 1942).

Milton, John, *A defence of the people of England* ([Amsterdam] 1692).

– *Defensio secunda pro populo anglicano* (Hagae-Comitum 1654).

Moffat, Margaret Mary, *Rousseau et la querelle du théâtre au XVIIIe siècle* (Paris 1930).

Molière, Jean-Baptiste Poquelin, known as, *Les Œuvres de monsieur de Molière, revues, corrigées et augmentées*, ed. La Grange and M. Vivot (Paris 1682).

– *Les Œuvres de monsieur de Molière. Nouvelle édition, revue, corrigée et augmentée d'une nouvelle vie de l'auteur* (Amsterdam 1725).

– *Œuvres de Molière. Nouvelle édition* (Paris 1734).

Mongrédien, Georges, 'Les biographes de Molière au xviiie siècle', *Rhl* 56 (1956), p.342-54.

– *Recueil des textes et des documents du XVIIe siècle relatifs à Molière* (Paris 1965).

Monod-Cassidy, Hélène, *Un voyageur-philosophe au XVIIIe siècle: l'abbé Jean-Bernard Le Blanc* (Cambridge, Mass. 1941).

Montesquieu, Charles-Louis de Secondat, baron de La Brède et de, *Œuvres complètes*, ed. André Masson (Paris 1950-1955).

Moulin, Henri, 'Titon Du Tillet et son Parnasse', *Bulletin du bibliophile* (1883), p.1-19.

Nablow, Ralph A., *A study of Voltaire's lighter verse*, Studies 126 (1974).

Naves, Raymond, *Le Goût de Voltaire* (Paris 1938).

Nouvelles ecclésiastiques (1728-1803).

Nouvelles de la République des lettres (1684-1718).

Parfaict, François and Claude, *Histoire du théâtre français, depuis son origine jusqu'à présent* (Paris 1734-1749).

Paris, Paulin, 'Le marquis de Lassay et l'hôtel Lassay', *Bulletin du bibliophile* (1848), p.719-38.

Paul, Pierre, *Le Cardinal Melchior de Polignac* (Paris 1922).

Pellisson-Fontanier, Paul, and Pierre-Joseph Thoulier d'Olivet, *Histoire de l'Académie française*, 2nd ed. (Paris 1730).

Perrin, Denis-Marius de, *Entretien de deux Gascons à la promenade sur le Temple du goût* (Ephèse, aux dépens des héritiers d'Hérostrate, 1733).

Photiadès, Constantin, *La Reine des Lanturelus: Marie Thérèse Geoffrin, marquise de La Ferté-Imbault (1715-1791)* (Paris 1928).

Pièces de poésie qui ont remporté le prix de l'Académie française depuis 1671 jusqu'à 1747 (Paris 1747).

Piles, Roger de, *Abrégé de la vie des peintres* (Paris 1715).

– *Conversations sur la connaissance de la peinture* (Paris 1678).

– *Cours de peinture par principes* (Paris 1708).

– *Dissertation sur les ouvrages des plus fameux peintres* (Paris 1682).

Polignac, Melchior de, *Anti-Lucretius, sive de Deo et natura, libri novem* (Paris 1747).

– *L'Anti-Lucrèce, poème sur la religion naturelle*, trans. Jean-Pierre de Bougainville (Paris 1749).

Pomeau, René, *La Religion de Voltaire* (Paris 1969).

– et al., *Voltaire en son temps*, 2nd ed. (Oxford, Paris 1995).

Pope, Alexander, *Essai sur la critique,*

trans. Jean-François Du Bellay Du Resnel (Paris 1730).

Le Pour et contre (1733-1740).

Rabelais, François, *Œuvres de maître François Rabelais*, ed. P.-F. Jamet and T.-S. Gueulette ([Paris] 1732).

Racine, Jean, *Œuvres* (Paris 1728).

– *Œuvres complètes*, ed. R. Picard (Paris 1950).

Racine, Louis, *Remarques sur les tragédies de Jean Racine* (Amsterdam 1752).

Rambaud, M., *Documents du Minutier central concernant l'histoire de l'art, 1700-1750* (Paris 1971).

Raunié, Emile, *Chansonnier historique du dix-huitième siècle* (Paris 1879-1884).

Recueil dit de Maurepas (Leyde 1865).

Rétat, Pierre, *Le Dictionnaire de Bayle et la lutte philosophique au XVIIIᵉ siècle* (Paris 1971).

Retz, Jean-François-Paul de Gondi de, *Mémoires du cardinal de Retz contenant ce qui s'est passé de remarquable en France pendant les premières années du règne de Louis XIV* (Amsterdam 1731).

Riccoboni, Luigi, *Histoire du théâtre italien* (Paris 1728-1731).

– *Observations sur les comédies de Molière et sur le génie de Molière* (Paris 1736).

– *De la réformation du théâtre* (Paris 1743).

Richelet, Pierre, *Dictionnaire de rimes*, ed. P.-C. Berthelin (Paris 1751).

– *Nouveau dictionnaire français* (Amsterdam 1732).

Rocheblave, Samuel, *Essai sur le comte de Caylus* (Paris 1889).

Rollin, Charles, *De la manière d'enseigner et d'étudier les belles-lettres, par rapport à l'esprit et au cœur* (Paris 1726-1718).

– *Histoire ancienne des Egyptiens* (Paris 1730-1738).

Romagnesi, Jean-Antoine, *Le Temple du Goût, comédie* (Paris 1733).

Rothelin, Charles[-Alexandre?], abbé de, *Compliments faits au roi et à la reine sur la mort de la reine de Sardaigne* (Paris 1728).

– *Discours prononcés dans l'Académie française le 28 juin 1728, à la réception de M. l'abbé de Rothelin* (Paris 1728).

– *Discours prononcés dans l'Académie française le lundi 10 janvier 1729, à la réception de M. l'évêque d'Angers* (Paris 1729).

– *Discours prononcés dans l'Academie française le 15 mars 1731, à la réception de M. l'abbé Séguy* (Paris 1736).

– *Discours prononcés dans l'Académie française le 10 janvier 1737, à la réception de M. de Foncemagne* (Paris 1737).

– *Observations et détails sur la collection des grands et petits voyages* (1742, reprinted without the author's name in the first volume of Lenglet Du Fresnoy's *Méthode pour étudier la géographie*, Paris 1742, i.II.441-82).

Rouchon, Ulysse, *La Mission du cardinal de Polignac à Rome (1724-1732)* (Paris 1927).

Rousseau, André-Michel, *L'Angleterre et Voltaire*, Studies 145-147 (1876).

Rousseau, Jean-Baptiste, *Œuvres*, ed. J. A. Amar (Paris 1820).

– and Claude Brossette, *Correspondance de J.-B. Rousseau et de Brossette*, ed. Paul Bonnefon (Paris 1910-1911).

Rousseau, Jean-Jacques, *Correspondance complète*, ed. Ralph A. Leigh (Genève, Banbury, Oxford 1965-1998).

Roy, Pierre-Charles, *Essai d'apologie des auteurs censurés dans le Temple du goût* (s.l. 1733).

– *Œuvres diverses* (Paris 1727).

Sabatier de Castres, Antoine, *Tableau*

philosophique de l'esprit de M. de Voltaire (Genève 1771).

Saint-Evremond, Charles de Marguetel de Saint-Denis, seigneur de, *Œuvres de monsieur de Saint-Evremond*, ed. Pierre Desmaizeaux (Amsterdam 1726).

– *Œuvres en prose*, ed. R. Ternois (Paris 1966).

Saint-Simon, Louis de Rouvroy, duc de, *Mémoires*, ed. Yves Coirault (Paris 1983-1988).

Sarasin, Jean-François, *Les Œuvres de M. Sarasin*, ed. Gilles Ménage (Paris 1696).

Segrais, Jean Regnauld de, *Œuvres* (Amsterdam 1723).

– *Œuvres diverses* (Amsterdam 1723).

Sénecé, Antoine Bauderon de, *Lettre de Clément Marot à monsieur de **** (Cologne 1688).

Seth, Catriona, 'Epaves et trésors cachés: les Voltaires de la bibliothèque de Cideville', in *Voltaire et l'Europe: mélanges en l'honneur de Christiane Mervaud* (Oxford 2000).

Shackleton, Robert, *Montesquieu: a critical biography* (Oxford 1961).

Shaw, Edward P., *François Augustin Paradis de Moncrif* (New York 1958).

Stuffman, Margret, 'Les tableaux de la collection de Pierre Crozat', *Gazette des beaux-arts* 72 (1968), p.11-144.

Tave, Stuart M., *The Amiable humorist: a study in the comic theory and criticism of the eighteenth and early nineteenth centuries* (Chicago, London 1960).

Taylor, Owen R., 'Voltaire iconoclast: an introduction to *Le Temple du goût*', *Studies* 212 (1982), p.11-81.

– 'Voltaire's apprenticeship as a historian: *La Henriade*', in *The Age of the Enlightenment: studies presented to*

Theodore Besterman (Edinburgh, London 1967).

Taylor, S. S. B., 'Le développement du genre comique en France de Molière à Beaumarchais', *Studies* 90 (1972), p.1545-66.

– 'The definitive text of Voltaire's works: the Leningrad *encadrée*', *Studies* 124 (1974), p.7-132.

– 'Voltaire's humour', *Studies* 179 (1979), p.101-16.

– 'Le geste chez les maîtres italiens de Molière', *XVIIe siècle* 132 (1981), p.285-301.

– '*Vis comica* and comic vices: catharsis and morality in comedy', *Forum for modern language studies* 24 (1988), p.321-31.

Le Temple du Goût, ou les fêtes de Tempé (Plaisance 1769).

Terrasson, Jean, *Séthos* (Paris 1731).

Théâtre français, ou recueil de toutes les pièces françaises restées au théâtre (Genève 1767-1768).

Titon Du Tillet, Evrard, *Description du Parnasse français* (Paris 1727).

— (Paris 1732).

Trapnell, William H., 'Survey and analysis of Voltaire's collective editions, 1728-1789', *Studies* 77 (1970), p.103-99.

Vauvenargues, Luc de Clapiers, marquis de, *Œuvres complètes* (Paris 1968).

Vercruysse, Jeroom, 'Bibliographie des écrits français relatifs à Voltaire, 1719-1830', *Studies* 60 (1968), p.7-71.

– *Les Editions encadrées des œuvres de Voltaire de 1775*, Studies 168 (1977).

– *Inventaire raisonné des manuscrits voltairiens de la Bibliothèque royale Albert Ier*, Bibliologia 2 (Turnhout 1983).

Vernière, Paul, *Spinoza et la pensée française avant la Révolution* (Paris 1954).

Virgil, *Les Géorgiques de Virgile, traduites en vers français: ouvrage posthume*, trans. Segrais (Paris 1711).

– *Traduction de l'Enéide de Virgile*, trans. Segrais (Paris 1668-1681).

Voisenon, Claude-Henri de Fusée de, *Œuvres de théâtre de M.**** (Paris 1753).

Voiture, Vincent de, *Œuvres*, ed. M. A. Ubicini (Paris 1855).

Voltaire, *Alzire*, ed. T. E. D. Braun, V 14 (1989), p.1-210.

– *An essay on epic poetry, Essai sur la poésie épique*, ed. David Williams, V 3B (1996), p.117-575.

– *Articles pour l'Encyclopédie*, ed. Jeroom Vercruysse *et al.*, V 33 (1987), p.1-231.

– *Candide*, ed. René Pomeau, V 48 (1980).

– *Commentaires sur Corneille*, ed. David Williams, V 53-55 (1974-1975).

– *Corpus des notes marginales de Voltaire* (Berlin, Oxford 1979-).

– *Correspondence and related documents*, ed. Theodore Besterman, V 85-135 (1968-1977).

– *Dictionnaire philosophique*, ed. Christiane Mervaud *et al.*, V 35-36 (1994).

– *Discours en vers sur l'homme*, ed. Haydn T. Mason, V 17 (1991), p.389-535.

– *Eléments de la philosophie de Newton*, ed. Robert L. Walters and W. H. Barber, V 15 (1992).

– *Essai sur les mœurs*, ed. René Pomeau (Paris 1990).

– *La Henriade*, ed. O. R. Taylor, V 2 (1970).

– *Histoire de Charles XII*, ed. Gunnar von Proschwitz, V 4 (1996).

– *Lettres philosophiques*, ed. Gustave Lanson et André-Michel Rousseau (Paris 1964).

– *La Mort de César*, ed. D. J. Fletcher, V 8 (1988), p.1-270.

– *Notebooks*, ed. Theodore Besterman, V 81-82 (1968).

– *Œuvres complètes*, ed. J. Clogenson *et al.* (Paris 1824-1832).

– *Œuvres complètes / Complete works* (Geneva, Banbury, Oxford 1968-).

– *Œuvres historiques*, ed. René Pomeau (Paris 1957).

– *Oreste*, ed. David H. Jory, V 31A (1992), p.293-531.

– *La Philosophie de l'histoire*, ed. J. H. Brumfitt, V 59 (1969).

– *Pièces inédites* (Paris 1820).

– *La Pucelle*, ed. Jeroom Vercruysse, V 7 (1970).

– *Le Temple du goût*, ed. Elie Carcassonne (Genève, Lille 1953).

– *The Works of M. de Voltaire. Translated from the French, with notes historical and critical, by Dr Smollet and others* (London 1761-1764).

– *Zadig ou la destinée, histoire orientale*, ed. Georges Ascoli and Jean Fabre (Paris 1962).

Wagner, Monique, *Molière and the age of Enlightenment*, Studies 112 (1973).

Weil, Françoise, *L'Interdiction du roman et la Librairie, 1728-1750* (Paris 1986).

INDEX